TÉCNICA DOS RECURSOS TRABALHISTAS EXTRAORDINÁRIOS

Recursos de Revista e Embargos de Divergência

ALEXANDRE SIMÕES LINDOSO

Especialista em Direito e Processo do Trabalho
pela Universidade Presbiteriana Mackenzie.
Advogado em Brasília perante os Tribunais Superiores.

TÉCNICA DOS RECURSOS TRABALHISTAS EXTRAORDINÁRIOS

Recursos de Revista e Embargos de Divergência

EDITORA LTr®
SÃO PAULO

Dados Internacionais de Catalogação na Publicação (CIP)
(Câmara Brasileira do Livro, SP, Brasil)

Lindoso, Alexandre Simões
Técnica dos recursos trabalhistas extraordinários : recursos de revista e embargos de divergência / Alexandre Simões Lindoso. — São Paulo : LTr, 2010.

Bibliografia.
ISBN 978-85-361-1467-5

1. Direito Processual do trabalho 2. Recursos (Direito)
I. Título

09-12190 CDU-347.955:331

Índice para catálogo sistemático:

1. Recursos trabalhistas extraordinários : Direito processual do trabalho 347.955:331

Produção Gráfica e Editoração Eletrônica: **Peter Fritz Strotbek**
Capa: **Fabio Giglio**
Impressão: **HR Gráfica e Editora**

LTr

EDITORA LTDA.

Rua Jaguaribe, 571 – CEP 01224-001 – Fone (11) 2167-1101
São Paulo, SP – Brasil – www.ltr.com.br

LTr 4065.2 **Janeiro, 2010**

Para Patrícia, Isabela e Beatriz,
com todo o meu amor.

Ao finalizar o livro, que o leitor agora tem em mãos, pude verificar que adentrar o universo da pesquisa e da literatura jurídica não constitui uma tarefa simples e tampouco um projeto individual. Muito pelo contrário. A dedicação à leitura, à pesquisa e à redação não teria sido possível sem a compreensão e o apoio de minha esposa Patrícia e de minhas filhas, Isabela e Beatriz, cuja curiosidade em torno do "livro do papai" constituiu inegável elemento de motivação. Por essa razão, é a elas que dirijo o meu primeiro agradecimento e, com todo o meu amor, dedico-lhes este trabalho.

Ao Excelentíssimo Ministro Milton de Moura França, a quem tive o prazer e a honra de assessorar, reservo um agradecimento especial, não só pelos ensinamentos jurídicos que pude colher de Sua Excelência, muitos dos quais aplicados na elaboração do livro, mas sobretudo pelo inegável apoio pessoal que recebi de uma das pessoas mai humanas que conheci.

À minha querida amiga e sócia Eryka Farias De Negri, o meu sincero obrigado pelo incentivo e pelo apoio incondicional.

Reservo, ainda, um agradecimento especial a meus pais, Durval Martins Lindoso (in memorian) e Maria da Penha Simões Lindoso, pelo sacrifício que fizeram em prol de minha formação educacional.

Por fim, e mais importante, o meu obrigado a Deus, por minha existência e pela oportunidade de poder partilhar uma parte do conhecimento haurido ao longo de minha, ainda jovem, vida profissional.

SUMÁRIO

Prefácio

É inegável a relevância dos assim chamados recursos de natureza extraordinária. Não se voltam precipuamente, tal qual os recursos de natureza ordinária, à tutela do direito individual das partes, de melhor composição da lide, para utilizar a conhecida expressão de *Carnelutti* (*Istituzioni di diritto processuale civile.* Roma: Foro Italiano, 1942, *tomo primo*, n. 17. p. 17). Servem, ao contrário, à satisfação de propósito mais amplo, relacionado com o interesse público ou, como prefere *Liebman*, com o interesse geral da sociedade (Perspectivas do recurso extraordinário. In: *Revista Forense*, v. 85. p. 605), de preservação da supremacia do direito positivo e de garantia da uniforme interpretação da lei ou de outras normas relevantes. Afinal, não houvesse como estabelecer o correto sentido da norma posta — afastando interpretações que afrontam o seu significado ou harmonizando decisões que divergem entre si — ficaria gravemente comprometida a ideia de segurança, valor essencial ao ordenamento jurídico, como reiteradamente enfatizado pela doutrina (a propósito, entre tantos, OÑATE, Flavio Lopez de. *La certezza del diritto.* Roma: Gismondi, 1950, *passim*; SICHES, Luis Recasens. *Le but du droit: le bien commun, la justice, la sécurité* em comunicação apresentada na terceira sessão do Instituto Internacional de Filosofia do direito e de sociologia jurídica. Paris: Sirey, 1938. p. 127-128; e CALAMANDREI. Appunti sul concetto di legalità. In: *Opere giuridiche.* Napoli: Morano, *volume terzo*, p. 61-62).

Não são os recursos de natureza extraordinária, portanto, uma segunda e nova apelação, concedida aos litigantes como mera superfetação ou por excessivo zelo, apenas para o aprimoramento do pronunciamento judicial. Constituem, diversamente, impugnação com finalidade específica, muito precisa e limitada, fundando-se sempre em hipóteses de cabimento mais restritas, taxativamente indicadas em lei (cf., para o recurso de revista trabalhista em particular, MALLET, Estêvão. *Do recurso de revista no processo do trabalho.* São Paulo: LTr, 1995, n. 12. p. 112).

A limitação imposta por lei aos recursos de natureza extraordinária, decorrente da particular função que lhes cabe, faz com que a sua correta interposição se torne muito mais complexa e difícil. Não basta satisfazer as genéricas condições de admissibilidade dos recursos e suscitar, como normalmente ocorre com os recursos de natureza ordinária, o mero desacerto da decisão recorrida. É preciso demonstrar o enquadramento do recurso em uma das específicas hipóteses de cabimento mencionadas em lei. Do contrário, comprometida fica a impugnação, a qual ou não será nem sequer recebida ou, se vier a sê-lo, por qualquer motivo, não propiciará julgamento favorável à parte recorrente.

Daí a sutileza inerente ao manejo dos recursos de natureza extraordinária. Há que conhecer bem, em todas as suas sutilezas, as hipóteses de cabimento de cada um dos recursos, as quais têm sido sucessivamente modificadas (cf., por exemplo, Leis ns. 9.756, 9.957, 11.496 etc.). Há que observar estritamente as exigências formais para a sua interposição, também sujeitas a constantes alterações (cf. Lei n. 11.418). Há que estar perfeitamente em dia com a jurisprudência dominante, particularmente a dos tribunais superiores. Em síntese, há que dominar completamente a delicada e complexa técnica própria dos recursos de natureza extraordinária. De fato, quantos não são os recursos de natureza extraordinária mal interpostos? Quantos não são os casos em que, mesmo tendo a parte razão no mérito, fica prejudicada a sua impugnação, por deficiência formal do recurso interposto? Algumas vezes a mera falta de um mínimo detalhe põe tudo a perder. Pense-se, para mencionar apenas um caso, no recurso de revista em que suscitada claramente a existência de julgamento em desacordo com a lei, efetivamente verificado, sem menção expressa, todavia, do dispositivo legal ofendido. Ainda que seja de fácil compreensão a questão controvertida e tenha razão o recorrente, a aplicação da diretriz contida na Súmula n. 221, I, do Tribunal Superior do Trabalho, torna inevitável a confirmação da decisão recorrida. Da mesma forma, se o caso é de negativa de prestação jurisdicional, a simples falta de alusão, no recurso, a determinados dispositivos legais (arts. 832, da CLT, 458, do CPC ou 93, IX, da Constituição) já basta para condená-lo ao insucesso (cf. OJ-SDI I n. 115, do Tribunal Superior do Trabalho).

Pois bem, se as dificuldades são muitas, as respostas para elas já podem ser facilmente encontradas. Estão indicadas, com clareza e precisão, neste livro de *Alexandre Lindoso*, *Técnica dos recursos trabalhistas extraordinários: revista e embargos de divergência*. Experiente advogado, com intensa atividade nos tribunais superiores, pós-graduado em Direito e Processo do Trabalho pela Universidade Presbiteriana Mackenzie, sócio de um dos mais respeitados escritórios de Brasília, havendo atuado como assessor no Tribunal Superior do Trabalho, *Alexandre Lindoso* conseguiu, com a segurança de quem conhece e domina a matéria, traçar excelente panorama dos recursos de natureza extraordinária.

Principia *Alexandre Lindoso*, como convinha mesmo fazer, para estabelecer as bases da investigação, pelo exame dos recursos em geral. Trata, nos primeiros seis capítulos, de conceituar o recurso e definir sua natureza (Capítulo 1), classificar as suas diferentes modalidades (Capítulo 2), examinar os atos judiciais recorríveis (Capítulo 3) e indicar os princípios aplicáveis (Capítulo 5). Conclui essa primeira parte com o estudo dos efeitos dos recursos (Capítulo 6).

Na parte relativa aos recursos de natureza extraordinária, desdobra-se a exposição em dois capítulos. No Capítulo 7 são abordadas importantes limitações à interposição de recursos extraordinários, a saber, o prévio esgotamento das vias ordinárias e a impossibilidade de revolvimento de fatos e provas. Discorre ainda *Alexandre Lindoso* sobre o juízo de admissibilidade nos recursos de natureza extraordinária, oportunidade em que assinala, com indiscutível acerto, a impropriedade — que é recorrente na jurisprudência — de não se conhecer de recurso "com base na inexistência de efetiva violação legal ou constitucional, não obstante a matéria detenha inegável natureza de mérito"

(p. 20). Não haverá quem, do ponto de vista doutrinário, não lhe dê razão. Merece também especial registro sua pertinente ponderação, ao discorrer sobre a distinção entre questão de fato e questão de direito: "são jurídicas as questões relacionadas com a correta distribuição do ônus da prova ou com a própria idoneidade do meio probatório utilizado" (p. 20). É mais uma afirmação de acerto indiscutível, que antes já havia sido esboçada em obra voltada ao estudo apenas do recurso de revista, em termos muito semelhantes: "é (matéria de direito) a controvérsia em torno do ônus da prova" (MALLET, Estêvão. *Do recurso de revista no processo do trabalho*, cit., n. 11, p. 109).

Quando aborda o prequestionamento, exigido pela jurisprudência para a interposição de recurso de natureza extraordinária, expõe *Alexandre Lindoso* didaticamente as alternativas para o enfrentamento, no processo, das situações, cada vez mais frequentes na prática, em que permanece a omissão do julgado, a despeito da oposição de embargos de declaração (p. 20).

O último capítulo contempla o abrangente exame dos pressupostos genéricos e específicos dos recursos de revista e de embargos. Cabimento, legitimidade, interesse, tempestividade, regularidade formal, inexistência de fato impeditivo ou extintivo do direito de recorrer e preparo são tratados detalhadamente. Segue-se, ainda, o estudo das hipóteses de cabimento do recurso de revista e do recurso de embargos. A crítica à tese da intempestividade do recurso interposto antes da intimação da decisão, tese que veio a prevalecer na jurisprudência, evidencia perfeito domínio dos conceitos processuais. A clara distinção feita entre publicação e intimação da decisão permite enunciar assertiva irrespondível: "a intimação da parte acerca da decisão judicial não se confunde com a publicação desta, ou seja, com o ato que promove a sua existência enquanto ato jurídico processual... é da publicação da decisão, e não da intimação solene, que nasce o direito de recorrer" (p. 20). Por fim, é também digna de referência a notável atualidade do texto. Até mesmo as controvérsias suscitadas pela Lei n. 11.496, que ainda mal se consolidaram, como aquelas relacionadas com o cabimento de embargos contra decisão proferida por Turma do Tribunal Superior do Trabalho em procedimento sumaríssimo ou processo de execução, são consideradas e solucionadas.

São Paulo, maio de 2009.

Estêvão Mallet
Professor de Direito do Trabalho da Faculdade de Direito da Universidade de São Paulo

Ten fe en el derecho, como el mejor instrumento para la convivencia humana; en la justicia, como destino normal del derecho; en la paz, como substitutivo bondadoso de la justicia; y sobre todo, ten fe en la liberdad, sin la cual no hay derecho, ni justicia, ni paz.

Eduardo J. Couture

INTRODUÇÃO

1. Delimitação do tema

O presente trabalho tem por objeto o estudo dos recursos trabalhistas de natureza extraordinária — revista e embargos de divergência — cuja previsão legal encontra-se centrada nos arts. 896 e 894, II, da Consolidação das Leis do Trabalho (CLT) e o processamento e julgamento situado no âmbito da competência do Tribunal Superior do Trabalho (TST).

Conquanto já existam na literatura jurídica obras voltadas ao tema sob análise, cremos que o assunto merece ser revisitado. E isso porque importantes alterações legislativas introduzidas na última década alteraram os contornos dessas duas modalidades recursais, mediante a instituição de novos pressupostos à sua admissibilidade e à disciplina de seu processamento. Cite-se como exemplo recente, a Lei n. 11.496, de 22.6.2007, que suprimiu a violação de disposição legal ou constitucional do rol de pressupostos de admissibilidade inerentes ao recurso de embargos ou a Medida Provisória n. 2.226, de 4 de setembro de 2001, que introduziu a demonstração da transcendência no rol dos pressupostos de admissibilidade do recurso de revista.

Por outro lado, após a promulgação da Emenda Constitucional n. 45, de 8.12.2004, que plasmou no ordenamento jurídico pátrio a denominada reforma do Poder Judiciário, os referidos recursos em muito ganharam em importância no cenário processual brasileiro. E isso se deve à ampliação da competência da Justiça Trabalhista, bem como ao estabelecimento da repercussão geral da questão constitucional como pressuposto de admissibilidade do recurso extraordinário.

Com efeito, considerando o vasto rol de matérias introduzidas no âmbito da competência *ratione materiae* do Judiciário Trabalhista, um importante número de novas questões demandará o pronunciamento uniformizador do TST pela via dos recursos de revista e de embargos, obrigando aquela Corte a solucionar um amplo espectro de problemas, muitos dos quais diretamente relacionados com os pressupostos de admissibilidade dos recursos objeto do presente trabalho.

De outra banda, com a instituição da repercussão geral como novo pressuposto do recurso extraordinário, para que a parte recorrente possa submeter sua irresignação ao crivo do Supremo Tribunal Federal (STF), deverá demonstrar que a violação constitucional suscitada poderá repercutir para além das fronteiras do caso em concreto a ser julgado. Em outras palavras, o recurso extraordinário deixa, a partir da Emenda Constitucional n. 45/2004, de ser cabível ao debate de toda e qualquer violação constitucional, ficando restrito apenas às hipóteses em que o maltrato à Constituição apontado pelo recorrente produza reflexos de índole geral, transcendendo o interesse das partes envolvidas no litígio.(1)

Em vista desse cenário, o julgamento das questões constitucionais que sejam desprovidas de repercussão geral ficará limitado à esfera jurisdicional dos tribunais hierarquicamente inferiores ao STF — rol no qual figura o Tribunal Superior do Trabalho —, acarretando um notável incremento no papel desempenhado por essas Cortes, já que lhes caberá conferir a última palavra a um grande elenco de controvérsias de índole constitucional.(2)

É importante destacar, ainda, que, além da análise à luz da legislação de regência e dos pressupostos específicos de admissibilidade inerentes aos recursos de revista e de embargos, o presente trabalho objetiva examiná-los sob o contexto da teoria geral dos recursos, de modo a delimitar-lhes a função, classificá-los, bem como identificar os princípios fundamentais e os efeitos recursais a eles relacionados.

2. Metodologia utilizada

A revista e os embargos de divergência, além dos pressupostos legalmente previstos nos arts. 896 e 894 da CLT e legislação complementar, possuem outros, fixados pela reiterada interpretação das normas processuais levada a efeito pelo Tribunal Superior do Trabalho, e que se encontram consolidados em diversos verbetes integrantes da súmula de jurisprudência uniforme daquela Corte.

Por essa razão, para a análise do tema, a consulta ao direito positivo brasileiro e ao acervo jurisprudencial do TST revelou-se de indispensável valia, com vistas a orientar e permitir que fossem alcançadas as conclusões expostas neste livro.

Também de inestimável valor mostrou-se a pesquisa da doutrina pátria e estrangeira, de onde importantes subsídios foram extraídos para a consecução desta obra.

Vale observar, ainda, no tocante a esse aspecto, que, além da doutrina especificamente voltada ao estudo do Direito Processual do Trabalho, foram utilizadas também obras direcionadas ao estudo do Direito Processual Civil, de aplicação subsidiária ao processo trabalhista (CLT, art. 769), cuja sistemática revela-se notoriamente omissa em relação a diversos aspectos relacionados com o tema recursal.

---

(1) ARAÚJO, Marcelo Labanca Corrêa de; BARROS, Luciano José Pinheiro. *O estreitamento da via difusa no controle de constitucionalidade e a comprovação da repercussão geral nos recursos extraordinários.* Disponível em: <http://www.conpedi.org/manaus/arquivos/anais/recife/teoria_hermen_marcelo_labanca_e_luciano_barros.pdf> Acesso em: 23 fev. 2007, 0h48.

(2) MACEDO, Elaine Harzheim. *Repercussão geral das questões constitucionais:* nova técnica de filtragem do recurso extraordinário. Disponível em: <http://www.direito.ufrgs.br/processoeconstituicao/cursos/arquivosdocurso/2005.05.23%20-%20Elaine%20Harzheim%20Macedo%20-%20Repercuss%E3o%20geral.doc> Acesso em: 23 fev. 2007, 0h52.

Por fim, as conclusões obtidas nesta obra encontram-se sistematizadas ao longo da exposição constante de cada um dos capítulos, e esperamos possam elas lançar luzes sobre os recursos trabalhistas de natureza extraordinária, contribuindo para o aperfeiçoamento de seus contornos, bem como serem úteis a estudantes e aos profissionais do direito no dia a dia de suas atividades.

CAPÍTULO 1

CONCEITO, NATUREZA JURÍDICA E FUNDAMENTOS DOS RECURSOS

1. Considerações iniciais

Para que o processo exista, necessário se mostra, além da presença de partes (autor e réu) e de um conflito de interesses entre elas travado (lide), que haja um órgão estatal investido de jurisdição (juiz).(3)

Ocorre que, além de existente, a relação processual deve ainda ser válida. Para tanto, no que concerne especificamente ao juiz, exige-se que seja competente e também dotado de imparcialidade, isto é, que seja "desinteressado daquilo que constitui objeto de disputa entre as partes litigantes".(4)

Diante dessa posição imparcial ocupada pelo magistrado no bojo da relação processual, *Amaral Santos* afirma que "não seria ilogismo conferir-se às suas decisões o caráter de irrevogáveis".(5) É de se observar, contudo, que os juízes, enquanto criaturas humanas, são falíveis e, por isso mesmo, passíveis de erro.(6) Por essa razão, os ordenamentos

(3) ALVIM, José Eduardo Carreira. *Elementos de teoria geral do processo.* 7. ed. Rio de Janeiro: Forense, 1999. p. 154-155.

(4) *Ibidem*, p. 157.

(5) SANTOS, Moacyr Amaral. *Primeiras linhas de direito processual civil.* v. 3, 16. ed., rev., atual. e ampl. por Aricê Amaral Santos. São Paulo: Saraiva, 1997. p. 78.

(6) Esta ótica nem sempre prevaleceu. Ao longo da história da humanidade, conforme observa João Bonumá, há diversos períodos em que as causas eram julgadas em única instância. Nesse sentido, dispõe o referido autor: "Quando se estudam os recursos em geral e a apelação em particular, e se ataca a questão preliminar de sua fundamentação, o que se encontra no fundo das coisas é a natural insatisfação de quem, pleiteando de boa-fé perante os tribunais, perde a demanda. [...]
Olhando o fenômeno do lado em que se coloca o julgador, e principalmente o julgador honesto, defronta-se o estudioso com outro sentimento igualmente instintivo e respeitável: a convicção de que a decisão é justa e de que qualquer ataque a ela importa em um menosprêzo à sua autoridade e à justiça intrínseca do julgado. Este segundo aspecto, quase inexistente nos juízes modernos, preponderou nas origens do processo, quando a administração da justiça era função majestática de um soberano, de um rei, de um chefe de tribo, ou quando distribuída pelo próprio povo reunido em comícios, ou, ainda, quando resultava de uma jurisdição de origem divina. Em tais condições, era bem natural que a sentença fôsse considerada, de sua própria natureza ou em razão de sua origem, inatacável e irrecorrível. [...]
O direito romano não escapou a essas vicissitudes, sendo, nos primeiros tempos, irrecorríveis as sentenças judiciais. Mas o gênio jurídico do povo foi encontrando, com a evolução lenta e segura de seu direito, diversos meios de atacar o julgado." (BONUMÁ, João. *Direito processual civil.* v. 3. São Paulo: Saraiva, 1946. p. 6-8).

processuais, com o escopo de assegurar a justiça, viabilizam mecanismos destinados a possibilitar o reexame e a eventual reforma de suas decisões, por eles próprios ou por outros juízes.(7)

2. Fundamentos dos recursos

Além da falibilidade decorrente da condição humana ínsita aos juízes, com vistas a justificar a possibilidade de as decisões judiciais serem impugnadas mediante recurso, são utilizados fundamentos de caráter psicológico, relacionados ao fato de o inconformismo ser inerente à natureza do homem. Argumenta-se também que o recurso exerce influência sobre o juiz no ato de proferir sua decisão, pois este, ciente da possibilidade de reexame, adotaria uma postura mais cuidadosa ao julgar. Fala-se, por fim, na maior experiência dos magistrados a quem cabe o reexame das decisões impugnadas pela via recursal, o que aumentaria as chances de acerto da decisão definitiva.(8)

Jorge Luiz Souto Maior, após discorrer sobre os fundamentos acima discriminados, contra-argumenta e tem como inválida a invocação do inconformismo como substrato justificador do recurso. Para tanto, invoca a situação daquele que ganhou a demanda em primeiro grau e perdeu em segundo e afirma que o duplo grau de jurisdição não atenderia ao estado psicológico de inconformismo da parte que por último sucumbiu. Refuta, outrossim, a alegação de que a decisão submetida a recurso tenha maior probabilidade de acerto. Para assim concluir, segura-se no argumento de que o juiz de primeiro grau, por estar em contato direto com as partes e testemunhas, tem, em questões fáticas, muito mais possibilidade de chegar a uma decisão acertada do que os juízes de segundo grau, ainda que mais experientes. Aduz, ainda, que a influência psicológica exercida pelo recurso sobre o julgador não lhe inibe os atos, porquanto este se mostra cercado das garantias inerentes ao cargo de magistrado (inamovibilidade e vitaliciedade). Acrescenta, por fim, que os órgãos de segundo grau de jurisdição têm, em sua composição, advogados e membros do Ministério Público, que não tiveram a experiência da judicatura em primeiro grau.(9)

Embora os argumentos lançados pelo eminente jurista e magistrado se destinem, não a suprimir os recursos, mas a fundamentar uma necessária reestruturação do sistema recursal, com vista a imprimir celeridade e efetividade ao processo(10), com eles não

---

(7) SANTOS, Moacyr Amaral. *Primeiras linhas de direito processual civil.* v. 3, 16. ed., rev., atual. e ampl. por Aricê Amaral Santos. São Paulo: Saraiva, 1997. p. 78.

(8) MIRANDA, Gilson Delgado; PIZZOL, Patrícia Miranda. *Processo civil:* recursos. 4. ed. São Paulo: Atlas, 2004. p. 19-20. THEODORO JÚNIOR, Humberto. *Curso de direito processual civil.* v. 1, 37. ed. Rio de Janeiro: Forense, 2001. p. 488. COSTA, Coqueijo. *Direito processual do trabalho.* 4. ed. Rio de Janeiro: Forense, 1995. p. 458-459. NASCIMENTO, Amauri Mascaro. *Curso de direito processual do trabalho.* 20. ed. São Paulo: Saraiva, 2001. p. 486. GIGLIO, Wagner; CORRÊA, Claudia Giglio Veltri. *Direito processual do trabalho.* 15. ed. São Paulo: Saraiva, 2005. p. 435.

(9) MAIOR, Jorge Luiz Souto. *Direito processual do trabalho:* efetividade, acesso à justiça e procedimento oral. São Paulo: LTr, 1998. p. 196-197.

(10) Diz o autor: "Assim, a primeira constatação a se fazer é a de que os recursos não são um entrave à efetividade do processo, o problema está no modo como são entendidos e aplicados. No caso do processo do trabalho,

concordamos, até porque, sob nossa ótica, os fundamentos que justificam a existência dos recursos, por si sós, não impedem a alteração da sistemática a eles inerente, de modo a restringir ou ampliar-lhes a utilização.

Com efeito, quanto ao inconformismo, cremos que sua presença constitui fundamento apto a justificar a previsão dos recursos no ordenamento processual. Não infirma essa conclusão a hipótese de a parte vencedora em primeiro grau vir a tornar-se sucumbente no segundo grau de jurisdição. E isso porque, à luz da legislação processual brasileira, o sistema recursal trabalhista não restringe a possibilidade de impugnação a apenas dois graus de jurisdição. Em verdade, conforme ressaltado por *Wagner Giglio* e *Claudia Giglio Veltri Corrêa*, há entre nós uma pluralidade de jurisdições, "pois o julgamento pode vir a ser submetido a mais de uma revisão: além do pronunciamento dos Tribunais Regionais, poderá vir a ser reapreciado pelo Tribunal Superior do Trabalho e, ainda, submetido à decisão final do Supremo Tribunal Federal".(11) Por essa razão, também o sucumbente em segundo grau poderá manifestar seu inconformismo, mediante a interposição de recurso.

A circunstância de o magistrado de primeiro grau estar mais perto das partes e das testemunhas coloca-o, de fato, em posição privilegiada na colheita e interpretação da prova oral produzida no curso da instrução processual. É importante observar, contudo, que, no âmbito de competência da Justiça do Trabalho, há lides em que a questão de mérito é unicamente de direito. Existem, outrossim, procedimentos em que a produção de prova oral não é sequer permitida, como se dá no âmbito do mandado de segurança,(12) que só admite prova documental pré-constituída.(13) Por outro lado, a formação da convicção exteriorizada pelo juiz na decisão decorre de um processo complexo, que não se esgota na simples posição privilegiada por este ocupada na colheita da prova oral.(14)

---

a reforma a se realizar neste tema não é a supressão de espécies de recurso, mas a fixação de pressupostos que possam restringir sua utilização e a criação de penalidades para as hipóteses em que forem exercidos maliciosamente." (MAIOR, Jorge Luiz Souto. *Direito processual do trabalho:* efetividade, acesso à justiça e procedimento oral. São Paulo: LTr, 1998. p. 199).

(11) GIGLIO, Wagner; CORRÊA, Claudia Giglio Veltri. *Direito processual do trabalho*. 15. ed. São Paulo: Saraiva, 2005. p. 436.

(12) Dispõe o art. 114, inciso IV, da Constituição:
"Art. 114. Compete à Justiça do Trabalho processar e julgar:
[...]
IV – os mandados de segurança, *habeas corpus* e *habeas data*, quando o ato questionado envolver matéria sujeita à sua jurisdição.

(13) "O mandado de segurança é processo de rito especial, de prova documental preconstituída, que não comporta dilação probatória (*RT* 540/75). O direito líquido e certo do impetrante deve vir demonstrado de plano, perfeitamente reconhecível, sobe pena de não configuradas a liquidez e a certeza exigidas para a concessão. A existência da dúvida, da necessidade de comprovação através da prova a ser produzida, já não autoriza a concessão da segurança." (SALVADOR, Antônio Raphael Silva; SOUZA, Osni de. *Mandado de segurança:* doutrina e jurisprudência. São Paulo: Atlas, 1998. p. 65).

(14) Cf. Carlos Alberto Etala: "El juez, al resolver un caso, se encuentra frente a hecho o conjunto de hechos invocados por una de las partes y una norma o conjunto de normas en que ella fundamenta su reclamo. Ante la negativa de la accionada relativa al efectivo acaecimiento de los hechos o cuanto al derecho aplicable, el sentenciante tendrá que desbrozar su camino en la elaboración de la sentencia, fijando primero su propia versión acerca de los hechos y luego definiendo el derecho aplicable para solucionar el caso.

Por essa razão, sob nossa ótica, o argumento não afasta a maior experiência dos juízes das instâncias hierarquicamente superiores como elemento justificador da possibilidade de revisão das decisões pela via recursal.

[...]
Definida la convicción del juzgador en un sentido determinado acerca de la ocurrencia de los hechos, es necesario entonces determinar cuál es el derecho aplicable. Este momento en el análisis de la cuestión nos remite al estudio de la doctrina de las 'fuentes del derecho'. Desechando la dogmática concepción tradicional de las fuentes del derecho, consideramos a éstas — como lo dice Ross — el 'conjunto de factores o elementos que ejercen influencia en la formulación, por parte del juez, de las reglas en las que éste basa su decisión'. La 'doctrina de las fuentes del derecho' consistirá, entonces, en el estudio detallado de la manera como proceden de hecho los tribunales de un país para hallar las normas en las que basan sus decisiones.
Aunque Ross clasifica a las fuentes según su 'grado de objetivación', incluye entre ellas una fuente 'no objetivada' o 'libre', a la que denomina 'razón' o 'tradición de la cultura', entendiendo por tal el conjunto de presupuestos no explícitos, manifestados en forma de credos, prejuicios, mitos, aspiraciones y valoraciones que integran el medio cultural que rodea al juez y que condicionan el significado que le atribuye al lenguaje de las normas y en ocasiones inspiran su 'creación' judicial."
Mais adiante, prossegue Etala:
"Hemos dicho que el acto de interpretar, en el cual se puede sintetizar la actividad judicial, es un acto de voluntad y no de conocimiento. El juez, al elegir uno sólo de los variados sentidos posibles que le ofrece 'el marco abierto de posibilidades' de la norma o la llamada 'textura abierta del derecho', ejecuta un acto valorativo o, lo que es lo mismo, un acto ideológico.
Como lo recuerda Marí, se han distinguido más de treinta significados diferentes de la palabra 'ideología'. Cárcova, eligiendo uno de estos sentidos posibles, señala al factor ideológico, o variable *ideología*, como una dificultad, un escollo, un obstáculo para la objetividad del conocimiento. Agrega que la cuestión no es fácil de elucidar cuando se cae en la cuenta de que tal obstáculo no sólo se encuentra 'entre' el sujeto cognoscente y el objeto a conocer, como uno se halla tentado a suponer inicialmente, sino que se encuentra a veces en el objeto mismo, que se presenta bajo formas aparentes y no reales.
En lo que concierne al sujeto cognoscente, según Cárcova, la objetividad del conocimiento puede resultar violada: por el designio consciente del sujeto en función de sus intereses, sus valoraciones y sus fines inmediatos (preservación de un cierto estado de cosas), y por la manera condicionada en que el sujeto percibe el mundo, como consecuencia de su inserción en una sociedad determinada, constituida no sólo por ciertas relaciones definidas entre los grupos que la componen, sino también por los estereotipos sociales, que los intereses, también definidos, de esos grupos expresan.
Hemos dicho que la elección que hace el juez al escoger sólo un de los sentidos posibles en que puede interpretarse una norma, no es normalmente una elección arbitraria, sino que intentará insertarse en una valoración comunitaria de la situación a juzgarse, expresada en la búsqueda de cierta objetividad de los valores que se constituye por la apreciación intersubjetiva concordante respecto de ellos. Esto lo hace el juez a fin de dar 'fuerza de convicción' a su decisión, frente a las partes y la colectividad. Pero también advertimos que esa formulación era sumamente simplista porque la valoración comunitaria no puede exhibirse como algo homogéneo, salvo se la presente bien como síntesis de la valoración de diferentes grupos o sectores sociales, bien en coincidencia absoluta con las valoraciones de los sectores sociales dirigentes.
Lo cierto es que en muchas ocasiones se podrá distinguir entre la valoración individual de un juez y la valoración colectiva, ya sea de la comunidad toda, ya de un grupo social determinado, en especial de ciertos sectores sociales influyentes que ejercen presión sobre el aparato del Estado.
No es casual que los temas en los que se discurre acerca de la ideología de los jueces estén normalmente vinculados con aquellos que expresan los conflictos más agudos en los que se debaten los distintos grupos o sectores sociales en pugna por la conservación o consecución de ciertos intereses, posiciones o valores sociales. En el ámbito específico del derecho del trabajo, es precisamente en los litigios donde se debaten cuestiones relacionadas con los poderes del empleador en el seno de la empresa, con los conflictos colectivos del trabajo y de las relaciones de los sindicatos obreros con los patrones y organizaciones de empleadores o con el Estado, en los que se manifiesta con mayor nitidez la problemática referida de la ideología de los jueces y de las llamadas 'sentencias políticas'. " (ETALA, Carlos Alberto. *Interpretación y aplicación de las normas laborales*. Buenos Aires: Astrea, 2004. p. 48-56).

Cremos, outrossim, que a possibilidade de impugnação exerce efetiva influência psicológica sobre o juiz prolator da decisão, além de constituir fundamento também apto a justificar a previsão dos recursos nos ordenamentos processuais. As garantias de inamovibilidade e vitaliciedade poderão até a mitigar a intensidade desse influxo, mas em nenhuma hipótese suprimi-lo. Realmente, conforme observa *Bonumá*, amparado no magistério de Chiovenda, "a existência de um contrôle estimula o juiz inferior a melhor julgar, assim como a sentença de primeiro grau constitui um freio para o superior".(15)

No mesmo sentido, discorre *Carlos Alberto Etala*: "El juez, para dar 'fuerza de convicción' a su sentencia [...] tendrá en cuenta la posible reacción que su decisión puede generar en la comunidad, pero también tendrá presente al dictar su sentencia la posible actuación de su superior jerárquico que entienda en el mismo caso en el supuesto de apelación".(16)

Por fim, o fato de os tribunais brasileiros contarem, em sua composição, com advogados e membros do Ministério Público, em decorrência do chamado "quinto constitucional", não lhes retira a experiência necessária a legitimá-los como revisores das decisões proferidas pelas instâncias judiciais inferiores. Em verdade, a presença de juízes não originários da magistratura de carreira tem por escopo justamente oxigenar o Poder Judiciário, injetando nos tribunais a experiência haurida em situações outras que não a de juiz.(17) Por outro lado, a experiência profissional é requisito imposto pela Constituição (art. 94) para o ingresso nos tribunais, já que, além de uma década de carreira, ainda exige que o advogado e o membro do Ministério Público sejam detentores de notável saber jurídico.

Em realidade, todos os fundamentos utilizados com vistas a justificar a previsão dos recursos no ordenamento jurídico processual encontram-se voltados a apenas um objetivo: *a busca pela justiça*. Embora o processo tenha por escopo a pacificação social, esta deve ocorrer mediante critérios justos.(18) Para atender a essa necessidade de justiça, os ordenamentos processuais abrem a possibilidade de impugnação das decisões judiciais, ora ampliando o número de recursos, ora reduzindo-os a porções mais frugais, conforme a política legislativa penda mais para a consagração da justiça ou da segurança jurídica.(19) *Eduardo Couture*, em página clássica, bem sintetiza essa questão:

> "Efectivamente, conviene que las sentencias sean justas; es la única manera de que la actividad jurisdiccional no sea una fórmula sin sentido. Por necesidad de justicia,

---

(15) BONUMÁ, João. *Direito processual civil*. v. 3. São Paulo: Saraiva, 1946. p. 15.

(16) ETALA, Carlos Alberto. *Interpretación y aplicación de las normas laborales*. Buenos Aires: Astrea, 2004. p. 52.

(17) FERREIRA FILHO, Manoel Gonçalves. *Comentários à Constituição brasileira de 1988*. v. 2. São Paulo: Saraiva, 1990-1992. p. 200.

(18) DINAMARCO, Cândido Rangel. *A instrumentalidade do processo*. 6. ed. São Paulo: Malheiros, 1998. p. 161.

(19) MOREIRA, José Carlos Barbosa. *Comentários ao Código de Processo Civil*. v. 5, 11. ed. Rio de Janeiro: Forense, 2004. p. 228.

sería menester dejar el proceso siempre abierto a una posibilidad de renovación y otorgar una serie ilimitada (ilimitada en cuanto a las formas y en cuanto al tiempo de interposición) de recursos, con el objeto de reparar los vicios que con el andar del tiempo puedan hallarse en la sentencia.

Pero al lado de la necesidad de justicia aparece la necesidad de firmeza. La necesidad de firmeza exige que declare de una vez por todas cuál es la justicia, o sea cuál es el derecho que el Estado reconoce.

Todo el problema de los recursos no es otra cosa que una pugna entre ambas exigencias. Las sentencias deben ser justas, pero una forma de injusticia consiste en que se invierta la vida entera para llegar a la sentencia definitiva".[(20)]

Fato é que, independentemente de sua quantidade no ordenamento processual, o fundamento justificador da existência dos recursos é a busca pela justiça[(21)], e, conforme poderemos demonstrar no curso deste livro, os recursos de natureza extraordinária não fogem a essa regra.

3. Conceito de recurso

A expressão recurso, partindo de sua literalidade, dá-nos a ideia de regresso ao ponto de partida. É, conforme o magistério de *Couture*, um re-correr, correr de novo o caminho já feito.[(22)] O conceito proposto, contudo, revela-se bastante genérico, já que nos remete também a uma série de instrumentos destinados à impugnação dos pronunciamentos jurisdicionais e que, embora aos recursos se assemelhem, com eles não se confundem.

Diante de sua amplitude, a ideia proposta por *Couture* nos conduz ao gênero meios de impugnação que, segundo *Héctor Fix-Zamudio* e *José Ovalle Favela* "configuran los instrumentos jurídicos consagrados por las leyes procesales para corregir, modificar, revocar o anular los actos y las resoluciones judiciales, cuando adolecen de deficiencias, errores, ilegalidad o injusticia, por lo que este concepto abarca una amplia gama de posibilidades que es necesario separar en varias categorías para intentar su análisis".[(23)] Dentre estas categorias, figuram os recursos que, por essa razão, constituem espécie do gênero meio de impugnação.

Mesmo tendo como ponto de partida a ideia de meios de impugnação, a fixação do conceito de recurso não constitui tarefa fácil. Entre nós, o legislador, ao contrário

---

(20) COUTURE, Eduardo. *Fundamentos del Derecho Procesal Civil.* Buenos Aires: B de F, 2005. p. 284.

(21) Cf. Victor Fairén Guillén: "Todos los medios de impugnación de resoluciones judiciales aparecen con el objetivo de evitar la posibilidad de que el error de un juez o tribunal ocasione una resolución injusta...". (FAIRÉN GUILLÉN, Víctor. *Teoría General del Derecho Procesal.* México: Universidad Nacional Autónoma de México, 1992. p. 481).

(22) COUTURE, Eduardo. *Fundamentos del Derecho Procesal Civil.* Buenos Aires: B de F, 2005. p. 277.

(23) FIX-ZAMUDIO, Héctor; OVALLE FAVELA, José. *Derecho procesal.* México: Universidad Nacional Autónoma de México, 1991. p. 103.

do que procedeu em relação a outros institutos processuais, não adotou um conceito legal de recurso.(24)

Por outro lado, conforme observa *Nelson Nery Junior*, os "remédios destinados ao reexame das decisões judiciais têm sido objeto de acentuada variação no tempo e no espaço, de sorte que o fator determinante no enquadramento de um desses remédios na categoria reduzida dos recursos em sentido estritamente processual é, sem dúvida, o da política legislativa".(25) Por essa razão — prossegue o autor — é que "já se afirmou, com acerto, que não se pode determinar um conceito de recurso *anterior* ao que se encontra regulamentado pelo sistema da lei".(26)

A conceituação de recurso, portanto, deve se dar sob a ótica do sistema adotado pela legislação brasileira, já que determinado meio de impugnação que entre nós possui a natureza jurídica de recurso pode não tê-la à luz de outro sistema.(27) Vale dizer, é à luz da sistemática legal vigente no Brasil que deve ser levada a efeito a investigação, de modo a aferir as qualidades que o instituto possa ou não ter, extraindo-se daí as características comuns que permitirão a elaboração de um conceito.(28)

Partindo da sistemática adotada pela legislação brasileira, *Nelson Nery Junior*(29) enumera as seguintes características inerentes aos recursos:

---

(24) KOZIKOSKI, Sandro Marcelo. *Manual dos recursos cíveis: teoria geral e recursos em espécie*. 3. ed. Curitiba: Juruá, 2007. p. 41.

(25) NERY JUNIOR, Nelson. *Princípios fundamentais:* teoria geral dos recursos. 5. ed. São Paulo: Revista dos Tribunais, 2000. p. 177.

(26) *Ibidem*, p. 177.

(27) Cite-se como exemplo os embargos de declaração que detêm a natureza de recurso entre nós e, no ordenamento jurídico mexicano, classificam-se como remédios processuais e possuem a denominação de "aclaración de sentencia". Cf. Héctor Fix-Zamudio e José Ovalle Favela: "Entendemos como remedios procesales los instrumentos que pretenden la corrección de los actos y resoluciones judiciales, ante el mismo juez que los ha dictado; pero tomando en consideración que en algunos supuestos resulta difícil trazar una frontera claramente delimitada entre dichos remedios y algunos recursos procesales. Entre los consagrados en nuestros códigos procesales podemos señalar la aclaración de sentencia e y la revocación.
A. *La aclaración de sentencia* no se encuentra regulada expresamente en la mayoría de los códigos procesales mexicanos; pero constituye una práctica constante en nuestros tribunales, los cuales admiten la posibilidad de corregir, a petición de parte y excepcionalmente de oficio, los defectos notorios de carácter formal de que adolecen las resoluciones judiciales, siempre que no se altere su sentido fundamental.
Existen, sin embargo, varias disposiciones legales que consagran esta institución, a través de la instancia de la parte afectada, en la cual, presentada dentro de un breve plazo, generalmente tres días, se debe señalar con toda claridad la contradicción, ambigüedad u obscuridad del fallo, cuyo sentido no puede variarse, de acuerdo con lo dispuesto por los artículos 84 del Código de Procedimientos Civiles del Distrito Federal; 233 del Código Federal de Procedimientos Civiles, 847 de la Ley Federal de Trabajo, así como por los artículos 351 y 359 del Código Federal de Procedimientos Penales." (FIX-ZAMUDIO, Héctor e OVALLE FAVELA, José. *Derecho procesal*. México: Universidad Nacional Autónoma de México, 1991. p. 103-104). A ação rescisória constitui outro exemplo. Conquanto não possua natureza jurídica recursal entre nós, detém essa condição nos ordenamentos jurídicos grego (Cf. NERY JUNIOR, Nelson. *Princípios fundamentais:* teoria geral dos recursos. 5. ed. São Paulo: Revista dos Tribunais, 2000. p. 178) e português (Cf. CÔRTES, Osmar Mendes Paixão. *Recurso extraordinário:* origem e desenvolvimento no direito brasileiro. Rio de Janeiro: Forense, 2005. p. 27 e FERREIRA, Fernando Amâncio. *Manual dos recursos em processo civil*. 7. ed. Coimbra: Almedina, 2006. p. 81 e 367-368).

(28) NERY JUNIOR, Nelson. *Princípios fundamentais:* teoria geral dos recursos. 5. ed. São Paulo: Revista dos Tribunais, 2000. p. 177-178.

(29) *Ibidem*, p. 178-181.

a) são exercitáveis dentro da mesma relação jurídica processual em que foi proferida a decisão recorrida, sem a instauração, portanto, de um novo processo;

b) prestam-se não só à reforma, mas também ao esclarecimento e integração da decisão atacada e

c) sua interposição adia a verificação da preclusão ou da coisa julgada.

Quanto a essa última característica, *Barbosa Moreira* assevera com propriedade que, entre nós, todos os recursos obstam a formação da coisa julgada. Adverte, porém, que esse traço não se mostra suficiente à formulação de um conceito de recurso, porquanto "*não é recurso*, para o direito brasileiro, remédio algum utilizável contra decisão passada em julgado; mas não se tira que *seja necessariamente recurso* qualquer remédio utilizável contra decisão ainda não passada em julgado".(30)

Exemplo clássico que demonstra o acerto da posição acima exposta decorre da utilização do mandado de segurança que, conquanto não detenha a natureza jurídica de recurso, tem o seu uso, para o fim de impugnar atos judiciais, aceito tanto pela doutrina (*Teresa Arruda Alvim*(31), *Carlos Alberto Menezes Direito*(32), *Hely Lopes Meirelles*(33), *Celso Agrícola Barbi*(34), entre outros) quanto pela jurisprudência, conforme evidenciam, de maneira bastante expressa, os Verbetes ns. 414 e 417 da Súmula de Jurisprudência Uniforme do Tribunal Superior do Trabalho.(35)(36)

---

(30) MOREIRA, José Carlos Barbosa. *Comentários ao Código de Processo Civil.* v. 5, 11. ed. Rio de Janeiro: Forense, 2004. p. 232.

(31) ALVIM, Teresa Arruda. *Medida cautelar, mandado de segurança e ato judicial.* 3. ed. São Paulo: Revista dos Tribunais, 1994. p. 58-81.

(32) DIREITO, Carlos Alberto Menezes. *Manual do mandado de segurança.* Rio de Janeiro: Renovar, 1999. p. 53-54. "É certo que a matéria comporta divergências. Em mandado de segurança é necessário evitar qualquer radicalismo, tudo para preservar a destinação constitucional da ação, isto é, para proteger direito individual ou coletivo líquido e certo contra ato de autoridade praticado com ilegalidade ou abuso de poder. A natureza do *writ*, que nasceu de uma ampliação benfazeja do *habeas-corpus*, é de tal modo predominante que o seu cabimento deve ser examinado de acordo com o princípio *favorablia amplianda*.

Tanto é verdade que o rito processual deve ser obedecido, para que não se transforme o *writ* em mero recurso, como também é verdade que se não pode abandonar a origem do remédio constitucional destinado a espancar qualquer violação de direito líquido e certo por ilegalidade ou abuso de poder. A natureza mesma do *mandamus*, que, como acentuado antes, nasceu de uma ampliação do *habeas-corpus*, enseja uma interpretação que não é compatível com a restrição da ação constitucional ao ponto de deixar desamparado quem vier a ser atingido no seu direito líquido e certo".

(33) MEIRELLES, Hely Lopes. *Mandado de segurança, ação popular, ação civil pública, mandado de injunção e* habeas data. 19. ed., atual. por Arnoldo Wald. São Paulo: Malheiros, 1998. p. 32. "Atualmente, é pacífico o entendimento de que os *atos judiciais* — acórdão, sentença ou despacho — configuram *atos de autoridade*, passíveis de mandado de segurança, desde que ofensivos de direito líquido e certo do impetrante [...]"

(34) BARBI, Celso Agrícola. *Do mandado de segurança.* 7. ed. Rio de Janeiro: Forense, 1993. p. 107-112.

(35) MANDADO DE SEGURANÇA. ANTECIPAÇÃO DE TUTELA (OU LIMINAR) CONCEDIDA ANTES OU NA SENTENÇA. (conversão das Orientações Jurisprudenciais ns. 50, 51, 58, 86 e 139 da SDI-II, Res. n. 137/05 - DJ 22.8.05) I – A antecipação da tutela concedida na sentença não comporta impugnação pela via do mandado de segurança, por ser impugnável mediante recurso ordinário. A ação cautelar é o meio próprio para se obter efeito suspensivo a recurso. (ex-OJ n. 51 — inserida em 20.9.00). II – No caso de a tutela antecipada (ou liminar) ser concedida antes da sentença, cabe a impetração do mandado de segurança, em face da inexistência de recurso próprio. (ex-OJs ns. 50 e 58 — ambas inseridas em 20.9.00) III – A superveniência da sentença, nos autos originários, faz perder o objeto do mandado de segurança que impugnava a concessão da tutela antecipada (ou liminar). (ex-OJs n. 86 — inserida em 13.3.02 e n. 139 — DJ 4.5.04).

(36) MANDADO DE SEGURANÇA. PENHORA EM DINHEIRO. (Conversão das Orientações Jurisprudenciais ns. 60, 61 e 62 da SDI-II, Res. n. 137/05 — DJ 22.8.05) I – Não fere direito líquido e certo do impetrante o ato judicial

Para *Barbosa Moreira*, o traço distintivo, o núcleo irredutível do conceito de recurso encontra-se não só na circunstância já mencionada por *Nery Junior*, de que a utilização da medida recursal não dá margem à instauração de um novo processo, mas também na voluntariedade, decorrente do fato de que "todo recurso nasce da iniciativa de alguém interessado em impugnar uma decisão".(37)

Por essa razão, não só o mandado de segurança, mas também a ação rescisória(38), por levarem à instauração de novo processo, não se inserem no conceito de recurso.

Da mesma forma, pela ausência do requisito voluntariedade, a remessa oficial, também não pode assim ser enquadrada(39), conquanto seja impropriamente chamada de recurso *ex officio*. Em realidade, trata-se de condição de eficácia da sentença, que fica subordinada ao reexame pelo tribunal, com o objetivo de resguardar certos interesses de ordem pública taxativamente previstos em lei.(40) É o que se extrai, no âmbito do processo do trabalho, do art. 893 da CLT, que não a elencou no rol dos recursos, a

---

que determina penhora em dinheiro do executado, em execução definitiva, para garantir crédito exequendo, uma vez que obedece à gradação prevista no art. 655 do CPC. (ex-OJ n. 60 — inserida em 20.9.00) II - Havendo discordância do credor, em execução definitiva, não tem o executado direito líquido e certo a que os valores penhorados em dinheiro fiquem depositados no próprio banco, ainda que atenda aos requisitos do art. 666, I, do CPC. (ex-OJ n. 61 — inserida em 20.9.00) III - Em se tratando de execução provisória, fere direito líquido e certo do impetrante a determinação de penhora em dinheiro, quando nomeados outros bens à penhora, pois o executado tem direito a que a execução se processe da forma que lhe seja menos gravosa, nos termos do art. 620 do CPC. (ex-OJ n. 62 — inserida em 20.9.00).

(37) MOREIRA, José Carlos Barbosa. *Comentários ao Código de Processo Civil*. v. 5, 11. ed. Rio de Janeiro: Forense, 2004. p. 232-233.

(38) "No passado, alguns autores de nomeada se sentiram seguros para afirmar que a rescisória traduzia modalidade de *recurso* de natureza *especial*; dentre eles, Lopes da Costa, Cândido de Oliveira Filho, Costa Carvalho, Filadelfo Azevedo Pereira Braga.

[...]

Com efeito, a corrente de opinião que via nessa ação uma espécie de *recurso especial* fechava os olhos à particularidade de que a rescisória instaura uma nova relação processual, ao passo que a pretensão recursal, em regra, é exercida na mesma relação processual que deu origem à sentença impugnada por esse meio". (TEIXEIRA FILHO, Manoel Antonio. *Ação rescisória no processo do trabalho*. 3. ed. São Paulo: LTr, 1998. p. 58-59). "Embora tenha corpo de uma ação, mas a alma de um recurso (*Liebman*), é uma ação autônoma, que supõe a prestação jurisdicional já entregue, cuja subsistência, nela, vai ser rediscutida e não mais a pretensão de direito material, embora o *rescissorium* entregue, com outro conteúdo ou sob outra forma, a prestação jurisdicional" (COSTA, Coqueijo. *Ação rescisória*. 7. ed., rev. e atual. por Gustavo Lanat Pedreira de Cerqueira. São Paulo: LTr, 2002. p. 32).

(39) Em sentido contrário: BERMUDES, Sérgio. *Introdução ao processo civil*. 3. ed. Rio de Janeiro: Forense, 2002. p. 174. "Controvertida a natureza jurídica do instituto, vejo-o como um recurso, interposto pelo Estado, através do juiz, agente seu, para se prevenir contra a inércia de seus representantes, em casos especiais, reputados pelo direito de transcendental relevância"; PINTO, José Augusto Rodrigues. *Manual dos recursos nos dissídios do trabalho*. São Paulo: LTr, 2006. p. 48: "[...] *data venia* da respeitável doutrina construída em contrário, persistimos entendendo que a apelidada remessa necessária tem, sim, natureza recursal;".

(40) SANTOS, Moacyr Amaral. *Primeiras linhas de direito processual civil*. v. 3, 16. ed., rev., atual. e ampl. por Aricê Amaral Santos. São Paulo: Saraiva, 1997. p. 99; COSTA, Coqueijo. *Direito processual do trabalho*. 4. ed. Rio de Janeiro: Forense, 1995. p. 428; NERY JUNIOR, Nelson. *Princípios fundamentais:* teoria geral dos recursos. 5. ed. São Paulo: Revista dos Tribunais, 2000. p. 60, entre outros.

despeito de o Decreto-lei n. 779, de 21 de agosto de 1969, atribuir-lhe impropriamente esta denominação, conforme se vê em seu art. 1º, inciso V, expresso ao fixar como privilégio da União, dos Estados, do Distrito Federal, dos Municípios e das autarquias ou fundações de direito público federais, estaduais ou municipais que não explorem atividade econômica o recurso ordinário *ex officio* das decisões que lhe sejam total ou parcialmente contrárias.(41)

Mediante a conjugação de todas as características já expostas, *Barbosa Moreira* conceitua o recurso, à luz da legislação processual brasileira, "como sendo o remédio voluntário idôneo a ensejar, dentro do mesmo processo, a reforma, a invalidação, o esclarecimento ou a integração de decisão judicial que se impugna". E ressalta, de modo a demonstrar que o agravo de instrumento não foge à regra: "dentro do mesmo *processo*, não necessariamente dos mesmos *autos*".(42)

4. Natureza jurídica dos recursos

4.1. O recurso como ação autônoma e como prolongamento do direito de ação

A controvérsia em torno da natureza jurídica dos recursos subdivide-se basicamente em duas posições doutrinárias distintas. A primeira enquadra-os na categoria das ações. É dizer, o recurso seria uma ação de caráter autônomo em relação àquela que lhe deu origem e teria natureza constitutiva. Dentre os partidários dessa teoria figuram, entre outros, *Emílio Betti*, *Mortara* e *Guasp*, conforme observa *Nelson Nery Junior*.(43) A segunda nega tenham os recursos a natureza de uma ação autônoma. Os partidários

(41) Sobre o tema, interessante se mostra a Orientação Jurisprudencial n. 334 da Subseção I Especializada em Dissídios Individuais do TST: "REMESSA *EX OFFICIO*. RECURSO DE REVISTA. INEXISTÊNCIA DE RECURSO ORDINÁRIO VOLUNTÁRIO DE ENTE PÚBLICO. INCABÍVEL. DJ 9.12.03 – Incabível recurso de revista de ente público que não interpôs recurso ordinário voluntário da decisão de primeira instância, ressalvada a hipótese de ter sido agravada, na segunda instância, a condenação imposta".

(42) MOREIRA, José Carlos Barbosa. *Comentários ao Código de Processo Civil.* v. 5, 11. ed. Rio de Janeiro: Forense, 2004. p. 235. Em linha bastante similar, podem-se reproduzir os seguintes conceitos de recurso: "Los medios de impugnación en su especie de 'recursos' son actos procesales de la parte que se estima agraviada (o gravada) por un acto de resolución del juez o tribunal, por lo que acude al mismo o a otro superior, pidiendo que revoque o anule el o les actos gravosos, siguiendo el procedimiento previsto en las leyes." (FAIRÉN GUILLÉN, Víctor. *Teoría general del derecho procesal.* México: Universidad Nacional Autónoma de México, 1992. p. 481); "[...] los instrumentos que se pueden interponer dentro del mismo procedimiento generalmente ante un órgano judicial superior, por violaciones cometidas tanto en el mismo procedimiento como en las resoluciones judiciales respectivas." (FIX-ZAMUDIO, Héctor; OVALLE FAVELA, José. *Derecho procesal.* México: Universidad Nacional Autónoma de México, 1991. p. 105); "É o meio processual que a lei coloca à disposição das partes, do Ministério Público e de um terceiro, a viabilizar, dentro da mesma relação jurídica processual, a anulação, a reforma, a integração ou o aclaramento da decisão judicial impugnada." (NERY JUNIOR, Nelson. *Princípios fundamentais:* teoria geral dos recursos. 5. ed. São Paulo: Revista dos Tribunais, 2000. p. 184)

(43) NERY JUNIOR, Nelson. *Princípios fundamentais:* teoria geral dos recursos. 5. ed. São Paulo: Revista dos Tribunais, 2000. p. 184-185.

dessa corrente veem o direito de recorrer como um prolongamento do exercício do direito de ação, dentro do mesmo procedimento.[44]

Acertado revela-se o posicionamento adotado pela segunda corrente. Nas palavras de *José Frederico Marques*, os fundamentos adotados por aqueles que veem no recurso uma ação autônoma afiguram-se errôneos e inaceitáveis "dado que 'recurso' e 'ação', embora se incluam entre os *direitos processuais subjetivos*, distintos se apresentam em seus caracteres ontológicos e também no tocante aos seus fins e objetivos". E nessa esteira prossegue:

> "O direito de recorrer é um direito que se insere no desdobramento dos atos processuais cuja prática resulta do direito de ação ou do direito de defesa. Por outro lado, com a propositura da ação, instaura-se uma relação processual, que surge e tem vida em virtude do ingresso do autor em Juízo. No recurso, ao contrário, a relação processual já existe, como também o estado de litispendência que a envolve. Interposto o recurso, prolonga-se a situação de pendência e o processo continua em seu movimento através de novos atos de procedimento. Não nasce, assim, uma nova instância, mas tão só o procedimento recursal.
>
> A ação, ao demais, tem por *causa finalis* o julgamento de um pedido, enquanto que o recurso, mesmo quando versa a respeito do *meritum causae*, tem por finalidade um novo julgamento."[45]

O mesmo é o pensamento de *Chiovenda*, que assim cuida da matéria: "A possibilidade dos recursos apresenta-nos o fenômeno de uma *pluralidade de procedimentos dentro de uma só relação processual*. Sendo uma a demanda, uma permanece a relação complexa, na qual os recursos apenas abrem *fases* ou *estádios diversos*. A *litispendência* aberta com a demanda judicial perdura enquanto não se encerrar com sentença *definitiva*."[46]

Essa mesma posição, compartilhada no plano internacional por *Víctor Fairén Guillén*[47] e, no plano nacional, dentre outros, por *Nelson Nery Junior*[48], *Barbosa*

---

(44) NERY JUNIOR, Nelson. *Princípios fundamentais:* teoria geral dos recursos. 5. ed. São Paulo: Revista dos Tribunais, 2000. p. 204.

(45) MARQUES, José Frederico. *Instituições de direito processual civil*. v. IV. Rio de Janeiro: Forense, 1960. p. 2-3. Na mesma linha, cabe reproduzir o magistério de Héctor Fix-Zamudio: "Respecto del derecho fundamental atribuido a las partes para combatir las resoluciones que les sean desfavorables ante los tribunales superiores, hasta llegar al de mayor jerarquía, se encuentra implícito en el derecho de acción, estimado este último como derecho subjetivo público, ya que la propia acción, como derecho o posibilidad dinámica, implica en relación con los tribunales, la obligación de la prestación jurisdiccional a través de todas las etapas del proceso, hasta la decisión que puede considerarse firme, es decir, con autoridad de cosa juzgada, y su consiguiente ejecución..." (FIX-ZAMUDIO, Héctor. *Constitución y proceso civil en Latinoamérica*. México: Universidad Nacional Autónoma de México, 1974. p. 101).

(46) CHIOVENDA, Giuseppe. *Instituições de direito processual civil*. v. 3. Campinas: Bookseller, 1998. p. 264-265.

(47) FAIRÉN GUILLÉN, Víctor. *Teoría general del derecho procesal*. México: Universidad Nacional Autónoma de México, 1992. p. 501-505.

(48) NERY JUNIOR, Nelson. *Princípios fundamentais:* teoria geral dos recursos. 5. ed. São Paulo: Revista dos Tribunais, 2000. p. 204.

Moreira[49], *Humberto Theodoro Júnior*[50], *Carreira Alvim*[51], *Carlos Henrique Bezerra Leite*[52], aplica-se perfeitamente aos recursos trabalhistas.

4.2. O recurso como ônus processual

Ainda sob o prisma da natureza jurídica, diz-se que os recursos constituem um ônus processual.

Com efeito, no curso do processo, os sujeitos que o integram deparam-se com uma série de imperativos jurídicos, que são classificados em deveres, obrigações e ônus processuais.

Os deveres processuais são aqueles imperativos jurídicos estabelecidos em prol de uma adequada realização do processo e cujo cumprimento se impõe mediante a fixação de sanções. Podem referir-se às partes (como sucede, por exemplo, com o dever atuar com boa-fé e lealdade, não alterar a verdade dos fatos e não utilizar o processo para atingir objetivo ilegal), a terceiros (como o dever de depor como testemunha ou de atuar como perito) ou ao magistrado (*v. g.*, velar pela rápida solução do litígio e não proceder no exercício de suas funções com dolo ou fraude).[53]

Existem, ainda, as obrigações processuais, ou seja, prestações que são impostas às partes por ocasião do processo. Constituem exemplos dessa modalidade de imperativo jurídico a condenação ao pagamento de custas processuais, ou a obrigação de reparação derivada do abuso do direito de ação ou do direito de defesa.[54]

Por fim, fala-se em ônus processuais, que consistem em uma situação jurídica instituída pela lei, fundada no requerimento de uma realização de uma conduta facultativa, normalmente estabelecida no interesse do próprio sujeito e cuja omissão acarreta uma consequência gravosa para este.[55] Nas palavras de *James Goldschmidt*, "existem no processo 'ônus', quer dizer, situações de necessidade de realizar determinado ato para evitar que sobrevenha um prejuízo processual".[56]

Quando foi analisado o conceito de recurso, frisou-se, como nota distintiva, o caráter de voluntariedade a eles inerente. Daí dizer-se que o recurso constitui um ônus, ou seja, uma situação jurídica instituída na lei, consistente no requerimento de uma conduta de realização facultativa (interposição do recurso), normalmente estabelecida

---

(49) MOREIRA, José Carlos Barbosa. *Comentários ao Código de Processo Civil.* v. 5, 11. ed. Rio de Janeiro: Forense, 2004. p. 235-237.

(50) THEODORO JÚNIOR, Humberto. *Curso de direito processual civil.* v. 1, 37. ed. Rio de Janeiro: Forense, 2001. p. 488.

(51) ALVIM, José Eduardo Carreira. *Elementos de teoria geral do processo.* 7. ed. Rio de Janeiro: Forense, 1999. p. 264-266.

(52) BEZERRA LEITE, Carlos Henrique. *Curso de direito processual do trabalho.* 2. ed. São Paulo: LTr, 2004. p. 435-436.

(53) COUTURE, Eduardo. *Fundamentos del derecho procesal civil.* Buenos Aires: B de F, 2005. p. 172.

(54) *Ibidem*, p. 173.

(55) *Ibidem*, p. 173.

(56) GOLDSCHMIDT, James. *Direito processual civil.* Tomo I. Campinas: Bookseller, 2003. p. 243.

no interesse do próprio sujeito (obtenção de uma situação mais vantajosa no processo), e cuja omissão provoca uma consequência gravosa para ele (perda da oportunidade de alcançar a referida condição mais favorável).

Daí ser irreparável o magistério de *Goldschmidt* ao asseverar que os ônus processuais são *imperativos do próprio interesse de agir*, ante os quais não há um direito do adversário ou do Estado. Em realidade, o adversário não deseja outra coisa senão que a parte não se desembarace de seu ônus.(57)

Assim, pode-se dizer que o ônus processual possui dupla face.(58) E isso porque, se por um lado o litigante tem a faculdade de recorrer, tem, por outro, a de não fazê-lo e, com isso, voluntariamente sofrer os gravames decorrentes de sua omissão. Por essa razão, revela-se pertinente a advertência de *Couture*, ao asseverar que:

> "Los recursos son medios de revisión; pero esos medios de revisión tienen en nuestro sistema, de carácter acentuadamente dispositivo, dos características que conviene no perder de vista.
>
> La primera es que son medios de fiscalización confiados a la parte; el error de procedimiento o el error de juicio, sólo se corrigen mediante requerimiento o protesta de la parte perjudicada. Si ésta no impugna el acto, el vicio queda subsanado."(59)

---

(57) GOLDSCHMIDT, James. *Teoria geral do processo*. São Paulo: Fórum, 2006. p. 74-75.

(58) COUTURE, Eduardo. *Fundamentos del derecho procesal civil.* Buenos Aires: B de F, 2005. p. 174.

(59) *Ibidem*, p. 285.

Capítulo 2

Classificação dos Recursos

1. Considerações iniciais

Conforme o magistério de *Miguel Reale*, "todo conhecimento científico implica uma certa tipologia, ou, mais genericamente, uma categorização. A ciência não pode prescindir de categorias, de tipos, de espécies, de gêneros, de classes ou de famílias, adequadas a cada região da realidade".(60) Por essa razão, a doutrina, por razões didático-científicas e também de ordem prática, costuma classificar os recursos. Para tanto, utiliza-se de diversos critérios. Nos tópicos subsequentes, passaremos a expor aqueles que se destacam por sua utilidade e aplicação prática e que guardam sintonia com os limites do presente trabalho. São eles:

a) quanto à extensão da matéria impugnada: recurso parcial e total;

b) quanto à autoridade a que se dirigem: recursos próprios e impróprios;

c) quanto à autonomia: recursos independente, principal e adesivo;

d) quanto à fundamentação: recursos de fundamentação livre e recursos de fundamentação vinculada;

e) quanto à natureza: recursos ordinários e extraordinários.

2. Recurso total e parcial

Conforme bem observa *Cândido Rangel Dinamarco*, "muito dificilmente uma sentença contém o julgamento de uma só pretensão, ou seja, uma só decisão". Realmente, ao lado da solução do conflito submetida ao crivo do Poder Judiciário, o juiz invariavelmente dispõe acerca dos custos do processo. Por outro lado, é comum no dia a dia forense — sobretudo no âmbito da Justiça do Trabalho — a cumulação de pedidos, em que a parte dispositiva da sentença contém decisão sobre cada uma das pretensões postas em juízo. Acresça-se a isso a circunstância de que constantemente o juiz depara com diversas preliminares deduzidas com o objetivo de impedir o exame do *meritum causae*.(61)

---

(60) REALE, Miguel. *Introdução à filosofia*. 3. ed. São Paulo: Saraiva, 1994. p. 43-44.

(61) DINAMARCO, Cândido Rangel. *Capítulos de sentença*. São Paulo: Malheiros, 2002. p. 9-10.

A cada uma dessas partes dispositivas da sentença fala-se em capítulos, ou seja, em unidades autônomas do decisório da sentença. Nas palavras de *Dinamarco*[(62)]:

> "Definem-se portanto os capítulos de sentença, diante do direito positivo brasileiro e dessas considerações, como *unidades* autônomas do decisório da sentença. [...] Não é adequado falar em *sentença com um capítulo só*, como às vezes se vê na doutrina. A sentença que não fosse portadora de duas ou mais decisões seria um todo unitário, sem divisão alguma em 'capítulos'. Capítulo é porção, parte, parcela, segmento, ou seja, a unidade decorrente de uma divisão."

Diante desse cenário, assevera *Dinamarco*, que integral será o recurso que erigir impugnação contra toda a decisão, em todos os seus capítulos, operando a devolução de toda a matéria decidida. De seu turno, será parcial o recurso voltado a um ou alguns dos capítulos de uma sentença, deixando sem impugnação os demais. Fixadas essas premissas, segundo seu magistério, o recurso será parcial (a) por força de lei, quando uma das partes só estiver autorizada a recorrer de algum capítulo, sem poder recorrer de todos; (b) por vontade do recorrente, quando ele estiver autorizado a interpor um recurso integral, mas optar por só recorrer de algum capítulo, deixando sem impugnação os demais; ou (c) pela conjugação desses dois fatores, quando só alguns dos capítulos são suscetíveis de impugnação por uma das partes, que opta por dar a seu recurso uma extensão ainda menor.[(63)]

Barbosa Moreira aprecia a questão de maneira um pouco diversa, e define o recurso total como sendo aquele que "abrange todo o conteúdo impugnável da decisão recorrida (não necessariamente o seu conteúdo integral)". Já no que tange ao recurso parcial, o citado processualista tem-no como aquele que não compreende a totalidade do conteúdo impugnável da decisão, em virtude de uma limitação voluntária da parte.[(64)]

Barbosa Moreira, ao aludir a conteúdo impugnável e não à integralidade da decisão, não toma por parcial o recurso pelo fato de não se dirigir contra os capítulos da decisão que foram favoráveis ao recorrente, já que, em razão da inexistência de interesse, não poderiam mesmo por este ser impugnados. Tanto assim que traz como nota característica dos recursos parciais a ausência de impugnação de capítulo da sentença em razão, única e exclusivamente, da vontade do recorrente. Nesse contexto, na hipótese de sucumbência parcial, caso uma das partes impugne a totalidade dos capítulos da sentença em que sucumbiu, ter-se-á, para *Barbosa Moreira*, um recurso total, já que toda a matéria impugnável será atacada. Já para *Dinamarco*, o recurso será parcial por força de lei.[(65)]

---

(62) DINAMARCO, Cândido Rangel. *Capítulos de sentença*. São Paulo: Malheiros, 2002. p. 35.

(63) *Ibidem*, p. 98-99.

(64) MOREIRA, José Carlos Barbosa. *Comentários ao Código de Processo Civil*. v. 5, 11. ed. Rio de Janeiro: Forense, 2004. p. 252.

(65) Também sobre a distinção entre as posições doutrinárias acima expostas, veja-se: DIDIER JR., Fredie; CUNHA, Leonardo José Carneiro da. *Curso de direito processual civil:* meios de impugnação às decisões judiciais e processo nos tribunais. Salvador: JusPodivm, 2006. p. 9-10.

3. Recursos próprios e impróprios

Segundo o magistério de *Renato Saraiva*, próprios são os recursos julgados pelo órgão hierarquicamente superior. Impróprios, de seu turno, são os julgados pela mesma autoridade que proferiu a decisão impugnada.(66)

A utilidade da classificação em questão reside na distinção que faz entre as demais espécies recursais e os embargos de declaração, que, por serem julgados pela mesma autoridade prolatora da decisão impugnada, são destituídos de efeito devolutivo.(67)

Essa mesma classificação é utilizada por *Juan Montero Aroca e José Flors Matíes*, com a denominação de recursos devolutivos e não devolutivos:

> "El segundo examen que implica la impugnación puede confiarse, bien al mismo órgano jurisdiccional que dictó la resolución que se impugna, bien a un órgano jurisdiccional distinto y superior. En el primer caso se habla de recursos no devolutivos y en el segundo de recursos devolutivos, existiendo entonces un órgano inferior (*iudex a quo*) y otro superior (*iudex ad quem*)".(68)

4. Recursos independentes, principal e adesivo

Nos casos de sucumbência recíproca, ou seja, em que a decisão se revela em parte favorável a um dos litigantes e em parte ao outro, pode ocorrer que ambos interponham recurso impugnando cada qual a parte que lhe seja desfavorável. Nessa hipótese, os recursos serão independentes.(69)

Casos há, entretanto, em que uma das partes, conquanto não tenha obtido a satisfação integral de sua pretensão, sente-se inclinada a conformar-se com a decisão que lhe foi em parte desfavorável. Nessa hipótese, abstendo-se uma das partes de interpor recurso no prazo legalmente previsto, a legislação processual confere-lhe uma nova oportunidade para tanto, no prazo destinado a apresentar impugnação ao recurso interposto pelo adversário.

Cuida-se, na hipótese, do denominado recurso adesivo, que tem seu regramento previsto no art. 500 do CPC, aplicável subsidiariamente ao processo do trabalho. Segundo o referido dispositivo legal, o recurso adesivo "fica subordinado ao recurso principal" e não será conhecido em caso de desistência do principal ou caso venha ele ser declarado inadmissível ou deserto.

---

(66) SARAIVA, Renato. *Curso de direito processual do trabalho*. São Paulo: Método, 2007. p. 442.

(67) MOREIRA, José Carlos Barbosa. *Comentários ao Código de Processo Civil*. v. 5, 11. ed. Rio de Janeiro: Forense, 2004. p. 260.

(68) MONTERO AROCA, Juan; FLORS MATÍES, José. *Tratado de recursos en el proceso civil*. Valência: Tirant lo Blanch, 2005. p. 39.

(69) MOREIRA, José Carlos Barbosa. *Comentários ao Código de Processo Civil*. v. 5, 11. ed. Rio de Janeiro: Forense, 2004. p. 252.

O recurso adesivo tem seu cabimento e processamento pautados pelas seguintes premissas:

a) a ele se aplicam as mesmas regras do recurso independente, quanto às condições de admissibilidade, preparo e julgamento no tribunal superior (CPC, art. 500, parágrafo único);

b) o recurso adesivo será interposto perante a autoridade competente para admitir o recurso principal, no prazo de que a parte dispõe para responder (CPC, art. 500, inciso I);

c) somente aquele que tem direito de apresentar contrarrazões ao recurso tem a possibilidade de oferecer recurso adesivo(70), pois é no prazo destinado à apresentação destas que se abre a oportunidade para sua interposição. Por essa razão, não há que se falar em recurso adesivo do Ministério Público ou de terceiro prejudicado, se estes não ocupavam, no momento da decisão impugnada, a posição de parte;(71)

d) o recurso adesivo somente é passível de interposição se o recurso principal houver sido interposto pela parte contrária. Assim, não se revela juridicamente possível a adesão à remessa oficial — que não possui natureza jurídica de recurso —, caso não haja recurso voluntário interposto pela Fazenda Pública.(72)

e) em caso de não conhecimento do recurso principal, a mesma sorte terá o adesivo. Pertinente, no particular, revela-se a advertência de *Barbosa Moreira*: "aqui se está pressupondo corretamente empregada a expressão 'não conhecimento'; se o caso, na verdade, é de *desprovimento* do recurso principal, cujo mérito se apreciou, ainda que com uso inadequado daquela outra expressão, de jeito nenhum fica afastada, só por isso, a possibilidade de conhecer-se do adesivo".(73)

f) o recurso adesivo é admissível, no âmbito do Direito Processual Civil, na apelação, nos embargos infringentes, no recurso extraordinário e no recurso especial (CPC, art. 500, inciso II). No âmbito do Direito Processual do Trabalho, sua admissibilidade dá-se em relação aos recursos congêneres: recurso ordinário, recurso de revista, recurso de embargos e agravo de petição. É o que expressamente dispõe o verbete n. 283 da Súmula de Jurisprudência Uniforme do Tribunal Superior do Trabalho(74).

---

(70) MARINONI, Luiz Guilherme; ARENHART, Sérgio Cruz. *Curso de direito processual civil*. 6. ed. São Paulo: Revista dos Tribunais, 2007. p. 583. v. 2: processo de conhecimento.

(71) COSTA, Coqueijo. *Direito processual do trabalho*. 4. ed. Rio de Janeiro: Forense, 1995. p. 465. MOREIRA, José Carlos Barbosa. *Comentários ao Código de processo civil*. v. 5, 11. ed. Rio de Janeiro: Forense, 2004. p. 318. MARINONI, Luiz Guilherme; ARENHART, Sérgio Cruz. *Curso de direito processual civil*. 6. ed. São Paulo: Revista dos Tribunais, 2007. p. 582-583. v. 2: processo de conhecimento.

(72) MOREIRA, José Carlos Barbosa. *Comentários ao Código de Processo Civil*. v. 5, 11. ed. Rio de Janeiro: Forense, 2004. p. 316.

(73) *Ibidem*, p. 325.

(74) Recurso adesivo. Pertinência no processo do trabalho. Correlação de matérias — Revisão da Súmula n. 196 — Res. n. 2/1985, DJ 1º.4.1985 — Republicada com correção DJ 12.4.1985. O recurso adesivo é compatível

Considerando-se que o recurso adesivo deve ser interposto no prazo destinado ao oferecimento das contrarrazões, surge interessante questão relativa à fixação do prazo para o Ministério Público, entes públicos (CPC, art. 188 e Decreto-lei n. 779/69) e litisconsortes com distintos procuradores (CPC, art. 191). Sobre o tema, *Fredie Didier Jr.* e *Leonardo Carneiro Cunha* manifestam-se pela concessão de prazo em dobro: "Embora os entes públicos e o Ministério Público não tenham prazo em dobro para apresentar contrarrazões, entende-se que possuem, todavia, a dobra do prazo para interpor recurso na forma adesiva."(75)

Idênticos são os magistérios de *Coqueijo Costa*(76), quanto à Fazenda Pública e ao Ministério Público e de *Barbosa Moreira*(77), que vai além, e tem por aplicável não só o prazo em dobro para os entes públicos e Ministério Público, mas também aquele previsto no art. 191 do CPC, para o caso de litisconsortes com diferentes procuradores:

> "As regras comuns sobre prazos, referentes à contagem e à prorrogação, incidem quanto ao de interposição do recurso adesivo. [...] Se houver litisconsórcio, e mais de um dentre os colitigantes 'vencidos' tiver deixado de recorrer por via independente, no prazo normal, sendo diferentes os procuradores, contar-se-á em dobro o prazo para a interposição do recurso adesivo por qualquer deles (art. 191). Também se contará em dobro (art. 188) o prazo para a interposição de recurso adesivo pela Fazenda Pública (com a consequente não coincidência entre esse e o prazo que ela tem — sem duplicação — para responder ao recurso principal), ou, quando parte, pelo Ministério Público, que só em tal hipótese, aliás, pode aderir".

Em sentido contrário e, a nosso ver, sem razão, posiciona-se *Renato Saraiva*, ao afirmar que o prazo para a Fazenda Pública e o Ministério Público deve ser simples, pois "o recurso adesivo deve ser interposto no prazo das contrarrazões (onde não há privilégio de prazo em dobro para os entes públicos e o Ministério Público)".(78)

Realmente, o recurso adesivo não constitui uma espécie de recurso, mas sim uma forma de interposição dos recursos(79). Por outro lado, quanto às condições de admissibilidade, o recurso adesivo rege-se pelas mesmas regras do recurso independente. Nesse contexto, se a este se aplica a regra prevista nos arts. 188 e 191 do CPC, ao adesivo estas mesmas regras também se aplicarão.

---

com o processo do trabalho e cabe, no prazo de 8 (oito) dias, nas hipóteses de interposição de recurso ordinário, de agravo de petição, de revista e de embargos, sendo desnecessário que a matéria nele veiculada esteja relacionada com a do recurso interposto pela parte contrária. (Res. n. 16/1988, DJ 18.3.1988).

(75) DIDIER JR., Fredie; CUNHA, Leonardo José Carneiro da. *Curso de direito processual civil:* meios de impugnação às decisões judiciais e processo nos tribunais. Salvador: JusPodivm, 2006. p. 63.

(76) COSTA, Coqueijo. *Direito processual do trabalho*. 4. ed. Rio de Janeiro: Forense, 1995. p. 465.

(77) MOREIRA, José Carlos Barbosa. *Comentários ao Código de Processo Civil.* v. 5, 11. ed. Rio de Janeiro: Forense, 2004. p. 322.

(78) SARAIVA, Renato. *Curso de direito processual do trabalho*. São Paulo: Método, 2007. p. 499.

(79) DIDIER JR., Fredie; CUNHA, Leonardo José Carneiro da. *Curso de direito processual civil:* meios de impugnação às decisões judiciais e processo nos tribunais. Salvador: JusPodivm, 2006. p. 61.

No Processo do Trabalho, entretanto, a regra inscrita no art. 191 do CPC não se aplica de maneira subsidiária, conforme diretriz plasmada na Orientação Jurisprudencial n. 310 da SbDI-1 do TST: "LITISCONSORTES. PROCURADORES DISTINTOS. PRAZO EM DOBRO. ART. 191 DO CPC. INAPLICÁVEL AO PROCESSO DO TRABALHO. A regra contida no art. 191 do CPC é inaplicável ao processo do trabalho, em decorrência da sua incompatibilidade com o princípio da celeridade inerente ao processo trabalhista".

Por fim, cumpre esclarecer que o recurso adesivo não constitui meio de salvar recurso independente interposto de forma equivocada. Por isso mesmo, sendo intempestiva a interposição do recurso, não poderá a parte aderir ao recurso da outra parte, ante a incidência de preclusão consumativa. Pela mesma razão, não poderá valer-se do recurso adesivo para complementar a fundamentação de recurso independente interposto de forma parcial. Também será inviável a utilização do recurso adesivo se a parte houver interposto recurso independente em relação ao qual desistiu e posteriormente se arrependeu ao impugnar o recurso da parte adversa.[(80)]

5. Recursos de fundamentação livre e recursos de fundamentação vinculada

Ao impugnar uma decisão judicial, deve a parte, nas razões de seu recurso, deduzir os fundamentos aptos a demonstrar a necessidade de sua reforma. Em suma, deve o recorrente externar sua crítica à decisão, enfatizando os erros que, a seu ver, nela se contém.[(81)]

Quanto aos limites dessa fundamentação, fala-se em recursos de fundamentação livre e em recursos de fundamentação vinculada.

Com efeito, quando a lei se abstém de fixar limites à fundamentação recursal, viabilizando, assim, ao recorrente apontar a existência de qualquer vício, tem-se um recurso de fundamentação livre, onde a causa de pedir recursal não se encontra previamente delimitada pela legislação processual e, por isso mesmo, não exerce influência na sua admissibilidade.[(82)]

Há hipóteses, porém, em que a lei estabelece previamente o tipo de erro passível de ser invocado no recurso, vinculando, assim, a sua admissibilidade à efetiva indicação do erro considerado relevante pela legislação. Tem-se aqui os recursos de fundamentação vinculada. Nas palavras de *Barbosa Moreira*:

> "Nos recursos de fundamentação vinculada, o recorrente precisa *invocar* o erro indicado como relevante (ou alguns deles, se há mais de um), para que o recurso *caiba*, e precisa *demonstrar-lhe* a efetiva ocorrência na espécie, para que o recurso *proceda*. A tipicidade do erro é, pois, pressuposto *do cabimento* do recurso (e, por conseguinte,

(80) DIDIER JR., Fredie; CUNHA, Leonardo José Carneiro da. *Curso de direito processual civil:* meios de impugnação às decisões judiciais e processo nos tribunais. Salvador: JusPodivm, 2006. p. 64-65.

(81) MOREIRA, José Carlos Barbosa. *Comentários ao Código de Processo Civil.* v. 5, 11. ed. Rio de Janeiro: Forense, 2004. p. 253.

(82) DIDIER JR., Fredie; CUNHA, Leonardo José Carneiro da. *Curso de direito processual civil:* meios de impugnação às decisões judiciais e processo nos tribunais. Salvador: JusPodivm, 2006. p. 10.

da sua admissibilidade); se o erro não for típico, o órgão *ad quem* não conhecerá daquele. A existência real do erro é pressuposto *da procedência* do recurso; se o erro, típico embora, não existir, o órgão *ad quem* conhecerá do recurso, mas lhe negará provimento".[83]

Importante observar que, ao mesmo tempo em que a tipicidade do erro funciona como requisito de admissibilidade do recurso, serve também de elemento limitador dos poderes do órgão *ad quem*, que, por essa razão, não poderá conhecer de recurso cuja fundamentação não esteja adequada ao enquadramento legal.[84]

6. Recursos ordinários e extraordinários

Barbosa Moreira, ao cuidar da classificação ora em exame, a ela se opõe de maneira firme. Chega a propor seu arquivamento para todo o sempre, já que nela não vê relevância prática e teórica. Afirma inexistir entre nós um recurso a que se possa, sob os prismas científico e de utilidade prática, atribuir a classificação genérica de extraordinário. Fundamenta sua crítica no fato de que, na sistemática processual brasileira, os recursos extraordinários não se destinam à impugnação de decisões transitadas em julgado, como ocorre em certos ordenamentos estrangeiros.[85]

Cremos, porém, juntamente com *Porto* e *Ustárroz*[86], que a classificação dos recursos em ordinários e extraordinários (ou excepcionais, conforme prefere, entre outros, *Rodolfo de Camargo Mancuso*[87]), além de didática, permite a reunião de uma série de recursos em cada um dos gêneros, diante de características e requisitos comuns às espécies.[88] Por outro lado, a classificação em questão é prestigiada pelo próprio legislador ao definir a coisa julgada material, conceituando-a, no art. 467 do CPC, como "a eficácia, que torna imutável e indiscutível a sentença, não mais sujeita *a recurso ordinário ou extraordinário*".[89]

A distinção mais comum que se faz entre recursos ordinários e extraordinários fundamenta-se no fato de os primeiros serem vocacionados à defesa do direito subjetivo da parte recorrente, ao passo que os segundos destinam-se, precipuamente, à tutela

(83) MOREIRA, José Carlos Barbosa. *Comentários ao Código de Processo Civil.* v. 5, 11. ed. Rio de Janeiro: Forense, 2004. p. 253.

(84) MONTERO AROCA, Juan; FLORS MATÍES, José. *Tratado de recursos en el proceso civil*. Valência: Tirant lo Blanch, 2005. p. 41.

(85) MOREIRA, José Carlos Barbosa. *Comentários ao Código de Processo Civil.* v. 5, 11. ed. Rio de Janeiro: Forense, 2004. p. 254-255.

(86) PORTO, Sérgio Gilberto; USTÁRROZ, Daniel. *Manual dos recursos cíveis*. Porto Alegre: Livraria do Advogado, 2007. p. 135.

(87) MANCUSO, Rodolfo de Camargo. *Recurso extraordinário e recurso especial*. 8. ed. São Paulo: Revista dos Tribunais, 2003. p. 102.

(88) No mesmo sentido: KOZIKOSKI, Sandro Marcelo. *Manual dos recursos cíveis:* teoria geral e recursos em espécie. 3. ed. Curitiba: Juruá, 2007. p. 124.

(89) JORGE, Flávio Cheim. *Teoria geral dos recursos cíveis*. 3. ed. São Paulo: Revista dos Tribunais, 2007. p. 32.

do direito objetivo, preservando a sua autoridade e unidade.[90] Nas palavras de *Sandro Kozikoski*: "De mais a mais, os recursos comportam ainda uma distinção entre *ordinários* e *extraordinários*, sendo os primeiros utilizados unicamente com a finalidade de proteger o *direito subjetivo* da parte recorrente, enquanto que os demais têm por objetivo imediato a tutela do direito objetivo." (*Manual dos recursos cíveis:* teoria geral e recursos em espécie, p. 123).

As características que diferenciam os referidos recursos não se exaurem aí. Conforme *Rodrigues Pinto*, a nota que os distingue reside no fato de que os recursos ordinários permitem "o livre reexame dos substratos de fato e de direito que fundamentaram a decisão impugnada", ao passo que, nos recursos ditos extraordinários, o reexame deve ficar restrito aos limites do substrato jurídico da decisão impugnada.[91]

Outros atributos comuns aos recursos de natureza extraordinária ainda podem ser enumerados, de modo a diferenciá-los dos recursos ditos ordinários. São eles[92]:

a) exigência, para a sua interposição, do prévio esgotamento das instâncias ordinárias[93];

b) imprestabilidade para o revolvimento de matéria fática;

c) possuem sistema de admissibilidade diferenciado e mais complexo que o inerente aos recursos ordinários;

d) são destinados aos Tribunais Superiores;

e) possuem uma menor amplitude no tocante à impugnação, por estarem submetidos a requisitos específicos de admissibilidade;

f) a execução levada a efeito na pendência dos recursos de natureza extraordinária será meramente provisória;

g) não se destinam, precipuamente, à correção de injustiças eventualmente existentes na decisão recorrida.

---

(90) Cf. Porto e Ustárroz: "No caso dos recursos de índole extraordinária, é inegável que sua existência dentro do sistema é animada por outro interesse, que não o direito das partes envolvidas no litígio. Daí a jurisprudência e a doutrina terem solidificado a máxima, pela qual tais recursos não se prestam ao mero rejulgamento da causa e não discutem, em linha de princípio, a justiça da decisão recorrida.
Prestam-se, ao contrário, para a harmonização do direito na federação. Servem, nesse sentido, como meio de valorização da norma jurisprudencial e do ideal federativo, permitindo que os operadores analisem seus julgados e possam aplicá-los nos seus Estados, com a certeza de que a última palavra será dada pela Corte Superior." (PORTO, Sérgio Gilberto; USTÁRROZ, Daniel. *Manual dos recursos cíveis*. Porto Alegre: Livraria do Advogado, 2007. p. 135).

(91) PINTO, José Augusto Rodrigues. *Manual dos recursos nos dissídios do trabalho*. São Paulo: LTr, 2006. p. 162.

(92) Cf. CÔRTES, Osmar Mendes Paixão. *Recurso extraordinário:* origem e desenvolvimento no direito brasileiro. Rio de Janeiro: Forense, 2005. p. 27-29; KOZIKOSKI, Sandro Marcelo. *Manual dos recursos cíveis:* teoria geral e recursos em espécie. 3. ed. Curitiba: Juruá, 2007. p. 123; MANCUSO, Rodolfo de Camargo. *Recurso extraordinário e recurso especial*. 8. ed. São Paulo: Revista dos Tribunais, 2003. p. 102-103.

(93) No que tange a essa característica especificamente, consoante ficará demonstrado no capítulo 7, revela-se mais adequado falar-se que sua interposição vincula-se à circunstância de o pronunciamento do juízo *a quo* ser final, ou seja, imune a qualquer outro recurso, à exceção dos embargos de declaração e do próprio recurso de natureza extraordinária.

Alguns autores enumeram ainda, como característica distintiva, o fato de os recursos extraordinários terem seus fundamentos específicos de admissibilidade traçados na Constituição e não na legislação ordinária.(94) Temos, contudo, por equivocada a inclusão deste aspecto, que não se revela presente na totalidade das espécies recursais agrupadas no gênero ora em estudo.

Conquanto perfeitamente passíveis de serem classificados como extraordinários, os recursos de revista e de embargos têm seus pressupostos específicos de admissibilidade previstos na legislação ordinária, *ex vi* dos arts. 896 e 894 da Consolidação das Leis do Trabalho. De outra banda, o recurso ordinário constitucional, embora não se enquadre em nenhuma hipótese como recurso de natureza extraordinária, tem sua previsão expressamente regrada tanto pela Lei Maior (arts. 102, inciso II e 105, inciso II), quanto pelo Código de Processo Civil (art. 539).

(94) MANCUSO, Rodolfo de Camargo. *Recurso extraordinário e recurso especial*. 8. ed. São Paulo: Revista dos Tribunais, 2003. p. 103; KOZIKOSKI, Sandro Marcelo. *Manual dos recursos cíveis:* teoria geral e recursos em espécie. 3. ed. Curitiba: Juruá, 2007. p. 123

Capítulo 3

Atos Judiciais Sujeitos a Recurso

1. Considerações iniciais

Segundo a legislação processual, cabe ao juiz a direção do processo, velando sempre pela rápida solução do litígio (CPC, art. 125, *caput* e inciso II). Para se desincumbir desse mister, o magistrado pratica uma série de atos, que podem ou não possuir natureza decisória.[95]

No que toca especificamente à teoria recursal, o estudo dos atos praticados pelo juiz assume especial importância. E isso porque os recursos não são cabíveis contra todo e qualquer ato judicial, mas sim contra atos específicos. Por essa razão, é imperioso saber identificá-los, de modo a que se possa corretamente eleger o recurso adequado ao ato judicial que se pretende impugnar.

Tendo em vista o fato de a CLT não haver cuidado do tema, sendo, por isso mesmo, omissa a respeito da sistematização dos atos judiciais[96], o exame da matéria no âmbito do Direito Processual do Trabalho não prescinde da aplicação subsidiária do CPC. E, nessa perspectiva, ganham relevo os reflexos sobre o sistema recursal trabalhista, decorrentes das alterações introduzidas no Código de Processo Civil, principalmente aqueles originados da Lei n. 11.232, de 22.12.2005, que alterou de maneira substancial o conceito de sentença.

Adicione-se a isso o fato de que, no sistema processual trabalhista, além dos despachos, que são irrecorríveis, as decisões interlocutórias também sofrem severas limitações quanto à sua recorribilidade. É o que se extrai da regra inserta no art. 893, parágrafo único, da CLT, que veda a interposição imediata de recurso contra esta modalidade de atos judiciais, cuja impugnação somente poderá ser efetivada por meio de recurso interposto contra a decisão definitiva.

Delimitada a matéria objeto do presente capítulo, passemos, a seguir, a examiná-la.

---

(95) THEODORO JÚNIOR, Humberto. *Curso de direito processual civil*. v. 1, 37. ed. Rio de Janeiro: Forense, 2001. p. 200.

(96) BEBBER, Júlio César. *Cumprimento da sentença no processo do trabalho*. São Paulo: LTr, 2007. p. 23-24. TEIXEIRA FILHO, Manoel Antonio. *Sistema dos recursos trabalhistas*. 10. ed. São Paulo: LTr, 2003. p. 95.

2. As definições legais

Com o intuito de superar divergências doutrinárias e simplificar o trato da matéria, o Código de Processo Civil estabeleceu, em seus arts. 162 e 163, a definição dos atos praticados pelo juiz e pelo tribunal, adotando os seguintes parâmetros:

> "Art. 162. Os atos do juiz consistirão em sentenças, decisões interlocutórias e despachos.
>
> § 1º Sentença é o ato do juiz que implica alguma das situações dos arts. 267 e 269 desta lei.
>
> § 2º Decisão interlocutória é o ato pelo qual o juiz, no curso do processo, resolve questão incidente.
>
> § 3º São despachos todos os demais atos do juiz praticados no processo, de ofício ou a requerimento da parte, a cujo respeito a lei não estabelece outra forma. [...]"
>
> "Art. 163. Recebe a denominação de acórdão o julgamento proferido pelos tribunais".

Importante observar, porém, que a enumeração legalmente estabelecida não é exaustiva, já que não foram considerados outros atos praticados pelo juiz, que não os decisórios, bem como aqueles praticados no âmbito do tribunal, que não os colegiados.(97) E, de fato, há inúmeros atos que não se inserem nos limites da definição legal, consoante sucede com a presidência de audiências e sessões de julgamento, a oitiva de testemunhas, entre outros.

Elucidativa, a esse respeito, é a classificação proposta por *Couture*, que agrupa os atos judiciais em *atos de decisão, atos de comunicação* e *atos de documentação*.(98) Os primeiros são aqueles voltados a resolver o processo, suas incidências ou a assegurar o impulso processual. Identificam-se, portanto, com os atos enumerados nos arts. 162 e 163 do CPC. Os segundos são aqueles destinados a notificar as partes ou outras autoridades acerca dos atos de decisão. Por fim, os terceiros são aqueles pelos quais são representados mediante documentos escritos os atos das partes, do juízo ou de terceiros.

Cabe observar, contudo, que, para efeito de recorribilidade, importante mesmo é a classificação prevista nos dispositivos legais acima, razão pela qual passaremos, nos tópicos a seguir, a dedicar-lhes exame detalhado.

3. Conceito de sentença

De acordo com o disposto no art. 162, § 1º, do CPC, com a redação que lhe emprestou a Lei n. 11.232/2005, "sentença é o ato do juiz que implica alguma das situações dos arts. 267 e 269 desta lei".

Nos termos da definição legal, a sentença passou a ser conceituada sob a ótica de seu *conteúdo*, e não mais sob o prisma de sua *finalidade*, consoante ocorria na sistemática anterior à edição da Lei n. 11.232/2005.

---

(97) NERY JUNIOR, Nelson. *Princípios fundamentais:* teoria geral dos recursos. 5. ed. São Paulo: RT, 2000. p. 207.

(98) COUTURE, Eduardo. *Fundamentos del derecho procesal civil.* Buenos Aires: B de F, 2005. p. 167-168.

Com efeito, à luz de sua redação primitiva, o art. 162, § 1º, do CPC legalmente conceituava a sentença como sendo o *"ato pelo qual o juiz põe termo ao processo, decidindo ou não o mérito da causa"*. Vê-se, portanto, que a moldura estabelecida pela lei partia de uma *finalidade*, qual seja, a de pôr termo ao processo, decidindo ou não o mérito da causa, com vistas a definir o ato judicial denominado sentença. Com o advento da Lei n. 11.232/2005 essa ótica sofreu substancial alteração. E isso porque o conceito legal de sentença passou a ter por parâmetro, não mais a finalidade, mas sim o *conteúdo*. Daí o § 1º do art. 162 do CPC estabelecer que *"sentença é o ato do juiz que implica* [ou seja, que tem por conteúdo] *alguma das situações dos arts. 267 e 269 desta lei"*.[(99)]

Observam *Flávio Cheim Jorge, Fredie Didier Jr.* e *Marcelo Abelha Rodrigues* que "o objetivo da alteração do texto foi ressaltar que a sentença não mais extingue o processo, tendo em vista que toda *sentença de prestação* (sentença que reconhece a existência de um direito a uma prestação) agora dá ensejo à execução imediata, sem necessidade de um outro processo (de execução) com esse objetivo". Não por outra razão, destacam os referidos autores, é que o art. 463 do CPC também foi alterado, com a supressão da alusão feita ao "encerramento da atividade jurisdicional", como consequência do ato de prolatar a sentença.[(100)]

Analisando a questão em termos mais específicos, *Marinoni* e *Arenhart* pontuam que a novidade introduzida pela Lei n. 11.232/2005 reside no reconhecimento legislativo quanto à existência de *sentenças de mérito que não extinguem o processo.*[(101)] E, nesse passo, convém enfatizar de plano, que a limitação às sentenças de mérito justifica-se ante o disposto no art. 267 do CPC, expresso ao preceituar que, nas hipóteses ali enumeradas, *"extingue-se o processo, sem resolução de mérito"*. Em contrapartida, o art. 269 do CPC não mais alude à extinção do processo com julgamento de mérito, limitando-se a dispor que, nas situações ali previstas, "haverá resolução de mérito".

E, de fato, se o escopo da alteração legislativa foi de harmonizar o conceito de sentença ao novo sistema legal outorgado à execução, em que a realização do direito já reconhecido não se dará mediante a instauração de outro processo, mas sim no seio de uma nova fase do processo já em curso (cumprimento da sentença), por certo que não há incoerência em falar-se em extinção do processo, nas hipóteses do art. 267 do CPC, em que a atividade jurisdicional do Estado se encerra atipicamente, materializando a impossibilidade de reconhecimento e, obviamente, de satisfação do direito aplicável à espécie.[(102)]

Por outro lado, é importante destacar que somente acolhem o pedido, sem extinguir o processo, as sentenças que condenam ao pagamento de quantia certa, ou que impõem não fazer, fazer ou a entrega de coisa (arts. 461 e 461-A do CPC). As sentenças meramente

(99) BUENO, Cassio Scarpinella. *A nova etapa da reforma do código de processo civil*. v. 1. São Paulo: Saraiva, 2006. p. 12-13.

(100) JORGE, Flávio Cheim; DIDIER JR., Fredie; RODRIGUES, Marcelo Abelha. *A terceira etapa da reforma processual civil*. São Paulo: Saraiva, 2006. p. 68.

(101) MARINONI, Luiz Guilherme; ARENHART, Sérgio Cruz. *Curso de direito processual civil*. 6. ed. São Paulo: Revista dos Tribunais, 2007. p. 403. v. 2: processo de conhecimento.

(102) BUENO, Cassio Scarpinella. *A nova etapa da reforma do Código de Processo Civil*. v. 1. São Paulo: Saraiva, 2006. p. 22.

declaratórias e constitutivas, por não demandarem, para a satisfação do autor, que o processo se desdobre em uma fase de execução, obviamente têm o condão de extinguir o processo(103), desde que, por óbvio, não se opere a interposição de recurso.

O que é importante observar é que a sistemática introduzida pela Lei n. 11.232/2005 deve ser interpretada como uma *ruptura* com o modelo anterior, pautado na separação entre processo de conhecimento e processo de execução. Consoante pontua com absoluta propriedade *Cassio Scarpinella Bueno*, a partir da nova moldura legal implantada com o advento da Lei n. 11.232/2005, as atividades jurisdicionais voltadas ao reconhecimento do direito e as atividades jurisdicionais voltadas à realização do direito estão configuradas como *etapas* do processo.(104) O legislador importou, assim, para o processo civil, o sistema já adotado pelo Direito Processual do Trabalho, onde a execução constitui mero estágio que se desdobra em sequência ao término da fase de conhecimento.(105)

A conceituação da sentença a partir de seu conteúdo, porém, traz problemas relevantes para o sistema recursal, tendo em vista que nem todo ato que verse sobre algumas das hipóteses dos arts. 267 e 269 do CPC necessariamente será sentença. Tome-se como exemplo determinada decisão que proceda à rejeição liminar de reconvenção(106) ou que determine a exclusão de um dos litisconsortes por ilegitimidade.(107) Indubitavelmente são decisões cujo conteúdo se insere no rol de situações previstas nos arts. 267 e 269 do CPC. Entretanto, revela-se absolutamente inviável que se admita o cabimento imediato de recurso ordinário com vistas à impugnação de decisões desse jaez, já que os autos não poderão jamais ser remetidos ao tribunal, sob pena de frustrar o curso do procedimento, que deve prosseguir ainda em primeira instância, rumo à solução final da lide.

---

(103) MARINONI, Luiz Guilherme; ARENHART, Sérgio Cruz. *Curso de direito processual civil*. 6. ed. São Paulo: Revista dos Tribunais, 2007. p. 403. v. 2: processo de conhecimento. Os referidos autores assinalam ainda que (*op. cit.*, p. 422): "Note-se que a sentença condenatória apenas exorta o réu ao pagamento, permitindo ao credor, em caso de inadimplemento, requerer a execução. Ao contrário, a sentença que rescinde um contrato, e, portanto, o desconstitui, basta por si só para atender ao direito do autor".

(104) BUENO, Cassio Scarpinella. *A nova etapa da reforma do Código de Processo Civil*. v. 1. São Paulo: Saraiva, 2006. p. 15.

(105) Cf. Manoel Antonio Teixeira Filho: "Enquanto a execução, no processo civil, só pode ser promovida pelo credor, pelo Ministério Público (nos casos previstos em lei), pelo devedor, pelo espólio, herdeiros ou sucessores, pelo cessionário e pelo sub-rogado, no processo do trabalho ela poderá ser iniciada pelo *próprio juiz*, por sua incoação, segundo a regra do art. 878, *caput*, da CLT [...].
Um tal poder outorgado, de maneira expressa, ao juiz do trabalho deixa evidente a atitude ideológica do legislador de fazer da execução mera fase sequente ao processo de conhecimento, sem jamais nos esquecermos de que o mesmo legislador concebeu, pela letra do art. 876 da CLT, como títulos executivos, unicamente os judiciais. A conjugação desses dois fatos ponderáveis, que relatamos, torna inelidível a conclusão de que, não sendo possível haver execução sem anterior processo de conhecimento, aquela nada mais é do que desdobramento lógico deste. A execução trabalhista, consequentemente, não instaura uma nova relação jurídica, senão que apenas representa emanação peculiar da relação nascida no processo de conhecimento." (TEIXEIRA FILHO, Manoel Antonio. *Execução no processo do trabalho*. 6. ed. São Paulo: LTr, 1998. p. 42-43).

(106) THEODORO JÚNIOR, Humberto. *As novas reformas do código de processo civil*. Rio de Janeiro: Forense, 2006. p. 5.

(107) JORGE, Flávio Cheim; DIDIER JR., Fredie; RODRIGUES, Marcelo Abelha. *A terceira etapa da reforma processual civil*. São Paulo: Saraiva, 2006. p. 70.

Diante dessa perspectiva, não se pode cair na tentação de interpretar o art. 162, § 1º, do CPC de forma isolada e literal e em dissonância com sua teleologia.(108) Realmente, conforme bem adverte *Eros Roberto Grau* "a interpretação do direito é interpretação *do direito*, no seu todo, não de textos isolados, desprendidos do direito. [...] Um texto de direito isolado, destacado, desprendido do sistema jurídico, não expressa significado normativo algum".(109)

Considerando o fato de a reforma que desaguou na nova redação do art. 162, § 1º, do CPC se inserir em um contexto voltado a prestigiar os princípios da celeridade e da efetividade, em evidente concretização do direito fundamental à razoável duração do processo (CF, art. 5º, LXXVII), não se pode ter por válida uma interpretação que leve à paralisia do objetivo principal, que é a solução da lide, enquanto os autos sobem ao tribunal para que, em sede de recurso ordinário, seja apreciado o indeferimento liminar de reconvenção ou a exclusão de um único litisconsorte, por ilegitimidade, em prejuízo dos demais.(110)

Por essa razão é que as decisões acima referidas devem ser classificadas como interlocutórias, já que resolvem questão incidente, *no curso do processo*, não obstante tragam em seu conteúdo matéria própria dos arts. 267 e 269 do CPC.

Nesse contexto, somente merecerá a denominação de sentença, o ato judicial que, calcado em uma das hipóteses dos arts. 267 ou 269 do CPC, proceda ao *encerramento da instância*, em primeiro grau de jurisdição(111), ou à extinção do processo.

Quanto à sua recorribilidade, as sentenças são, a teor do art. 895, alínea *a*, da CLT, impugnáveis por meio de recurso ordinário, que, nos dissídios de alçada previstos no art. 2º, § 4º, da Lei n. 5.584/70, terá cabimento restrito à impugnação de matérias constitucionais.

4. Conceito de decisão interlocutória

Segundo o art. 162, § 2º, do CPC, "decisão interlocutória é o ato pelo qual o juiz, no curso do processo, resolve questão incidente". Dissecando o dispositivo legal, algumas conclusões podem, de plano, ser extraídas.

---

(108) THEODORO JÚNIOR, Humberto. *As novas reformas do código de processo civil.* Rio de Janeiro: Forense, 2006. p. 5.

(109) GRAU, Eros Roberto. *Ensaio e discurso sobre a interpretação/aplicação do direito.* 2. ed. São Paulo: Malheiros, 2003. p. 40.

(110) THEODORO JÚNIOR, Humberto. *As novas reformas do código de processo civil.* Rio de Janeiro: Forense, 2006. p. 5.

(111) Fala-se aqui em "encerramento de instância" em conformidade com o magistério de Flávio Cheim Jorge, Fredie Didier Jr. e Marcelo Abelha Rodrigues, "a sentença nem sempre *encerrará* toda a fase do procedimento, quer porque pode haver recurso, a prolongar a litispendência, quer porque, sendo demanda de competência originária de tribunal, o ato que porá fim ao procedimento será acórdão ou decisão monocrática de membro de tribunal (decisão do relator que indefere a petição inicial de uma ação rescisória) e não sentença, decisão proferida em juízo singular. Obviamente, é possível designar toda e qualquer decisão judicial de 'sentença' (sentença como sinônimo de decisão judicial), mas não é esse o sentido do § 1º do art. 162 do CPC, que se refere a uma determinada modalidade de decisão judicial, com o claro objetivo de organizar o sistema recursal." (JORGE, Flávio Cheim; DIDIER JR., Fredie; RODRIGUES, Marcelo Abelha. *A terceira etapa da reforma processual civil.* São Paulo: Saraiva, 2006. p. 70).

A primeira decorre do adjetivo *interlocutórias*, atribuído ao substantivo decisão. Com efeito, ao aludir à decisão interlocutória, o Código refere-se a um tipo específico de ato judicial que não se confunde com o gênero *decisão*, do qual são espécies, além das sentenças e acórdãos, a própria decisão interlocutória.[112]

Por outro lado, ao fixar como nota característica das decisões interlocutórias, o fato de serem vocacionadas à solução de questão incidente *no curso do processo* dá-nos o Código o elemento principal para diferenciá-las das sentenças. Realmente, conforme observa *Costa Machado*, ao contrário do que sucede com as sentenças, todas as questões passíveis de solução pelas decisões interlocutórias não acarretam a extinção do processo [ou de fase deste], daí, por sinal, a pertinência do adjetivo interlocutórias (*inter*, no meio; *locutionis*, processo).[113]

Importante observar que as decisões interlocutórias são proferidas tanto perante o juízo singular, como também no âmbito dos tribunais. Citem-se como exemplos aquelas que deferem ou indeferem prova, que concedem ou não liminares[114], bem como as decisões dos relatores que, nas hipóteses previstas nos arts. 557 do CPC e 896, § 5º, da CLT, negam seguimento ou dão provimento a recurso.[115]

Quanto à sua recorribilidade, as decisões interlocutórias sofrem severas limitações no sistema processual trabalhista. O art. 893, parágrafo único, da CLT veda a interposição imediata de recurso contra esta modalidade de atos judiciais, cuja impugnação somente poderá ser efetivada por meio de recurso interposto contra a decisão definitiva.

Esta regra, contudo, concretiza um princípio que não possui caráter absoluto, conforme claramente se extrai da Súmula n. 214 do Tribunal Superior do Trabalho, que traz a seguinte orientação:

> "Decisão Interlocutória. Irrecorribilidade. Nova redação — Res. 127/2005, DJ 14.3.2005 — Na Justiça do Trabalho, nos termos do art. 893, § 1º, da CLT, as decisões interlocutórias não ensejam recurso imediato, salvo nas hipóteses de decisão: a) de Tribunal Regional do Trabalho contrária à Súmula ou Orientação Jurisprudencial do Tribunal Superior do Trabalho; b) suscetível de impugnação mediante recurso para o mesmo Tribunal; c) que acolhe exceção de incompetência territorial, com a remessa dos autos para Tribunal Regional distinto daquele a que se vincula o juízo excepcionado, consoante o disposto no art. 799, § 2º, da CLT."

Outras exceções são facilmente identificáveis na legislação, valendo citar o pedido de revisão, cabível, na forma do art. 2º, § 1º, da Lei n. 5.584/70, contra decisão interlocutória proferida pelo juiz de primeiro grau com o objetivo de fixar o valor da causa, quando

(112) NERY JUNIOR, Nelson. *Princípios fundamentais* — teoria geral dos recursos. 5. ed. São Paulo: RT, 2000. p. 208.

(113) MACHADO, Antônio Cláudio da Costa. *Código de Processo Civil interpretado:* artigo por artigo, parágrafo por parágrafo. 6. ed. Barueri: Manole, 2007. p. 160.

(114) WAMBIER, Teresa Arruda Alvim. *Os agravos no CPC brasileiro*. 3. ed. São Paulo: Revista dos Tribunais, 2000. p. 80.

(115) NERY JUNIOR, Nelson. *Princípios fundamentais* — teoria geral dos recursos. 5. ed. São Paulo: RT, 2000. p. 208; MACHADO, Antônio Cláudio da Costa. *Código de Processo Civil interpretado:* artigo por artigo, parágrafo por parágrafo. 6. ed. Barueri: Manole, 2007. p. 715.

este for indeterminado.(116) O recurso de agravo de petição também constitui exemplo de flexibilização do princípio da irrecorribilidade das interlocutórias.(117)

5. Conceito de despacho

Conforme o § 3º do art. 162 do CPC, "são despachos todos os demais atos do juiz praticados no processo, de ofício ou a requerimento da parte, a cujo respeito a lei não estabelece outra forma".

Analisando-se a sistemática proposta pelo Código de Processo Civil, verifica-se que o conceito de despacho é fixado por exclusão(118), já que nele estariam inseridos todos os demais atos praticados pelo juiz, que não estejam enquadrados nos conceitos de sentença e decisão interlocutória. A lei traz ainda um critério formal no bojo da definição de despacho, previsto na parte final do § 3º do art. 162 do CPC ("a cujo respeito a lei não estabelece outra forma"), cuja função e alcance não ficam claros, sobretudo porque, consoante observa *Barbosa Moreira*, a diferença essencial entre os despachos e os demais pronunciamentos judiciais reside no *conteúdo*, sendo a diversidade de forma apenas mera consequência.(119)

E, de fato, ao contrário do que ocorre com as decisões interlocutórias, por intermédio dos despachos, o juiz não decide questões incidentes no curso do processo, tampouco causa gravame ao direito ou interesse de quaisquer das partes em litígio. Por meio deles, o juiz apenas emite ordens judiciais relativas ao andamento do processo. São voltados, portanto, à realização do impulso processual.(120)

Caso se desviem dessa finalidade, referidos atos judiciais deixarão de enquadrar-se na categoria dos despachos, passando a figurar como verdadeiras decisões interlocutórias.(121)

(116) TEIXEIRA FILHO, Manoel Antonio. *Sistema dos recursos trabalhistas*. 10. ed. São Paulo: LTr, 2003. p. 110-111.

(117) Nesse sentido: "RECURSO ORDINÁRIO. MANDADO DE SEGURANÇA. EXTINÇÃO DO FEITO SEM JULGAMENTO DO MÉRITO. I – O princípio da irrecorribilidade das interlocutórias, consagrado no art. 893, § 1º, da CLT, só se aplica ao processo de conhecimento, em virtude de não haver atividade cognitiva no processo de execução, em que os atos aí praticados se classificam como materiais e expropriatórios com vistas à satisfação da sanção jurídica. II – O que pode ocorrer durante a tramitação do processo de execução é a erupção de incidentes de cognição, quer se refiram aos embargos do devedor, quer se refiram a pretensões ali deduzidas marginalmente, em que as decisões que os examinam desafiam a interposição do agravo de petição do art. 897, alínea *a*, da CLT. III – O ato impugnado no presente mandado de segurança consiste em decisão que indeferiu o pedido de refazimento dos cálculos de liquidação, ao fundamento de que inexistente erro material. IV – Proferida a decisão na fase executória, defronta-se com o não cabimento do mandado de segurança, nos termos do art. 5º, inciso II, da Lei n. 1.533/51, em virtude de ela ser atacável mediante agravo de petição. V – Irrelevante desfrute o recurso de efeito meramente devolutivo, pois não se vislumbra o requisito da urgência que autorizasse a impetração da segurança, vindo à baila a Orientação Jurisprudencial n. 92 da SBDI-2/TST, segundo a qual não cabe mandado de segurança contra decisão judicial passível de reforma mediante recurso próprio, ainda que com efeito diferido." (Processo n. TST-ROMS-48/2006-000-19-00, Rel. Min. Barros Levenhagen, DJ de 8.6.2007).

(118) TEIXEIRA FILHO, Manoel Antonio. *Sistema dos recursos trabalhistas*. 10. ed. São Paulo: LTr, 2003. p. 112.

(119) MOREIRA, José Carlos Barbosa. *Comentários ao Código de Processo Civil*. v. 5, 11. ed. Rio de Janeiro: Forense, 2004. p. 243.

(120) THEODORO JÚNIOR, Humberto. *Curso de direito processual civil*. v. 1, 37. ed. Rio de Janeiro: Forense, 2001. p. 202.

(121) MOREIRA, José Carlos Barbosa. *Comentários ao Código de Processo Civil*. v. 5, 11. ed. Rio de Janeiro: Forense, 2004. p. 245; THEODORO JÚNIOR, Humberto. *Curso de direito processual civil*. v. 1, 37. ed. Rio de

Quanto à sua recorribilidade, o art. 504 do CPC é claro: "Dos despachos não cabe recurso". O mesmo vale para o âmbito do processo do trabalho.

6. Conceito de acórdão

Nos termos do art. 163 do CPC, "recebe a denominação de acórdão o julgamento proferido pelos tribunais". O Código de Processo Civil, porém, em diversas oportunidades, utiliza-se da palavra "sentença" em sentido amplo, de sorte a abranger não só as decisões proferidas pelos juízos singulares, mas também os pronunciamentos dos órgãos colegiados superiores. É o que se dá nos arts. 460, 462, 483, 485, entre outros.(122)

Importante salientar que a denominação de acórdão revela-se pertinente apenas quando a decisão no tribunal for tomada de forma colegiada. Quando o ato judicial, a despeito de ser proferido no âmbito do tribunal, ocorrer de forma individual, será enquadrado, conforme o caso, como decisão interlocutória ou como despacho, mas nunca como acórdão.(123)

Quanto à recorribilidade, os acórdãos poderão ser impugnados mediante os seguintes recursos, no âmbito dos dissídios individuais do trabalho: recurso ordinário (CLT, art. 895, *b*) recurso de revista (CLT, art. 896), embargos de declaração (CLT, art. 897-A), embargos (CLT, art. 894, II), recurso extraordinário (CF, art. 102, III) e embargos de divergência (CPC, art. 546, II).

No que se refere especificamente aos recursos objeto do presente trabalho, são cabíveis contra os acórdãos proferidos pelos Tribunais Regionais do Trabalho, em grau de recurso ordinário e em dissídio individual (recurso de revista) e contra acórdãos das turmas do Tribunal Superior do Trabalho, que divergirem entre si ou de decisão proferida pela Seção de Dissídios Individuais daquela Corte (embargos).

Janeiro: Forense, 2001. p. 202; NERY JUNIOR, Nelson. *Princípios fundamentais* — teoria geral dos recursos. 5. ed. São Paulo: RT, 2000. p. 208.

(122) MOREIRA, José Carlos Barbosa. *Comentários ao Código de Processo Civil.* v. 5, 11. ed. Rio de Janeiro: Forense, 2004. p. 245.

(123) NERY JUNIOR, Nelson. *Princípios fundamentais:* teoria geral dos recursos. 5. ed. São Paulo: RT, 2000. p. 207.

CAPÍTULO 4

VÍCIOS DOS ATOS PROCESSUAIS

1. Considerações iniciais

No capítulo anterior, examinamos os atos judiciais que são passíveis de impugnação pela via recursal. Passaremos, a seguir, a analisar os tipos de vícios que tornam os atos praticados pelo juiz objeto de reexame por meio dos recursos previstos no ordenamento processual.

Conforme a doutrina clássica, os vícios dos atos judiciais classificam-se em vícios de atividade, também denominados *errores in procedendo* e em vícios de juízo, chamados de *errores in judicando.* Ambos, sem distinção, poderão ser amplamente impugnados por meio de todas as espécies recursais previstas no ordenamento jurídico nacional, dada a ausência de qualquer restrição legal ao cabimento de recurso que tenha por base a natureza do defeito que se pretende atacar no ato judicial.(124)

Ante essa perspectiva, é importante examinar as características de cada uma das espécies de vícios acima referidos, de modo a que se possa, não só identificá-los, mas também extrair os efeitos deles decorrentes no bojo da relação processual.

2. Os *errores in procedendo*

O processo é o instrumento de que se vale o Estado, com vistas à composição dos conflitos intersubjetivos de interesses existentes no meio social, mediante o exercício da atividade jurisdicional. Desde a sua instauração até a pacificação do litígio, que é seu ponto culminante, o seu desenvolvimento não se dá por meio de uma sucessão de atos passíveis de serem praticados de forma desordenada. Muito ao contrário. Toda essa sucessão de atos dá-se em conformidade com um procedimento que estabelece a ordem e o modo com que serão praticados.

Realmente, conforme o magistério de *Calamandrei*:

"A determinação dos modos com os quais devem ser realizados e devem ser ordenados em série os atos que compõem o processo (modos que se compreendem

(124) NERY JUNIOR, Nelson. *Princípios fundamentais:* teoria geral dos recursos. 5. ed. São Paulo: RT, 2000. p. 216-217; ORIONE NETO, Luiz. *Recursos cíveis*. 2. ed. São Paulo: Saraiva, 2006. p. 31; SOUZA, Bernardo Pimentel. *Introdução aos recursos cíveis e à ação rescisória*. 4. ed. São Paulo: Saraiva, 2007. p. 40.

sob a denominação de 'formas processuais'), pode ser feita segundo dois sistemas, abstratamente concebíveis como divergentes: o da *liberdade das formas processuais* e o da *legalidade das formas processuais.*

Conforme o primeiro destes sistemas (que provavelmente, na prática, jamais tenha sido aplicado de um modo integral) seria dada àqueles que visam a obter uma providência jurisdicional a liberdade de se dirigir ao juiz pelas formas que considerassem mais oportunas e persuasivas, sem que devessem seguir ordem e modos preestabelecidos.

[...]

A este sistema, concebível como um ideal da *liberdade das formas processuais*, o direito positivo de todos os tempos opôs e opõe o sistema, ou mais ou menos rigidamente aplicado com rigor, da *legalidade das formas processuais*, segundo o qual as atividades que conduzem ao pronunciamento da providência jurisdicional não podem ser realizadas no modo e na ordem que, a juízo discricionário dos interessados, parecem mais apropriados ao caso singular, mas devem, para poder ter *eficácia jurídica*, ser realizadas do modo e na ordem que a lei (isto é, o Direito Processual) estabeleceu de uma vez para sempre".(125)

O processo, portanto, desenvolve-se mediante atos cuja forma e o modo encontram-se previamente fixados em lei e cuja prática deve a eles se ajustar, sob pena de não produzirem efeitos e não atingirem o fim a que são destinados. Os atos processuais, portanto, devem ser praticados pelas partes, pelo juiz e por quem quer que tenha qualquer participação no processo, segundo modelos doutrinariamente denominados *tipos* (*fattispecie*), sendo que a sua eficácia encontra-se diretamente vinculada à observância desse mesmo modelo previsto pela lei.(126)

Sob a ótica da atividade do juiz, o desvio perpetrado pelo ato judicial, ao apartar-se da moldura legalmente estabelecida pelo ordenamento processual, configura o denominado *error in procedendo.* Nesta categoria de vício, o magistrado pode incorrer por erro próprio ou ser levado a tanto por erro das partes. Uma vez configurado, porém, a consequência é a nulidade do ato judicial, por estar comprometida a sua forma, a sua estrutura externa.(127)

Constitui exemplo típico de *error in procedendo*, o julgamento *citra*, *extra* ou *ultra petita.* Na mesma categoria insere-se a decisão proferida em descompasso com os arts. 458 do CPC, 832 da CLT e 93, IX, da Constituição ou por juiz absolutamente incompetente ou impedido.

---

(125) CALAMANDREI, Piero. *Instituições de direito processual civil*. v. 1, 2. ed. Campinas: Bookseller, 2003. p. 266-267.

(126) PASSOS, J. J. Calmon de. *Esboço de uma teoria das nulidades aplicada às nulidades processuais*. Rio de Janeiro: Forense, 2002. p. 78-79. "Donde asseverar que um ato processual para ser eficaz necessita de ser conforme ao modelo da lei. [...] A circunstância de estarmos diante de formas de comportamento prefixadas e erigidas à condição de únicas permitidas, autoriza a pensarmos a atividade processual como uma atividade típica, atividade que se compõe de atos típicos, definidos na lei, aos quais se deve adequar o comportamento dos sujeitos do processo".

(127) COUTURE, Eduardo. *Fundamentos del derecho procesal civil.* Buenos Aires: B de F, 2005. p. 281-283.

Pode ocorrer de o defeito ser de tal monta, que atinja elementos essenciais do ato, de sorte a desfigurar-lhe por completo a fisionomia, afetando, assim, a sua própria existência enquanto ato processual. Referimo-nos aqui aos atos juridicamente inexistentes.

Nas palavras de *Calmon de Passos* "a inexistência é entendida como a ausência ou o vício de requisitos essenciais do ato e tais que por ausentes ou defeituosos importam em desnaturamento do próprio ato, fazendo-o um *não-ato-jurídico*, um *quid facti*, algo existente no mundo da realidade, com possível relevância jurídica em outra situação, nunca, entretanto, como o ato ou tipo que se queria ou se devia realizar, mesmo que defeituoso ou viciado".(128)

Na mesma direção conduz-se o magistério de *Couture*, ao afirmar que o conceito de inexistência é utilizado para denotar algo que carece daqueles elementos que são da essência e da vida mesma do ato. Por essa razão, acrescenta, é que o ato passível de inserção nesta categoria constitui "un *quid* incapaz de todo efecto", de sorte que, a seu respeito, só se pode falar mediante proposições negativas, já que o conceito de inexistência traz em si a ideia da negação do que se pode constituir um objeto jurídico.(129)

Importante observar que o ato inexistente não possui a categoria de ato, mas de simples fato, ao passo que o ato eivado de nulidade detém a condição de ato, ainda que gravemente afetado.(130)

A distinção é relevante, porquanto, ao contrário do que sucede com o ato inexistente, que, além de não poder ser convalidado, não necessita sequer ser invalidado, já que absolutamente impotente para a produção de qualquer efeito, todos os demais pronunciamentos jurisdicionais contaminados por *errores in procedendo*, enquanto não tiverem sua nulidade pronunciada, são eficazes e passíveis de terem seus efeitos remediados pela coisa julgada(131), só podendo ser desconstituídos, a partir de então, por meio de ação rescisória.(132)

---

(128) PASSOS, J. J. Calmon de. *Esboço de uma teoria das nulidades aplicada às nulidades processuais*. Rio de Janeiro: Forense, 2002. p. 98.

(129) COUTURE, Eduardo. *Fundamentos del derecho procesal civil*. Buenos Aires: B de F, 2005. p. 307.

(130) *Ibidem*, p. 308.

(131) SOUZA, Bernardo Pimentel. *Introdução aos recursos cíveis e à ação rescisória*. 4. ed. São Paulo: Saraiva, 2007. p. 38. Conforme o magistério de Calmon de Passos: "É que as nulidades processuais somente existem quando pronunciadas, ou seja, é o pronunciamento constitutivo do juiz, e somente ele, que retira eficácia ao ato defeituoso, anulando-o. Consequentemente, todo ato defeituoso, enquanto não decretado judicialmente inválido, é ato eficaz, produtor dos efeitos que lhe seriam atribuíveis, caso fosse ele um ato perfeito, isento de todo e qualquer vício. Por conseguinte, os defeitos dos atos processuais são cobertos pela coisa julgada, que os faz desaparecer, como que realizando a cura dos aleijões e só alguns deles permitem a posterior desconstituição por via da ação rescisória. Com os atos inexistentes se passa diversamente. Eles prescindem da decretação judicial para que se tornem ineficazes. Desde sua origem, são atos impotentes para a produção dos efeitos que lhes seriam próprios, se perfeitos fossem. Nem mesmo a coisa julgada pode remediá-los, ou convalidá-los, ou fazê-los eficazes. Inclusive, se a inexistência fere o próprio ato decisório, a decisão jamais passa em julgado." (PASSOS, J. J. Calmon de. *Esboço de uma teoria das nulidades aplicada às nulidades processuais*. Rio de Janeiro: Forense, 2002. p. 98-99).

(132) Digna de registro, no particular, a advertência de Nelson Nery Junior, ao pontuar que, no direito brasileiro, "existem vícios assemelháveis à *querela nullitatis insanabilis*, que podem ser arguidos fora do âmbito dos

3. Os *errores in judicando*

Conforme demonstrado no item precedente, o desenvolvimento do processo dá-se mediante uma sucessão de atos cuja prática deve amoldar-se ao modelo ou tipo previamente estabelecido em lei, sendo que a sua desconformidade torna o ato atípico, circunstância que pode levar à sua invalidade. Trata-se dos vícios de natureza formal, denominados de erros de procedimento ou *errores in procedendo.*

Observa *Nelson Nery Junior*, entretanto, que ao lado dos erros de procedimento, que, em regra, têm por consequência a invalidade do ato judicial, existem os erros de juízos, também denominados de *errores in judicando*. São vícios, não mais de natureza formal, mas de índole substancial ou de fundo e que provocam a injustiça do ato judicial. No mais das vezes, prossegue *Nery Junior*, "o erro de juízo se refere ao próprio mérito da causa, vale dizer à *res in judicium deducta*". Assim, conclui, se o mérito da causa tiver por objeto uma questão processual, o erro em que o juiz eventualmente incidir ao julgar será *in judicando.*(133)

Sobre o *error in judicando*, *Chiovenda* é também categórico no sentido de que sua presença provoca a injustiça da sentença e tem-no por configurado quando a decisão considera existente uma vontade da lei concreta que não existe, ou considera inexistente uma vontade que existe. E conclui:

> "A injustiça concerne, portanto, à sentença como juízo: pode, pois, depender de um erro do juiz acerca da questão de direito ou acerca de uma questão de fato. O erro do juiz sobre a questão de direito pode consistir em considerar inexistente uma norma abstrata que existe, ou existente uma norma abstrata que não existe; ou interpretar uma norma existente de modo diverso do verdadeiro (violação de lei; [*sic*] ou, enfim, em dar por aplicável a uma dada relação uma norma existente, mas pertinente a outras relações jurídicas, como acontece quando se aplica norma geral mesmo nos casos excetuados, ou quando se aplica uma norma a casos a que não se estende (falsa aplicação de lei)."(134)

Importante observar que os *errores in judicando*, ao contrário do que ocorre com os *errores in procedendo*, não conduzem à invalidade da decisão. Por não se tratar de vício de forma, a decisão é válida, conquanto injusta, por vício de fundo.(135)

A correção dos *errores in judicando*, no curso da relação processual, deve se dar pela via dos recursos e, após estar a sentença passada em julgado, por meio apenas da ação rescisória, desde que configurada alguma das hipóteses legalmente previstas para o cabimento dessa modalidade de ação.

---

recursos, e, ainda mais, sem que seja necessária a propositura de ação rescisória. É o caso, *verbi gratia*, do defeito de falta ou nulidade da citação no processo de conhecimento, se o processo correu à revelia, que pode ser alegado nos embargos de devedor na execução (art. 741, I, do CPC)" — NERY JUNIOR, Nelson. *Princípios fundamentais:* teoria geral dos recursos. 5. ed. São Paulo: RT, 2000. p. 217. Ainda nesse sentido: MACHADO, Antônio Cláudio da Costa. *Código de Processo Civil interpretado:* artigo por artigo, parágrafo por parágrafo. 6. ed. Barueri: Manole, 2007. p. 1.072.

(133) NERY JUNIOR, Nelson. *Princípios fundamentais:* teoria geral dos recursos. 5. ed. São Paulo: RT, 2000. p. 219-220.

(134) CHIOVENDA, Giuseppe. *Instituições de direito processual civil.* v. 3. Campinas: Bookseller, 1998. p. 231.

(135) SOUZA, Bernardo Pimentel. *Introdução aos recursos cíveis e à ação rescisória.* 4. ed. São Paulo: Saraiva, 2007. p. 39.

CAPÍTULO 5

PRINCÍPIOS FUNDAMENTAIS DOS RECURSOS

1. Considerações iniciais

Nos países de tradição romano-germânica, que possuem como característica comum o fato de serem países de direito escrito, a lei assume uma condição preponderante no rol das fontes do direito. Nas palavras de *Maria Helena Diniz*:

> "Há no Estado moderno uma supremacia da lei ante a crescente tendência de codificar o direito para atender a uma exigência de maior certeza e segurança para as relações jurídicas, devido à possibilidade de maior rapidez na elaboração e modificação do direito legislado, permitindo sua adaptação às necessidades da vida moderna e pelo fato de ser de mais fácil conhecimento e de contornos mais precisos, visto que se apresenta em textos escritos"(136).

Não se extraia, contudo, de tal afirmativa a conclusão de que direito e lei se confundem e de que esta seria a fonte exclusiva do direito. Conforme observa *René David*, "hoje reconhece-se na própria teoria, cada vez mais claramente, que a soberania absoluta da lei é, nos países da família romano-germânica, uma ficção; há lugar, ao lado da lei, para outras fontes muito importantes do direito"(137).

Referida circunstância, por sinal, encontra expressa previsão em nosso direito positivo. É o que evidencia o art. 4º da Lei de Introdução ao Código Civil, ao determinar que: "Quando a lei for omissa, o juiz decidirá o caso de acordo com a analogia, os costumes e os princípios gerais do direito". O Código de Processo Civil, em seu art. 126, palmilha o mesmo caminho ao dispor que: "O juiz não se exime de sentenciar ou despachar alegando lacuna ou obscuridade da lei. No julgamento da lide caber-lhe-á aplicar as normas legais; não as havendo, recorrerá à analogia, aos costumes e aos princípios gerais de direito". Similar é o comando emanado do art. 8º da Consolidação das Leis do Trabalho: "As autoridades administrativas e a Justiça do Trabalho, na falta de disposições legais ou contratuais, decidirão, conforme o caso, pela jurisprudência, por analogia,

(136) DINIZ, Maria Helena. *Compêndio de introdução à ciência do direito*. 10. ed. São Paulo: Saraiva, 1998. p. 283.

(137) DAVID, René. *Os grandes sistemas do direito contemporâneo*. 4. ed. São Paulo: Martins Fontes, 2002. p. 112.

por equidade e outros princípios e normas gerais de direito, principalmente do direito do trabalho, e, ainda, de acordo com os usos e costumes, o direito comparado, mas sempre de maneira que nenhum interesse de classe ou particular prevaleça sobre o interesse público".

É o legislador, portanto, o primeiro a reconhecer a insuficiência das leis para cobrir todo o campo da experiência humana, admitindo a existência de um grande número de situações não previstas por ocasião da feitura da lei. Para o suprimento dessas lacunas ou omissões legislativas, o recurso aos princípios gerais do direito se apresenta como uma das possibilidades.(138)

2. Conceito de princípios gerais de direito

De acordo com *Miguel Reale*, princípios são verdades fundantes de um sistema de conhecimento, como tais admitidas por serem evidentes, por terem sido comprovadas, ou por motivos de ordem prática, de caráter operacional, ou seja, como pressupostos exigidos pelas necessidades da pesquisa e da *praxis*. Ainda segundo seu magistério, os princípios podem ser *omnivalentes*, porquanto válidos para todas as formas do saber; *plurivalentes*, por serem aplicáveis a vários campos do conhecimento; ou *monovalentes*, por só valerem no âmbito de determinada ciência. Nesta última categoria inserem-se os princípios gerais de direito.(139)

Quanto à sua conceituação, os princípios gerais de direito sofrem as intempéries decorrentes da polissemia ínsita ao termo princípios. Conforme adverte *Ruy Samuel Espíndola*(140):

> "[...] na Ciência Jurídica, tem-se usado o termo *princípio* ora para designar a formulação dogmática de conceitos estruturados por sobre o direito positivo, ora para designar determinado tipo de normas jurídicas e ora para estabelecer os postulados teóricos, as proposições jurídicas construídas independentemente de uma ordem jurídica concreta ou de institutos de direito ou normas legais vigentes. Essa polissemia não é benéfica neste campo do saber, em que a confusão de conceitos e ideias pode levar à frustração da práxis jurídica ou à sonegação, por uma prática equívoca, de direitos ou situações protegíveis pelo sistema jurídico posto."

Uma análise semântica da expressão *princípios gerais de direito*, porém, permite que algumas ideias sejam de imediato percebidas. A primeira delas é a de fundamento, origem, de local ou momento em que algo tem início, e decorre do termo *princípio*. As ideias de distinção entre o gênero e a espécie e de oposição entre pluralidade e singularidade emergem do termo *gerais*. Por fim, importa identificar o caráter de juridicidade, que decorre da qualificação "de direito" atribuída aos princípios gerais.(141)

---

(138) REALE, Miguel. *Lições preliminares de direito*. 16. ed. São Paulo: Saraiva, 1988. p. 300.

(139) *Ibidem*, p. 299-300.

(140) ESPÍNDOLA, Ruy Samuel. *Conceito de princípios constitucionais:* elementos teóricos para uma formulação dogmática constitucionalmente adequada. São Paulo: Revista dos Tribunais, 1998. p. 49.

(141) NADER, Paulo. *Introdução ao estudo do direito*. Rio de Janeiro: Forense, 1988. p. 240.

Paulo Bonavides[142], valendo-se do magistério de *Ricardo Guastini*, traz a lume seis distintos conceitos de princípios, colhidos da jurisprudência e dos ensinamentos de juristas diversos, e que são assim enunciados:

a) o vocábulo princípio "se refere a normas (ou a disposições legislativas que exprimem normas) providas de um alto grau de generalidade";

b) refere-se, ainda, a "normas (ou a disposições que exprimem normas) providas de um alto grau de indeterminação e que por isso requerem concretização por via interpretativa, sem a qual não seriam suscetíveis de aplicação a casos concretos";

c) a palavra princípio refere-se, também, "a normas (ou disposições normativas) de caráter programático;

d) refere-se, igualmente, "a normas (ou a dispositivos que exprimem normas) cuja posição na hierarquia das fontes de Direito é muito elevada";

e) designa, ainda, "normas (ou disposições normativas) que desempenham uma função 'importante' e 'fundamental' no sistema jurídico ou político unitariamente considerado, ou num ou outro subsistema jurídico conjunto (o Direito Civil, o Direito do Trabalho, o Direito das Obrigações)";

f) por fim, a expressão princípios designa "normas (ou disposições que exprimem normas) dirigidas aos órgãos de aplicação, cuja específica função é fazer a escolha dos dispositivos ou das normas aplicáveis nos diversos casos".

Observa *Bonavides* que é a *normatividade dos princípios* o traço comum a todas as acepções acima, sendo, por isso mesmo, "o vínculo unificador das seis formulações enunciadas".[143]

Por essa razão, mostra-se pertinente afirmar com *Norberto Bobbio* que: "Os princípios gerais são apenas, a meu ver, normas fundamentais ou generalíssimas do sistema, as normas mais gerais. A palavra princípios leva a engano, tanto que é velha questão entre os juristas se os princípios gerais são normas. Para mim não há dúvida: os princípios gerais são normas como todas as outras".[144]

Realmente, consoante pontua *Eros Roberto Grau*, os princípios "também são normas. As normas compreendem um gênero do qual são espécies, as regras e os princípios"[145]. Por isso mesmo, acrescenta: "os princípios obrigam seus destinatários igualmente, sem exceção, a cumprir as expectativas generalizadas de comportamento".[146]

Os princípios, assim, são normas dotadas de caráter geral e que enunciam ideias fundamentais destinadas a conferir forma e estrutura ao sistema jurídico.

(142) BONAVIDES, Paulo. *Curso de direito constitucional*. 8. ed. São Paulo: Malheiros, 1999. p. 230-231.

(143) *Ibidem*, p. 231.

(144) BOBBIO, Norberto. *Teoria do ordenamento jurídico*. 10. ed. Brasília: Editora Universidade de Brasília, 1997. p. 158.

(145) GRAU, Eros Roberto. *O direito posto e o direito pressuposto*. 5. ed. São Paulo: Malheiros, 2003. p. 22.

(146) *Ibidem*, p. 112.

3. Distinção entre princípios e regras

Observa *Jean-Louis Bergel* que os princípios gerais notabilizam-se por sua heterogeneidade, seja quanto à forma, seja quanto ao fundo. Ressalta que alguns princípios estão expressos nos textos legais, ao passo que outros, conquanto implícitos, são reconhecidos. Destaca, porém, ser difícil distinguir os princípios gerais das simples regras de direito, de proposições puramente técnicas ou de diversos instrumentos materiais do direito.[147]

Quanto a este aspecto, cabe trazer a lume a doutrina de *Ronald Dworkin* e *Robert Alexy*, que, mediante estudos dotados de grande profundidade em relação ao tema, propõe uma série de critérios voltados à distinção entre regras e princípios.

De acordo com o magistério de *Alexy*, a distinção entre regras e princípios é, antes de mais nada, uma distinção entre dois tipos de norma. Vale dizer, tanto as regras como os princípios constituem espécies do gênero norma[148]. E o critério distintivo decisivo entre estas duas espécies normativas, situa-se, segundo *Alexy*, no fato de os princípios serem mandados de otimização. Em suas palavras:

> "El punto decisivo para la distinción entre reglas y principios es que los principios son normas que ordenan que algo sea realizado en la mayor medida posible, dentro de las posibilidades jurídicas y reales existentes. Por lo tanto, los principios son mandatos de optimización, que están caracterizados por el hecho de que pueden ser cumplidos en diferente grado y que la medida debida de su cumplimiento no sólo depende de las posibilidades reales sino también de las jurídicas. El ámbito de las posibilidades jurídicas es determinado por los principios y reglas opuestos."[149]

Em contraposição, diz *Alexy*, as regras são normas que somente admitem a sua observância integral ou então a sua não observância. Assim, se uma regra é válida, então o comportamento deve se pautar nos exatos limites por ela exigidos, nem mais, nem menos.[150]

Em linha bastante similar, *Ronald Dworkin* preconiza que "as regras são aplicáveis à maneira do tudo-ou-nada (*all or nothing*). Dados os fatos que uma regra estipula, então ou a regra é válida, e neste caso a resposta que ela fornece deve ser aceita, ou não é válida, e neste caso em nada contribui para a decisão".[151] Já os princípios, observa *Dworkin*, "não apresentam consequências jurídicas que se seguem automaticamente quando as condições são dadas"[152]. Em outras palavras, os princípios não direcionam de maneira determinante a decisão. Deles se extraem apenas fundamentos que devem ser conjugados com outros fundamentos decorrentes de outros princípios, com vistas a que seja alcançada a decisão.

---

(147) BERGEL, Jean-Louis. *Teoria geral do direito*. São Paulo: Martins Fontes, 2001. p.124-125.

(148) ALEXY, Robert. *Teoría de los derechos fundamentales*. Madrid: Centro de Estudios Constitucionales, 1997. p. 83.

(149) *Ibidem*, p. 86.

(150) *Ibidem*, p. 87.

(151) DWORKIN, Ronald. *Levando os direitos a sério*. São Paulo: Martins Fontes, 2002. p. 39.

(152) *Ibidem*, p. 40.

Pontua *Alexy* que a distinção entre regras e princípios se mostra claríssima nas hipóteses de colisão de princípios e de conflito entre regras, dada a diversidade de critérios utilizados em cada caso para a solução do problema. Assim, no conflito de regras, sendo impossível a introdução de uma cláusula de exceção destinada a eliminar o conflito, uma das regras conflitantes deverá ser declarada inválida, mediante a aplicação dos critérios *lex posterior derogat legi priori* e *lex specialis derogat legi generali.*(153)

No que toca a colisão de princípios, a solução do conflito se mostra totalmente distinta. Nas palavras de *Alexy*:

> "Cuando dos principios entran en colisión — tal como es el caso cuando según un principio algo está prohibido y, según otro principio, está permitido — uno de los dos principios tiene que ceder ante el otro. Pero, esto no significa declarar inválido al principio desplazado ni que en el principio desplazado haya que introducir una cláusula de excepción. Más bien lo que sucede es que, bajo ciertas circunstancias, la cuestión de la precedencia puede ser solucionada de manera inversa. Esto es lo que se quiere decir cuando se afirma que en los casos concretos los principios tienen diferente peso y que prima el principio con mayor peso."(154)

Muito similares são as conclusões de *Dworkin*, ao afirmar que os princípios, ao contrário do que sucede com as regras, possuem uma dimensão de peso ou importância. Assim, no choque entre princípios, aquele que tiver um peso relativo maior se sobrepõe ao outro, sem, porém, fazer com que este perca a sua validade. Já no tocante às regras, se duas estão em conflito, uma suplanta a outra, de modo que uma delas deve ser afastada, porquanto inválida. O conflito entre regras, assim, não se resolve mediante um critério de ponderação, como se dá em relação aos princípios, em que aquele aplicado na solução de um caso, por se revestir de um peso maior em dada circunstância, pode vir mais à frente ser afastado na solução de outro. No que toca as regras, a antinomia é resolvida mediante os critérios cronológicos, em que a regra posterior revoga a anterior; hierárquico, em que a regra de maior hierarquia afasta a de menor e da especialidade, em que a regra especial afasta a aplicação da geral.(155)

4. Importância dos princípios gerais de direito

No início do presente capítulo, destacamos que, nos casos de omissão legislativa, o ordenamento jurídico autoriza o intérprete a socorrer-se dos princípios gerais de direito. Em vista disso, estes assumem capital importância no processo de aplicação e integração do direito.

Além da finalidade acima, os princípios desempenham ainda relevante papel na interpretação da lei, sobretudo de textos legais obscuros ou ambíguos. Participam, ainda, da criação de novas regras de direito, contribuindo, portanto, para a evolução do

(153) ALEXY, Robert. *Teoría de los derechos fundamentales*. Madrid: Centro de Estudios Constitucionales, 1997. p. 88-89.

(154) *Ibidem*, p. 89.

(155) DWORKIN, Ronald. *Levando os direitos a sério*. São Paulo: Martins Fontes, 2002. p. 42-45.

sistema jurídico. Os próprios princípios, aliás, multiplicam-se e evoluem. Com efeito, das exceções aos princípios estabelecidos resultam novos princípios ou a modificação e, até mesmo, a supressão de princípios clássicos. Assim, conforme pontua *Bergel*, é que, dos abusos decorrentes do liberalismo, ganharam vida diversos princípios voltados à proteção ao emprego, ao consumidor, à vida privada etc.(156)

Sua relevância, contudo, não se restringe aos aspectos mencionados. Conforme observa *Miguel Reale*, "toda a experiência jurídica e, por conseguinte, a legislação que a integra, repousa sobre princípios gerais de direito, que podem ser considerados os alicerces e as vigas mestras do edifício jurídico"(157).

Por essa razão, é que *Jean-Louis Bergel* afirma com absoluta propriedade que: "enquanto o desaparecimento ou a modificação de uma simples regra o mais das vezes só tem um 'caráter episódico', a eliminação ou a subversão de um princípio 'apresenta o risco de causar um profundo transtorno no ordenamento jurídico, porque a sorte de numerosas regras jurídicas está em jogo'".(158)

Cabe observar, por fim, que nem todos os princípios gerais têm a mesma amplitude. Há, conforme observa *Miguel Reale*, os que se aplicam a apenas este ou àquele ramo do direito.(159) Aqui, interessa-nos especificamente princípios relativos aos recursos, de aplicação restrita, portanto, ao âmbito do direito processual.

5. Princípios fundamentais dos recursos

Os princípios fundamentais dos recursos constituem espécie dos princípios processuais, definidos, segundo as palavras de *Borthwick*, como construções jurídicas chamadas a estruturar certas ideias fundamentais do processo, a partir das quais se perfilha um determinado sistema cuja finalidade é realizar as normas substantivas.(160)

A enumeração dos princípios fundamentais do sistema recursal não constitui tarefa simples. Observa *Flávio Cheim Jorge* que os princípios fundamentais podem variar no tempo e no espaço, de acordo com a realidade de cada país ou sistema positivo, já que sofrem influência direta de aspectos políticos, éticos e ideológicos.(161)

Atribui, ainda, a uma "falta de rigor científico no estudo e na compreensão dos princípios", a condição de um dos principais aspectos que interfere na sistematização principiológica dos recursos. Diz que essa circunstância eleva ao patamar de princípios fundamentais recursais uma série de princípios que não merecem tal designação. Cita como exemplos os princípios da complementaridade e da consumação, que, segundo afirma, são meras

(156) BERGEL, Jean-Louis. *Teoria geral do direito*. São Paulo: Martins Fontes, 2001. p. 120-124.

(157) REALE, Miguel. *Lições preliminares de direito*. 16. ed. São Paulo: Saraiva, 1988. p. 311.

(158) BERGEL, Jean-Louis. *Teoria geral do direito*. São Paulo: Martins Fontes, 2001. p.121.

(159) REALE, Miguel. *Lições preliminares de direito*. 16. ed. São Paulo: Saraiva, 1988. p. 301.

(160) BORTHWICK, Adolfo E. C. *Principios procesales*. Corrientes: Mario A. Vieira, 2003. p. 17.

(161) JORGE, Flávio Cheim. *Teoria geral dos recursos cíveis*. 3. ed. São Paulo: Revista dos Tribunais, 2007. p. 161.

decorrências do instituto da preclusão. Insere ainda nesse rol o princípio da proibição de *reformatio in pejus*, tendo-o como decorrência natural do princípio dispositivo.(162)

É de se ressaltar, porém, que, o fato de os princípios acima derivarem de outros princípios, dotados de um maior coeficiente de generalidade, não denota qualquer falta de rigor científico no trato da matéria. Em realidade, há princípios que possuem um caráter mais geral e estruturante, na medida em que indicam ideias diretivas básicas do sistema. Isso, contudo, não impede que esses princípios sejam densificados ou concretizados por meio de outros princípios (subprincípios) ou por intermédio de regras.(163)

Diante dessa perspectiva, o simples fato de derivar do princípio dispositivo, não impede que o princípio da proibição da *reformatio in pejus* seja enumerado dentre aqueles embasadores do sistema recursal. O mesmo se diga em relação aos princípios da consumação e da complementaridade. O fato de decorrerem do instituto da preclusão não os inviabiliza de figurar no rol dos princípios fundamentais recursais. Em verdade, a própria preclusão é corolário dos princípios da celeridade processual e da segurança jurídica(164), que irradiam outros subprincípios ao longo do ordenamento jurídico.

É fato, contudo, que a doutrina não logrou alcançar a desejada uniformidade na enumeração dos princípios fundamentais dos recursos. Há aqueles que são majoritariamente mencionados, ao passo que outros aparecem de maneira mais pontual na obra de determinados autores. Há ainda doutrinadores que, ao lado dos princípios, enxergam a existência de "regras básicas com foros de princípios".(165)

Na tentativa de conferir uniformidade ao trato da matéria, passaremos, nos tópicos seguintes, ao exame dos princípios majoritariamente citados na doutrina pátria, direcionando o enfoque ao âmbito do Processo do Trabalho. Serão abordados os seguintes princípios: taxatividade, voluntariedade, dialeticidade, irrecorribilidade em separado das decisões interlocutórias, fungibilidade, singularidade, consumação e proibição de *reformatio in pejus*.

(162) JORGE, Flávio Cheim. *Teoria geral dos recursos cíveis*. 3. ed. São Paulo: Revista dos Tribunais, 2007. p. 162-165.

(163) CANOTILHO, J. J. Gomes. *Direito constitucional e teoria da Constituição*. 2. ed. Coimbra: Almedina, 1998. p. 1047-1048.

(164) SICA, Heitor Vitor Mendonça. *Preclusão processual civil*. São Paulo: Atlas, 2006. p. 302. Conforme o autor: "É imediata a associação da preclusão tanto com a necessidade de celeridade processual quanto com o princípio da segurança jurídica".

(165) PINTO, José Augusto Rodrigues. *Manual dos recursos nos dissídios do trabalho*. São Paulo: LTr, 2006. p. 49. Sobre o tema, diz o renomado jurista baiano: "O terreno dos princípios (gerais ou peculiares) é perigosamente movediço. Sua extensão depende muito da subjetividade de cada jurista para considerar esta ou aquela regra — e o princípio em sua essência, não é mais do que uma regra estrutural da ciência jurídica ou de algum dos seus ramos. A subjetividade, portanto, torna bastante variável, de obra a obra, o catálogo de princípios de cada autor.

Sempre fomos avaros nesta matéria, pois só consideramos ser, verdadeiramente, *princípio* a regra absoluta e universal do Direito. Por fidelidade a esse critério, distinguimos apenas como regras, certamente básicas, mas sem a profundidade que dá aos princípios sua reconhecida nobreza científica, um alentado número de ideias a que a doutrina empresta *foros de princípios*".

5.1. *Princípio da taxatividade*

Pelo princípio da taxatividade, somente podem ser considerados recursos aqueles meios de impugnação como tais instituídos pela legislação federal. Com efeito, estipulando a Constituição Federal, em seu art. 22, inciso I, que compete à União legislar privativamente sobre direito processual, para que determinado meio de impugnação detenha a natureza jurídica de recurso, é indispensável que uma lei federal disponha expressamente acerca de sua existência.(166)

Conforme pontua *Rodrigues Pinto*, emerge do princípio da taxatividade a ideia de tipicidade. Assim, consoante seu magistério, "nenhum sistema processual reconhece a existência de *recurso* que não tenha sido previamente tipificado em sua lei".(167)

Disso decorre, como bem observa *Bernardo Pimentel Souza*, que "o recurso adesivo, o pedido de reconsideração, a uniformização de jurisprudência, o incidente de inconstitucionalidade, a ação rescisória, a reclamação, a remessa necessária, a correção parcial e o mandado de segurança não são recursos; na verdade, são institutos afins, sucedâneos recursais, incidentes processuais ou ações impugnativas, conforme o caso".(168)

No âmbito do processo trabalhista, os recursos estão enumerados no art. 893 da CLT: embargos, recurso ordinário, recurso de revista e agravo (de instrumento e de petição). Integram esse rol ainda os embargos de declaração (CLT, art. 897-A), o recurso de revisão, previsto no art. 2º, §§ 1º e 2º, da Lei n. 5.584, de 26 de junho de 1970, além do recurso extraordinário para o Supremo Tribunal Federal.

5.2. *Princípio da voluntariedade*

Segundo o art. 2º do CPC, "nenhum juiz prestará a tutela jurisdicional senão quando a parte ou o interessado o requerer, nos casos e formas legais". O dispositivo em questão traduz o princípio da demanda, segundo o qual a iniciativa de movimentar o Poder Judiciário cabe ao cidadão e não ao juiz.

Observa *Ruy Portanova* que, como decorrência do princípio da demanda, qualquer pessoa, mesmo sentindo-se prejudicada, pode permanecer inerte. Em outras palavras, ninguém, por pior que seja o prejuízo que sobre si recaia, pode ser compelido a provocar o Poder Judiciário para resolver o litígio. Ninguém pode ser obrigado a exercer ou deixar de exercer eventual direito que lhe caiba.(169)

O mesmo posicionamento se aplica aos recursos. Com efeito, nas palavras de *Porto* e *Ustárroz*, "por mais injusta ou ilegal que tenha sido a decisão proferida, a parte atingida está livre para aceitá-la, pois, melhor do que ninguém, sabe o que lhe convém".(170)

---

(166) JORGE, Flávio Cheim. *Teoria geral dos recursos cíveis*. 3. ed. São Paulo: Revista dos Tribunais, 2007. p. 174.

(167) PINTO, José Augusto Rodrigues. *Manual dos recursos nos dissídios do trabalho.* São Paulo: LTr, 2006. p. 47.

(168) SOUZA, Bernardo Pimentel. *Introdução aos recursos cíveis e à ação rescisória*. 4. ed. São Paulo: Saraiva, 2007. p. 109.

(169) PORTANOVA, Ruy. *Princípios do processo civil.* 6. ed. Porto Alegre: Livraria do Advogado, 2005. p. 115.

(170) PORTO, Sérgio Gilberto; USTÁRROZ, Daniel. *Manual dos recursos cíveis.* Porto Alegre: Livraria do Advogado, 2007. p. 44.

A interposição do recurso, portanto, tem por pressuposto a manifestação de vontade da parte, que deve expressar a sua irresignação contra a decisão que lhe foi contrária.

Constituem manifestações do princípio da voluntariedade o direito de renúncia ao direito de recorrer (CPC, art. 502) e de desistência ao recurso interposto (CPC, art. 501), bem como a inviabilidade de interposição de recurso pela parte que, expressa ou tacitamente, aceitar a decisão que lhe foi contrária (CPC, art. 503).

A remessa oficial, por não possuir natureza jurídica recursal, não constitui exceção ao princípio da voluntariedade.(171)

5.3. Princípio da dialeticidade

A Constituição Federal, em seu art. 5º, inciso LV, assegura aos litigantes, em processo judicial, o contraditório. Disso decorre que a todos os contendores deve ser assegurada a real e efetiva possibilidade de influir na preparação da decisão final da causa. Na fase recursal, portanto, qualquer decisão sobre questões processuais ou relativas ao mérito deve ser precedida da oitiva das partes.(172)

Conforme *Nelson Nery Junior* "por contraditório deve entender-se, de um lado, a necessidade de dar-se conhecimento da existência da ação e de todos os atos do processo às partes, e, de outro, a possibilidade de as partes reagirem aos atos que lhe sejam desfavoráveis".(173)

Para viabilizar o real e efetivo exercício do direito ao contraditório é que, à luz do princípio da dialeticidade, exige-se que a petição de recurso traga os fundamentos de fato e de direito em que se embasa o inconformismo do recorrente.(174)

Nas palavras de *Sandro Marcelo Kozikoski*, por força do princípio da dialeticidade, "impõe-se que o recorrente apresente as razões de seu inconformismo, porque somente assim poderá a parte contrária opor-se ao seu insurgimento".(175)

Ante essa perspectiva, verifica-se que o ordenamento jurídico processual impõe à parte, no ato de interposição de seu recurso, que, além de manifestar sua insatisfação, deduza os fundamentos que, no seu entender, são aptos a ensejar a censura e correção da decisão recorrida. Com isso não se admite a existência de divórcio entre a

(171) Em sentido contrário: SARAIVA, Renato. *Curso de direito processual do trabalho.* São Paulo: Método, 2007. p. 445. "O recurso, em regra, é voluntário, encerrando manifestação do princípio dispositivo. [...] No entanto, o reexame necessário, também chamado de remessa de ofício, constitui exceção à regra dispositiva do recurso". Nesse sentido mesmo veja-se ainda: PINTO, José Augusto Rodrigues. *Manual dos recursos nos dissídios do trabalho.* São Paulo: LTr, 2006. p. 48.

(172) OLIANI, José Alexandre Manzano. *O contraditório nos recursos e no pedido de reconsideração*. São Paulo: Revista dos Tribunais, 2007. p. 53.

(173) NERY JUNIOR, Nelson. *Princípios do processo civil na Constituição Federal*. 2. ed. São Paulo: Revista dos Tribunais, 1995. p. 123-124.

(174) PORTANOVA, Ruy. *Princípios do processo civil.* 6. ed. Porto Alegre: Livraria do Advogado, 2005. p. 276.

(175) KOZIKOSKI, Sandro Marcelo. *Manual dos recursos cíveis:* teoria geral e recursos em espécie. 3. ed. Curitiba: Juruá, 2007. p. 183.

decisão recorrida e a respectiva impugnação. Entre elas deve haver coerência, sob pena de o recurso quedar-se esvaziado em sua finalidade. Conforme pontuam *Porto* e *Ustárroz*:

> "Recorrer significa também controlar o exercício do poder jurisdicional, materializado na decisão. Se a parte, ao invés de enfrentar os argumentos esposados pelo provimento recorrido, simplesmente discorre sobre pontos abstratos desvinculados do julgado discutido, não haverá razão para se avaliar o mérito do recurso, pois sua finalidade terá sido desvirtuada. Restará ao órgão judicante a declaração de inadmissibilidade do recurso, pelo vício de motivação".(176)

No âmbito do Processo Trabalhista, o princípio da dialeticidade merece atenção especial, sobretudo perante o que dispõe o art. 899 da Consolidação das Leis do Trabalho, expresso ao proclamar que "os recursos serão interpostos por simples petição". A doutrina não se mostra unânime em relação ao alcance do dispositivo.

Rodrigues Pinto afirma, com propriedade, que a disposição contida no art. 899 da CLT merece ser examinada sob duplo enfoque: o fundamento da regra e sua extensão.

Quanto ao fundamento, a regra segundo a qual os recursos serão interpostos mediante simples petição tem por escopo viabilizar o exercício do *jus postulandi*, que assegura ao leigo o exercício de capacidade postulatória perante a Justiça do Trabalho, liberando-o da representação profissional (CLT, art. 791). Diante dessa perspectiva, o art. 899 da CLT deve ser interpretado como assegurador de uma maior flexibilidade formal conferida ao empregado ou ao empregador que se encontre reclamando pessoalmente. Em suas palavras:

> "O exercício do *jus postulandi* é facultado por uma liberalidade legal de caráter nitidamente tutelar do interesse do empregado no processo, em face de sua insuficiência econômica para assumir os ônus financeiros da contratação de procurador.
>
> A liberalidade, entretanto, poderia voltar-se impiedosamente contra o beneficiário da tutela, se lhe fosse exigida a sustentação analítica do *recurso*, como ordinariamente ocorre no processo. Os conhecimentos jurídicos, técnicos e até linguísticos, indispensáveis à formulação de arrazoados, criaria embaraços irremovíveis à maior parte dos empregados, estendendo-se, sem dúvida, aos próprios pequenos empregadores, geralmente jogados no mesmo primitivo patamar de cultura."(177)

No que refere ao alcance dessa flexibilidade formal, porém, é que a inteligência da norma não encontra sufrágios unânimes, sobretudo no que toca à necessidade de motivação.

Com efeito, *Valentin Carrion* preconiza, ao debruçar-se sobre o art. 899 da CLT, que a interposição dos recursos dispensa formalidades. Observa, porém, que "a fundamentação é indispensável, não só para saber quais as partes da sentença recorrida transitaram em

---

(176) PORTO, Sérgio Gilberto; USTÁRROZ, Daniel. *Manual dos recursos cíveis*. Porto Alegre: Livraria do Advogado, 2007. p. 42.

(177) PINTO, José Augusto Rodrigues. *Manual dos recursos nos dissídios do trabalho*. São Paulo: LTr, 2006. p. 60-61.

julgado, como para analisar as razões que o Tribunal deverá examinar, convencendo-se ou não, para reformar o julgado".[(178)]

No extremo oposto, *Wagner Giglio* e *Claudia Giglio Veltri Corrêa* sustentam que "a autorização contida no art. 899 da CLT, de interposição dos recursos por simples petição, significa exatamente o que diz: basta uma simples petição para desencadear a revisão do julgado". E prosseguem: "Mesmo que não se denunciem os motivos da irresignação, o mero pedido de reexame, despido de qualquer fundamentação, é hábil para provocar novo pronunciamento judicial".[(179)]

A uma posição intermediária parece conduzir-se o pensamento de *Carlos Alberto Begalles.* Conquanto afirme que "a expressão simples petição, contida no art. 899 da CLT, não libera o recorrente de definir os limites de seu inconformismo e de expor, ainda que de forma sucinta, as razões do recurso", ressalva o autor: "estando a parte representada por advogado, deve fundamentar seu recurso. [...] A redação do art. 899 da CLT, na parte onde se refere ao recurso por simples petição, era aplicada quando a solução dos conflitos trabalhistas estava subordinada à 'Justiça Administrativa do Ministério do Trabalho', e além disso, para manter uma coerência com o princípio do *ius postulandi*".[(180)]

É de se observar, contudo, que qualquer tentativa de conferir uma interpretação mais elástica ao art. 899 da CLT, até mesmo no sentido de flexibilizar a exigência de fundamentação recursal, somente será razoável e coerente caso a parte esteja em juízo no exercício do *jus postulandi.* Estando devidamente assistida por advogado, não vemos viabilidade na leitura do dispositivo voltada a conferir qualquer isenção quanto ao ônus de fundamentar a irresignação.[(181)]

Seja como for, estamos harmônicos com o magistério de *Rodrigues Pinto*, no sentido de que "a regra legal trabalhista de simplificação da forma dos *recursos* tem alcance limitado, de vez que alguns dos *recursos próprios*, em sua jurisdição, têm na fundamentação um pressuposto de admissibilidade, a saber: *Revista* (CLT, art. 896 e alíneas), *Agravo de Petição* (art. 897, § 1º) e *Agravo de Instrumento* (art. 897, § 5º), além do *Extraordinário* que, sendo exterior ao seu sistema, escapa de suas regras".[(182)]

---

(178) CARRION, Valentin. *Comentários à Consolidação das Leis do Trabalho*. 32. ed. São Paulo: Saraiva, 2007. p. 802. No mesmo sentido: BEZERRA LEITE, Carlos Henrique. *Curso de direito processual do trabalho.* 2. ed. São Paulo: LTr, 2004. p. 451-452.

(179) GIGLIO, Wagner; CORRÊA, Claudia Giglio Veltri. *Direito processual do trabalho.* 15. ed. São Paulo: Saraiva, 2005. p. 436.

(180) BEGALLES, Carlos Alberto. *Lições de direito processual do trabalho:* processo de conhecimento e recursos. São Paulo: LTr, 2005. p. 353.

(181) Nesse sentido: ALMEIDA, Ísis. *Manual de direito processual do trabalho*. 7. ed. São Paulo: LTr, 1995. p. 332.

(182) PINTO, José Augusto Rodrigues. *Manual dos recursos nos dissídios do trabalho.* São Paulo: LTr, 2006. p. 63. Também nesse sentido: ALMEIDA, Ísis. *Manual de direito processual do trabalho*. 7. ed. São Paulo: LTr, 1995. p. 332. Em sintonia com esse posicionamento, dispõe ainda a Súmula n. 422 do Tribunal Superior do Trabalho: "Não se conhece de recurso para o TST, pela ausência do requisito de admissibilidade inscrito no art. 514, II, do CPC, quando as razões do recorrente não impugnam os fundamentos da decisão recorrida, nos termos em que fora proposta".

5.4. Princípio da irrecorribilidade em separado das decisões interlocutórias

Cândido Rangel Dinamarco vislumbra uma finalidade educacional para o processo, que se materializa na conscientização dos membros da sociedade para direitos e obrigações. Para tanto, preconiza a necessidade de se restabelecer a confiança da população no Poder Judiciário, criando o entendimento geral de que a solução dos conflitos deve ser buscada na via judicial, por ser esta a mais efetiva. Em vista disso, crê que, numa sociedade em que a população acredite no Poder Judiciário, cada um de seus membros será mais zeloso com seus próprios direitos e mais responsável pela observância dos alheios, porquanto sabedor da eficácia e efetividade da solução imposta pela via judicial.[183]

A consecução desse escopo educacional, contudo, é tarefa árdua. E isso porque, conforme adverte *Carmen Lúcia Antunes Rocha*, o desrespeito ao direito posto, principalmente pelo próprio Estado, que seria o primeiro obrigado a cumpri-lo, é questão grave pela sua reincidência, e que demonstra haver uma contundente falta de vontade política dos agentes públicos de se submeterem a ele. E, de fato, observa a referida jurista que a própria Constituição de 1988 foi duramente atacada pelos governantes, até mesmo antes de sua promulgação, que a acusavam de tornar o país ingovernável.[184]

Nas relações entre capital e trabalho, por sua vez, um processo lento e pouco efetivo mostra-se desfavorável ao trabalhador, haja vista o fato de os juros anuais de 12% (doze por cento) incidentes sobre a condenação não serem aptos a tornar a morosidade da máquina judiciária suficientemente desvantajosa para o réu descumpridor da lei.

Por essa razão, é imperiosa a necessidade de implantação de um processo rápido e efetivo, que promova com celeridade o restabelecimento da paz social abalada pela lide. Assim, será fomentada a confiança da população no sentido de que a submissão de suas insatisfações ao Poder Judiciário constitui o melhor remédio, pois o descumpridor do ordenamento jurídico, seja ele quem for, será, com celeridade, exemplarmente compelido a reparar o dano causado.

Em harmonia com essa diretriz, o art. 893 da CLT, em seu § 1º, dispõe que "os incidentes do processo são resolvidos pelo próprio Juízo ou Tribunal, admitindo-se a apreciação do merecimento das decisões interlocutórias somente em recursos da decisão definitiva".

O preceito em questão consagra o denominado princípio da irrecorribilidade em separado das decisões interlocutórias[185] e tem sua inspiração no princípio da celeridade

---

(183) DINAMARCO, Cândido Rangel. *A instrumentalidade do processo*. 6. ed. São Paulo: Malheiros, 1998. p. 162-163.

(184) ROCHA, Carmen Lúcia Antunes. Os dez anos da Constituição Federal, o poder judiciário e a construção da democracia no Brasil. In: *Revista Debates*, n. 20, ano 1999, Fundação Konrad Adenauer: *A Constituição Democrática Brasileira e o Poder Judiciário.*

(185) Cf. Wagner Giglio e Claudia Giglio Veltri Corrêa a irrecorribilidade em separado das decisões interlocutórias não alcança a categoria de princípios, constituindo mera orientação geral referente à matéria de recurso. GIGLIO, Wagner; CORRÊA, Claudia Giglio Veltri. *Direito processual do trabalho.* 15. ed. São Paulo: Saraiva, 2005. p. 444.

processual, hoje expresso na Constituição, ao assegurar a todos, no âmbito judicial, a razoável duração do processo e os meios que garantam a celeridade de sua tramitação (CF, art. 5º, LXXVIII).

É escopo, portanto, do princípio da irrecorribilidade em separado das decisões interlocutórias, a implantação de um processo rápido e efetivo. E, para atingi-lo, retira do âmbito de incidência imediata dos recursos essa modalidade de atos decisórios do juiz.(186) Observa, aliás, *Nelson Nery Junior*, que "o princípio oposto (o da recorribilidade em separado das interlocutórias), se adotado, conspiraria para a procrastinação do andamento do processo e, quiçá, em verdadeira denegação de justiça em face da inevitável demora até se chegar ao provimento de mérito almejado pelo autor".(187)

Sendo imediatamente irrecorríveis, a impugnação das decisões interlocutórias fica remetida ao momento da eventual interposição de recurso contra a decisão terminativa do feito. Não obstante, sentindo-se prejudicada, revela-se imprescindível o oferecimento pela parte de oportuno protesto em face da decisão interlocutória contra si proferida, como forma de evitar a incidência da preclusão e de viabilizar o seu reexame em sede recursal.(188)

Sobre o tema, o Tribunal Superior do Trabalho editou, por intermédio de sua Súmula n. 214, a seguinte orientação:

> "Decisão Interlocutória. Irrecorribilidade. Nova redação — Res. n. 127/2005, DJ 14.3.2005 — Na Justiça do Trabalho, nos termos do art. 893, § 1º, da CLT, as decisões interlocutórias não ensejam recurso imediato, salvo nas hipóteses de decisão: a) de Tribunal Regional do Trabalho contrária à Súmula ou Orientação Jurisprudencial do Tribunal Superior do Trabalho; b) suscetível de impugnação mediante recurso para o mesmo Tribunal; c) que acolhe exceção de incompetência territorial, com a remessa dos autos para Tribunal Regional distinto daquele a que se vincula o juízo excepcionado, consoante o disposto no art. 799, § 2º, da CLT."

O verbete sumular acima evidencia que o princípio em questão não possui caráter absoluto. A corroborar essa afirmativa, a legislação contempla outras hipóteses de decisões interlocutórias recorríveis. Nesse sentido, vale citar o pedido de revisão, cabível, na forma do art. 2º, § 1º, da Lei n. 5.584/70, contra decisão interlocutória proferida pelo juiz de primeiro grau com o objetivo de fixar o valor da causa, quando este for indeterminado.(189) O recurso de agravo de petição também constitui exemplo de flexibilização do princípio da irrecorribilidade das interlocutórias.

---

(186) Cf. Eduardo Gabriel Saad, José Eduardo Duarte Saad e Ana Maria Saad Castello Branco, o princípio da irrecorribilidade em separado das interlocutórias "está intimamente ligado a um outro, o da concentração da causa, objetivando a aceleração do ritmo do processo, com vistas à decisão de mérito". SAAD, Eduardo Gabriel; SAAD, José Eduardo Duarte; BRANCO, Ana Maria Saad Castello. *Direito processual do trabalho*. 4. ed. São Paulo: LTr, 2004. p. 757.

(187) NERY JUNIOR, Nelson. *Princípios fundamentais:* teoria geral dos recursos. 5. ed. São Paulo: Revista dos Tribunais, 2000. p. 154.

(188) OLIVEIRA, Francisco Antonio de. *Manual de processo do trabalho*. 3. ed. São Paulo: Revista dos Tribunais, 2005. p. 365.

(189) TEIXEIRA FILHO, Manoel Antonio. *Sistema dos recursos trabalhistas*. 10. ed. São Paulo: LTr, 2003. p. 110-111.

5.5. *Princípio da fungibilidade*

Ao promover a interposição de um recurso, deve a parte observar uma série de pressupostos, dentre os quais figura o pertinente ao cabimento. Isso significa que o recorrente deve se utilizar, entre as modalidades recursais previstas no ordenamento jurídico processual, daquela adequada para impugnar a decisão judicial que lhe foi desfavorável. Em síntese: sendo a decisão judicial passível de impugnação (recorrível), cabe à parte valer-se do recurso adequado.

Em razão do complexo sistema recursal vigente sob a égide do Código de Processo Civil de 1939, aquele diploma legal previa, em seu art. 810, que: "salvo a hipótese de má-fé ou erro grosseiro, a parte não será prejudicada pela interposição de um recurso por outro, devendo os autos ser enviados à Câmara ou turma, a que competir o julgamento".

O dispositivo, assim, consagrava o princípio da fungibilidade recursal ou fungibilidade das interposições, permitindo a admissão de um recurso por outro, nas hipóteses de dúvida objetiva acerca do recurso cabível e desde que o recorrente não tivesse atuado com má-fé ou cometido erro grosseiro quando da manifestação de sua irresignação.

Conforme observa *Pontes de Miranda*, o princípio teve por finalidade "adoçar a rijeza das leis" relativas à interposição de recursos, que se fundavam em falsas convicções, como a clareza da lei acerca do recurso cabível e a plenitude da legislação, que, assim, supostamente previra todos os casos, e da uniformidade da jurisprudência.[(190)]

Outrora expresso na legislação, o princípio da fungibilidade hoje não mais encontra previsão legal. Tanto a Consolidação das Leis do Trabalho quanto o Código de Processo Civil são silentes a seu respeito. Relativamente a esse último diploma legal, a não inclusão de norma expressa acerca da fungibilidade pautou-se na premissa de que a simplificação do sistema recursal então introduzida pelo vigente estatuto processual civil seria apta a evitar equívocos na eleição do recurso cabível. Nessa perspectiva, cabe trazer a lume os argumentos desenvolvidos por *Alfredo Buzaid*, ao longo da exposição de motivos ao projeto de lei que culminou no vigente CPC:

> "É certo que, para obviar aos inconvenientes da interposição errônea de um recurso por outro, o Código vigente admite seu conhecimento pela instância superior e ordena a remessa à câmara ou turma, desde que não esteja viciado por má-fé ou erro grosseiro (art. 810). O Código consagrou, nesse preceito legal, a teoria do 'recurso indiferente' (*Sowohls-auch-Theorie*), como ensinam os autores alemães.
>
> Esta solução não serviu, porém para melhorar o sistema, porque a frequência com que os recursos, erroneamente interpostos, não são conhecidos pelo Tribunal evidenciou que a aplicação do art. 810 tem valor limitadíssimo.

(190) MIRANDA, Pontes. *Comentários ao Código de Processo Civil.* Tomo XI — arts. 808-852. 2. ed. Rio de Janeiro: Forense, 1960. p. 49.

[...]

Diversamente do Código vigente, o projeto simplifica o sistema de recursos. Concede apelação só de sentença; de todas as decisões interlocutórias, agravo de instrumento. Esta solução atende plenamente aos princípios fundamentais do Código, sem sacrificar o andamento da causa e sem retardar injustificavelmente a resolução de questões incidentes, muitas das quais são de importância decisiva para a apreciação do mérito. O critério que distingue os dois recursos é simples. Se o juiz põe termo ao processo, cabe apelação. Não importa se decidiu ou não o mérito. A condição do recurso é que tenha havido julgamento final do processo. Cabe agravo de instrumento de toda decisão, proferida no curso do processo, pela qual o juiz resolve questão incidente".[(191)]

A realidade, porém, mostrou-se mais complexa, apresentando várias situações em que emergiam sérias dúvidas acerca do recurso cabível.[(192)] Daí por que, conforme observa *Bernardo Pimentel Souza*, a fungibilidade ainda subsiste no sistema recursal em vigor, em virtude de sua compatibilidade com os arts. 154, 244 e 250 do Código de Processo Civil, reforçada pelo preceito inscrito no art. 579 do Código de Processo Penal, subsidiariamente aplicável não só ao Processo Civil (CPC, art. 126)[(193)], mas também ao Processo do Trabalho (CLT, arts. 8º e 769), e que é expresso ao dispor que:

> "Art. 579. Salvo a hipótese de má-fé, a parte não será prejudicada pela interposição de um recurso por outro.
>
> Parágrafo único. Se o juiz, desde logo, reconhecer a impropriedade do recurso interposto pela parte, mandará processá-lo de acordo com o rito do recurso cabível."

---

(191) Sobre a matéria, à luz do direito alemão, anote-se o magistério de James Goldschimidt: "Se são oferecidas dúvidas acerca da procedência da impugnação e da classe do recurso, a causa de que o defeito da resolução a impugnar consiste em que se pronunciou uma que não devia ter sido ditada (por exemplo, emitiu-se uma sentença definitiva em lugar de uma incidental ou de um auto, ou o contrário; ou uma sentença ordinária em vez de uma contumacial, ou vice-versa), deve-se resolvê-las no sentido de estimar a admissibilidade do recurso interposto (princípio do 'maior favor'). Quer dizer, que o recurso é admissível tanto se corresponder à resolução que por ele induz-se que teria desejado o recorrente (teoria subjetiva) como se é o adequado à que foi ditada (teoria objetiva). Isto constitui a teoria do 'recurso indiferente' (*Sowohl-als-auch-Theorie*)." (GOLDSCHMIDT, James. *Direito processual civil*. Tomo I. Campinas: Bookseller, 2003. p. 466).

(192) Circunstâncias como esta demonstram o acerto do magistério de Carlos Maximiliano, sobre o relativo valor desse tipo de elemento histórico no processo hermenêutico: "Além do elemento histórico propriamente dito, constituído pelo Direito anterior do qual o vigente é apenas um desdobramento, existe, sob a mesma denominação geral, outro fator de exegese, que os autores designam com as expressões — *Materiais Legislativos* ou *Trabalhos Preparatórios*. Esta espécie tem menos valor que a descrita anteriormente, *muito menos*; entretanto, é invocada com frequência maior no Brasil, sobretudo a respeito de leis recentes. Compreende anteprojetos; os Projetos e as respectivas *Exposições de motivos*; Mensagens dirigidas pelo Executivo às Câmaras; memoriais e representações enviadas ao Congresso; relatórios das comissões nomeadas pelo Governo; pareceres e votos em separado emitidos oralmente, ou por escrito, no seio das comissões parlamentares, especiais ou permanentes; emendas aceitas ou rejeitadas; debates tribunícios em sessões plenárias de cada um dos ramos do Poder Legislativo." (MAXIMILIANO, Carlos. *Hermenêutica e aplicação do direito*. 10. ed. Rio de Janeiro: Forense, 1988. p. 141).

(193) SOUZA, Bernardo Pimentel. *Introdução aos recursos cíveis e à ação rescisória*. 4. ed. São Paulo: Saraiva, 2007. p. 116.

Por ser perfeitamente compatível com o sistema processual trabalhista, a doutrina (Rodrigues Pinto(194), Wagner Giglio(195), Coqueijo Costa(196), Renato Saraiva(197), entre outros) e a jurisprudência(198) admitem a sua aplicação no Processo do Trabalho. Para que isso ocorra, devem estar configurados alguns pressupostos(199):

a) a existência de dúvida objetiva acerca do recurso cabível;

b) inexistência de erro grosseiro;

c) interposição do recurso dentro do prazo legalmente previsto para o recurso efetivamente cabível.

Configura-se a existência de dúvida objetiva havendo divergência doutrinária e/ou jurisprudencial acerca do recurso cabível. Também estará configurada a dúvida na hipótese de a própria legislação induzir a parte ao cometimento de equívoco na interposição do recurso.(200)

Por outro lado, pontua *Teresa Arruda Alvim Wambier,* haverá erro grosseiro quando a jurisprudência e a doutrina forem absolutamente harmônicas quanto ao cabimento de outro recurso que não aquele interposto contra a decisão recorrida, e quando a parte fizer uso de um recurso, no lugar de outro, afrontando de maneira flagrante os princípios básicos da sistemática recursal.(201) Segundo *Pontes de Miranda,*

---

(194) PINTO, José Augusto Rodrigues. *Manual dos recursos nos dissídios do trabalho.* São Paulo: LTr, 2006. p. 51-52.

(195) GIGLIO, Wagner; CORRÊA, Claudia Giglio Veltri. *Direito processual do trabalho.* 15. ed. São Paulo: Saraiva, 2005. p. 443-444.

(196) COSTA, Coqueijo. *Direito processual do trabalho.* 4. ed. Rio de Janeiro: Forense, 1995. p. 460.

(197) SARAIVA, Renato. *Curso de direito processual do trabalho.* São Paulo: Método, 2007. p. 444-445.

(198) Súmula n. 421 do TST — EMBARGOS DECLARATÓRIOS CONTRA DECISÃO MONOCRÁTICA DO RELATOR CALCADA NO ART. 557 DO CPC. CABIMENTO (conversão da Orientação Jurisprudencial n. 74 da SDI-II, Res. n. 137/05 — DJ 22.8.05).

I - Tendo a decisão monocrática de provimento ou denegação de recurso, prevista no art. 557 do CPC, conteúdo decisório definitivo e conclusivo da lide, comporta ser esclarecida pela via dos embargos de declaração, em decisão aclaratória, também monocrática, quando se pretende tão somente suprir omissão e não, modificação do julgado.

II - Postulando o embargante efeito modificativo, os embargos declaratórios deverão ser submetidos ao pronunciamento do Colegiado, convertidos em agravo, em face dos princípios da fungibilidade e celeridade processual. (ex-OJ n. 74 — inserida em 8.11.00).

(199) Sob o prisma do Direito Espanhol, cabe trazer a lume o magistério de Juan Montero Aroca e José Flors Matíes: "En ocasiones la impugnabilidad de una resolución y la clase de recurso a interponer dependen de la forma que la misma adopte (providencia, auto o sentencia), por lo que el recurso a utilizar en cada caso debe ser el adecuado. Sin embargo, el posible error padecido por el órgano jurisdiccional sobre tal extremo, dictando una resolución en forma inadecuada, no debe afectar a la procedencia del recurso, que resultará admisible en atención a la forma que debió adoptar dicha resolución y no a la incorrecta en que la misma se manifieste. Tampoco es obstáculo a la admisibilidad del recurso la designación equivocada del mismo por la parte que lo intente, siempre que cumpla los requisitos que le sean propios." (MONTERO AROCA, Juan; FLORS MATÍES, José. *Tratado de recursos en el proceso civil.* Valência: Tirant lo Blanch, 2005. p. 56).

(200) SOUZA, Bernardo Pimentel. *Introdução aos recursos cíveis e à ação rescisória.* 4. ed. São Paulo: Saraiva, 2007. p. 117.

(201) WAMBIER, Teresa Arruda Alvim. *Os agravos no CPC brasileiro.* 3. ed. São Paulo: Revista dos Tribunais, 2000. p. 120.

o erro também será grosseiro quando a lei, ainda que recente, for explícita acerca do cabimento do recurso.[202]

Quanto ao prazo de interposição, informa *Nelson Nery Junior* que o entendimento majoritário é no sentido de que o recurso erroneamente interposto deve observar o prazo do recurso efetivamente cabível. O autor, contudo, manifesta a sua divergência, asseverando que esse posicionamento "significa *negar* a própria existência do princípio da fungibilidade".[203]

O problema acima, sob prisma do Direito Processual do Trabalho, não se apresenta muito frequente, haja vista a uniformização dos prazos recursais trabalhistas (oito dias) promovida pela Lei n. 5.584/70 (art. 6º). Registre-se, porém, que essa regra não é absoluta, já que tem como exceção o prazo de quarenta e oito horas previsto para o recurso de revisão (Lei n. 5.584/70, art. 2º, § 1º) e o prazo de cinco dias alusivo aos embargos de declaração (CLT, art. 897-A). O prazo destinado à interposição de agravo regimental varia, também, conforme o regimento interno dos tribunais.

Na jurisprudência do Tribunal Superior do Trabalho, há precedente expresso ao exigir a observância do prazo do recurso efetivamente cabível, quando inferior àquele previsto para o recurso interposto.

Com efeito, o TST não conheceu de recurso ordinário interposto contra decisão monocrática de relator atacável por meio de agravo regimental. Ressaltou que, embora a jurisprudência da Corte fosse favorável à aplicação do princípio da fungibilidade, naquela hipótese isso não era possível, porquanto o recurso ordinário fora interposto no prazo de oito dias, ao passo que o agravo regimental, à luz do regimento interno do tribunal de origem, tinha prazo fixado em cinco dias.[204]

O art. 810 do Código de Processo Civil de 1939 aludia também à inexistência de má-fé como pressuposto de incidência do princípio da fungibilidade. Prestigiosa doutrina, contudo, defende que, em sua conformação atual de princípio implícito no ordenamento processual, a existência ou não de má-fé deve ser deixada de lado, de modo a não figurar no rol de critérios destinados a balizar a aplicação da fungibilidade. Conforme *Teresa Arruda Alvim Wambier*:

> "Parece-nos que, não subsistindo, no Código de Processo Civil atual, o preceito expresso do Código de Processo Civil revogado, *não há por que conservar-se o princípio exatamente nos moldes em que foi verbalizado, quando a lei revogada o encampou, isto é, como se a letra do art. 810 do estatuto de 1939 fosse a única maneira de formular-se o princípio.*
>
> [...]

(202) MIRANDA, Pontes. *Comentários ao Código de Processo Civil.* Tomo XI — arts. 808-852. 2. ed. Rio de Janeiro: Forense, 1960. p. 51.

(203) NERY JUNIOR, Nelson. *Princípios fundamentais:* teoria geral dos recursos. 5. ed. São Paulo: Revista dos Tribunais, 2000. p. 141.

(204) Processo n. TST-ROAR-171/2005-000-06-00.9 — Rel. Ministro Emmanoel Pereira, DJ de 17.3.2006.

Parece, de fato, que o princípio da fungibilidade recursal deve ter como *pressuposto de aplicação exclusivamente* a circunstância de *não se tratar de erro grosseiro*. A má-fé era aspecto que tinha de ser enfrentado à luz do estatuto revogado, que lhe fazia referência explícita, mas não, a nosso ver, à luz da lei vigente, que nem menciona o princípio. Logo, parece que sua formulação deve ser a mais simples e operativa possível. A má-fé, ao nosso ver, deve ficar de fora."(205)

Nelson Nery Junior, na mesma linha de raciocínio, é categórico ao frisar "que a má-fé não é elemento a ser considerado para a admissibilidade do recurso: ou há *dúvida* ou, alternativamente, inexiste erro grosseiro e se aplica a fungibilidade, ou não há um desses pressupostos e o princípio não incide". E prossegue: "Havendo um dos pressupostos para a aplicação da fungibilidade e, nada obstante agisse o recorrente de má-fé, deve ser alcançado pela sanção geral dos arts. 17 e 18, CPC, mas o recurso tem de ser conhecido".(206)

De fato, em conformidade com o pensamento de *Nery Junior*, parece-nos incoerente com o sistema processual em vigor erigir-se a ausência de má-fé como pressuposto hábil a viabilizar a incidência do princípio da fungibilidade. O Código de Processo Civil, que subsidiariamente supre a omissão da Consolidação das Leis do Trabalho no tocante à matéria, prevê, como decorrência da conduta maliciosa da parte, a aplicação de sanções de índole estritamente pecuniária (arts. 16, 17 e 18). Nesse sentido, anote-se o magistério de *Rui Stoco*:

> "Como o prejuízo sofrido em decorrência do mau uso do procedimento em ação judicial não pode ser composto como devera ser, ou seja, com a recomposição ao *statu quo ante*, a lei preferiu estabelecer critério de reparação pecuniária, baseada, em princípio (embora com incoerência), no efetivo prejuízo, desde que de natureza material ou patrimonial."(207)

Mesmo nas normas diretamente relacionadas com os recursos, o sistema de sanção pecuniária se mantém com exclusividade. É o caso do parágrafo único do art. 538 e do art. 557, § 2º, ambos do CPC. Realmente, o primeiro dispositivo impõe, no caso de embargos de declaração protelatórios, a incidência de multa não excedente a 1% (um por cento) sobre o valor da causa, que pode ser elevada até o patamar de 10% (dez por cento) na hipótese de reiteração do recurso. Já o segundo prevê, para o caso de interposição de agravo inadmissível ou infundado, a condenação do agravante ao pagamento de multa entre 1% (um por cento) e 10% (dez por cento) do valor corrigido da causa. Em nenhum momento, porém, a legislação processual obsta o conhecimento de recurso como sanção diretamente decorrente da atuação da parte eivada de má-fé processual.

---

(205) WAMBIER, Teresa Arruda Alvim. *Os agravos no CPC brasileiro*. 3. ed. São Paulo: Revista dos Tribunais, 2000. p. 118-120.

(206) NERY JUNIOR, Nelson. *Princípios fundamentais:* teoria geral dos recursos. 5. ed. São Paulo: Revista dos Tribunais, 2000. p. 143.

(207) STOCO, Rui. *Abuso do direito e má-fé processual*. São Paulo: Revista dos Tribunais, 2002. p. 99.

Acresça-se a isso o fato de que a má-fé não se presume. A presunção, ao contrário, é sempre da boa-fé.(208) Coerente com esse princípio, *Pontes de Miranda*, em comentários ao art. 810 do CPC de 1939, após desfiar uma série de casos em que estaria configurada a má-fé impeditiva da fungibilidade recursal, ressalvou: "É claro que em todos êsses casos a malícia não se presume. Trata-se de pressupostos não suficientes. Para deixar de observar o art. 810, *verbis* 'não será prejudicada', o tribunal tem de mostrar a má fé, ou a grosseria do êrro".(209)

Questão interessante é a possibilidade de aplicação do princípio da fungibilidade diante dos recursos de natureza extraordinária. Considerando que os pressupostos dos recursos de revista, de embargos e extraordinário encontram-se discriminadamente estabelecidos nos arts. 896 e 894 da CLT e no art. 102, III, da Constituição, cremos ser inviável a aplicação do princípio nessa hipótese, ante a presença de erro grosseiro. Nessa linha, o TST não conheceu de recurso de revista interposto contra decisão de TRT prolatada em sede de mandado de segurança de competência originária da Corte regional.(210) Também não conheceu de agravo regimental interposto contra acórdão de Turma daquela Corte, proferido em sede de agravo de instrumento.(211)

5.6. Princípio da singularidade

Do princípio da singularidade, também denominado de princípio da unirrecorribilidade ou da unicidade, extrai-se a imposição de que cada decisão seja impugnada por apenas um tipo de recurso, aquele expressamente previsto como adequado pela legislação processual. Por essa razão, não merece reparos o magistério de *Rodrigues Pinto* ao asseverar que "a noção de unirrecorribilidade se conecta diretamente com a do cabimento do *recurso*, obrigando o recorrente, em cada caso, a enquadrar sua pretensão concreta à hipótese recursal que lhe corresponde, sem nenhuma possibilidade de enquadrá-la, ao mesmo tempo, em qualquer outra".(212)

Ao tempo do Código de Processo Civil de 1939, o princípio tinha previsão expressa na legislação. Assim, textualmente dispunha o art. 809 daquele diploma legal: "A parte

(208) STOCO, Rui. *Abuso do direito e má-fé processual*. São Paulo: Revista dos Tribunais, 2002. p. 104.

(209) MIRANDA, Pontes. *Comentários ao Código de Processo Civil*. Tomo XI — arts. 808-852. 2. ed. Rio de Janeiro: Forense, 1960. p. 51.

(210) AGRAVO DE INSTRUMENTO EM RECURSO DE REVISTA. RECURSO DE REVISTA INTERPOSTO EM DESFAVOR DE DECISÃO PROFERIDA PELO JUIZ RELATOR EM MANDADO DE SEGURANÇA. DESCABIMENTO. ERRO GROSSEIRO. PRINCÍPIO DA FUNGIBILIDADE. INAPLICABILIDADE. Contra decisão prolatada em Mandado de Segurança não cabe Recurso de Revista, cuja finalidade é atacar decisão do TRT, proferida em grau de Recurso Ordinário em dissídio individual, conforme o disposto no caput do art. 896 da CLT. *In casu*, a interposição do Recurso de Revista, com base no art. 896 da CLT e a indicação de violação a dispositivos de lei e da Constituição da República, bem como de divergência jurisprudencial como fundamento para o conhecimento do aludido apelo configura erro grosseiro, sendo inviável a aplicação do princípio da fungibilidade. Agravo de instrumento conhecido e não provido. (Processo n. TST — AIRR — 44611/2002-900-01-00 — 2ª Turma. Rel. Juiz Convocado Guilherme Bastos. DJ de 26.11.2004).

(211) Processo n. TST-AG-AIRR-146/2003-171-06-40.3. 2ª Turma — Rel. Ministro Renato de Lacerda Paiva, DJ de 1.12.2006.

(212) PINTO, José Augusto Rodrigues. *Manual dos recursos nos dissídios do trabalho*. São Paulo: LTr, 2006. p. 49.

poderá variar de recurso dentro do prazo legal, não podendo, todavia, usar, ao mesmo tempo, de mais de um recurso".

Modernamente, contudo, por encontrar-se implícito no ordenamento processual, o princípio emerge da circunstância de a legislação haver previsto uma modalidade de recurso adequada para a impugnação de cada tipo de decisão. Assim, nos dissídios individuais do trabalho, por exemplo, contra as sentenças proferidas perante as Varas do Trabalho, a insurgência deve ser manifestada pela via do recurso ordinário. Contra os acórdãos que julguem o recurso ordinário no âmbito dos Tribunais Regionais do Trabalho, deve a parte interpor recurso de revista e, assim, sucessivamente.[213]

Importante observar que o princípio da singularidade não se mostra absoluto. Emergem do sistema recursal algumas hipóteses em que sua aplicação é excepcionada.

No âmbito do Direito Processual do Trabalho, o exemplo clássico é o atinente aos embargos de declaração. Nesse sentido, conduz-se o magistério de *Ísis de Almeida*, ao asseverar que o princípio da singularidade "impera no processo trabalhista, salvo quanto aos embargos de declaração, que podem caber de uma decisão, ainda que contra ela se possa interpor outro recurso".[214] Observa *Bernardo Pimentel Souza* que a regra segundo a qual a interposição do recurso específico somente se dará após julgados os declaratórios não descaracteriza a exceção apontada, já que ambos — declaratórios e recurso subsequente — têm por alvo a mesma decisão.[215]

Outra exceção ainda possível decorre da hipótese de mandado de segurança impetrado no âmbito da competência originária do Tribunal Superior do Trabalho.

---

(213) Sobre o tema, o Tribunal Superior do Trabalho traz interessante precedente em que negou provimento a agravo de instrumento tendente a conferir trânsito a recurso de revista, mediante aplicação do princípio da singularidade. No caso, a parte interpôs agravo regimental e recurso de revista parcial em face de decisão monocrática que deixara de conhecer de seus embargos de declaração. (Processo n. TST-AIRR-1675-1998-281-01-40. 4ª Turma — Relª Juíza Convocada Maria Doralice Novaes, DJ de 18.5.2007).

(214) ALMEIDA, Ísis. *Manual de direito processual do trabalho*. 7. ed. São Paulo: LTr, 1995. p. 334.

(215) SOUZA, Bernardo Pimentel. *Introdução aos recursos cíveis e à ação rescisória*. 4. ed. São Paulo: Saraiva, 2007. p. 111. No mesmo sentido: PORTO, Sérgio Gilberto; USTÁRROZ, Daniel. *Manual dos recursos cíveis*. Porto Alegre: Livraria do Advogado, 2007. p. 38; PORTANOVA, Ruy. *Princípios do processo civil*. 6. ed. Porto Alegre: Livraria do Advogado, 2005. p. 272. Nelson Nery Junior aponta os declaratórios como exceção ao princípio da singularidade. Observa, porém, que: "É exceção, é verdade, *mas só* formalmente, pois o cabimento de um ou outro recurso será determinado pelo *tipo de vício* que se pretenda ver corrigido. Logo, no seu aspecto intrínseco e essencial, aquela decisão ensejará a interposição de um único recurso. Se este for o de embargos de declaração, somente após o esclarecimento ou a complementação da sentença é que será admissível a apelação. De qualquer sorte, concluímos pela interposição única como regra geral, que nada mais é do que o princípio da singularidade dos recursos." (NERY JUNIOR, Nelson. *Princípios fundamentais:* teoria geral dos recursos. 5. ed. São Paulo: Revista dos Tribunais, 2000. p. 110-111). Em sentido contrário, Rodrigues Pinto apresenta objeção, não vendo nos declaratórios qualquer exceção à unirrecorribilidade. Diz que os embargos de declaração não têm função concorrente ou alternativa de nenhum outro. Afirma serem eles um recurso típico, destinado a obter resultado que só por seu intermédio pode ser perseguido e que tal realidade se mostra no fato de sua interposição determinar a interrupção do prazo de outros recursos, mostrando, definitivamente, não ser facultado usá-lo juntamente ou alternativamente com nenhum deles. (PINTO, José Augusto Rodrigues. *Manual dos recursos nos dissídios do trabalho*. São Paulo: LTr, 2006. p. 50).

No caso de sucumbência parcial, a decisão poderá em tese ser atacada por recurso ordinário, a ser interposto pelo impetrante em relação à parte denegatória (CF, art. 102, II, *a*), e por recurso extraordinário, na parte concessiva da segurança.

Por fim, é importante observar que o princípio da singularidade não impõe o cabimento de apenas um único recurso. O seu escopo, consoante observa *Nelson Nery Junior*, tem por meta "evitar a promiscuidade e a proliferação de mais de um *tipo* de recurso contra determinado ato judicial". Assim, prossegue o autor, "está dentro dos limites de abrangência do princípio da singularidade, constituindo-se hipótese de sua aplicação, o fato de serem admitidos tantos recursos — do mesmo gênero — tantas quantas forem as partes prejudicadas pela decisão judicial.(216) Nesse contexto, sendo parcial a sucumbência, a sentença poderá ser impugnada por recursos ordinários simultaneamente interpostos pelo reclamante e pelo reclamado.

5.7. Princípio da consumação

Pelo princípio da consumação, validamente interposto o recurso, é vedado à parte alterá-lo, complementá-lo ou mesmo corrigi-lo. Tampouco será permitido à parte dele desistir para impugnar a decisão mediante a interposição de outro recurso. No ato de sua interposição, portanto, o recurso deverá revestir-se de todos os seus pressupostos de admissibilidade, por ser inviável a futura correção de seus defeitos.(217)

Bernardo Pimentel Souza, em lição que merece ser reproduzida pela clareza e didatismo, traz a lume os fundamentos que norteiam o princípio da consumação:

> "A adoção do princípio é justificada pela necessidade de o processo demorar o menos possível, a fim de que a paz social afetada pelo litígio seja restabelecida o quanto antes. Por tal razão, as partes têm a oportunidade de praticar os diversos atos processuais no tempo previamente designado, geralmente pela lei. No entanto, exercido o direito com a concretização do ato processual, dá-se início a prática dos atos ulteriores. E por força do instituto da preclusão consumativa, não é possível exercer direito já consumado, realizar ato já praticado.
>
> Com efeito, mesmo que dentro do prazo recursal previsto na legislação, se o vencido pudesse complementar o recurso após a interposição, ou, ainda, substituí-lo por outro, poderia ocorrer perda de tempo e de atos processuais, assim como prejuízo irreparável ao recorrido que já tivesse apresentado resposta. É que o recorrente poderia corrigir erro apontado pelo recorrido na resposta ao recurso. Então, interposto o recurso, ainda que no primeiro dia do prazo recursal, há a consumação do direito de recorrer, sendo vedadas a interposição de outro recurso e a correção do inconformismo."(218)

---

(216) NERY JUNIOR, Nelson. *Princípios fundamentais:* teoria geral dos recursos. 5. ed. São Paulo: Revista dos Tribunais, 2000. p. 109.

(217) PORTO, Sérgio Gilberto; USTÁRROZ, Daniel. *Manual dos recursos cíveis*. Porto Alegre: Livraria do Advogado, 2007. p. 45-46.

(218) SOUZA, Bernardo Pimentel. *Introdução aos recursos cíveis e à ação rescisória*. 4. ed. São Paulo: Saraiva, 2007. p. 126.

Assim, ao ser interposto, o recurso deve vir acompanhado das respectivas razões, porquanto vedada a sua posterior apresentação. A exceção se apresenta diante da existência de decisão integrativa, aclaradora ou modificadora, decorrente do acolhimento de embargos de declaração. Presente essa circunstância, a parte que já recorrera poderá complementar o recurso interposto, observados, contudo, os limites do acréscimo sofrido pela decisão antes impugnada.(219)

Coerente com o princípio, outrossim, é o comando do art. 789, § 1º, da CLT, com redação que lhe emprestou a Lei n. 10.537, de 27/8/2002, expresso ao dispor que "no caso de recurso, as custas serão pagas e comprovado o recolhimento *dentro do prazo recursal*". Anteriormente ao advento do referido diploma legal, o Tribunal Superior do Trabalho, nos termos sua Súmula n. 352, conferia o prazo de cinco dias para a comprovação do pagamento das custas, contados do respectivo recolhimento. Referida orientação, a nosso ver, mostrava-se dissonante do princípio da consumação.

Outro reflexo do princípio da consumação reside na impossibilidade de a parte, após a interposição do agravo, proceder à juntada posterior de peças essenciais à formação do instrumento em relação às quais se omitira no ato de apresentação do recurso.(220) Também por força do princípio em exame, vedada será a interposição de recurso adesivo pela parte que já houver interposto recurso autônomo, e voluntariamente deixou sem impugnação capítulos da decisão que lhe foram desfavoráveis.(221)

Aspecto importante que, por fim, merece ser abordado é o pertinente à possibilidade de variação do recurso. Com efeito, ao tempo do Código de Processo Civil de 1939, o art. 809 daquele diploma legal era expresso ao dispor: "A parte poderá variar de recurso dentro do prazo legal, não podendo, todavia, usar, ao mesmo tempo, de mais de um recurso". No vigente Código de Processo Civil e na Consolidação das Leis do Trabalho, porém, inexiste regra similar.

Referida circunstância, contudo, não impede que renomados juristas defendam a viabilidade da variação recursal no âmbito do processo do trabalho. Nesse sentido, *Rodrigues Pinto* tem-na por compatível com a sistemática recursal trabalhista, em decorrência do instituto do *jus postulandi*.(222) Esse também é o pensamento de *Wagner Giglio*(223),

(219) NERY JUNIOR, Nelson. *Princípios fundamentais:* teoria geral dos recursos. 5. ed. São Paulo: Revista dos Tribunais, 2000. p. 165.

(220) PORTO, Sérgio Gilberto; USTÁRROZ, Daniel. *Manual dos recursos cíveis*. Porto Alegre: Livraria do Advogado, 2007. p. 46.

(221) SOUZA, Bernardo Pimentel. *Introdução aos recursos cíveis e à ação rescisória*. 4. ed. São Paulo: Saraiva, 2007. p. 127-128; NERY JUNIOR, Nelson. *Princípios fundamentais:* teoria geral dos recursos. 5. ed. São Paulo: Revista dos Tribunais, 2000. p. 165-169. Sobre o tema, anote-se o seguinte precedente do Tribunal Superior do Trabalho: "AGRAVO DE INSTRUMENTO. RECURSO DE REVISTA. RECURSO ADESIVO. CABIMENTO QUANDO JÁ INTERPOSTO RECURSO PRINCIPAL PELA MESMA PARTE. Nega-se provimento a agravo de instrumento que visa liberar recurso despido dos pressupostos de cabimento. Agravo desprovido." (Processo n. TST-AIRR-533.467/1999.5. 2ª Turma. Rel. Ministro Renato de Lacerda Paiva. DJ de 28.11.2003).

(222) PINTO, José Augusto Rodrigues. *Manual dos recursos nos dissídios do trabalho*. São Paulo: LTr, 2006. p. 50-51.

(223) GIGLIO, Wagner; CORRÊA, Claudia Giglio Veltri. *Direito processual do trabalho*. 15. ed. São Paulo: Saraiva, 2005. p. 443-444.

Coqueijo Costa[224] e *Sérgio Pinto Martins*[225], ressalvada, porém, por todos os referidos juristas, a estrita observância do prazo legal.

Heitor Vitor Mendonça Sica vai além, e, negando a própria existência da preclusão consumativa, tem por válida a emenda de atos já praticados válida ou invalidamente, desde que dentro do prazo que a lei lhes destinou. E complementa: "Apenas o decurso do prazo ou a prática de ato logicamente incompatível em momento anterior extingue o direito da parte em praticar o ato ou emendá-lo".[226] Mais adiante, conclui:

> "Enfim, para que se admitisse a preclusão consumativa como modalidade do gênero preclusão seria necessário nela identificar — de modo igualmente claro, como ocorre quanto à preclusão temporal e lógica — a vocação de instituto destinado a impedir obstáculos à marcha do processo, ou de eliminar retrocessos. Se a lei destinou determinado período de tempo para a prática de um ato processual, não há que falar em retrocesso se a parte antecipa-se ao termo final e depois apresenta alguma emenda ou correção àquele mesmo ato. Não poderia se cogitar de retrocesso simplesmente porque a marcha processual estava previamente programada para aguardar o transcurso do prazo. Se o prazo tivesse sido integralmente utilizado, contramarcha alguma haveria."[227]

Não obstante os ponderáveis argumentos lançados, cremos que o instituto da preclusão consumativa bem como o princípio recursal da consumação que dele é decorrente encontram seu fundamento no interior do sistema processual e obstam a prática da variação do recurso, inclusive no âmbito do Processo do Trabalho.

Com efeito, conforme observam *Antonio Carlos de Araújo Cintra*, *Ada Pellegrini Grinover* e *Cândido Rangel Dinamarco*, o processo "pode ser encarado pelo aspecto dos atos que lhe dão corpo e das relações entre eles, e igualmente pelo aspecto das relações entre os seus sujeitos." É dessa primeira acepção que advém a origem da própria palavra processo, que etimologicamente significa "marcha avante", caminhada (do latim *procedere*, ou seja, seguir adiante).[228]

Para implementar essa *marcha avante*, o sistema processual é moldado pela incidência de vários princípios, dentre os quais o princípio do impulso oficial — pelo qual compete ao juiz mover o procedimento de fase em fase, até exaurir a função jurisdicional[229] — e o princípio da celeridade, que preconiza que essa movimentação se faça da maneira mais célere possível.

Nesse contexto, a preclusão não tem por finalidade apenas impedir obstáculos à marcha processual ou eliminar retrocessos. É seu escopo também *acelerar* o curso do

(224) COSTA, Coqueijo. *Direito processual do trabalho*. 4. ed. Rio de Janeiro: Forense, 1995. p. 459-460.

(225) MARTINS, Sérgio Pinto. *Direito processual do trabalho*. 13. ed. São Paulo: Atlas, 2000. p. 352.

(226) SICA, Heitor Vitor Mendonça. *Preclusão processual civil*. São Paulo: Atlas, 2006. p. 151.

(227) *Ibidem*, p. 152.

(228) CINTRA, Antonio Carlos de Araújo; GRINOVER, Ada Pellegrini; DINAMARCO, Cândido Rangel. *Teoria geral do processo*. 8. ed. São Paulo: Revista dos Tribunais, 1991. p. 247.

(229) *Ibidem*, p. 65.

processo, sempre que isso for possível. Daí por que, embora a marcha processual esteja previamente programada para aguardar o transcurso dos prazos destinados à prática dos atos processuais, caso a parte antecipe-se ao termo final do prazo, opera-se uma reprogramação da marcha, que passa imediatamente à fase subsequente, sem que haja a possibilidade de retorno. Tem-se com isso que, interposto o recurso, não poderá a parte dele desistir com vistas à interposição de outra modalidade recursal, ainda que em curso o prazo legal.[230]

5.8. Princípio da proibição de reformatio in pejus

Segundo o princípio proibitivo da *reformatio in pejus*, é vedado ao tribunal, no ato do julgamento do recurso, proferir decisão de modo a piorar a situação do recorrente, mediante o extravasamento do efeito devolutivo inerente ao recurso interposto e quando ausente recurso da parte adversa.

Em outras palavras, por estar o conhecimento e julgamento do recurso limitado à matéria nele impugnada, ao julgador resta uma de duas alternativas: ou lhe dá provimento, gerando a consequente melhora da situação do recorrente; ou lhe nega provimento, mantendo a situação do recorrente inalterada.

Inviável será, portanto, quando inexistente o recurso da parte contrária, que o julgador piore a situação do recorrente, mediante a apreciação de matéria por ele não impugnada. No tocante aos capítulos não atacados, a decisão recorrida simplesmente transita em julgado.[231]

Assim, se o autor "Y" ingressa em juízo formulando os pedidos *a*, *b* e *c* e a sentença lhe concede apenas os pedidos *a* e *b*, haverá reforma para pior se, na hipótese de apenas "Y" recorrer relativamente ao pedido *c*, o tribunal apreciar os pedidos *a* e *b* a fim de reformar a sentença, agravando-lhe a situação.

O princípio da proibição de *reformatio in pejus* constitui, em realidade, um subprincípio, implícito no ordenamento processual, e que se mostra aplicável aos recursos. Deriva diretamente do princípio dispositivo, cujo fundamento central reside na livre

(230) Coerente com esse pensamento, cabe reproduzir o magistério de Adolfo Borthwick, segundo o qual "la palabra preclusión tiene dos sentidos: por un lado, significa prohibir, impedir que una cosa ocurra o se haga; por otro, se refiere a un principio de orden en el desarrollo de la relación procesal, en virtude del cual, después de realizados o transcurridos ciertos términos, la parte no puede efectuar actos procesales". (BORTHWICK, Adolfo E. C. *Principios procesales*. Corrientes: Mario A. Vieira Editor, 2003. p. 113-114).

(231) Sobre o tema, à luz do direito processual espanhol, anote-se o magistério de *Juan Montero Aroca* e *José Flors Matíes*: "Todos los recursos en sentido estricto suponen que el proceso sigue pendiente, continuando el desarollo del mismo, por lo que es posible que el tribunal que conoce del recurso revoque o anule la resolución recurrida, si bien el principio dispositivo impone que la modificación o la anulación sólo pueda producirse en el ámbito de lo que ha sido solicitado por el recurrente. El principio dispositivo lleva a que el tribunal tenga que ser congruente con lo pedido por la parte que recurre. Estamos aquí ante la llamada prohibición de la *reformatio in peius*, esto es, ante la imposibilidad de que la resolución que decida el recurso agrave la situación de la parte recurrente (se prohibe la 'reforma en peor')" – MONTERO AROCA, Juan; FLORS MATÍES, José. *Tratado de recursos en el proceso civil*. Valência: Tirant lo Blanch, 2005. p. 84.

disponibilidade pelo indivíduo do direito subjetivo de que é titular[232] e, por via de consequência, na liberdade de pedir ou não pedir a tutela desse mesmo direito em juízo.[233]

Realmente, conforme observa *Flávio Cheim Jorge*, à luz do princípio dispositivo, "o início do processo fica ao arbítrio do autor", que define a lide como bem entender, estando livre de quaisquer injunções da lei ou do Poder Judiciário. Assim, prossegue o autor: "O conteúdo da atividade jurisdicional é fixado pela vontade do autor já na petição inicial, não podendo o Estado julgar ou mesmo apreciar qualquer pretensão diversa da desejada pelo autor".[234]

Constitui, assim, clara manifestação do princípio dispositivo o preceito contido no art. 2º do CPC, segundo o qual "nenhum juiz prestará a tutela jurisdicional senão quando a parte ou o interessado a requerer, nos casos e formas legais". Diga-se o mesmo em relação ao art. 128, também do CPC, segundo o qual "o juiz decidirá a lide nos limites em que foi proposta, sendo-lhe vedado conhecer de questões, não suscitadas, a cujo respeito a lei exige a iniciativa das partes".

Transferindo-se a análise do tema para a esfera recursal, verifica-se que, proferida a decisão judicial, a parte sucumbente é livre para impugná-la não podendo a tanto ser compelida. Poderá fazê-lo, ainda, no todo ou em parte. Uma vez impugnada a decisão, porém, fica o juiz vinculado aos estritos limites dessa impugnação, sendo-lhe vedado conhecer de matérias estranhas ao recurso para proceder à reforma, quer para pior (*reformatio in pejus*), como também para melhor (*reformatio in melius*).[235]

Observam *Marinoni* e *Arenhart*, contudo, que o princípio não se mostra absoluto, porquanto existem matérias em relação às quais ao juiz compete conhecer *ex officio*, em qualquer tempo ou grau de jurisdição. Por independerem de provocação da parte para serem conhecidas, certas matérias podem ser examinadas sempre, inclusive em sede recursal, mesmo em prejuízo daquele que submeteu a controvérsia ao crivo do tribunal.[236] Na mesma linha dispõem os juristas e magistrados espanhóis *Juan Montero Aroca* e *José Flors Maties*:

> "Independientemente de que se trate de un recurso ordinario o extraordinario la competencia del tribunal que conoce del mismo queda limitada a decidir sobre lo que el recurrente ha delimitado como objeto del mismo, sin que se pueda entrar a conocer de lo no recurrido. Sólo en el caso de que el vicio producido se refiera a aspecto que los tribunales deben controlar de oficio, y en cualquier

---

(232) CAPELLETTI, Mauro. *O processo civil no direito comparado*. Belo Horizonte: Cultura Jurídica – Editora Líder, 2001. p. 21.

(233) *Ibidem*, p. 26.

(234) JORGE, Flávio Cheim. *Teoria geral dos recursos cíveis*. 3. ed. São Paulo: Revista dos Tribunais, 2007. p. 199-200.

(235) NERY JUNIOR, Nelson. *Princípios fundamentais:* teoria geral dos recursos. 5. ed. São Paulo: Revista dos Tribunais, 2000. p. 159-160; JORGE, Flávio Cheim. *Teoria geral dos recursos cíveis*. 3. ed. São Paulo: Revista dos Tribunais, 2007. p. 202.

(236) MARINONI, Luiz Guilherme; ARENHART, Sérgio Cruz. *Curso de direito processual civil*. 6. ed. São Paulo: Revista dos Tribunais, 2007. v. 2: processo de conhecimento, p. 507.

momento del proceso, podrá el tribunal que conoce del recurso modificar o anular la resolución recurrida en sentido distinto del propuesto por el recurrente."[237]

Aqui, contudo, deixa de incidir o princípio dispositivo, que cede espaço ante o influxo do princípio inquisitório[238], que impõe ao juiz o dever de conhecer certas questões de ofício, em face do caráter de ordem pública a elas inerente. Correto, portanto, o magistério de *Rodrigo Barioni*, ao asseverar que "a *reformatio in peius* não se opera quando há apreciação de matérias de ordem pública, pois não há a violação ao princípio dispositivo e tampouco aos demais fundamentos que impedem a reforma para pior no sistema processual brasileiro".[239]

Em relação especificamente aos recursos de natureza extraordinária, porém, o exame de tais matérias encontra maiores limitações. E isso ocorre porque, nessa modalidade de recursos, o prequestionamento figura como um dos pressupostos de admissibilidade, pelo que o seu cabimento encontra-se vinculado à existência de expressa decisão acerca da matéria ou questão impugnada[240]. Nesse sentido, aliás, é a dicção da Súmula n. 297 do Tribunal Superior do Trabalho.[241]

Observe-se que a exigência do prequestionamento incide indistintamente, sendo irrelevante a natureza de ordem pública inerente à matéria atacada no recurso. Coerente com essa diretriz, a jurisprudência do Tribunal Superior do Trabalho, estratificada na Orientação Jurisprudencial n. 62 de sua Subseção I Especializada em Dissídios Individuais, é categórica ao dispor: "Prequestionamento. Pressuposto de recorribilidade em apelo de natureza extraordinária. Necessidade, ainda que a matéria seja de incompetência absoluta".

E isso decorre do fato de a legislação processual, no tocante aos recursos de índole extraordinária, tipificar de maneira estrita os pressupostos de cabimento a eles inerentes, tornando mais restrito o rol de matérias passíveis de exame pelo tribunal. Assim, embora a lei determine o exame *ex officio* das questões de ordem pública a qualquer tempo (CPC, art. 267, § 3º), essa determinação deve ser interpretada tão só em relação aos recursos de natureza ordinária.[242]

---

(237) MONTERO AROCA, Juan; FLORS MATÍES, José. *Tratado de recursos en el proceso civil*. Valência: Tirant lo Blanch, 2005. p. 85.

(238) NERY JUNIOR, Nelson. *Princípios fundamentais:* teoria geral dos recursos. 5. ed. São Paulo: Revista dos Tribunais, 2000. p. 156-157; JORGE, Flávio Cheim. *Teoria geral dos recursos cíveis*. 3. ed. São Paulo: Revista dos Tribunais, 2007. p. 204-205.

(239) BARIONI, Rodrigo. *Efeito devolutivo da apelação civil*. São Paulo: Revista dos Tribunais, 2007. p. 60-61.

(240) MEDINA, José Miguel Garcia. *O prequestionamento nos recursos extraordinário e especial:* e outras questões relativas a sua admissibilidade e ao seu cabimento. 3. ed. São Paulo: Revista dos Tribunais, 2002. p. 76-77.

(241) Prequestionamento. Oportunidade. Configuração. I. Diz-se prequestionada a matéria ou questão quando na decisão impugnada haja sido adotada, explicitamente, tese a respeito. II. Incumbe à parte interessada, desde que a matéria haja sido invocada no recurso principal, opor embargos declaratórios objetivando o pronunciamento sobre o tema, sob pena de preclusão. III. Considera-se prequestionada a questão jurídica invocada no recurso principal sobre a qual se omite o Tribunal de pronunciar tese, não obstante opostos embargos de declaração.

(242) NERY JUNIOR, Nelson. *Princípios fundamentais:* teoria geral dos recursos. 5. ed. São Paulo: Revista dos Tribunais, 2000. p. 420.

Diante dessa perspectiva, é conclusivo que o princípio da *reformatio in pejus* incide com maior intensidade em relação aos recursos denominados extraordinários, já que, no ato de sua apreciação e julgamento, ao magistrado não é dado extrapolar o coeficiente de devolutividade que lhes são próprios, de modo a adentrar o exame de matérias ou questões a eles estranhas, ainda que de ordem pública.

Nas questões relativas a fato e a direito supervenientes, porém, o problema resolve-se de forma diversa. Por força do art. 462 do Código de Processo Civil, referidas questões poderão ser tomadas de ofício no julgamento do recurso(243), sem que com isso se tenha por contrariado o princípio proibitivo da *reformatio in pejus.* Nesse sentido, anote-se a orientação estratificada na Súmula n. 394 do TST: "Art. 462 do CPC. Fato superveniente. (conversão da Orientação Jurisprudencial n. 81 da SDI-1) — Res. n. 129/2005 — DJ 20.4.05 — O art. 462 do CPC, que admite a invocação de fato constitutivo, modificativo ou extintivo do direito, superveniente à propositura da ação, é aplicável de ofício aos processos em curso em qualquer instância trabalhista. (ex-OJ n. 81 — Inserida em 28.4.1997)".(244)

Assim, por exemplo, não haverá que se falar em *reformatio in pejus* no caso de o juiz, ainda que em instância extraordinária, julgar extinta a ação de cumprimento proposta antes do trânsito em julgado do dissídio coletivo, se a sentença normativa que lhe dava suporte foi posteriormente reformada na parte que era objeto da pretensão de cumprimento.

Por fim, é importante observar, conforme pontuado por *Nelson Nery Junior*, que somente se configura lesão ao princípio da proibição de *reformatio in pejus* se a desvantagem trazida pela reforma situar-se no plano prático, o que não ocorrerá se o tribunal apenas modificar a fundamentação da decisão recorrida.(245)

---

(243) Cf. Antonio Carlos de Araújo Cintra, o art. 462 do CPC "incide não apenas no primeiro grau de jurisdição, mas também nos tribunais, nada havendo que justifique o entendimento contrário." – (CINTRA, Antonio Carlos de Araújo. *Comentários ao código de processo civil.* v. 4, 2. ed. Rio de Janeiro: Forense, 2003. p. 299).

(244) Cf. Nelson Nery Junior: "Outro problema se nos afigura pertinente na sequência do nosso raciocínio. O recurso decidido com base em questões novas, bem como no direito superveniente, não caracteriza reforma para pior proibida, desde que autorizado o conhecimento daquelas matérias na instância recursal (arts. 462 e 517, CPC). NERY JUNIOR, Nelson. *Princípios fundamentais:* teoria geral dos recursos. 5. ed. São Paulo: Revista dos Tribunais, 2000. p. 161.

(245) NERY JUNIOR, Nelson. *Princípios fundamentais:* teoria geral dos recursos. 5. ed. São Paulo: Revista dos Tribunais, 2000. p. 157.

Capítulo 6

Efeitos dos Recursos

1. Considerações iniciais

Uma vez interpostos, os recursos produzem no plano processual uma série de efeitos. Alguns revelam-se presentes em todas as modalidades recursais. Outros, de seu turno, são específicos de apenas algumas espécies de recursos. No que se refere à matéria, serão examinados nos tópicos seguintes os efeitos obstativo; devolutivo; suspensivo; translativo; expansivo e substitutivo.

2. Efeitos dos recursos

2.1. Efeito obstativo

Presente em todas as espécies recursais, o efeito obstativo caracteriza-se por impedir (obstar) a formação da preclusão e da coisa julgada. Por essa razão, os capítulos autônomos da decisão que não sejam impugnados ficam, desde logo, protegidos pela *res judicata*, pondo-se a salvo de toda e qualquer futura impugnação. Em relação a eles passa a fluir o biênio previsto no art. 495 do CPC, destinado à propositura de ação rescisória.(246)

Digna de registro a exceção relativa às causas em que a fazenda pública figurar como parte. Nessa hipótese, quando inexistente o recurso voluntário do ente público, a decisão de primeiro grau só transita em julgado após implementado o julgamento da remessa oficial, conforme o art. 1º, inciso V, do Decreto-lei n. 779/69.

Sobre o tema, mostra-se elucidativo o disposto no item II da Súmula n. 100 do TST: "Havendo recurso parcial no processo principal, o trânsito em julgado dá-se em momentos e em tribunais diferentes, contando-se o prazo decadencial para a ação rescisória do trânsito em julgado de cada decisão, salvo se o recurso tratar de preliminar ou prejudicial que possa tornar insubsistente a decisão recorrida, hipótese em que flui a decadência a partir do trânsito em julgado da decisão que julgar o recurso parcial".

2.2. Efeito devolutivo

A denominação de efeito devolutivo é bastante antiga. Remonta ao período em que a jurisdição, enquanto função estatal, era delegada pelo monarca a órgãos de maior

(246) SOUZA, Bernardo Pimentel. *Introdução aos recursos cíveis e à ação rescisória*. 4. ed. São Paulo: Saraiva, 2007. p. 15-16.

hierarquia, que, por sua vez, a delegavam a outros órgãos de estatura hierárquica inferior. Assim, como decorrência da interposição dos recursos perante o órgão de menor hierarquia, este se via obrigado a devolver a jurisdição que lhe havia sido delegada, de modo a permitir que o órgão superior julgasse o objeto do conflito.(247)

Modernamente, contudo, o efeito devolutivo não guarda sintonia com qualquer delegação da atividade jurisdicional levada a efeito por órgão hierarquicamente superior a outro de estatura inferior. Entende-se por devolutivo o efeito inerente ao recurso consistente na transferência ao órgão *ad quem* do conhecimento da matéria julgada pelo órgão jurisdicional inferior.(248)

O efeito devolutivo decorre diretamente do princípio dispositivo(249), de sorte que cabe ao recorrente o ônus de delimitar o âmbito de devolução da matéria ao Poder Judiciário. Em outras palavras, somente será devolvida e, por isso mesmo, objeto de novo julgamento, a matéria expressamente impugnada no recurso.(250)

Em maior ou menor grau, todos os recursos são providos de efeito devolutivo, ressalvado apenas o caso dos embargos de declaração, cujo julgamento compete ao mesmo órgão prolator da decisão recorrida.(251) Nesse caso, conforme o magistério de *Bernardo Pimentel Souza*, deve-se falar em efeito regressivo, que, ao contrário do que sucede com o efeito devolutivo, promove o retorno da matéria ao próprio órgão judiciário em que foi proferida a decisão impugnada.(252)

Observa *Couture* que, como decorrência do efeito devolutivo, a submissão da contenda ao juízo superior faz cessar os poderes do juízo *a quo*, que, assim, fica desprovido de jurisdição. O juízo superior, por seu turno, assume a faculdade plena de revogação da

---

(247) BARQUÍN ÁLVAREZ, Manuel. *Los recursos y la organización judicial en materia civil.* México: Universidad Nacional Autónoma de México — Instituto de Investigaciones Jurídicas, 1976. p. 40-41. No mesmo sentido: KOZIKOSKI, Sandro Marcelo. *Embargos de declaração:* teoria geral e efeitos infringentes. São Paulo: Revista dos Tribunais, 2004. p. 155.

(248) MOREIRA, José Carlos Barbosa. *Comentários ao Código de Processo Civil.* v. 5, 11. ed. Rio de Janeiro: Forense, 2004. p. 259.

(249) Conforme Cassio Scarpinella Bueno, "o efeito devolutivo é entendido como uma projeção, no plano do segmento recursal, do princípio *dispositivo* que, ainda hoje, é basilar do sistema processual civil codificado [...]". (BUENO, Cassio Scarpinella. Efeitos dos recursos. In: *Aspectos polêmicos e atuais dos recursos cíveis e assuntos afins.* NERY JR., Nelson; WAMBIER, Teresa Arruda Alvim (Coords.). São Paulo: Revista dos Tribunais, 2006. v. 10, p. 79).

(250) NERY JR., Nelson. *Princípios fundamentais:* teoria geral dos recursos. 5. ed. São Paulo: Revista dos Tribunais, 2000. p. 368; JORGE, Flávio Cheim. *Teoria geral dos recursos cíveis.* 3. ed. São Paulo: Revista dos Tribunais, 2007, 234-235.

(251) MOREIRA, José Carlos Barbosa. *Comentários ao Código de Processo Civil.* v. 5, 11. ed. Rio de Janeiro: Forense, 2004. v. 5, p. 260. Em sentido contrário: FERNANDES, Luís Eduardo Simardi. *Embargos de declaração:* efeitos infringentes, prequestionamento e outros aspectos polêmicos. São Paulo: Revista dos Tribunais, 2003. p. 55-56; KOZIKOSKI, Sandro Marcelo. *Embargos de declaração:* teoria geral e efeitos infringentes. São Paulo: Revista dos Tribunais, 2004. p. 155-161.

(252) SOUZA, Bernardo Pimentel. *Introdução aos recursos cíveis e à ação rescisória.* 4. ed. São Paulo: Saraiva, 2007. p. 17.

decisão recorrida, dentro dos limites do recurso, podendo confirmar total ou parcialmente o julgado impugnado ou revogá-lo integralmente.(253)

Para que se possa perceber toda a sua dimensão, o efeito devolutivo deve ser examinado sob duas perspectivas distintas, relativas à sua extensão e à sua profundidade.

Conforme o magistério de *Barbosa Moreira*, a extensão do efeito devolutivo é determinada pela própria extensão da impugnação. Assim, "delimitar a extensão do efeito devolutivo é precisar *o que* se submete, por força do recurso, ao julgamento do órgão *ad quem*". Por essa razão, encarar-se o efeito devolutivo sob a ótica de sua extensão significa focalizar o problema sob uma perspectiva *horizontal*, pois é por seu intermédio que se determinará se a decisão do tribunal cobrirá ou não área igual à coberta pelo juízo *a quo*.(254)

Sob o outro ponto de vista, diz *Barbosa Moreira*, medir a profundidade do efeito devolutivo é determinar com que material há de trabalhar o órgão *ad quem* para julgar. Tem-se, portanto, que encarar-se o efeito devolutivo sob a ótica de sua profundidade significa focalizar o problema sob uma ótica *vertical*, pois por seu intermédio é que serão determinados quais fundamentos e questões examinadas pelo juízo *a quo* poderão ser reapreciados pelo tribunal; "ou ainda se, porventura, hão de ser examinadas questões que o órgão *a quo*, embora pudesse ou devesse apreciar, de fato *não* apreciou".(255)

Luiz Orione Neto pontua com bastante propriedade, que essa distinção se revela de fundamental importância, porquanto a extensão e profundidade do efeito devolutivo nos recursos ordinários apresenta-se diversa em relação aos recursos extraordinários.(256)

Realmente, os recursos de natureza extraordinária, em razão de suas peculiaridades e características, sofrem limitações quanto à sua cognição, possuindo, assim, efeito devolutivo bastante restrito, sobretudo se comparado com os recursos de índole ordinária.

Prestam-se apenas à revisão de questões de direito enfrentadas pelo órgão *a quo*.(257) Por ocasião de seu julgamento, somente podem ser examinadas e conhecidas pelo órgão julgador as matérias especificamente decididas pela instância *a qua*, tanto no que toca à extensão, quanto à fundamentação (profundidade). Existe, portanto, relativamente a essa modalidade de recursos, um recorte representativo do que poderá ser apreciado, identificado com a matéria e respectivo fundamento enfrentados pelo acórdão recorrido.(258) Nesse sentido, aliás, é a dicção da Súmula n. 297 do Tribunal Superior do Trabalho(259), referente ao pressuposto do prequestionamento.

---

(253) COUTURE, Eduardo. *Fundamentos del derecho procesal civil.* Buenos Aires: B de F, 2005. p. 299.

(254) MOREIRA, José Carlos Barbosa. *Comentários ao Código de Processo Civil.* v. 5, 11. ed. Rio de Janeiro: Forense, 2004. p. 429.

(255) *Idem.*

(256) ORIONE NETO, Luiz. *Recursos cíveis*. 2. ed. São Paulo: Saraiva, 2006. p. 130.

(257) BEZERRA LEITE, Carlos Henrique. *Curso de direito processual do trabalho.* 2. ed. São Paulo: LTr, 2004. p. 543.

(258) JORGE, Flávio Cheim. *Teoria geral dos recursos cíveis*. 3. ed. São Paulo: Revista dos Tribunais, 2007. p. 237.

(259) Prequestionamento. Oportunidade. Configuração. I. Diz-se prequestionada a matéria ou questão quando na decisão impugnada haja sido adotada, explicitamente, tese a respeito. II. Incumbe à parte interessada, desde que a matéria haja sido invocada no recurso principal, opor embargos declaratórios objetivando o

Não se prestam, outrossim, ao reexame de matéria fática. Tampouco a nova análise de prova e, muito menos, à produção de outras, com vistas a apurar a exatidão do conteúdo da decisão recorrida.(260) Nesse sentido, expressos são os termos da Súmula n. 126 do Tribunal Superior do Trabalho.(261) Nesse caso, o tribunal deve tomar como base os fatos que estiverem descritos na decisão recorrida.(262)

Questão interessante, no que toca ao efeito devolutivo dos recursos de natureza extraordinária, decorre da Súmula n. 456 do Supremo Tribunal Federal(263), que, embora se refira ao recurso extraordinário, em muito interessa ao Direito Processual do Trabalho, haja vista a congênere Súmula n. 457, também do STF, expressa ao dispor que: "O Tribunal Superior do Trabalho, conhecendo da revista, julgará a causa, aplicando o Direito à espécie".

Fredie Didier Jr. e *Leonardo José Carneiro da Cunha*, com base na Súmula n. 456, defendem que o prequestionamento refere-se tão somente ao juízo de admissibilidade dos recursos excepcionais. Ultrapassada a fase de conhecimento, afirmam estar o tribunal autorizado a julgar o recurso sem qualquer limitação quanto à profundidade, desde que se atenha ao capítulo do julgado efetivamente impugnado pelo recorrente. Assim, uma vez conhecido o recurso, o tribunal estaria apto a conhecer, *ex officio* ou por provocação, de todas as matérias previstas no § 3º, do art. 267, do CPC. Poderia, igualmente, conhecer da prescrição ou decadência, bem como de todas as questões suscitadas e discutidas no processo, desde que relacionadas ao capítulo decisório objeto do recurso extraordinário, mesmo que não tenham sido enfrentadas no acórdão recorrido.(264) Em linha similar, cabe trazer ainda o magistério de *Roberto Dórea Pessoa*(265) e, em menor extensão, o entendimento de *Rita Dias Nolasco*(266).

---

pronunciamento sobre o tema, sob pena de preclusão. III. Considera-se prequestionada a questão jurídica invocada no recurso principal sobre a qual se omite o Tribunal de pronunciar tese, não obstante opostos embargos de declaração.

(260) MOREIRA, José Carlos Barbosa. *Comentários ao Código de Processo Civil.* v. 5, 11. ed. Rio de Janeiro: Forense, 2004. p. 592.

(261) Recurso. Cabimento. Incabível o recurso de revista ou de embargos (arts. 896 e 894, *b*, da CLT) para reexame de fatos e provas.

(262) WAMBIER, Teresa Arruda Alvim. *Omissão judicial e embargos de declaração.* São Paulo: Revista dos Tribunais, 2005. p. 216.

(263) O Supremo Tribunal Federal, conhecendo do recurso extraordinário, julgará a causa, aplicando o Direito à espécie.

(264) DIDIER JR., Fredie; CUNHA, Leonardo José Carneiro da. *Curso de direito processual civil:* meios de impugnação às decisões judiciais e processo nos Tribunais. Salvador: JusPodivm, 2006. p. 196-199.

(265) PESSOA, Roberto Dórea. Juízo de mérito e grau de cognição nos recursos de estrito direito. In: *Aspectos polêmicos e atuais dos recursos cíveis e assuntos afins.* NERY JR., Nelson; WAMBIER, Teresa Arruda Alvim (Coords.). São Paulo: Revista dos Tribunais, 2006. v. 10, p. 509-510. Diz o autor: "Ao lado das matérias de ordem pública (condições da ação e pressupostos processuais, *v. g.*), é dado ao Tribunal Superior, com o conhecimento do recurso *excepcional*, examinar, de ofício e pela primeira vez, a decadência legal (CC, art. 211), a prescrição em favor do incapaz (CC, art. 194), as causas de nulidade absoluta do processo (exemplo: falta de intervenção obrigatória do *Parquet*, *ex vi* do CPC, art. 246, e de citação do litisconsorte necessário, que muitos acreditam ser pressuposto de existência), como, de resto, dos atos negociais, à falta de requisito essencial, a teor do CC, art. 168, parágrafo único".

(266) NOLASCO, Rita Dias. Possibilidade do reconhecimento de ofício de matéria de ordem pública no âmbito dos recursos de efeito devolutivo restrito. In: *Aspectos polêmicos e atuais dos recursos cíveis e assuntos*

Em sentido diametralmente oposto, *Teresa Arruda Alvim Wambier* afirma que as matérias passíveis de conhecimento *ex officio* nas instâncias ordinárias, em razão dos arts. 267, § 3º, e 301, § 4º, do CPC, não podem ser conhecidas de ofício no âmbito das instâncias excepcionais. Pontua, ademais, que, não constando a matéria na decisão recorrida, mesmo que haja provocação da parte quando da interposição do recurso, inviável será o seu conhecimento pelo tribunal *ad quem*.(267) Na mesma linha conduz-se também o pensamento de *Nelson Nery Junior*.(268)

Percebe-se, diante do acima exposto, que a fixação do sentido e extensão das Súmulas n. 456 e 457 do STF tem sido objeto de profundas dúvidas, gerando interpretações distintas, não só na doutrina, mas também na jurisprudência.(269) Por essa simples, mas relevante razão, já resta comprometida a própria finalidade da súmula, enquanto instrumento destinado a pacificar a jurisprudência e sinalizar, de maneira clara e inequívoca, a inteligência dada pelo tribunal na solução dos sucessivos casos consolidados na letra do verbete sumular.(270) A despeito disso, pensamos que os referidos verbetes da Súmula do Supremo Tribunal Federal não têm o alcance elástico que lhe empresta parte da doutrina citada.

Com efeito, ao aludir ao julgamento da causa, os verbetes evidenciam que, à luz do ordenamento processual brasileiro, os tribunais superiores pátrios não constituem meras Cortes de Cassação, já que não se limitam a cassar a decisão recorrida, com o subsequente reenvio dos autos à instância inferior, para que ali seja proferida outra, mediante novo julgamento.

---

afins. NERY JR., Nelson; WAMBIER, Teresa Arruda Alvim (Coords.). São Paulo: Revista dos Tribunais, 2006. v. 10, p. 488-489. Sobre o tema, diz a autora: "Após estudo doutrinário e análise de julgados, concluímos que, conhecido o recurso (especial ou extraordinário), atendidos os requisitos genéricos de admissibilidade e o requisito específico do prequestionamento, somente será possível o reconhecimento, de ofício, da matéria de ordem pública processual (como falta de condições da ação ou de pressuposto processual) que esteja ligada ao mérito do recurso e desde que não haja necessidade do reexame de provas. Ou seja, admitimos que, no julgamento desses recursos, a matéria de ordem pública poderá ser conhecida de ofício quando impedir o julgamento do mérito do recurso, além disso precisa estar evidente no processo. E o reconhecimento de ofício da matéria de ordem pública atinge somente a parte da decisão que foi impugnada."

(267) WAMBIER, Teresa Arruda Alvim. *Omissão judicial e embargos de declaração*. São Paulo: Revista dos Tribunais, 2005. p. 214.

(268) NERY JUNIOR, Nelson. *Princípios fundamentais:* teoria geral dos recursos. 5. ed. São Paulo: Revista dos Tribunais, 2000. p. 380.

(269) ROSAS, Roberto. *Direito sumular:* comentários às Súmulas do Supremo Tribunal Federal e do Superior Tribunal de Justiça. 8. ed. São Paulo: Malheiros, 1997. p. 188-189.

(270) Nesse sentido, anote-se o magistério de Victor Nunes Leal: "Cuidando ainda da 'Súmula' como método de trabalho — aspecto em relação ao qual seria até indiferente o conteúdo dos seus enunciados — é oportuno mencionar que estes não devem ser interpretados, isto é, esclarecidos quanto ao seu correto significado. O que se interpreta é a norma da lei ou do regulamento, e a 'Súmula' é o resultado dessa interpretação, realizada pelo STF.

Deve, pois, a 'Súmula' ser redigida tanto quanto possível com a maior clareza, sem qualquer dubiedade, para que não falhe ao seu papel de expressar a inteligência dada pelo Tribunal. Por isso mesmo, sempre que seja necessário esclarecer algum dos enunciados da 'Súmula', deve ele ser cancelado, como se fosse objeto de alteração, inscrevendo-se o seu novo texto na 'Súmula' com outro número." (LEAL, Victor Nunes. Passado e futuro da "Súmula do STF". In: *Revista dos Tribunais*, v. 553, ano 70, nov. 1981, São Paulo: RT, p. 294).

À exceção de certos casos de *errores in procedendo*, em que, ao dar provimento ao recurso, o tribunal superior anula a decisão da instância inferior e, sendo necessário, faz baixar os autos para que outra seja proferida, uma vez conhecido o recurso de natureza extraordinária, o tribunal desde logo julga a causa e profere decisão que substitui aquela contra a qual se recorreu.[(271)]

Esse julgamento da causa, que tem lugar após a cognição do recurso, é que não pode ser interpretado de maneira dissociada dos limites incidentes sobre os recursos de natureza extraordinária, dentre os quais figuram o óbice quanto ao reexame de fatos e provas e, também, a exigência de prequestionamento.

A esse propósito, vale conferir a Súmula n. 184 do Tribunal Superior do Trabalho, expressa ao dispor que "ocorre preclusão se não forem opostos embargos declaratórios para suprir omissão apontada em recurso de revista ou de embargos". Consoante as palavras de *Eduardo Gabriel Saad*, se o Tribunal Regional deixou de apreciar determinado aspecto do litígio, deve o interessado instigá-lo mediante embargos de declaração. O silêncio da parte gera preclusão.[(272)]

Diante dessa perspectiva, merece ser reproduzido o irreparável o magistério de *Rodrigues Pinto*, ao promover a distinção entre os recursos de natureza ordinária e extraordinária: "Na mais ampla das compreensões, diz-se ordinário o *recurso* que permite o livre reexame dos substratos de fato e de direito que fundamentaram a decisão impugnada para mantê-la ou substituí-la por outra. Diz-se extraordinário o de reexame contido nos limites dos substratos jurídicos da decisão impugnada".[(273)] E é nesse substrato jurídico que se exaure todo o material passível de ser transferido ao tribunal *ad quem*, quando da interposição dos recursos de natureza extraordinária[(274)], de sorte que o efeito devolutivo a eles inerente revela-se inegavelmente restrito.

2.3. Efeito suspensivo

Denomina-se suspensivo o efeito relacionado com a capacidade de a decisão impugnada produzir ou não seus efeitos de imediato. Uma vez presente, a decisão impugnada tem a produção de seus efeitos adiada para um momento futuro, qual seja, o do esgotamento *in albis* do prazo recursal ou o do julgamento do recurso dotado

---

(271) MOREIRA, José Carlos Barbosa. *Comentários ao Código de Processo Civil*. v. 5, 11. ed. Rio de Janeiro: Forense, 2004. p. 596-597.

(272) SAAD, Eduardo Gabriel; SAAD, José Eduardo Duarte; BRANCO, Ana Maria Saad Castello. *Direito processual do trabalho*. 4. ed. São Paulo: LTr, 2004. p. 796.

(273) PINTO, José Augusto Rodrigues. *Manual dos recursos nos dissídios do trabalho*. São Paulo: LTr, 2006. p. 162.

(274) Cf. Lenira Ferreira Ruiz: "Enquanto os recursos de natureza ordinária implicam a devolução de forma ampla de todas as questões suscitadas e discutidas, cabendo ao juízo *ad quem* a atividade cognitiva e decisória até mesmo sobre aquelas que não tenham sido julgadas por inteiro, a circunstância de a decisão revisanda não haver apreciado certo ponto da controvérsia impede o processamento dos recursos de caráter extraordinário." (RUIZ, Lenira Ferreira. *Do recurso de revista*. 2. ed. São Paulo: LTr, 2004. p. 25).

de efeito suspensivo, com o subsequente início de uma nova fase recursal desprovida de tal efeito.[275]

Observa *Nelson Nery Junior* que o efeito suspensivo relaciona-se mais com a recorribilidade da decisão do que propriamente com a interposição do recurso. E a afirmativa se fundamenta no fato de ser da publicação da decisão, e não da interposição do recurso, que tem início incidência do efeito suspensivo, que perdura, no mínimo, até o escoamento *in albis* do prazo para a parte ou interessado recorrer. Iniciado, portanto, o prazo destinado à interposição do recurso legalmente dotado de efeito suspensivo, os efeitos da decisão já ficam suspensos e assim permanecem até o julgamento pelo tribunal, caso, por óbvio, o recurso seja efetivamente interposto. Fala-se, assim, "que a eficácia imediata da decisão fica sob a *condição suspensiva* de não haver a interposição de recurso que deva ser recebido no efeito suspensivo".[276]

Ante essa perspectiva, não é correto afirmar-se que o início do efeito suspensivo ocorre apenas depois de interposto o recurso. Entender o contrário significa ignorar que, no curso do prazo destinado à interposição, a decisão recorrível poderá produzir efeitos passíveis de tornar ineficaz o efeito suspensivo inerente ao recurso que vier a ser interposto.[277]

No que se refere aos recursos trabalhistas, a regra é a ausência de efeito suspensivo[278] e decorre do disposto no art. 899 da CLT, que é expresso ao proclamar: "Os recursos serão interpostos por simples petição e terão efeito meramente devolutivo, salvo as exceções previstas neste Título, permitida a execução provisória até a penhora".

À luz do referido dispositivo legal, portanto, pode-se afirmar que, em matéria recursal, o Direito Processual do Trabalho rege-se pelo influxo de uma regra geral pela qual o recebimento dos recursos dá-se no efeito meramente devolutivo. Os recursos de revista e de embargos, porquanto desprovidos de efeito suspensivo, não constituem exceção.[279]

A regra inscrita no art. 899 da CLT, ao desprover os recursos trabalhistas de efeito suspensivo, permite a execução provisória. Sua raiz encontra-se nos princípios

---

(275) BUENO, Cassio Scarpinella. Efeitos dos recursos. In: NERY JR., Nelson; WAMBIER, Teresa Arruda Alvim (Coords.). *Aspectos polêmicos e atuais dos recursos cíveis e assuntos afins*. São Paulo: Revista dos Tribunais, 2006. v. 10, p. 71.

(276) NERY JUNIOR, Nelson. *Princípios fundamentais:* teoria geral dos recursos. 5. ed. São Paulo: Revista dos Tribunais, 2000. p. 383-384.

(277) *Ibidem*, p. 384.

(278) JORGE NETO, Francisco Ferreira; CAVALCANTE, Jouberto de Quadro Pessoa. *Os recursos no processo do trabalho*. Rio de Janeiro: Lúmen Júris, 2007. p. 215.

(279) PINTO, José Augusto Rodrigues. *Manual dos recursos nos dissídios do trabalho*. São Paulo: LTr, 2006. p. 67-68. Sobre o tema, diz o eminente processualista baiano: "O § 2º do art. 896, que resistiu longos anos como uma exceção estável à regra da simples devolutividade, autorizando o juiz presidente de tribunal regional a emprestar também efeito suspensivo ao recebimento do *Recurso de Revista* cabível contra suas decisões, caiu vencido, enfim, por uma das copiosas normas de redefinição de seu mecanismo (Lei n. 9.756, de 17.12.98). Tal lei deslocou a matéria para o § 1º do art. 896, ali estabelecendo, taxativamente, ser "o Recurso de Revista dotado de efeito apenas devolutivo".

da celeridade e efetividade processual, cuja influência no Processo do Trabalho reveste-se de grande importância. Realmente, em vista do caráter alimentar inerente aos créditos trabalhistas, voltados à manutenção das necessidades básicas do trabalhador e de sua família, a solução das lides na Justiça do Trabalho deve ser rápida e efetiva, razão pela qual a execução provisória, enquanto instituto vocacionado a mitigar a lentidão natural do processo, deve, sempre que possível, ser prestigiada.(280)

Disso não decorre que, em determinadas hipóteses, aos recursos trabalhistas não possa ser atribuído o efeito suspensivo, de modo a paralisar a eficácia das decisões por eles impugnadas. Muito pelo contrário. À luz da jurisprudência do Tribunal Superior do Trabalho, o meio processualmente idôneo para tanto é a ação cautelar, conforme entendimento consolidado no item I da Súmula n. 414 daquela Corte.(281) Para tanto, porém, é necessário que seja demonstrada a plausibilidade da pretensão formulada no recurso, bem como o risco de dano irreparável ou de difícil reparação decorrente do imediato cumprimento da decisão impugnada.

Se a possibilidade de concessão de efeito suspensivo aos recursos trabalhistas, de um lado, soluciona o problema de obstar a eficácia da decisão impugnada, de modo a proteger a parte atingida dos danos decorrentes de seu cumprimento, não resolve, por

---

(280) Sobre as origens da execução provisória e sua finalidade, pertinente se mostra o magistério de Ovídio A. Baptista da Silva: "Ora, a quem examine a história da execução provisória no Direito medieval certamente não escapará a observação de que o instituto surgiu profundamente comprometido com os valores da nascente civilização mercantil que florescia nos albores da Idade Moderna, a exigirem instrumentos jurisdicionais adequados e compatíveis com as novas necessidades econômicas e sociais. As complicações do lento e embaraçoso processo romano-canônico e a proliferação de recursos com o efeito suspensivo que lhe era inerente tornavam-se inconciliáveis com as exigências do intenso e crescente comércio mediterrâneo. A execução provisória e as demais formas concebidas pelos juristas medievais para obviarem as dificuldades criadas pela eternização dos feitos — entre as quais não se pode olvidar a criação dos *títulos executivos* — nasceram juntos e sob a inspiração desse mesmo princípio comum de adequação do dispositivo jurisdicional aos novos valores culturais, de modo a dotá-lo de funcionalidade e torná-lo um instrumento, tanto quanto possível, seguro e eficaz de realização da justiça.

[...]

É certo que a concepção moderna de execução provisória não coincide rigorosamente com os pressupostos políticos que lhe deram origem; e a importância, cada vez maior, que a *urgência* adquire como fundamento para a concessão de execução provisória (*periculum in mora*) estabelece, de certo modo, uma particularidade que o instituto não continha no começo de sua história. Contudo, mesmo na atualidade, o critério básico que sempre definiu a execução provisória, como fórmula processual imaginada para superar a lentidão natural do processo e fazer com que os critérios de celeridade e presteza superassem os ideais que lhe são contrapostos, de uma justiça material perfeita, continua presente a justificar, também agora, a disciplina e extensão do instituto.

O que, no entanto, surge como ponto decisivo em nossa exposição é o fato de consistir a execução provisória numa técnica criada para *proteger a própria atividade jurisdicional*, mediante *antecipação* da futura tutela pretendida pelo autor, sempre que a demora possa comprometer a efetividade do resultado obtido pela parte com a sentença favorável;" (SILVA, Ovídio A. Baptista da. *Do processo cautelar*. 3. ed. Rio de Janeiro: Forense, 2001. p. 19 e 31).

(281) MANDADO DE SEGURANÇA. ANTECIPAÇÃO DE TUTELA (OU LIMINAR) CONCEDIDA ANTES OU NA SENTENÇA. (conversão das Orientações Jurisprudenciais ns. 50, 51, 58, 86 e 139 da SDI-II, Res. n. 137/05 - DJ 22.8.05) - I - A antecipação da tutela concedida na sentença não comporta impugnação pela via do mandado de segurança, por ser impugnável mediante recurso ordinário. A ação cautelar é o meio próprio para se obter efeito suspensivo a recurso. (ex-OJ n. 51 — inserida em 20.9.00).

outro, os inconvenientes gerados pelas decisões de conteúdo negativo, cuja disposição conduz-se no sentido de negar a pretensão formulada pelo requerente. Conforme observam *Porto* e *Ustárroz*:

> "Caso a decisão tivesse concedido aquilo que fora pleiteado, a parte atingida poderia requerer a concessão de efeito suspensivo. Contudo, caso a decisão fosse negativa, como poderia o interessado postular idêntico resultado prático? A concessão de efeito suspensivo de nada adiantaria, pois a própria decisão atacada não possuía efeito algum, logo não há como pretender retirar efeitos onde eles simplesmente não existem."(282)

De modo a apresentar uma solução para situações como a acima descrita, observam os referidos autores, foi criada a contraditória figura do "efeito suspensivo ativo", posteriormente consagrada sob a nomenclatura de "efeito ativo", "para explicar os casos em que o relator, recebendo o recurso, de imediato concedia aquilo que fora antes pleiteado e indeferido pela decisão recorrida".(283) Atualmente, o instituto recebe a denominação de tutela antecipada no âmbito recursal e, presentes os requisitos necessários à sua concessão, deve ser postulada diretamente ao tribunal competente para conhecer do recurso interposto, na forma prevista no art. 800, parágrafo único, do CPC(284), analogicamente aplicável ao caso.(285)

A CLT contempla duas hipóteses de antecipação dos efeitos da tutela jurisdicional, não tratando, assim, de maneira geral acerca do instituto. São os casos previstos no art. 659, incisos IX (tornar sem efeito a transferência de empregado disciplinada pelos parágrafos do art. 469 da CLT) e X (reintegração no emprego de dirigente sindical afastado, suspenso ou dispensado pelo empregador).

Não obstante, levando-se em conta o escopo do processo trabalhista, que se destina a tornar realizáveis os direitos assegurados pela legislação material de proteção ao trabalho, a antecipação da tutela encontra campo fértil para sua aplicação(286), inclusive

---

(282) PORTO, Sérgio Gilberto; USTÁRROZ, Daniel. *Manual dos recursos cíveis*. Porto Alegre: Livraria do Advogado, 2007. p. 53.

(283) *Idem*.

(284) "Art. 800. As medidas cautelares serão requeridas ao juiz da causa; e, quando preparatórias, ao juiz competente para conhecer da ação principal.
Parágrafo único. Interposto o recurso, a medida cautelar será requerida diretamente ao tribunal."

(285) BUENO, Cassio Scarpinella. *Tutela antecipada*. 2. ed. São Paulo: Saraiva, 2007. p. 104-106; ZAVASKI, Teori Albino. *Antecipação da tutela*. 4. ed. São Paulo: Saraiva, 2005. p. 133; NERY JUNIOR, Nelson. *Princípios fundamentais:* teoria geral dos recursos. 5. ed. São Paulo: Revista dos Tribunais, 2000. p. 424.

(286) BEZERRA LEITE, Carlos Henrique. *Curso de direito processual do trabalho*. 2. ed. São Paulo: LTr, 2004. p. 299. No Direito Processual do Trabalho argentino, a tutela antecipada recebe a nomenclatura de *Procesos urgentes*. Seus contornos são a seguir delineados pelo magistério de Miguel Ángel Pirolo, Cecília M. Murray e Ana María Otero a partir de sua distinção com os processos cautelares: "El *proceso cautelar* es 'abierto' (cualquiera fuere la coyuntura correspondiente — si están reunidos los recaudos —, el interesado puede solicitar exitosamente una diligencia preventiva) y 'sirviente' (porque existe sólo en función de asegurar las eventuales resultas de un proceso principal del cual es accesorio). El *proceso urgente*, en cambio es 'autónomo' en el sentido de que no es accesorio respecto a otro y se agota en sí mismo. Además, la categoría de 'proceso urgente' es más amplia que la de proceso cautelar, pues la primera comprende

na esfera recursal[287], constituindo-se elemento hábil a mitigar a hipossuficiência do trabalhador, já que, conforme pontua *Marinoni*, "a tutela antecipatória tem efeito pedagógico importante, na medida em que desestimula as defesas abusivas, destinadas a protelar o momento da realização dos direitos ou mesmo voltadas a retirar do autor alguma vantagem econômica em troca do tempo do processo".[288]

Sua utilização, por outro lado, constitui resposta ao grande desafio que reclama ser enfrentado atualmente, que é tornar o processo trabalhista mais célere e efetivo, concretizando o mandamento constitucional inscrito no art. 5º, inciso LXXVIII, da Constituição, que assegura a todos, no âmbito judicial, a razoável duração do processo e os meios que garantam a celeridade de sua tramitação.

Realmente, conforme observa *Marinoni*, "a morosidade não só significa um peso muito grande para o litigante, como também inibe o acesso à justiça. A lentidão leva o cidadão a desacreditar no Poder Judiciário, o que é altamente nocivo aos fins de pacificação social da jurisdição, podendo até mesmo conduzir à deslegitimação do poder".[289]

Por tudo isso, o emprego da tutela antecipada revela-se salutar e deve ser prestigiado. Para tanto, é preciso romper com o apego excessivo ao direito do réu à cognição exaustiva, assentado fundamentalmente no direito à ampla defesa e ao contraditório, que, muitas vezes, se contrapõe ao objetivo de se alcançar uma tutela jurisdicional tempestiva em prol do autor.[290]

Consoante bem observa *Casimiro A. Varela* "la garantía de la defensa en juicio y el debido proceso naufraga cuando no se logra una rápida y eficaz decisión que ponga

---

también las denominadas medidas 'autosatisfactivas' y las resoluciones 'anticipatorias'. Estas providencias tienen en común, con las medidas cautelares, que se fundan en un derecho verosímil y que existe peligro en la demora, pero producen efectos distintos. Las medidas cautelares tienden a preservar la efectiva realización del derecho que reconozca la sentencia; en cambio, los procesos urgentes no pretenden resguardar el derecho, sino un reconocimiento anticipado de éste por una grave e impostergable necesidad. El beneficiario de una medida cautelar no recibe aquello cuyo reconocimiento persigue en el pleito, sino que requiere — solamente — que quede resguardada la posibilidad de recibirlo cuando la sentencia reconozca su derecho. En cambio, en los procesos urgentes se anticipa todo o una parte de lo pretendido al presunto acreedor, a fin de que cubra una necesidad apremiante." (PIROLO, Miguel Ángel; MURRAY, Cecilia M.; OTERO, Ana María. *Manual de derecho procesal del trabajo:* actuación ante la Justicia Nacional y Federal. Buenos Aires: Astrea, 2006. p. 156).

(287) BUENO, Cassio Scarpinella. *Tutela antecipada*. 2. ed. São Paulo: Saraiva, 2007. p. 104-107; ZAVASKI, Teori Albino. *Antecipação da tutela*. 4. ed. São Paulo: Saraiva, 2005. p. 132.

(288) MARINONI, Luiz Guilherme. *Tutela antecipada e julgamento antecipado:* parte incontroversa da demanda. 5. ed. São Paulo: Revista dos Tribunais, 2002. p. 28-29.

(289) *Ibidem*, p. 30.

(290) Cf. Manoel Antonio Teixeira Filho: "O processo de conhecimento, por sua vez, foi ideado para atuar como instrumento de solução das lides, como veículo para que o Estado realize a prestação jurisdicional que lhe compete. Esse procedimento, contudo, ao exaltar (ainda que de maneira necessária) determinados princípios, como o da *ampla defesa*, do qual deriva o contraditório, e o da *cognição exaustiva*, que produz a instrução dialética, acabou por fazer com que os conflitos de interesses fossem solvidos com demora superior à que seria suportável pelas partes." (TEIXEIRA FILHO, Manoel Antonio. *As alterações do CPC e suas repercussões no processo do trabalho*. 4. ed. São Paulo: LTr, 1996. p. 51).

fin a los conflictos, evitando, de esta manera una dispendiosa y eventualmente inútil actividad jurisdiccional".[291]

Por isso mesmo, institutos como a antecipação de tutela, a execução provisória, além de outros legalmente previstos para coibir o abuso e imprimir celeridade na tramitação do processo devem ser empregados, sobretudo em causas que, por exemplo, tenham por objeto matérias já pacificadas e sumuladas pelas Cortes Superiores ou pedidos incontroversos.

Tornar realidade a rapidez e a eficácia na solução dos conflitos exige, hoje, menos retórica e mais ação, já que de nada adianta proclamar-se que justiça demorada é injustiça qualificada sem que se promova, sempre que possível, a utilização dos meios legalmente previstos para reduzir o tempo de entrega da prestação jurisdicional.

2.4. Efeito translativo

Quando examinamos o efeito devolutivo dos recursos, verificamos que ele consiste na transferência ao órgão *ad quem* do conhecimento da matéria julgada pelo órgão jurisdicional inferior. Pontuamos, outrossim, que o efeito devolutivo decorre diretamente do princípio dispositivo, de sorte que o âmbito de devolução da matéria ao Poder Judiciário é delimitado pelo próprio recorrente, fazendo com que somente seja devolvida e, por isso mesmo, objeto de novo julgamento, a matéria expressamente impugnada no recurso.

O juiz, porém, não é mero espectador das partes. Por essa razão, o sistema legal autoriza o órgão jurisdicional *ad quem* a examinar, de ofício, certas matérias e questões, ainda que se encontrem fora do que consta nas razões ou contrarrazões do recurso, sem que com isso se possa falar em julgamento *ultra* ou *extra petita*. Isso ocorre geralmente com questões de ordem pública, que devem ser conhecidas de ofício pelo juiz e em relação às quais não se opera a preclusão.[292]

Esse poder conferido ao juiz para, na instância recursal, examinar *ex officio* as questões de ordem pública não articuladas pelas partes denomina-se efeito translativo e, ao contrário do efeito devolutivo, que decorre do princípio dispositivo, sua incidência dá-se por intermédio da atuação do princípio inquisitório.[293]

A análise do efeito translativo tem grande relevância em relação aos recursos de natureza ordinária. Já no que toca aos recursos excepcionais ou de natureza extraordinária, contudo, o tema perde em importância. E isso porque referidos recursos são desprovidos de efeito translativo. A matéria passível de cognição na oportunidade de seu julgamento restringe-se àquela efetivamente examinada pela decisão recorrida, de

(291) VARELA, Casimiro A. *Fundamentos constitucionales del derecho procesal*. Buenos Aires: Ad Hoc, 1999. p. 98.

(292) NERY JUNIOR, Nelson. *Princípios fundamentais:* teoria geral dos recursos. 5. ed. São Paulo: Revista dos Tribunais, 2000. p. 415.

(293) *Ibidem*, p. 417.

sorte que a eles não se aplica o disposto nos arts. 267, § 3º, e 301, § 4º, ambos do CPC, que determinam o conhecimento *ex officio* das matérias ali enumeradas.(294)

Sobre o tema e pelas razões expostas, *Teresa Arruda Alvim Wambier* é categórica ao proclamar que os recursos excepcionais não geram efeito translativo.(295) *Carlos Henrique Bezerra Leite*, na mesma linha, igualmente pontua que o efeito translativo "é inerente apenas aos recursos de natureza ordinária".(296) *Nelson Nery Junior* faz coro aos autores acima citados e, após asseverar que "não há efeito translativo nos recursos excepcionais", arremata afirmando que caso o tribunal não tenha se manifestado sobre questão de ordem pública, o acórdão somente poderá ser impugnado por ação rescisória, tendo em vista a incidência do óbice alusivo ao prequestionamento.(297)

De modo a referendar as opiniões doutrinárias acima referidas, cabe trazer a lume a Orientação Jurisprudencial n. 62 de Subseção I Especializada em Dissídios Individuais do TST, que é taxativa ao dispor: "Prequestionamento. Pressuposto de recorribilidade em apelo de natureza extraordinária. Necessidade, ainda que a matéria seja de incompetência absoluta".(298)

2.5. *Efeito expansivo*

Segundo *Cassio Scarpinella Bueno*, o que doutrinariamente se denomina efeito expansivo nada mais é do que consequências naturais do julgamento do recurso e que se relacionam àquilo que foi impugnado e àquilo que pode ou deve ser decidido em sede recursal.(299)

E, de fato, por diversas vezes, por ocasião do julgamento do recurso a decisão proferida é mais abrangente do que o reexame da matéria impugnada,(300) de sorte

(294) NERY JUNIOR, Nelson. *Princípios fundamentais:* teoria geral dos recursos. 5. ed. São Paulo: Revista dos Tribunais, 2000. p. 420.

(295) WAMBIER, Teresa Arruda Alvim. *Controle das decisões judiciais por meio de recursos de estrito direito e de ação rescisória*. São Paulo: Revista dos Tribunais, 2001. p. 205-206.

(296) BEZERRA LEITE, Carlos Henrique. *Curso de direito processual do trabalho.* 2. ed. São Paulo: LTr, 2004. p. 447.

(297) NERY JUNIOR, Nelson. *Princípios fundamentais:* teoria geral dos recursos. 5. ed. São Paulo: Revista dos Tribunais, 2000. p. 420. Ainda nesse mesmo sentido: MEDINA, José Miguel Garcia. *O prequestionamento nos recursos extraordinário e especial:* e outras questões relativas a sua admissibilidade e ao seu cabimento. 3. ed. São Paulo: Revista dos Tribunais, 2002. p. 76-77. Conforme Manoel Antonio Teixeira Filho: "O efeito translativo se manifesta, especificamente, nos recursos ordinários, em virtude da amplitude cognitiva, dos tribunais, que ele enseja. A sua incidência nos demais recursos é algo rara, em decorrência do requisito do prequestionamento." (TEIXEIRA FILHO, Manoel Antonio. *Sistema dos recursos trabalhistas*. 10. ed. São Paulo: LTr, 2003. p. 242).

(298) Sobre o tema e em conformidade com o pensamento acima externado, veja-se ainda: WAMBIER, Teresa Arruda Alvim. *Nulidades do processo e da sentença*. 5. ed. São Paulo: Revista dos Tribunais, 2004. p. 283-286.

(299) BUENO, Cassio Scarpinella. Efeitos dos recursos. In: NERY JR., Nelson; WAMBIER, Teresa Arruda Alvim (Coords.). *Aspectos polêmicos e atuais dos recursos cíveis e assuntos afins*. São Paulo: Revista dos Tribunais, 2006. v. 10, p. 86.

(300) NERY JUNIOR, Nelson. *Princípios fundamentais:* teoria geral dos recursos. 5. ed. São Paulo: Revista dos Tribunais, 2000. p. 410.

que o resultado do julgamento pode atingir outros atos do processo, que não apenas a decisão impugnada, bem como partes alheias ao recurso.(301) A essas consequências a doutrina atribui a denominação de efeito expansivo, que é classificado como objetivo (interno e externo) ou subjetivo.

O efeito expansivo será objetivo "sempre que a decisão do recurso modificar uma parte do provimento recorrido que guarde relação de prejudicialidade com outros atos, ainda que não diretamente enfrentados na impugnação".(302) Assim, conforme pontua *Cassio Scarpinella Bueno*, o caráter objetivo inerente ao efeito expansivo decorre da circunstância de os efeitos irradiados pelo julgamento do recurso incidirem apenas no plano processual, guardando relação direta, portanto, com atos processuais.(303)

Segundo *Nelson Nery Junior*, o efeito expansivo será objetivo interno quando for relativo ao mesmo ato impugnado pelo recurso. De seu turno, será objetivo externo quando incidir sobre outros atos praticados no processo e não apenas sobre o mesmo ato impugnado.(304)

Constitui exemplo de incidência do efeito expansivo objetivo interno a reforma da decisão para julgar improcedente o pedido e que estende seus efeitos sobre a condenação relativa às despesas processuais. O mesmo se pode dizer sobre o provimento de recurso interposto contra decisão de mérito, relativamente à ausência de condições da ação ou pressupostos processuais, e que se estende sobre a totalidade da decisão impugnada invalidando-a por completo, já que põe termo ao processo sem resolução do mérito. Significativo exemplo de incidência do efeito expansivo objetivo externo guarda relação com os atos praticados em execução provisória e que ficam desprovidos de efeitos na hipótese de provimento do recurso recebido tão somente no efeito devolutivo.(305)

A praxe forense ainda fornece outros exemplos. O provimento de recurso interposto contra decisão de mérito para o acolhimento de preliminar de nulidade por negativa de prestação jurisdicional constitui caso de efeito expansivo objetivo interno. O mesmo se diga quanto a recurso provido em relação a prejudicial de prescrição, cujos efeitos fulminam a decisão recorrida, no que toca à matéria de fundo.

---

(301) PORTO, Sérgio Gilberto; USTÁRROZ, Daniel. *Manual dos recursos cíveis*. Porto Alegre: Livraria do Advogado, 2007. p. 54. No mesmo sentido: SOUZA, Bernardo Pimentel. *Introdução aos recursos cíveis e à ação rescisória*. 4. ed. São Paulo: Saraiva, 2007. p. 18.

(302) PORTO, Sérgio Gilberto; USTÁRROZ, Daniel. *Manual dos recursos cíveis*. Porto Alegre: Livraria do Advogado, 2007. p. 54.

(303) BUENO, Cassio Scarpinella. Efeitos dos recursos. In: NERY Jr., Nelson; WAMBIER, Teresa Arruda Alvim (Coords.). *Aspectos polêmicos e atuais dos recursos cíveis e assuntos afins*. São Paulo: Revista dos Tribunais, 2006. v. 10, p. 87.

(304) NERY JUNIOR, Nelson. *Princípios fundamentais:* teoria geral dos recursos. 5. ed. São Paulo: Revista dos Tribunais, 2000. p. 411.

(305) NERY JUNIOR, Nelson. *Princípios fundamentais:* teoria geral dos recursos. 5. ed. São Paulo: Revista dos Tribunais, 2000. p. 411. BUENO, Cassio Scarpinella. Efeitos dos recursos. In: NERY JR., Nelson; WAMBIER, Teresa Arruda Alvim (Coords.). *Aspectos polêmicos e atuais dos recursos cíveis e assuntos afins*. São Paulo: Revista dos Tribunais, 2006. v. 10, p. 87.

Configura, outrossim, exemplo de efeito expansivo objetivo externo o provimento de recurso em dissídio coletivo para excluir determinada cláusula normativa, cujos efeitos irradiam sobre decisão proferida na respectiva ação de cumprimento, tornando-a desprovida de objeto.

Atribui-se ao efeito expansivo a classificação de subjetivo, quando este se refere, não mais a atos processuais, mas sim a pessoas. Exemplo clássico encontra-se previsto no *caput* do art. 509 do CPC(306), também aplicável ao Processo do Trabalho, e que regula a extensão subjetiva do recurso no caso de litisconsórcio.

Segundo *Cândido Rangel Dinamarco*, o art. 509 do CPC, se tomado em sua literalidade, pode induzir a uma aplicação às avessas dos princípios relativos aos recursos e ao litisconsórcio, na medida em que dá a entender que a extensão subjetiva dos efeitos do recurso seria a regra, ao passo que as hipóteses de proveito limitado ao recorrente seriam a exceção. Após alertar para esse particular, afirma que, na dicção do art. 509 do CPC, a regra geral é a de que, em princípio, o recurso interposto por um litisconsorte aproveita apenas a ele, havendo extensão dos efeitos aos co-litigantes do recorrente apenas no caso de litisconsórcio unitário. E arremata: "A regra geral está na *personalidade do recurso*, sendo excepcional a *comunhão*".(307)

Barbosa Moreira também é claro ao asseverar: "Ao litisconsórcio *unitário*, e somente a ele, deve aplicar-se o disposto no art. 509, *caput*, porque a extensão dos efeitos do recurso aos co-litigantes omissos não tem senão uma razão de ser, que é precisamente a de impedir a quebra da uniformidade na disciplina da situação litigiosa".(308)

O parágrafo único do art. 509 do CPC também contempla hipótese que se enquadra nos contornos do efeito expansivo subjetivo. Segundo o referido dispositivo: "Havendo solidariedade passiva, o recurso interposto por um devedor aproveitará aos outros, quando as defesas opostas ao credor lhes forem comuns". Aqui, contudo, ao contrário do que sucede com a previsão constante do *caput*, a disposição legal não guarda relação com o litisconsórcio unitário, já que o vínculo jurídico existente entre devedores solidários

---

(306) "Art. 509. O recurso interposto por um dos litisconsortes a todos aproveita, salvo se distintos ou opostos seus interesses".

(307) DINAMARCO, Cândido Rangel. *Litisconsórcio*. 6. ed. São Paulo: Malheiros, 2001. p. 153-154. Sobre o tema, esclarece ainda o autor: "É que, tratando-se daquelas relações jurídico-substanciais incindíveis que dão azo à unitariedade do litisconsórcio, não se concebe que os co-litigantes estejam no processo em defesa de *interesses distintos* e, muito menos, *opostos*. Sem que a relação controvertida seja uma só, incindível, vindo os litigantes ao processo na defesa de um só interesse de que todos são co-titulares, não se teria o litisconsórcio unitário. Por isso, entende-se que a parte final quis iniludivelmente aludir a este e só a este, com a disposição de que, no litisconsórcio unitário, a eficácia do recurso interposto por um estende-se a todos".

(308) MOREIRA, José Carlos Barbosa. *Comentários ao Código de Processo Civil*. v. 5, 11. ed. Rio de Janeiro: Forense, 2004. p. 381. Ainda nesse mesmo sentido: TEIXEIRA FILHO, Manoel Antonio. *Sistema dos recursos trabalhistas*. 10. ed. São Paulo: LTr, 2003. p. 242; NERY JUNIOR, Nelson. *Princípios fundamentais:* teoria geral dos recursos. 5. ed. São Paulo: Revista dos Tribunais, 2000. p. 412; BEZERRA LEITE, Carlos Henrique. *Curso de direito processual do trabalho*. 2. ed. São Paulo: LTr, 2004. p. 448-449; JORGE NETO, Francisco Ferreira; CAVALCANTE, Jouberto de Quadro Pessoa. *Os recursos no processo do trabalho*. Rio de Janeiro: Lumen Juris, 2007. p. 220.

não é incindível. Conforme observa *Dinamarco*, o que o dispositivo busca evitar é a contradição lógica de julgados, no momento em que condiciona a extensão subjetiva do recurso à existência de defesas comuns entre os devedores solidários.(309)

Diante dessa perspectiva, não merece reparos o magistério de *Cassio Scarpinella Bueno*, ao afirmar que o parágrafo único do art. 509 do CPC tem a virtude de demonstrar que a ocorrência do efeito expansivo subjetivo não é fenômeno exclusivo do litisconsórcio unitário, podendo ser verificada também em casos de litisconsórcio simples, consoante sucede com a solidariedade.(310)

2.6. *Efeito substitutivo*

O efeito substitutivo encontra sua previsão legal no art. 512 do CPC, segundo o qual "o julgamento proferido pelo tribunal substituirá a sentença ou a decisão recorrida *no que tiver sido objeto de recurso*" (destacamos).

Partindo-se do dispositivo verifica-se que somente a decisão relativa ao mérito recursal deflagra o efeito substitutivo. Por outras palavras, a substituição somente tem incidência quando o recurso é conhecido e julgado pelo mérito.(311) Em hipóteses diversas, adverte *Barbosa Moreira*, dela não se poderá cogitar, já que, se o recurso deixa de ser conhecido, não há, sob qualquer aspecto, análise da matéria que no julgamento proferido pelo órgão *a quo* constituiu objeto da impugnação do recorrente.(312)

A identificação da matéria objeto do recurso constitui importante fator no trato do tema em questão, já que a incidência do efeito substitutivo pode ou não ocorrer a depender de a impugnação estar voltada à correção de *erro in judicando* ou de *error in procedendo*.

Com efeito, estando o recurso voltado à correção de *error in judicando*, este, uma vez conhecido, deflagrará o efeito substitutivo, que, nessa hipótese, sempre terá incidência. Assim, é indiferente que a impugnação seja provida, com a subsequente reforma da decisão recorrida ou improvida, com a "confirmação" da decisão atacada.(313) Em ambas as situações a substituição ocorrerá.

---

(309) DINAMARCO, Cândido Rangel. *Litisconsórcio*. 6. ed. São Paulo: Malheiros, 2001. p. 158. No mesmo sentido: NERY JUNIOR, Nelson. *Princípios fundamentais:* teoria geral dos recursos. 5. ed. São Paulo: Revista dos Tribunais, 2000. p. 414. Para uma visão crítica do art. 509, parágrafo único, do CPC veja-se: MOREIRA, José Carlos Barbosa. *Comentários ao Código de Processo Civil*. v. 5, 11. ed. Rio de Janeiro: Forense, 2004. p. 382.

(310) BUENO, Cassio Scarpinella. Efeitos dos recursos. In: NERY JR., Nelson; WAMBIER, Teresa Arruda Alvim (Coords.). *Aspectos polêmicos e atuais dos recursos cíveis e assuntos afins*. São Paulo: Revista dos Tribunais, 2006. v. 10, p. 88.

(311) TEIXEIRA FILHO, Manoel Antonio. *Sistema dos recursos trabalhistas*. 10. ed. São Paulo: LTr, 2003. p. 272-273; BUENO, Cassio Scarpinella. Efeitos dos recursos. In: NERY Jr., Nelson; WAMBIER, Teresa Arruda Alvim (Coords.). *Aspectos polêmicos e atuais dos recursos cíveis e assuntos afins*. São Paulo: Revista dos Tribunais, 2006. v. 10, p. 88.

(312) MOREIRA, José Carlos Barbosa. *Comentários ao Código de Processo Civil*. v. 5, 11. ed. Rio de Janeiro: Forense, 2004. p. 395.

(313) NERY JUNIOR, Nelson. *Princípios fundamentais:* teoria geral dos recursos. 5. ed. São Paulo: Revista dos Tribunais, 2000. p. 421.

Quando, ao revés, se cuidar de recurso voltado ao ataque de *error in procedendo*, a questão merece ser analisada com maior cautela.

Com efeito, importantes expoentes do cenário jurídico nacional têm por incidente o efeito substitutivo apenas nas hipóteses de *error in judicando*. Constitui significativo defensor dessa corrente doutrinária o jurista *José Carlos Barbosa Moreira*, que não tem por configurada a substituição de que trata do art. 512 do CPC nos casos de *error in procedendo*.(314) *Coqueijo Costa*, adotando posição ainda mais restritiva, afirma: "Só há substituição, pois, quando se julga o recurso *de meritis*, dando ou negando provimento — pouco importa — mas apreciando a lide, na pretensão de Direito Material que ela giza".(315)

Em contraposição — e, sob nossa ótica, com integral razão —, outra corrente defende a incidência do efeito substitutivo mesmo quando o recurso tiver por objeto a impugnação de *error in procedendo*. Nessa hipótese, porém, cumpre observar, a substituição somente terá lugar se a pretensão recursal for negada, já que, uma vez provida, o julgamento do recurso terá por decorrência a nulidade da decisão recorrida que, consequentemente, por este não poderá ser substituída. Nesse exato sentido, é o magistério de *Nelson Nery Junior*.(316) Na mesma direção conduz-se a doutrina de *Fredie Didier Jr.* e *Leonardo José Carneiro da Cunha*: "*Julgamento substitutivo* é o que, acolhendo ou não *error in iudicando*, ou não acolhendo *error in procedendo*, opera a substituição da decisão recorrida pela decisão que julgou o recurso [...]".(317)

E, de fato, nos casos em que há a declaração de nulidade da decisão recorrida, em decorrência do provimento de recurso fundado em *error in procedendo*, não há como se ter por incidente o efeito substitutivo, já que o resultado do julgamento do recurso traz por consequência apenas a eliminação da decisão impugnada, em razão de sua nulidade. Nesse sentido, vale a transcrição do magistério de *Manoel Antonio Teixeira Filho*:

> "Reclama exame especial o recurso que visa à declaração de nulidade da sentença. Nesse caso, se o tribunal der provimento ao apelo, anulará a decisão de primeiro grau, fazendo com que se retorne ao *nihil* existente antes do proferimento daquela decisão; deixa de haver, portanto, qualquer pronunciamento sobre o mérito. Como se trata de recurso, a consequência será a devolução dos autos ao juízo inferior para que profira, novamente, outra sentença, dessa vez de maneira regular — ainda que o seu convencimento quanto à matéria de mérito se mantenha

---

(314) MOREIRA, José Carlos Barbosa. *Comentários ao Código de Processo Civil.* v. 5, 11. ed. Rio de Janeiro: Forense, 2004. p. 395-397.

(315) COSTA, Coqueijo. *Direito processual do trabalho.* 4. ed. Rio de Janeiro: Forense, 1995. p. 477.

(316) NERY JUNIOR, Nelson. *Princípios fundamentais:* teoria geral dos recursos. 5. ed. São Paulo: Revista dos Tribunais, 2000. p. 421.

(317) DIDIER JR., Fredie; CUNHA, Leonardo José Carneiro da. *Curso de direito processual civil:* meios de impugnação às decisões judiciais e processo nos tribunais. Salvador: JusPodivm, 2006. p. 48. Na mesma linha veja-se ainda: KOZIKOSKI, Sandro Marcelo. *Manual dos recursos cíveis:* teoria geral e recursos em espécie. 3. ed. Curitiba: Juruá, 2007. p. 115.

inalterado em relação ao que decidira na sentença anulada. O exemplo bem revela que o acórdão, na hipótese, não *substitui* a decisão do juiz inferior; apenas anula-a".[(318)]

Já nos casos em que o recurso, conquanto tenha por objeto a impugnação de *error in procedendo*, é conhecido, mas improvido, não pode haver dúvidas quanto ao fato de que, nos limites da impugnação, terá lugar a substituição da decisão recorrida.

Ainda sob o prisma dos *errores in procedendo*, é importante lembrar exceção à regra geral antes mencionada. Trata-se da hipótese de recurso voltado à impugnação de julgamento *extra* ou *ultra petita*. É que, mesmo no caso de o recurso ser conhecido e provido, haverá a substituição, em razão de ser desnecessária a declaração de nulidade da decisão recorrida, já que ao tribunal, com vistas a corrigir o vício de atividade, basta suprimir o excesso constante do julgado proferido pelo juízo *a quo*.

No que toca à sua extensão, a substituição poderá ser total ou parcial. Esta última tem lugar quando o recurso for parcial ou quando este for apenas parcialmente conhecido.[(319)] Nesse caso, conforme pontua *Manoel Antonio Teixeira Filho*, "passam a coexistir dois pronunciamentos jurisdicionais, que constituirão mais tarde, o título executivo judicial que legitimará a execução".[(320)]

É importante ainda atentar para o fato de que, ao longo do processo, poderão ocorrer várias substituições. Desde que os diversos julgamentos proferidos durante a tramitação do feito tenham o mesmo objeto, cada um destes substituirá o anterior, tanto no caso de vir a reformá-lo, quanto na hipótese de sua "confirmação".[(321)] Esse aspecto assume especial relevância para os fins de eventual propositura de ação rescisória. E isso se dá por duas relevantes razões: a primeira relacionada com a competência funcional para o julgamento da ação e a segunda vinculada ao interesse de agir e à possibilidade jurídica do pedido de rescisão.

Com efeito, operado o trânsito em julgado, será rescindível apenas a decisão que por último apreciou o mérito da lide.[(322)] Fixada essa premissa, se a decisão passível de rescisão for a sentença ou o acórdão proferido pelo Tribunal Regional do Trabalho, deste será a competência para o julgamento da ação rescisória. De seu turno, se o mérito da causa tiver sido apreciado em derradeira oportunidade pelo Tribunal Superior do Trabalho, dele, e não mais do Tribunal Regional, é que será a competência funcional e assim sucessivamente.

Em relação ao aspecto acima, cumpre alertar para relevante questão, cujo exame mais aprofundado será realizado quando cuidarmos do juízo de admissibilidade dos

---

(318) TEIXEIRA FILHO, Manoel Antonio. *Sistema dos recursos trabalhistas*. 10. ed. São Paulo: LTr, 2003. p. 273.

(319) NERY JUNIOR, Nelson. *Princípios fundamentais:* teoria geral dos recursos. 5. ed. São Paulo: Revista dos Tribunais, 2000. p. 422.

(320) TEIXEIRA FILHO, Manoel Antonio. *Sistema dos recursos trabalhistas*. 10. ed. São Paulo: LTr, 2003. p. 272.

(321) MOREIRA, José Carlos Barbosa. *Comentários ao Código de Processo Civil*. v. 5, 11. ed. Rio de Janeiro: Forense, 2004. p. 397.

(322) COSTA, Coqueijo. *Ação rescisória*. 7. ed., rev. e atual. por Gustavo Lanat Pedreira de Cerqueira. São Paulo: LTr, 2002. p. 37-38.

recursos excepcionais. É que os Tribunais Superiores, muitas vezes, malgrado examinem o mérito da controvérsia a eles submetida, terminam por proclamar o não conhecimento do recurso. Referimo-nos a hipóteses em que a violação legal ou constitucional é expressamente afastada ou a admissão do recurso é obstada mediante a incidência de súmula ou jurisprudência uniforme pertinente ao direito material em discussão. Em tais situações, conquanto as decisões usualmente aludam ao não conhecimento do recurso, as consequências jurídicas decorrentes são equivalentes ao conhecimento e desprovimento, fazendo incidir, portanto, o efeito substitutivo em relação ao julgado recorrido.(323)

O que é absolutamente imperioso observar é que de nada adiantará que o autor da ação formule pretensão voltada à rescisão de decisão não mais subsistente no mundo jurídico, pois, nessa hipótese o pedido será juridicamente impossível.(324) A pretensão também estará inegavelmente contaminada pela falta de interesse e utilidade(325), já que, conforme adverte *Dinamarco*, sendo a decisão atacada um ser morto, não faz nenhum sentido pensar em tirar-lhe a vida.(326)

---

(323) Sobre o tema, anote-se o item II da Súmula n. 192 do Tribunal Superior do Trabalho: AÇÃO RESCISÓRIA. COMPETÊNCIA E POSSIBILIDADE JURÍDICA DO PEDIDO. (incorporadas as Orientações Jurisprudenciais ns. 48, 105 e 133 da SDI-II, Res. n. 137/05 – DJ 22.8.05). I – Se não houver o conhecimento de recurso de revista ou de embargos, a competência para julgar ação que vise a rescindir a decisão de mérito é do Tribunal Regional do Trabalho, ressalvado o disposto no item II. (ex-Súmula n. 192 – Res. n. 121/03, DJ 21.11.03). II – Acórdão rescindendo do Tribunal Superior do Trabalho que não conhece de recurso de embargos ou de revista, analisando arguição de violação de dispositivo de lei material ou decidindo em consonância com súmula de direito material ou com iterativa, notória e atual jurisprudência de direito material da Seção de Dissídios Individuais (Súmula n. 333), examina o mérito da causa, cabendo ação rescisória da competência do Tribunal Superior do Trabalho. (ex-Súmula n. 192 – Res. n. 121/03, DJ 21.11.03). III – Em face do disposto no art. 512 do CPC, é juridicamente impossível o pedido explícito de desconstituição de sentença quando substituída por acórdão Regional. (ex-OJ n. 48 – inserida em 20.9.00). IV – É manifesta a impossibilidade jurídica do pedido de rescisão de julgado proferido em agravo de instrumento que, limitando-se a aferir o eventual desacerto do juízo negativo de admissibilidade do recurso de revista, não substitui o acórdão regional, na forma do art. 512 do CPC. (ex-OJ n. 105 – DJ 29.4.03). V – A decisão proferida pela SDI, em sede de agravo regimental, calcada na Súmula n. 333, substitui acórdão de Turma do TST, porque emite juízo de mérito, comportando, em tese, o corte rescisório. (ex-OJ n. 133 – DJ 4.5.04).

(324) Sobre o tema, anote-se o item III da Súmula n. 192 do Tribunal Superior do Trabalho.

(325) Em relação a esse aspecto, cabe trazer a lume os seguintes julgados: STF-AR-1.112/SP, Plenário, Rel. Min. Ilmar Galvão. Revisor: Min. Moreira Alves. Unânime, DJ de 11.9.92; STF-AR-1.151-1/RJ, Plenário, Rel. Ministro Alfredo Buzaid. Unânime, DJ de 31.8.84; STF-RCL-377/PR, Plenário, Rel. Min. Ilmar Galvão, DJ de 30.4.93 e TST-ROAR-121.134/2004-900-01-00.8, Rel. Ministro Barros Levenhagen, DJ de 19.11.2004.

(326) DINAMARCO, Cândido Rangel. *Nova era do processo civil*. 2. ed. São Paulo: Malheiros, 2007. p. 282.

CAPÍTULO 7

RECURSOS DE NATUREZA EXTRAORDINÁRIA

1. Considerações iniciais

No capítulo 2, em que foi abordada a classificação dos recursos, foram enumeradas as características comuns aos recursos de natureza extraordinária.

Naquela oportunidade, afirmamos que referidos recursos se distinguem pela circunstância de serem vocacionados, de maneira imediata, à tutela do direito objetivo, preservando a sua autoridade e unidade, não se destinando precipuamente à correção de injustiças eventualmente existentes na decisão recorrida.

Anotamos, outrossim, que, para sua interposição, é exigido o prévio esgotamento das instâncias ordinárias e que seu processamento e julgamento inserem-se no rol de competências dos Tribunais Superiores, mediante juízo de admissibilidade mais complexo que aquele a que se sujeitam os recursos de natureza ordinária.

Por fim, ressaltamos que esta modalidade de recursos possui uma menor amplitude no tocante à matéria passível de impugnação, já que não se prestam ao revolvimento de matéria fática e probatória ou para o exame de matéria que não esteja devidamente prequestionada na decisão recorrida.

No presente capítulo, cada uma das características acima será objeto de análise individualizada, de sorte a traçar uma fotografia do macrossistema em que se inserem os recursos de natureza extraordinária, explicitando seus objetivos e os traços gerais que regem o seu cabimento.

2. Unidade e autoridade do direito objetivo — a uniformização da jurisprudência pelos Tribunais Superiores

Segundo a estrutura de organização do poder prevista na Constituição Federal, o Estado Brasileiro assume a forma federativa, decorrente da "união indissolúvel dos Estados e Municípios e do Distrito Federal" (CF, art. 1º).

Isso significa que no Estado Brasileiro não há um único centro irradiador de decisões políticas expressas em lei. Realmente, ao contrário do que ocorre nos denominados

Estados unitários, em que o poder de ditar normas é exercido por um único polo sobre todo o território do Estado, no modelo federativo tem-se no mínimo dois níveis diferentes de governo, cada um com suas competências próprias, de acordo com divisão delimitada pela Constituição Federal.[(327)]

Tem-se, portanto, que a Federação é, a rigor, um grande sistema de repartição de competências entre um poder central (União) e poderes periféricos (Estados-membros). E é essa repartição que confere substância à descentralização estatal em unidades autônomas, capazes de promover a edição de normas próprias, em conformidade com o estabelecido na Constituição Federal.[(328)] Nas palavras de *Paulo Bonavides*:

> "Através da lei da autonomia manifesta-se com toda a clareza o caráter estatal das unidades federadas. Podem estas livremente estatuir uma ordem constitucional própria, estabelecer a competência dos três poderes que habitualmente integram o Estado (executivo, legislativo e judiciário) e exercer desembaraçadamente todos aqueles poderes que decorrem da natureza mesma do sistema federativo, desde que tudo se faça na estrita observância dos princípios básicos da Constituição federal."[(329)]

E o que se afirma em relação aos Estados-membros, aplica-se integralmente à União. É que, conforme observa *Fernanda Dias Menezes de Almeida*, tanto quanto aqueles, a União exerce atividade legiferante autônoma, cujo objeto também pressupõe definição constitucional.[(330)]

A existência, porém, de um direito federal, aplicável a todo o território do Estado, aliada à presença de órgãos do Poder Judiciário descentralizados nas várias unidades federadas leva, inexoravelmente, à conformação de interpretações discrepantes acerca desse mesmo direito, materializando o fenômeno da divergência jurisprudencial.

E isso ocorre porque, embora ao magistrado se atribua uma posição de centralidade em relação aos litigantes, materializada pelo pressuposto da imparcialidade, isso não significa que seja ele um ser asséptico e hermeticamente fechado em relação aos influxos do mundo em que habita. É inegável que, ao proceder à interpretação do direito com vistas à solução da lide, diversos elementos de natureza subjetiva surtirão influência sobre seu espírito, tais como suas experiências pessoais, suas concepções morais, políticas, culturais, ideológicas etc.[(331)]

---

(327) BASTOS, Celso Ribeiro. *Curso de teoria do estado e ciência política*. 4. ed. São Paulo: Saraiva, 1999. p. 189-190.

(328) ALMEIDA, Fernanda Dias Menezes de. *Competências na Constituição de 1988*. 3. ed. São Paulo: Atlas, 2005. p. 29.

(329) BONAVIDES, Paulo. *Ciência política*. 10. ed. São Paulo: Malheiros, 2001. p. 181.

(330) ALMEIDA, Fernanda Dias Menezes de. *Competências na Constituição de 1988*. 3. ed. São Paulo: Atlas, 2005. p. 29.

(331) Cf. PARENTE, Eduardo de Albuquerque. *Jurisprudência:* da divergência à uniformização. São Paulo: Atlas, 2006. p. 33: "O sentido e o alcance da interpretação do direito pelo juiz são influenciados pela sua concepção pessoal e pelo fenômeno factual. Quando foi vista a figura do magistrado como pessoa suscetível de carregar para o ofício público suas experiências pessoais, seus conhecimentos gerais, culturais etc. (suas peculiaridades próprias), também foram pensadas as *ferramentas* que ele usará para decidir: premissas de

Conforme o magistério de *Inocêncio Mártires Coelho*, a transformação das disposições legais em direito interpretado é "uma transformação realizada no raciocinar de um operador do direito *situado* e *datado*, historicamente condicionado, portanto, cujas ideias e valores, para não dizer *preconceitos* e *ideologia*, se não determinam, pelo menos condicionam, em larga medida, a sua visão do justo".[(332)]

Considerados os intérpretes individualmente, porém, verifica-se que esses elementos subjetivos, muitas vezes, não se revelam coincidentes, apresentando-se em matizes diversos, o que constitui solo fértil ao nascimento de divergências na interpretação do direito.[(333)]

Acresça-se a isso a circunstância de que uma interpretação até então adequada pode vir a mostrar-se, na visão do intérprete, incorreta ou desatualizada, em razão de alterações no contexto histórico ou social, dando ensejo, assim, ao surgimento de outra, dela divergente. Consoante adverte *Eduardo de Albuquerque Parente*, "se mutável é a realidade, compreende-se que se alterem também as leituras do direito, mesmo que seu conteúdo literal permaneça invariável".[(334)]

Rodolfo de Camargo Mancuso aponta, também, como fonte de divergências, a complexidade da interpretação das chamadas normas de conteúdo aberto ou indeterminado, às quais atribui o caráter de "verdadeiros 'cheques em branco' que o legislador

---

direito vindas não só do texto legislado, mas também dos costumes, das máximas de experiência e senso comum, da analogia e da produção jurisprudencial. Assim nascem as *teses jurídicas*: da contraposição entre os planos fático e jurídico e atingidas por todos esses elementos subjetivos do intérprete".

(332) COELHO, Inocêncio Mártires; MENDES, Gilmar Ferreira; BRANCO, Paulo Gustavo Gonet. *Hermenêutica constitucional e direitos fundamentais*. Brasília: Brasília Jurídica, 2000. p. 56.

(333) Sobre o tema, interessantes se mostram as considerações de Benjamin Cardozo: "O que faço quando decido uma causa? A que fontes de informação recorro em busca de orientação? Até que ponto permito que contribuam para o resultado? Até que ponto devem contribuir? Se existe algum precedente que se aplique ao caso, quando devo recusar-me a segui-lo? Se não há precedente aplicável, como chego à decisão que servirá de precedente no futuro? Se o que busco é a coerência lógica, a simetria da estrutura jurídica, até onde devo prosseguir nessa busca? Em que ponto a busca deve ser interrompida por algum costume discrepante, por alguma consideração relativa ao bem-estar social, por meus próprios critérios ou por critérios comuns de justiça e moral? Todos esses ingredientes participam, em proporções variadas, dessa estranha mistura que se prepara diariamente no caldeirão dos tribunais.
[...]
Não há um só juiz que não tenha participado de seu preparo. Os elementos não se reuniram por acaso. *Algum* princípio, ainda que inconfesso, inarticulado e subconsciente, orientou o preparo da infusão. Pode não ter sido o mesmo para todos os juízes em qualquer momento, nem o mesmo princípio para todos os juízes em todos os momentos. Mas houve uma escolha, não uma sujeição às injunções do Destino; e as considerações e os motivos que determinam a escolha, embora muitas vezes obscuros, não resistem plenamente à análise. Na minha tentativa de análise, será preciso distinguir entre o consciente e o subconsciente. Não quero dizer com isso que as considerações e os motivos que considerarei conscientes estejam sempre claramente presentes na consciência, a ponto de serem reconhecidos e identificados de imediato. Não raro, flutuam próximo à superfície. Podem, no entanto, ser isolados e rotulados com relativa facilidade e, quando assim qualificados, são rapidamente reconhecidos como princípios que orientam a conduta. Mais sutis são as forças que, por se encontrarem tão abaixo da superfície, só podem ser classificadas, de maneira razoável, como subconscientes. Com frequência, é graças a essas forças subconscientes que os juízes mantêm a coerência consigo mesmos e a incoerência entre si." (CARDOZO, Benjamin Natham. *A natureza do processo judicial*. São Paulo: Martins Fontes, 2004. p. 1-3).

(334) PARENTE, Eduardo de Albuquerque. *Jurisprudência:* da divergência à uniformização. São Paulo: Atlas, 2006. p. 34.

passa ao exegeta e ao aplicador".[335] Nessa mesma categoria, ainda inclui a pluralidade de métodos hermenêuticos (gramatical, histórico, teleológico, sistemático etc.), cujas variadas e possíveis combinações podem conduzir a interpretação de um mesmo texto legal a resultados muito diferentes.[336]

Isso tudo confirma a inegável atualidade do pensamento de *Benjamin Cardozo*, que, investido da condição de juiz da Suprema Corte Norte-Americana, proclamava nas primeiras décadas do século passado: "códigos e leis escritas não dispensam o juiz nem tornam seu trabalho superficial e mecânico. Há lacunas a preencher. Há dúvidas e ambiguidades a esclarecer. Há dificuldades e erros a atenuar, se não evitar".[337]

Por tudo o quanto foi exposto, mostra-se incontestável a conclusão de *Mancuso*, ao afirmar que "a divergência jurisprudencial é uma resultante das dificuldades imanentes à tarefa interpretativa, constituindo-se numa ocorrência previsível e inevitável no trato judiciário".[338]

Sucede que a divergência jurisprudencial, a despeito de sua inevitável existência e até mesmo de sua utilidade, já que a multiplicidade e diversidade interpretativas, em certa medida, contribuem para o amadurecimento e aperfeiçoamento do direito,[339] é tolerada dentro de limites impostos pelo sistema jurídico, balizados pelos postulados da isonomia e da segurança jurídica.

Com efeito, a Constituição Federal, em seu art. 5º, *caput*, preceitua serem todos iguais perante a lei, sem distinção de qualquer natureza. Transplantando o referido princípio para o âmbito da atividade jurisdicional, materializa-se verdadeira "interdição ao juiz de fazer distinção entre situações iguais, ao aplicar a lei".[340] Disso decorre que a *igualdade perante a lei*, proclamada pela Constituição, refere-se não só à lei, enquanto produto final da atividade inerente ao Poder Legislativo, mas também à norma judicada, ou seja, "a lei após submetida à interpretação e aplicação pelos órgãos judiciários".[341]

Assim, para evitar a proliferação de julgados conflitantes entre si, acerca da mesma questão de direito, o sistema, em observância ao princípio da isonomia, institui meios de uniformizar a jurisprudência, mediante a adoção, como justa, de uma dentre as várias interpretações discrepantes. Nas palavras de *Carlos Aurélio Mota de Souza*: "se todos são iguais perante a Lei, um caso não pode ser julgado de uma maneira e outro de forma diferente, se forem idênticos, como nas ações repetitivas".[342]

---

(335) MANCUSO, Rodolfo de Camargo. *Divergência jurisprudencial e Súmula Vinculante*. 2. ed. São Paulo: Revista dos Tribunais, 2001. p. 149.

(336) *Ibidem*, p. 151.

(337) CARDOZO, Benjamin Natham. *A natureza do processo judicial*. São Paulo: Martins Fontes, 2004. p. 5.

(338) MANCUSO, Rodolfo de Camargo. *Divergência jurisprudencial e Súmula Vinculante*. 2. ed. São Paulo: Revista dos Tribunais, 2001. p. 153.

(339) PARENTE, Eduardo de Albuquerque. *Jurisprudência:* da divergência à uniformização. São Paulo: Atlas, 2006. p. 34.

(340) SILVA, José Afonso. *Curso de direito constitucional positivo*. 19. ed. São Paulo: Malheiros, 2001. p. 221.

(341) MANCUSO, Rodolfo de Camargo. *Divergência jurisprudencial e Súmula Vinculante*. 2. ed. São Paulo: Revista dos Tribunais, 2001. p. 120.

(342) SOUZA, Carlos Aurélio Mota de. *Segurança jurídica e jurisprudência:* um enfoque filosófico-jurídico. São Paulo: LTr, 1996. p. 201.

Em página clássica, adverte *Benjamin Cardozo*:

"Não basta decidir a mesma questão de uma maneira entre um grupo de litigantes e decidi-la da maneira oposta entre outro grupo. 'Se um conjunto de causas envolve a mesma questão, as partes esperam que se chegue à mesma decisão. Seria uma injustiça gritante decidir causas consecutivas com base em princípios opostos. Se uma causa foi decidida de modo desfavorável a mim ontem, quando eu era o réu, devo esperar pelo mesmo julgamento hoje, se sou eu o demandante. Uma decisão diferente despertaria em mim um sentimento de ressentimento e erro; seria uma violação, material e moral, dos meus direitos.' Todos sentem a força desse sentimento quando os casos são iguais. A adesão ao precedente deve então ser a regra, não a exceção, para que os litigantes tenham fé na administração imparcial da justiça nos tribunais."(343)

Evitar distorções dessa natureza, que levariam o processo a transformar-se em um mar de incertezas, com inegável prejuízo à imagem do Poder Judiciário, constitui função dos recursos extraordinários trabalhistas, cujo cabimento tem como uma de suas bases a existência de dissídio jurisprudencial. É o que evidenciam o art. 896, alínea *a*, da CLT, relativamente ao recurso de revista e o art. 894, inciso II, também da CLT, no que toca ao recurso de embargos.

Realmente, a uniformização da jurisprudência, levada a efeito pelos recursos de natureza extraordinária, mediante a fixação de interpretações finais por parte dos Tribunais Superiores, prestigia a unidade na aplicação do direito, evitando que o êxito da parte no processo seja definido pela sorte na distribuição dos feitos, ditada pelo acaso de contar com este ou aquele juiz, que, ao contrário de outro, aplicará o direito em conformidade com a expectativa do litigante.(344)

O processo de uniformização, contudo, não pode ser invocado como sinônimo de imutabilidade e engessamento ou como contraposição à evolução jurisprudencial, voltada a atualizar a interpretação da lei. Destina-se a unificar o trabalho interpretativo empreendido por todos os órgãos judiciais, desde o primeiro grau de jurisdição, conferindo-lhe a marca final da estabilidade. Isso, porém, não implica negar que o aporte de novos elementos possa ensejar a revisão da jurisprudência, culminando, mais uma vez, com sua posterior estabilização.(345)

Dispõe ainda a Constituição, também em seu art. 5º, *caput*, que: "Todos são iguais perante a lei, sem distinção de qualquer natureza, garantindo-se aos brasileiros e aos estrangeiros residentes no País *a inviolabilidade do direito* à vida, à liberdade, à igualdade, *à segurança* e à propriedade".

No primeiro artigo do título relativo aos direitos e garantias fundamentais, portanto, a Lei Magna assegura a todos os brasileiros, sem distinção, o inviolável *direito à segurança*,

---

(343) CARDOZO, Benjamin Natham. *A natureza do processo judicial*. São Paulo: Martins Fontes, 2004. p. 20-21.

(344) PARENTE, Eduardo de Albuquerque. *Jurisprudência:* da divergência à uniformização. São Paulo: Atlas, 2006. p. 35.

(345) KNIJNIK, Danilo. *O recurso especial e a revisão da questão de fato pelo Superior Tribunal de Justiça*. Rio de Janeiro: Forense, 2005. p. 98-105.

o que evidencia a importância conferida pelo Constituinte ao direito em questão, já elencado no preâmbulo da Carta como um dos "*valores supremos*" da sociedade.

À ideia de segurança, da qual emerge o postulado referente à segurança jurídica, encontram-se subjacentes outros valores, como os relativos à confiança, coerência, previsibilidade, certeza, todos inspiradores de diversas normas positivadas no ordenamento jurídico, como, por exemplo, aquelas relativas à prescrição, decadência, intangibilidade do direito adquirido, do ato jurídico perfeito e da coisa julgada.

Como decorrência da necessidade humana de contar com claros e precisos modelos normativos, o princípio da segurança jurídica assume especial relevância na vida em sociedade. Trata-se de corolário do próprio Estado Democrático de Direito, onde os cidadãos podem calcular antecipadamente o que ocorrerá no futuro, prevendo como se comportarão os outros indivíduos e, sobretudo, o Estado, enquanto garante da eficácia do Direito.(346)

Realmente, conforme pontua *Geraldo Ataliba*: "o Estado não surpreende seus cidadãos; não adota decisões inopinadas que o aflijam. A previsibilidade da ação estatal é magno desígnio que ressuma de todo o contexto de preceitos orgânicos e funcionais postos no âmago do sistema constitucional".(347)

Transplantado para o âmbito da atividade jurisdicional, o princípio da segurança jurídica tem manifestação expressiva por meio da jurisprudência, cuja uniformização sinaliza aos jurisdicionados, advogados e demais segmentos do Poder Judiciário a interpretação a ser conferida a casos análogos, fomentando o sentimento de confiança da população no Poder Judiciário.

Nesse contexto, precisa é a advertência de *José Marcelo Menezes Vigliar*, ao afirmar que julgamentos discrepantes sobre teses idênticas "proporcionam uma excessiva insegurança ao jurisdicionado, porque concretizam a ideia de mais de um direito possível a reger uma mesma hipótese fática".(348)

A uniformização da jurisprudência, portanto, além de contribuir para a consecução de uma ordem jurídica mais justa e isonômica, em que casos iguais recebem respostas iguais, possui a finalidade de tornar previsível a atividade jurisdicional, concretizando, ao fixar a interpretação final tida como justa, o princípio da segurança jurídica. Por essa razão, revela-se irreparável o magistério de *Geraldo Ataliba*, ao pontificar: "O Judiciário aplicará a lei, em processos contenciosos, sem discrição e na conformidade de padrões técnicos perfeitamente previsíveis".(349)

---

(346) BACIGALUPO, Enrique. Jurisprudencia y seguridad jurídica. In: *La fuerza vinculante de la jurisprudencia.* SAMPER JUEN, Joaquín (Director). Madrid: Consejo General del Poder Judicial, 2001. p. 131-132.

(347) ATALIBA, Geraldo. *República e Constituição*. 2. ed. São Paulo: Malheiros, 2004. p. 173.

(348) VIGLIAR, José Marcelo Menezes. *Uniformização de jurisprudência:* segurança jurídica e de dever de uniformizar. São Paulo: Atlas, 2003. p. 198.

(349) ATALIBA, Geraldo. *República e Constituição*. 2. ed. São Paulo: Malheiros, 2004. p. 171.

Perante essas premissas, aos órgãos de cúpula do Poder Judiciário cabe, além de uniformizar, prestigiar sua própria jurisprudência, de modo a conferir certeza e previsibilidade à atividade jurisdicional. Não se mostra aceitável, por gerar insegurança e perplexidade, a existência de uma jurisprudência vacilante, por configurar-se a negação dos recursos de natureza extraordinária, cujo escopo encontra-se voltado à harmonização do direito, mediante valorização da norma jurisprudencial e do ideal federativo.(350)

Ao afirmar-se, porém, que os recursos de natureza extraordinária se destinam precipuamente à preservação da autoridade e unidade do direito objetivo, não significa que o interesse dos litigantes ou de terceiros prejudicados não seja relevante e, por isso mesmo, não possa ser objeto de preservação por meio dos recursos excepcionais(351). Não fosse assim, os recursos extraordinários não teriam a sucumbência como um de seus pressupostos.

Acrescente-se a isso o fato de que os recursos — aí também incluídos os extraordinários — constituem um ônus processual, haja vista a circunstância de o recorrente possuir não só a faculdade de recorrer, mas também a de não recorrer e, ao assim proceder, tornar definitivos os efeitos da sucumbência. A interposição do recurso, portanto, constitui um ato voluntário. Tem por pressuposto a manifestação de vontade do recorrente, que deve expressar a sua irresignação contra a decisão que lhe foi contrária.

Por essa razão, embora tenham por objetivo a preservação da unidade do direito, dentre as finalidades inerentes aos recursos de natureza extraordinária não pode ser excluída a defesa dos interesses das partes ou de terceiros prejudicados.(352)

Realmente, conforme o magistério de *Danilo Knijnik*, ambas as finalidades atuam de forma articulada e combinada. Assim, a função uniformizadora somente atuará quando presente o interesse do recorrente, que, por sua vez, apenas será considerado pelo Tribunal, quando for necessária a preservação da unidade e da autoridade do direito.(353)

E é justamente por isso que o relator, ao apreciar tanto o recurso de revista quanto o de embargos, poderá negar-lhes seguimento, mediante decisão monocrática, quando a decisão recorrida estiver em consonância com enunciado da Súmula de Jurisprudência uniforme do Tribunal Superior do Trabalho (CLT, art. 896, § 5º). É que, nessa hipótese, ainda que presente o interesse da parte sucumbente, desnecessária será a preservação da unidade do direito, já integralmente assegurada pela harmonia existente entre a decisão recorrida e o verbete sumular da alta Corte trabalhista.(354)

---

(350) PORTO, Sérgio Gilberto; USTÁRROZ, Daniel. *Manual dos recursos cíveis*. Porto Alegre: Livraria do Advogado, 2007. p. 135.

(351) Nesse sentido: VILLELA, Fábio Goulart. *Recurso de revista*. Rio de Janeiro: Freitas Bastos, 2006. p. 74.

(352) Digna de registro a exceção que se materializa quando o recurso é interposto pelo Ministério Público atuando na condição de *custos legis*. Nessa hipótese, visará, de modo precípuo ao resguardo da ordem jurídica positiva. (MOREIRA, José Carlos Barbosa. *Comentários ao Código de Processo Civil*. v. 5, 11. ed. Rio de Janeiro: Forense, 2004. p. 578).

(353) KNIJNIK, Danilo. *O recurso especial e a revisão da questão de fato pelo Superior Tribunal de Justiça*. Rio de Janeiro: Forense, 2005. p. 94-95.

(354) Nesse sentido, anote-se no magistério de Antônio Álvares da Silva: "A atualidade da divergência é fundamental ao Recurso de revista. Não teria qualquer sentido que o TST, no seu trabalho unificador, levasse em conta jurisprudência desatualizada, que trate de assunto não mais discutido nos tribunais ou já superado.

3. Prévio esgotamento das vias ordinárias

Ao enumerar as características inerentes aos recursos de natureza extraordinária, a doutrina usualmente vincula o seu cabimento ao prévio esgotamento das vias recursais ordinárias.

No que se refere, porém, aos recursos excepcionais trabalhistas, esse atributo deve ser recebido com temperamentos, haja vista o fato de o recurso de embargos (CLT, art. 894, II) ser direcionado à impugnação de decisão judicial proferida *já no âmbito da instância extraordinária.* Realmente, conforme observa *João Batista Brito Pereira*, os embargos inserem-se no âmbito da competência da Subseção I Especializada em Dissídios Individuais do TST, e são interpostos contra as decisões das Turmas daquela Corte; portanto, proferidas em recurso de revista, em agravo, em agravo regimental e em agravo de instrumento.(355)

Nesse contexto, revela-se mais adequado e harmônico com o sistema regente dos recursos excepcionais trabalhistas vincular-se o cabimento da revista e dos embargos à circunstância de o pronunciamento do juízo *a quo* ser final, ou seja, imune a qualquer outro recurso, à exceção dos embargos de declaração e do próprio recurso de natureza extraordinária.

Diante dessa perspectiva, é importante observar que, caso o relator perante o Tribunal Superior do Trabalho venha a julgar a revista ou o agravo de instrumento pela via monocrática, com lastro no art. 557, *caput*, ou § 1º-A, do CPC ou com base no art. 896, § 5º, da CLT, a decisão proferida desafiará primeiro a interposição de agravo. Somente contra o pronunciamento judicial colegiado que apreciar o agravo é que será cabível a interposição de embargos.(356)

O mesmo ocorre em relação ao recurso de revista no curso da fase de execução. Sua interposição somente será admissível após esgotada a instância ordinária, mediante

---

A uniformização deve ter um interesse prático e social, pois vai refletir diretamente na conduta do empregado e do empregador e, por via de consequência, nas relações de trabalho e no sistema produtivo. A atualidade da divergência mostra a necessidade da unificação para a estabilidade e segurança das relações de trabalho.

[...]

Cristalizando-se a jurisprudência na súmula, seria contraditório que, depois de estabilizada, a jurisprudência voltasse a ser objeto de recurso. O tribunal estaria praticando um trabalho inútil de fazer o que já foi feito, retirando da súmula o seu caráter de precedência.

A súmula é exatamente uma via entre duas ou mais interpretações. Uma vez estabelecida, excluem-se as demais.

Se, embora ainda não sumulada, a divergência está superada por iterativa e notória jurisprudência do TST, também não servirá de base à interposição da revista" (SILVA, Antônio Álvares da. *O novo recurso de revista na Justiça do Trabalho*. São Paulo: LTr, 1999. p. 186-187).

(355) PEREIRA, João Batista Brito. Os embargos no Tribunal Superior do Trabalho. In: FÉRES, Marcelo Andrade; CARVALHO, Paulo Gustavo M. (Coords.). *Processo nos tribunais superiores*. São Paulo: Saraiva, 2006. p. 894.

(356) Orientação Jurisprudencial n. 93 da SbDI-1 do TST: "EMBARGOS À SDI CONTRA DECISÃO DE TURMA DO TST EM AGRAVO DO ART. 557, § 1º, DO CPC. CABIMENTO. São cabíveis Embargos para a SDI contra decisão de Turma proferida em Agravo interposto de decisão monocrática do relator, baseada no art. 557, § 1º, do CPC."

o julgamento do agravo previamente cabível contra a decisão monocrática do relator que julgara o agravo de petição.

Já no que toca ao recurso ordinário, caso seja apreciado singularmente pelo relator, mediante decisão fundada no art. 557, *caput*, ou § 1º-A, do CPC, posteriormente impugnada por agravo, na forma prevista no art. 557, § 1º, do CPC, contra a decisão proferida, porquanto decorrente do julgamento de agravo e não mais de recurso ordinário, não será admitida a interposição de recurso de revista, ante a literalidade do art. 896, *caput*, da CLT. É o que vem direcionando a jurisprudência do TST.(357)

Essa conclusão, porém, deve ser recebida com temperamentos. E isso porque se mostra válida apenas em duas situações: no caso em que o agravo não logra provimento, com a consequente manutenção da negativa de seguimento (CPC, art. 557, *caput*) ou do provimento (CPC, art. 557, § 1º-A) monocraticamente imposto ao recurso ordinário; e no caso em que o agravo é provido, para o fim de reformar a decisão singular, que dera provimento ao recurso, na forma do art. 557, § 1º-A, do CPC. É que, em ambos os cenários, a decisão proferida no agravo substitui aquela singularmente proferida pelo relator na apreciação do recurso ordinário (CPC, art. 512), obstando o posterior cabimento de recurso de revista.

Solução diversa, contudo, advirá na hipótese de provimento do agravo interno pelo órgão colegiado do tribunal, quando em jogo os fundamentos de *decisão denegatória de recurso ordinário*. É que, nesse caso, o provimento do agravo tem o condão de apenas afastar o óbice imposto pela via monocrática, permitindo ao Tribunal adentrar o julgamento do recurso ordinário inicialmente denegado. Nesse caso, assim, a decisão proferida, por ser decorrente do julgamento de recurso ordinário, será plenamente passível de ser impugnada por recurso de revista.

Realmente, o art. 557 do CPC, em seu *caput*, é claro ao conferir ao relator a prerrogativa de negar seguimento a recurso mediante decisão impugnável por agravo. Provido, entretanto, o agravo, *dispõe o § 1º que terá seguimento o recurso cujo processamento foi inicialmente denegado pelo julgador*.

Do que acima foi exposto, portanto, pode-se extrair as seguintes conclusões: a) tanto o recurso de revista, quanto o recurso de embargos somente são cabíveis contra decisões colegiadas (acórdãos). Estas deverão ser proferidas, respectivamente, por Tribunal Regional do Trabalho em grau de recurso ordinário (na fase de conhecimento) ou agravo interno e agravo de petição (no curso da execução), e por Turma do TST, sendo vedada, em qualquer caso, a interposição contra decisões singulares(358); b) inviável será o

(357) Nesse sentido: "AGRAVO DE INSTRUMENTO. RECURSO DE REVISTA. ACÓRDÃO DO TRIBUNAL REGIONAL PROFERIDO EM SEDE DE AGRAVO. NÃO CABIMENTO. Nega-se provimento a agravo de instrumento que visa a destrancar recurso de revista manifestamente incabível, na medida em que interposto contra decisão proferida por tribunal regional do trabalho em sede de agravo, ante a literalidade do disposto no *caput* do art. 896 da CLT. Agravo de Instrumento a que se nega provimento." (Processo n. TST-AIRR-912/2002-053-03-00, 6ª Turma. Rel. Ministro Horácio Senna Pires, DJ de 30.6.2008).

(358) "EMBARGOS INTERPOSTOS CONTRA DECISÃO MONOCRÁTICA — DESCABIMENTO. Não encontra amparo no art. 894 da CLT recurso de embargos interposto contra decisão monocrática, pois o comando legal

acesso, *per saltum*, à Turma ou à Subseção I de Dissídios Individuais do TST, por meio do recurso de revista ou de embargos, se, no âmbito do órgão *a quo*, ainda couber qualquer outro recurso, à exceção dos embargos de declaração e do próprio recurso de natureza extraordinária.

4. Juízo de admissibilidade complexo

Prosseguindo no rol de características comuns aos recursos de natureza extraordinária, cumpre examinar-lhes o juízo de admissibilidade, que se notabiliza por ser mais complexo que aquele imposto aos recursos ordinários.

Com efeito, consoante observa *Barbosa Moreira*, todo ato postulatório sujeita-se a duplo exame. O primeiro tem por finalidade apurar se estão satisfeitas as condições legalmente impostas para que o órgão possa apreciar o conteúdo da postulação. Já o segundo destina-se a investigar-lhe o fundamento, para acolhê-la, se fundada, ou rejeitá-la, no caso contrário.(359)

Por essa razão, é que o juiz, para examinar o mérito da lide, deve, preliminarmente, verificar se estão preenchidos os pressupostos de constituição e desenvolvimento válido e regular do processo. Deve, outrossim, investigar se estão presentes as condições da ação. Caso, por exemplo, identifique que o autor carece de legitimidade ativa *ad causam*, o magistrado deverá extinguir o processo, sem resolução do mérito, na forma prescrita no art. 267 do CPC.

No que toca aos recursos, ocorre algo similar.(360) Para que o órgão *ad quem* possa adentrar o exame do mérito, também deverá, em caráter preliminar, apurar o

---

restringe seu cabimento para atacar decisão de Turma do Tribunal Superior do Trabalho, ou seja, decisão prolatada por órgão colegiado. A função primordial da Subseção I da Seção Especializada em Dissídios Individuais é a de uniformizar a jurisprudência das Turmas do Tribunal Superior do Trabalho, razão pela qual se mostra inadequada a via eleita para combater decisão singular. Recurso de embargos não conhecido." (Processo n. TST-E-AIRR-12.665/2003-010-11-40. SbDI-1. Rel. Ministro Vieira de Mello Filho. DJ de 9.11.2007).

(359) MOREIRA, José Carlos Barbosa. *Comentários ao Código de Processo Civil*. v. 5, 11. ed. Rio de Janeiro: Forense, 2004. p. 260.

(360) Cf. Teresa Arruda Alvim Wambier: "Sem medo de errar, pode-se fazer uma analogia entre o mecanismo que há entre os *pressupostos de admissibilidade do julgamento da lide* (que são, especificamente, os pressupostos processuais e as condições) e o *mérito* da ação, e as *condições de admissibilidade* de um *recurso e o mérito do recurso*." (WAMBIER, Teresa Arruda Alvim. *Os agravos no CPC brasileiro*. 3. ed. São Paulo: Revista dos Tribunais, 2000. p. 103-104). Em sentido contrário, repudiando a analogia, discorre Araken de Assis: "Traça-se, não raro, sugestivo paralelo entre as condições de admissibilidade do recurso e os pressupostos processuais ou condições da ação. À semelhança do que ocorre com toda demanda, antes de julgar-lhe o mérito, acolhendo ou rejeitando o pedido, o órgão judiciário verificará o atendimento, no caso concreto, das condições indispensáveis a tal etapa. A analogia é imperfeita, porque as questões do processo podem inserir-se como objeto da pretensão recursal. E, de resto, a ausência dos pressupostos processuais e das condições da ação não impede a renovação da demanda, mas a das condições de admissibilidade do recurso tranca, definitivamente, a via recursal." (ASSIS, Araken de. *Manual dos recursos*. São Paulo: Revista dos Tribunais, 2007. p. 113). A despeito da pertinência do que afirmado por Araken de Assis, reputamos válida a analogia, sobretudo para fins didáticos.

preenchimento de certas condições previstas em lei, mediante procedimento que recebe a denominação de *juízo de admissibilidade.*(361)

Esse caráter de precedência em relação ao exame do mérito, que é inerente ao juízo de admissibilidade dos recursos, denuncia ser ele constituído por *questões prévias*, ou seja, questões cuja apreciação pelo magistrado deve necessariamente anteceder a análise de outras, por manterem entre si uma relação de subordinação lógica.(362)

Importante observar que as questões prévias constituem gênero que se subdivide em duas espécies: as *questões preliminares* e as *questões prejudiciais*. Assim, se o juízo que se fizer da questão apenas *possibilitar ou não* que se realize um juízo sobre uma outra questão subsequente, estar-se-á, então, diante de questão preliminar. Se a decisão acerca da questão, por sua vez, *influenciar no julgamento da questão subsequente*, já aí, ter-se-á pela frente uma questão prejudicial. Vê-se, portanto, que o traço que as distingue reside na *repercussão* que o juízo sobre elas feito produzirá no juízo que se deva fazer sobre a questão logicamente subsequente. Portanto, a questão será preliminar, se a sua apreciação determinar se *haverá ou não* decisão acerca da questão subsequente. De seu turno, a questão será prejudicial, quando o julgamento que sobre ela se faça influenciar a maneira como deverá ser resolvida a questão subsequente.(363)

Em razão de suas características, o juízo de admissibilidade insere-se no rol das questões preliminares, já que não só deve ser *decidido antes*, mas, uma vez concluído, apenas *possibilitará ou não* o juízo sobre o mérito do recurso. Não se enquadra, por sua vez, como prejudicial, porque não exercerá nenhuma *influência sobre o mérito recursal*. Tanto assim que "o recurso *admitido* no juízo de admissibilidade anterior e *conhecido* no juízo de admissibilidade *ad quem* tanto pode ser provido, no todo ou em parte, como desprovido".(364)

Como regra geral, os recursos têm seus pressupostos de admissibilidade examinados em pelo menos duas oportunidades sucessivas e em diferentes graus de jurisdição.(365) Inicialmente e em caráter provisório, já que pode vir a ser posteriormente modificado pelo órgão *ad quem*, o primeiro juízo de admissibilidade dá-se no âmbito do órgão *a quo*, perante o qual o recurso é apresentado. Ao tribunal destinatário cabe o exame final e definitivo acerca da admissibilidade do recurso.(366)

Em um apressado exame, a existência de dois juízos de admissibilidade pode transparecer um desperdício de tempo e esforço, de sorte a comprometer a própria

(361) NERY JUNIOR, Nelson. *Princípios fundamentais:* teoria geral dos recursos. 5. ed. São Paulo: Revista dos Tribunais, 2000. p. 222.

(362) JORGE, Flávio Cheim. *Teoria geral dos recursos cíveis*. 3. ed. São Paulo: Revista dos Tribunais, 2007. p. 55.

(363) WAMBIER, Teresa Arruda Alvim. *Os agravos no CPC brasileiro*. 3. ed. São Paulo: Revista dos Tribunais, 2000. p. 205-206.

(364) COSTA, Coqueijo. *Direito processual do trabalho*. 4. ed. Rio de Janeiro: Forense, 1995. p. 561.

(365) PINTO, José Augusto Rodrigues. *Manual dos recursos nos dissídios do trabalho*. São Paulo: LTr, 2006. p. 131.

(366) NERY JUNIOR, Nelson. *Princípios fundamentais:* teoria geral dos recursos. 5. ed. São Paulo: Revista dos Tribunais, 2000. p. 225.

celeridade processual.[367] Trata-se, entretanto, de mecanismo necessário, porquanto voltado à preservação da própria eficácia do processo, na medida em que obsta a remessa automática de uma avalanche de recursos às instâncias extraordinárias, o que as inviabilizaria caso inexistisse um juízo prévio de triagem.[368]

Sucede que, sendo provisório, o pronunciamento levado a efeito no primeiro juízo de admissibilidade, em caso de admissão do recurso, não gera nenhuma preclusão para o Tribunal *ad quem*, que deverá reexaminar livremente os pressupostos do recurso por ocasião de seu julgamento,[369] atuando, inclusive, *ex officio*, independentemente de qualquer alegação da parte contrária, haja vista o caráter de ordem pública de que se reveste a matéria.[370]

Isso é o que ocorre com o recurso de revista, cujo primeiro juízo de admissibilidade é exercido pelos Tribunais Regionais do Trabalho, por intermédio de seu presidente ou vice-presidente, a depender do que dispuser a esse respeito o respectivo regimento interno. Já o juízo definitivo de admissibilidade compete ao Tribunal Superior do Trabalho,[371] que, por sua vez, não sofre nenhuma vinculação em relação ao juízo exarado no âmbito do órgão *a quo*.[372][373]

Os embargos previstos no art. 894, inciso II, da CLT, entretanto, constituem exceção à regra, já que não se sujeitam ao juízo prévio de admissibilidade exercido pelo órgão *a quo*.[374] Realmente, interposto o recurso, segue-se a intimação da parte contrária com vistas ao oferecimento de impugnação, com a subsequente e imediata distribuição ao relator[375], na forma dos arts. 102 e 239 do Regimento Interno do TST.[376][377][378]

---

(367) PINTO, José Augusto Rodrigues. *Manual dos recursos nos dissídios do trabalho*. São Paulo: LTr, 2006. p. 132.

(368) MANCUSO, Rodolfo de Camargo. *Recurso extraordinário e recurso especial*. 8. ed. São Paulo: Revista dos Tribunais, 2003. p. 141-142.

(369) MOREIRA, José Carlos Barbosa. *Comentários ao Código de Processo Civil*. 11. ed. Rio de Janeiro: Forense, 2004. v. 5, p. 264.

(370) NERY JUNIOR, Nelson. *Princípios fundamentais:* teoria geral dos recursos. 5. ed. São Paulo: Revista dos Tribunais, 2000. p. 231.

(371) SANTOS, Aloysio. *Recurso de revista:* o recurso extraordinário trabalhista. Rio de Janeiro: Forense, 2006. p. 160-161.

(372) RUIZ, Lenira Ferreira. *Do recurso de revista*. 2. ed. São Paulo: LTr, 2004. p. 23.

(373) Nesse particular, anote-se a orientação inscrita na Súmula n. 285 do TST, *in verbis*: "O fato de o juízo primeiro de admissibilidade do recurso de revista entendê-lo cabível apenas quanto à parte das matérias veiculadas não impede a apreciação integral pela turma do Tribunal Superior do Trabalho, sendo imprópria a interposição de agravo de instrumento".

(374) Também constituem exceção os embargos de declaração (CLT, art. 897-A), cujos requisitos de admissibilidade são apreciados apenas pelo órgão julgador (Cf. SOUZA, Bernardo Pimentel. *Introdução aos recursos cíveis e à ação rescisória*. 4. ed. São Paulo: Saraiva, 2007. p. 28), e o agravo de instrumento (CLT, art. 897, *b*), cujo seguimento não poderá ser obstado pelo juízo ou tribunal *a quo* (Cf. TEIXEIRA FILHO, Manoel Antonio. *Sistema dos recursos trabalhistas*. 10. ed. São Paulo: LTr, 2003. p. 359).

(375) PEREIRA, João Batista Brito. Os embargos no Tribunal Superior do Trabalho. In: FÉRES, Marcelo Andrade; CARVALHO, Paulo Gustavo M. (Coords.). *Processo nos tribunais superiores*. São Paulo: Saraiva, 2006. p. 898.

(376) Art. 102. Os embargos interpostos à decisão de Turma serão distribuídos entre os Ministros não integrantes do Colegiado prolator da decisão embargada.

(377) Art. 239. Cabem embargos das decisões das Turmas do Tribunal, no prazo de 8 (oito) dias contados de sua publicação, na forma da lei.

Além de desdobrado em fases perante os órgãos *a quo* e *ad quem*, o juízo de admissibilidade dos recursos excepcionais mostra-se mais complexo que aquele a que se sujeitam os recursos ordinários. E isso porque, além dos pressupostos genéricos comuns a todos os recursos (tempestividade, adequação, preparo, legitimidade, interesse, regularidade formal e inexistência de fato impeditivo ou extintivo do direito de recorrer), tanto o recurso de revista quanto os embargos sujeitam-se a pressupostos próprios, expressamente tipificados na legislação.

É o caso da demonstração de divergência jurisprudencial (CLT, arts. 896, *a* e *b*, e 894, II), da existência de violação literal de disposição de lei federal ou afronta direta e literal à Constituição (CLT, art. 896, *c*) e da transcendência da causa, que será previamente examinada no recurso de revista (CLT, art. 896-A).

Conforme estejam ou não presentes os pressupostos previstos em lei como necessários à interposição do recurso, o juízo de admissibilidade poderá ser *positivo* ou *negativo*.

No âmbito do órgão *a quo*, o juízo negativo de admissibilidade obsta o recebimento do recurso que, por essa razão, não será encaminhado ao tribunal *ad quem*.(379) Referida decisão, porém, em face de sua natureza provisória, poderá ser revisada pela Corte destinatária do recurso obstado, mediante a interposição de recurso pela parte prejudicada.

Realmente, conforme observa *Barbosa Moreira*, "seja qual for o recurso, pelo menos a questão da admissibilidade não deve jamais ser subtraída à apreciação do órgão *ad quem*. Por conseguinte, salvo expressa exceção legal, nenhum recurso pode ser rejeitado como inadmissível pelo órgão perante o qual se interpõe, se dessa decisão a lei não faculta ao recorrente outro recurso, ou remédio análogo, para o juízo a que tocaria julgar o primeiro".(380)

No caso do recurso de revista, uma vez obstaculizado o acesso ao TST, contra a decisão denegatória caberá agravo de instrumento, conforme expressamente dispõe o art. 897, alínea *b*, da CLT. Do julgamento do agravo pelo órgão *ad quem*, contudo,

---

§ 1º A comprovação da divergência de julgados será feita na forma dos §§ 1º e 2º do art. 232 deste Regimento.

§ 2º Registrado na petição o protocolo e encaminhada à Secretaria da Turma prolatora da decisão embargada, será aberta vista dos autos à parte contrária, para impugnação, no prazo legal. Transcorrido o prazo, o processo será remetido à Secretaria de Distribuição para ser imediatamente distribuído.

(378) No que tange ao recurso de embargos, até o advento do Ato Regimental n. 5, de 13 de dezembro de 1999, o Regimento Interno do Tribunal Superior do Trabalho inseria o primeiro juízo de admissibilidade no âmbito da competência dos Presidentes de Turmas daquela Corte. Assim, interposto o recurso, cabia ao Presidente da Turma prolatora da decisão recorrida apreciar-lhe a admissibilidade. Na hipótese de juízo positivo, deferia-se o contraditório à parte contrária com a subsequente distribuição ao relator perante a Seção de Dissídios Individuais. Caso o juízo de admissibilidade fosse negativo, a decisão proferida era impugnável por meio de agravo regimental, relatado pelo prolator da decisão denegatória. Após a alteração regimental mencionada, o primeiro juízo de admissibilidade foi suprimido.

(379) SOUZA, Bernardo Pimentel. *Introdução aos recursos cíveis e à ação rescisória*. 4. ed. São Paulo: Saraiva, 2007. p. 29.

(380) MOREIRA, José Carlos Barbosa. *Comentários ao Código de Processo Civil*. 11. ed. Rio de Janeiro: Forense, 2004. v. 5, p. 263-264.

caso seja determinado o processamento do recurso inicialmente denegado, decorrerá um juízo de admissibilidade positivo, mas também de caráter provisório, que poderá, por isso mesmo, ser reexaminado, no todo ou em parte, por ocasião do julgamento definitivo da revista.

É importante destacar que, ao exercitar o primeiro juízo de admissibilidade dos recursos de natureza extraordinária, o órgão *a quo* não poderá, em nenhuma hipótese, adentrar o exame do mérito da postulação.[381] Na prática, entretanto, é frequente a prolação de decisões pelos Tribunais Regionais do Trabalho, indeferindo o processamento de recursos de revista, mediante exame do mérito. É o que ocorre, por exemplo, quando se afirma que o acórdão impugnado não violou disposição de lei ou da Constituição.

Relevante frisar, outrossim, que a decisão do órgão *a quo* sobre a admissibilidade do recurso possui natureza interlocutória e, em consonância com o disposto no art. 93, IX, da Constituição, deverá sempre estar fundamentada. Nesse sentido, por sinal, categórico é o comando inserto no art. 896, § 1º, da CLT, ao preceituar que o recurso de revista "será apresentado ao Presidente do Tribunal recorrido, que poderá recebê-lo ou denegá-lo, *fundamentando, em qualquer caso, a decisão*".

Quanto ao juízo positivo de admissibilidade, sua ocorrência perante o Tribunal *a quo* enseja a admissão do recurso, com a subsequente remessa dos autos ao órgão julgador *ad quem*. A decisão proferida nessa hipótese é irrecorrível, cabendo à parte contrária manifestar sua insurgência apenas por meio das contrarrazões.[382]

No âmbito do órgão *ad quem*, a prolação de juízo negativo de admissibilidade impede o conhecimento do recurso, promovendo o encerramento do procedimento recursal sem que o mérito da irresignação seja examinado. Esse efeito, contudo, poderá ser obstado pela interposição de outro recurso, a depender da natureza do julgado atacado.[383]

Assim, atendo-se aos limites deste livro, cabe consignar que, seja proferida em recurso de revista ou de embargos, contra a decisão monocrática do relator, lastreada nos arts. 557 do CPC e 896, § 5º, da CLT, sempre caberá agravo interno. Contra os acórdãos, além dos embargos de declaração (CLT, art. 897-A), a parte poderá, em tese, interpor recurso de embargos (CLT, art. 894, II) ou recurso extraordinário (CF, art. 102, III).

---

(381) NERY JUNIOR, Nelson. *Princípios fundamentais:* teoria geral dos recursos. 5. ed. São Paulo: Revista dos Tribunais, 2000. p. 226. No mesmo sentido: DIDIER JR., Fredie; CUNHA, Leonardo José Carneiro da. *Curso de direito processual civil:* meios de impugnação às decisões judiciais e processo nos Tribunais. Salvador: JusPodivm, 2006. p. 23 e COSTA, Coqueijo. *Direito processual do trabalho*. 4. ed. Rio de Janeiro: Forense, 1995. p. 560.

(382) NERY JUNIOR, Nelson. *Princípios fundamentais:* teoria geral dos recursos. 5. ed. São Paulo: Revista dos Tribunais, 2000. p. 230. No mesmo sentido: JORGE, Flávio Cheim. *Teoria geral dos recursos cíveis*. 3. ed. São Paulo: Revista dos Tribunais, 2007. p. 59.

(383) DINAMARCO, Cândido Rangel. *Nova era do processo civil*. 2. ed. São Paulo: Malheiros, 2007. p. 154. No mesmo sentido: SOUZA, Bernardo Pimentel. *Introdução aos recursos cíveis e à ação rescisória*. 4. ed. São Paulo: Saraiva, 2007. p. 29.

Quanto ao juízo positivo de admissibilidade, seu pronunciamento pelo órgão *ad quem* implica, consoante o magistério de *Cândido Rangel Dinamarco*, o reconhecimento do "poder-dever de decidir o recurso pelo mérito, ou seja, de pronunciar-se pela existência ou inexistência do defeito que o recorrente aponta no ato judicial recorrido".(384) Em outras palavras, verificado pelo órgão *ad quem* que o recurso atende a todos os pressupostos legalmente exigidos para sua interposição, tornam-se insubsistentes os obstáculos até então existentes entre o julgador e o mérito da irresignação, que deverá, assim, por este ser examinado.

No que toca a esse particular, porém, *Barbosa Moreira*, em lição aparentemente óbvia, adverte que: "só se passa ao juízo de mérito se o de admissibilidade resultou positivo; de uma postulação inadmissível não há como nem porque investigar o fundamento. Reciprocamente, é absurdo declarar inadmissível a postulação por falta de fundamento; se se chegou a verificar essa falta, é porque já se transpôs o juízo de admissibilidade e já se ingressou no mérito: a postulação *já foi admitida*, embora, com má técnica, se esteja dizendo o contrário".(385)

Embora, consoante frisado, a observação acima aparentemente pareça óbvia, é absolutamente comum no âmbito dos recursos de natureza extraordinária a prolação de decisões que baralham os limites que separam o juízo de admissibilidade do juízo de mérito, de sorte a proclamar o não conhecimento de recursos com base em fundamentos que ensejam, em realidade, o desprovimento. É o que ocorre, por exemplo, quando se deixa de conhecer do recurso de revista com base na inexistência de efetiva violação legal ou constitucional, não obstante a matéria detenha inegável natureza de mérito.(386)

A identificação precisa dos limites relativos ao juízo de admissibilidade, porém, reveste-se de grande importância, já que dela decorrem inegáveis consequências práticas. É o que sucede, por exemplo, com o recurso adesivo, que não é conhecido ante a inadmissibilidade do recurso principal.(387) Também não incide o efeito substitutivo de que trata o art. 512 do CPC, quando se profere juízo de admissibilidade negativo, de sorte que a decisão recorrida prevalece integralmente, em todos os seus pontos.(388)

O problema assume contornos ainda mais dramáticos em relação à ação rescisória. É que, em casos de coincidência entre o mérito recursal e o mérito da lide, o equívoco na incidência do juízo negativo de admissibilidade tem provocado erros na identificação da decisão rescindenda pelas partes, acarretando a extinção de inúmeros processos,

---

(384) DINAMARCO, Cândido Rangel. *Nova era do processo civil*. 2. ed. São Paulo: Malheiros, 2007. p. 153.

(385) MOREIRA, José Carlos Barbosa. *Comentários ao Código de Processo Civil*. v. 5, 11. ed. Rio de Janeiro: Forense, 2004. p. 261.

(386) NERY JUNIOR, Nelson. *Princípios fundamentais:* teoria geral dos recursos. 5. ed. São Paulo: Revista dos Tribunais, 2000. p. 237.

(387) MOREIRA, José Carlos Barbosa. *Comentários ao Código de Processo Civil*. v. 5, 11. ed. Rio de Janeiro: Forense, 2004. p. 261.

(388) NERY JUNIOR, Nelson. *Princípios fundamentais:* teoria geral dos recursos. 5. ed. São Paulo: Revista dos Tribunais, 2000. p. 237.

sem resolução do mérito, mediante aplicação da orientação estratificada na Súmula n. 192 do Tribunal Superior do Trabalho, *in verbis*:

> "AÇÃO RESCISÓRIA. COMPETÊNCIA E POSSIBILIDADE JURÍDICA DO PEDIDO.
>
> I – Se não houver o conhecimento de recurso de revista ou de embargos, a competência para julgar ação que vise a rescindir a decisão de mérito é do Tribunal Regional do Trabalho, ressalvado o disposto no item II.
>
> II – Acórdão rescindendo do Tribunal Superior do Trabalho que não conhece de recurso de embargos ou de revista, analisando arguição de violação de dispositivo de lei material ou decidindo em consonância com súmula de direito material ou com iterativa, notória e atual jurisprudência de direito material da Seção de Dissídios Individuais (Súmula n. 333), examina o mérito da causa, cabendo ação rescisória da competência do Tribunal Superior do Trabalho.
>
> III – Em face do disposto no art. 512 do CPC, é juridicamente impossível o pedido explícito de desconstituição de sentença quando substituída por acórdão Regional.
>
> IV – É manifesta a impossibilidade jurídica do pedido de rescisão de julgado proferido em agravo de instrumento que, limitando-se a aferir o eventual desacerto do juízo negativo de admissibilidade do recurso de revista, não substitui o acórdão regional, na forma do art. 512 do CPC.
>
> V – A decisão proferida pela SDI, em sede de agravo regimental, calcada na Súmula n. 333, substitui acórdão de Turma do TST, porque emite juízo de mérito, comportando, em tese, o corte rescisório."

Por essa razão, melhor seria, nas hipóteses contempladas no item II do verbete sumular, que ao recurso fosse negado provimento, em vez de, equivocadamente, enunciar um inocorrente juízo negativo de admissibilidade, totalmente incompatível com o efetivo exame do mérito recursal.

Quanto à sua natureza, o juízo de admissibilidade possui caráter declaratório. Ao proclamar a admissibilidade ou inadmissibilidade do recurso, o juiz limita-se a reconhecer uma situação preexistente.(389) Esta, por sinal, é a posição dominante na doutrina.(390) Instaura-se a divergência, entretanto, em relação aos respectivos efeitos; operam-se *ex tunc* ou *ex nunc*.

A primeira corrente sustenta que, por ser declaratório, e, por isso, evidenciador de uma situação já preexistente, o juízo de admissibilidade produz efeitos *ex tunc*. Disso decorre que, quando negativo o juízo, o recurso não terá, *ab initio*, o condão de

---

(389) NERY JUNIOR, Nelson. *Princípios fundamentais:* teoria geral dos recursos. 5. ed. São Paulo: Revista dos Tribunais, 2000. p. 234-235.

(390) ORIONE NETO, Luiz. *Recursos cíveis*. 2. ed. São Paulo: Saraiva, 2006. p. 51; COSTA, Coqueijo. *Direito processual do trabalho*. 4. ed. Rio de Janeiro: Forense, 1995. p. 561; NERY JUNIOR, Nelson. *Princípios fundamentais:* teoria geral dos recursos. 5. ed. São Paulo: Revista dos Tribunais, 2000. p. 234; ASSIS, Araken de. *Manual dos recursos*. São Paulo: Revista dos Tribunais, 2007. p. 116; MOREIRA, José Carlos Barbosa. *Comentários ao Código de Processo Civil.* v. 5, 11. ed. Rio de Janeiro: Forense, 2004. p. 264; JORGE, Flávio Cheim. *Teoria geral dos recursos cíveis*. 3. ed. São Paulo: Revista dos Tribunais, 2007. p. 60, entre outros.

obstar o trânsito em julgado da decisão recorrida. Maior expoente desse posicionamento é o jurista *Barbosa Moreira*, conforme se depreende de seu magistério(391)(392):

> "Quando se diz que faz coisa julgada a decisão '*não mais sujeita* a recurso' (art. 467), o que se diz, com outras palavras — e ressalvadas as hipóteses em que a própria lei exclui o trânsito em julgado, independentemente de recurso (art, 475, ou disposição análoga de lei extravagante) — é que a *res iudicata* se produz desde que não haja, contra a decisão, *recurso admissível*, ou aquele que acaso o fora tenha deixado de o ser. *Recurso inadmissível*, ou tornado tal, não tem a virtude de empecer ao trânsito em julgado: nunca a teve, ali, ou cessou de tê-la, aqui. Destarte, se inexiste *outro* óbice (isto é, outro recurso *ainda admissível*, ou sujeição da matéria, *ex vi legis*, ao duplo grau de jurisdição), a coisa julgada exsurge a partir da configuração da inadmissibilidade. Note-se bem: *não a partir da decisão que a pronuncia*, pois esta, como já se assinalou, é declaratória; limita-se a proclamar, a manifestar, a certificar algo que lhe preexiste."

A principal consequência gerada pela admissão de efeitos *ex tunc* reside na circunstância de que o juízo definitivo sobre a admissibilidade do recurso pode levar anos. Nessa hipótese, decretada a inadmissibilidade, o prazo decadencial de dois anos para a propositura de ação rescisória já poderá ter se escoado (CPC, art. 495), trazendo graves prejuízos ao direito da parte.(393)

No extremo oposto, figuram aqueles partidários dos efeitos *ex nunc*. Os fundamentos dessa segunda corrente podem ser sintetizados no preciso magistério de *Araken de Assis*(394)(395), *in verbis*:

> "A decisão acerca do juízo de admissibilidade tem natureza declaratória. Entretanto, no direito brasileiro os respectivos efeitos operam *ex nunc*. E isso para não comprometer a nitidez e precisão do termo inicial do prazo da rescisória e, assim, evitar seu

(391) MOREIRA, José Carlos Barbosa. *Comentários ao Código de Processo Civil*. v. 5, 11. ed. Rio de Janeiro: Forense, 2004. p. 265.

(392) Nesse mesmo sentido: KOZIKOSKI, Sandro Marcelo. *Manual dos recursos cíveis:* teoria geral e recursos em espécie. 3. ed. Curitiba: Juruá, 2007. p. 57-58.

(393) JORGE, Flávio Cheim. *Teoria geral dos recursos cíveis*. 3. ed. São Paulo: Revista dos Tribunais, 2007. p. 60-61.

(394) ASSIS, Araken de. *Manual dos recursos*. São Paulo: Revista dos Tribunais, 2007. p. 116.

(395) Nelson Nery Junior era, inicialmente, partidário da primeira corrente (Cf. NERY JUNIOR, Nelson. *Princípios fundamentais:* teoria geral dos recursos. 2. ed. São Paulo: Revista dos Tribunais, 1993. p. 86). Segundo seu magistério, "a decisão sobre a admissibilidade, seja positiva ou negativa, tem eficácia *ex tunc*. Na hipótese de o juízo de admissibilidade ser negativo, esta decisão retroage à data do fato que ocasionou o não conhecimento". De edição mais recente de sua obra, colhe-se a seguinte passagem que registra a alteração em seu posicionamento: "No direito civil as pretensões declaratórias têm eficácia *ex tunc*. Na hipótese sob análise, entretanto, o efeito *ex nunc* do juízo de admissibilidade dos recursos se explica pelo instituto da litispendência, peculiar ao processo civil. Enquanto estiver pendente a lide, não podem decorrer efeitos danosos ao recorrente que ainda não tem, por exemplo, oportunidade de ajuizar ação rescisória. [...]

O recurso não conhecido, por faltar-lhe alguma das condições de admissibilidade, faz com que se tenha a decisão impugnada como transitada em julgado no momento em que for decretado o não conhecimento do recurso, o que ocorre com o julgamento no tribunal *ad quem*." (NERY JUNIOR, Nelson. *Princípios fundamentais:* teoria geral dos recursos. 5. ed. São Paulo: Revista dos Tribunais, 2000. p. 236).

ajuizamento de modo antecipado. A eficácia *ex nunc* livra o recorrente da retroação de um eventual juízo negativo quanto ao recurso pendente, e nesta contingência, impede a perda do prazo hábil para rescindir o julgado."

Fugindo ao antagonismo das correntes acima expostas, a jurisprudência tem adotado uma posição intermediária, adotando, como regra geral, a produção de efeitos *ex nunc*, sem, contudo, deixar de reconhecer algumas situações em que o juízo de admissibilidade produz efeitos *ex tunc*. É o que evidenciam os itens I e III da Súmula n. 100 do TST, *in verbis*:

> "**AÇÃO RESCISÓRIA. DECADÊNCIA.**
>
> I – O prazo de decadência, na ação rescisória, conta-se do dia imediatamente subsequente ao trânsito em julgado da última decisão proferida na causa, seja de mérito ou não.
>
> [...]
>
> III – Salvo se houver dúvida razoável, a interposição de recurso intempestivo ou a interposição de recurso incabível não protrai o termo inicial do prazo decadencial."

Do texto do verbete sumular emerge, pelo item I, a adoção do efeito *ex nunc*, como regra geral. Caso, porém, o juízo negativo de admissibilidade ocorra em razão de flagrante intempestividade ou inadequação recursal (recurso incabível), terá incidência o efeito retroativo (*ex tunc*).

5. Impossibilidade de revolvimento de matéria fática e probatória

Conforme frisado no início do presente capítulo, os recursos extraordinários trabalhistas (revista e embargos) destinam-se, de maneira precípua, à defesa da unidade e autoridade do direito. Por essa razão, a sua interposição não abre ensejo a novo exame da causa, na forma propiciada pelos recursos ordinários, cuja devolutividade é ampla. Nos recursos excepcionais, ao contrário, o efeito devolutivo é limitado. Por seu intermédio, discutem-se apenas questões de direito (*quaestiones juris*), sendo vedado o reexame das provas ou, ainda, a produção de outras, com vistas a verificar o acerto do que restou consignado pela decisão recorrida.(396)

Nesse sentido, é tranquila a jurisprudência do Tribunal Superior do Trabalho, conforme orientação estratificada no Verbete n. 126 da Súmula daquela Corte, *in verbis*: "Incabível o recurso de revista ou de embargos para reexame de fatos e provas".

Fosse permitida a incursão na matéria fática, os recursos de revista e de embargos transformariam o Tribunal Superior do Trabalho em uma nova instância ordinária, além do que ficariam desprovidos da nota de excepcionalidade que os caracteriza.(397)

---

(396) MOREIRA, José Carlos Barbosa. *Comentários ao Código de Processo Civil*. v. 5, 11. ed. Rio de Janeiro: Forense, 2004. p. 592.

(397) MANCUSO, Rodolfo de Camargo. *Recurso extraordinário e recurso especial*. 8. ed. São Paulo: Revista dos Tribunais, 2003. p. 130-131.

Afirmar-se, contudo, que nos recursos de revista e de embargos somente se discutem questões de direito, é simplificar um problema cuja complexidade é bem maior do que à primeira vista pode parecer. E isso porque nem sempre é nítida a distinção entre questões de fato e questões de direito. Não há na legislação nenhuma fórmula abstrata a esse respeito, que permita identificar com a desejada nitidez tais modalidades de questões em um caso concreto.[(398)] Realmente, conforme pontua *Danilo Knijnik*, "a dupla questão de fato-questão de direito apresenta-se com uma simplicidade apenas aparente, que, investigada, desilude".[(399)(400)]

E isso ocorre porque o fenômeno jurídico origina-se justamente da intersecção entre o universo normativo e o empírico, extraído da vida real. Assim, o juiz não poderá conferir uma solução jurídica à pretensão deduzida pelo autor, se não formular um juízo histórico acerca dos fatos submetidos à sua apreciação.[(401)]

De modo geral, considera-se como sendo de direito, a questão atinente à qualificação jurídica dos fatos. Assim, conquanto a Corte Superior não possa repelir o cenário fático fixado pelo juízo inferior, poderá livremente qualificá-lo sob o ponto de vista jurídico, inclusive de maneira diversa daquela levada a efeito pelo órgão *a quo*.[(402)] Conforme bem observa *Lenira Ferreira Ruiz*, "não se deve confundir a reavaliação de fatos e provas com o reexame do enquadramento jurídico dado a eles no acórdão recorrido".[(403)] A questão de direito, portanto, tem como característica fundamental a circunstância de envolver um questionamento jurídico específico, uma definição que será preponderantemente normativa.[(404)]

Será igualmente de direito a questão suscitada quanto à observância das regras de direito probatório.[(405)] Assim, são jurídicas as questões relacionadas com a correta distribuição do ônus da prova ou com a própria idoneidade do meio probatório utilizado[(406)], cujo reexame poderá ser validamente provocado por meio da interposição de recurso de revista ou de embargos.

---

(398) ASSIS, Araken de. *Manual dos recursos*. São Paulo: Revista dos Tribunais, 2007. p. 701.

(399) KNIJNIK, Danilo. *O recurso especial e a revisão da questão de fato pelo Superior Tribunal de Justiça*. Rio de Janeiro: Forense, 2005. p. 153.

(400) Cf. Karl Larenz: "Só à primeira vista parece a distinção não ser problemática. De facto é em grande medida discutível se e de que modo ela pode ser feita." (LARENZ, Karl. *Metodologia da ciência do direito*. 3. ed. Lisboa: Fundação Calouste Gulbenkian, 1997. p. 434).

(401) WAMBIER, Teresa Arruda Alvim. *Omissão judicial e embargos de declaração*. São Paulo: Revista dos Tribunais, 2005. p. 166.

(402) MOREIRA, José Carlos Barbosa. *Comentários ao Código de Processo Civil*. v. 5, 11. ed. Rio de Janeiro: Forense, 2004. p. 593.

(403) RUIZ, Lenira Ferreira. *Do recurso de revista*. 2. ed. São Paulo: LTr, 2004. p. 31.

(404) KNIJNIK, Danilo. *O recurso especial e a revisão da questão de fato pelo Superior Tribunal de Justiça*. Rio de Janeiro: Forense, 2005. p. 191-192.

(405) MOREIRA, José Carlos Barbosa. *Comentários ao Código de Processo Civil*. v. 5, 11. ed. Rio de Janeiro: Forense, 2004. p. 595.

(406) SANTOS, Aloysio. *Recurso de revista:* o recurso extraordinário trabalhista. Rio de Janeiro: Forense, 2006. p. 190.

A matéria fática, por sua vez, corresponde àquela cujo conhecimento pela Corte Superior apenas levaria a um reexame de prova.[(407)] Já o conceito de reexame de prova, esclarece *Marinoni*, "deve ser atrelado ao de convicção, pois o que não se deseja permitir, quando se fala em impossibilidade de reexame de prova, é a *formação de nova convicção sobre os fatos*". Em outras palavras, não se quer, por meio dos recursos de índole extraordinária, que o magistrado proceda a "um juízo que resulte da análise dos fatos a partir das provas".[(408)]

Danilo Knijnik[(409)] e *Araken de Assis*[(410)], compartilhando o mesmo pensamento, caracterizam como fáticas as questões voltadas a responder às seguintes indagações, quando relevantes para o desfecho da causa: quem, quando, o que e onde. Questões de fato, assim, decorrem de impressões hauridas pela percepção, pelos sentidos. Em outras palavras, juízos fáticos são sensoriais, ou seja, são aqueles percebidos pelos cinco sentidos.[(411)] As proposições de fato são, ainda, descritivas e usualmente reclamam por prova. São questões, cuja colheita pelo juiz se faz mediante atividade equiparada à do historiador. Por essa razão, adverte *Danilo Knijnik*, que "a chamada '*questão de fato*' deve ser reservada àquela área em que não existe qualquer dúvida de que se está 'fazendo história' a partir da imediação, do peso, medida e contagem de elementos probatórios".[(412)]

A valoração da prova, em nosso sentir, também situa o debate no campo fático-probatório, sendo vedada a sua incursão na via estreita dos recursos excepcionais.[(413)] Não pode o tribunal, assim, reapreciar a prova, no que concerne ao seu valor (poder de convicção), com vistas a ter por provado o que a instância ordinária afirmou não estar.[(414)]

Há questões, porém, cujo enquadramento, quer como de fato quer como de direito, impõe ao intérprete um caminhar por terreno movediço. Realmente, conforme bem observa *Danilo Knijnik*, há questões que, com razoável grau de certeza, situam-se no terreno fático. Outras há, por sua vez, que, também com certa segurança, podem ser enquadradas como questões de direito. Há questões, porém, cujo enquadramento

(407) MANCUSO, Rodolfo de Camargo. *Recurso extraordinário e recurso especial*. 8. ed. São Paulo: Revista dos Tribunais, 2003. p. 132.

(408) MARINONI, Luiz Guilherme. *Reexame da prova diante dos recursos especial e extraordinário*. Disponível em: <http://www.professormarinoni.com.br/principal/pub/anexos/2008081011393727.pdf> Acesso em: 3 jan. 2008, 19h.

(409) KNIJNIK, Danilo. *O recurso especial e a revisão da questão de fato pelo Superior Tribunal de Justiça*. Rio de Janeiro: Forense, 2005. p. 162.

(410) ASSIS, Araken de. *Manual dos recursos*. São Paulo: Revista dos Tribunais, 2007. p. 703.

(411) KNIJNIK, Danilo. *O recurso especial e a revisão da questão de fato pelo Superior Tribunal de Justiça*. Rio de Janeiro: Forense, 2005. p. 164-165.

(412) *Ibidem*, p. 167-169.

(413) Cf. MANCUSO, Rodolfo de Camargo. *Recurso extraordinário e recurso especial*. 8. ed. São Paulo: Revista dos Tribunais, 2003. p. 131.

(414) CARNEIRO, Athos Gusmão. *Recurso especial, agravos e agravo interno*. 5. ed. Rio de Janeiro: Forense, 2008. p. 34.

em uma dessas duas categorias abre margem a dúvidas. A elas o autor atribui a denominação de *questões mistas.*(415)

Essa terceira categoria, ainda segundo o magistério de *Knijnik*, tem seu campo de incidência radicado nos conceitos jurídicos indeterminados, nas cláusulas gerais e nos conceitos elásticos de uma forma ampla. Trata-se de questões cujo enquadramento como "de fato" ou "de direito" revela-se duvidoso, porquanto a ligação entre fato e direito, por ser tão intensa, torna inviável qualquer tentativa de separação.(416) E, partindo dessas premissas, conclui:

> "Nesse sentido, a característica fundamental da questão mista é a de não se fazer possível, nela, a distinção entre o fato e o direito, de modo que não se deve intentá-la. Consequentemente, tudo o que se poderá dizer a respeito de uma questão mista é que, por seu grau de indeterminação, ela poderá ou não ser objeto de uma revisão *in jure* e, não, que deve ser qualificada como questão de fato ou questão de direito."(417)

Na mesma linha, conduz-se o magistério de *Araken de Assis*, ao repudiar a visão dicotômica questão de fato/questão de direito, fundando-se na existência de um grupo intermediário de questões, às quais também denomina de "mistas". Igualmente relaciona-as com as regras abertas, elásticas e pluralistas, que, por não permitirem a nítida separação entre fato e direito, evidenciam a necessidade de se adotar uma classificação tricotômica, fundada na divisão entre questões de fato, de direito e mistas.(418)

Constituem questões mistas, aquelas relacionadas, por exemplo, com os conceitos de intervenção na organização sindical (CF, art. 8º, I), de caráter protelatório (CPC, art. 538), de litigante de má-fé (CPC, art. 17), entre outros. Ao deparar com elas, a Corte Superior deverá delimitar quais fatos entende como configurador de intervenção na organização sindical, quais fatos caracterizam o litigante de má-fé ou a interposição de embargos de declaração revestidos de caráter protelatório, de modo a coibir a existência de uma jurisprudência desordenada relativamente a essas matérias.(419) Assim, conforme bem observa *Danilo Knijnik*, ao enfrentar as questões mistas, a jurisprudência formará, progressivamente, um catálogo, tipificando casos que acabarão por definir as margens de decisão de que dispõe o juiz dos fatos na apreciação do direito, consolidando o processo de desenvolvimento e sedimentação jurisprudencial.(420)(421)

---

(415) KNIJNIK, Danilo. *O recurso especial e a revisão da questão de fato pelo Superior Tribunal de Justiça*. Rio de Janeiro: Forense, 2005. p. 160.

(416) *Ibidem*, p. 186-187.

(417) *Ibidem*, p. 187-188.

(418) ASSIS, Araken de. *Manual dos recursos*. São Paulo: Revista dos Tribunais, 2007. p. 702.

(419) *Ibidem*, p. 704.

(420) KNIJNIK, Danilo. *O recurso especial e a revisão da questão de fato pelo Superior Tribunal de Justiça*. Rio de Janeiro: Forense, 2005. p. 269.

(421) Ressalta, ainda, Karl Larenz, outros casos em que a questão de fato e a questão de direito estão tão próximas entre si, que não é possível, na prática, levar a cabo sua separação. Refere-se o jurista alemão às situações de fato que não podem ser descritas de outro modo, senão mediante a utilização de termos que

O que é importante observar a título de regra geral, em se tratando dos recursos excepcionais trabalhistas — revista e embargos —, é que eventual ilegalidade ou inconstitucionalidade porventura existente na decisão impugnada somente poderá ser corrigida se confrontados os fatos tais como descritos nesta mesma decisão.(422) Por essa razão, observa *Teresa Arruda Alvim Wambier*, a decisão recorrida deve, necessariamente, "conter a *descrição dos fatos*, de molde a ensejar que o processo subsuntivo feito pelo juízo *a quo* possa ser avaliado e eventualmente refeito pelos tribunais superiores, a partir do material constante do próprio acórdão".(423)

Em caso de omissão quanto a elementos do cenário fático, ganha relevo o recurso de embargos de declaração, cuja oposição mostra-se legítima para provocar o órgão julgador *a quo* a lançar na decisão a ser submetida ao crivo do Tribunal Superior do Trabalho todo o debate travado pelas partes ao longo do processo.(424) Subsistindo a omissão, mesmo após a utilização da via declaratória, deverá a parte, ao interpor o recurso, arguir a nulidade do julgado recorrido, por negativa de prestação jurisdicional, fundada em violação do art. 832 da CLT.(425)

6. Prequestionamento

No tópico anterior, consoante ficou demonstrado, os Tribunais Superiores, por meio dos recursos de natureza extraordinária, somente examinam questões de direito. Em outras palavras, as decisões por eles impugnadas somente sujeitam-se à revisão *in jure*. Sucede que, para que tal modalidade de questão seja objeto de exame pela Corte *ad quem*, ela deverá estar devidamente prequestionada, caso contrário o recurso excepcional

---

já contêm em si uma valoração jurídica (LARENZ, Karl. *Metodologia da ciência do direito*. 3. ed. Lisboa: Fundação Calouste Gulbenkian, 1997. p. 435). Em linha similar discorre Fernando Amâncio Ferreira, ao afirmar existir uma zona cinzenta entre as duas matérias, "quando se empregam termos que, para além de seu sentido jurídico, são usados em linguagem corrente com uma acepção perfeitamente assimilada pela generalidade das pessoas." (FERREIRA, Fernando Amâncio. *Manual dos recursos em processo civil*. 7. ed. Coimbra: Almedina, 2006. p. 260).

(422) WAMBIER, Teresa Arruda Alvim. *Controle das decisões judiciais por meio de recursos de estrito direito e de ação rescisória*. São Paulo: Revista dos Tribunais, 2001. p. 163.

(423) *Ibidem*, p. 213.

(424) *Ibidem*, p. 214.

(425) No âmbito do recurso de embargos, porém, a arguição de nulidade por negativa de prestação jurisdicional tornou-se dificílima, dada a dificuldade de submeter-se ao tribunal divergência jurisprudencial específica sobre a matéria. Nesse sentido: "RECURSO DE EMBARGOS. RECURSO DE REVISTA. ACÓRDÃO EMBARGADO PUBLICADO NA VIGÊNCIA DA LEI N. 11.496/2007. NULIDADE POR NEGATIVA DE PRESTAÇÃO JURISDICIONAL. INOCORRÊNCIA. A teor do art. 894, II, da CLT, com a redação que lhe foi conferida pela Lei n. 11.496/2007, em vigor desde 24.9.2007, o conhecimento do recurso de embargos no âmbito do Tribunal Superior do Trabalho depende da demonstração de divergência entre Turmas ou destas com decisões proferidas pela Seção de Dissídios Individuais do TST, condicionando-se, ainda, ao fato de não versar sobre matéria superada por súmula ou orientação jurisprudencial editada por esta Corte ou pelo Supremo Tribunal Federal. Nesse contexto, desserve ao fim de demonstração de dissenso aresto que não permite a aferição da necessária especificidade, porquanto o juízo ali contido acerca da existência ou não da mencionada nulidade prende-se à materialidade do caso concreto." (Processo n. TST-E-ED-RR-931/2002-011-02-00. SbDI-1. Relª Ministra Rosa Maria Weber Candiota da Rosa. DJ de 7.3.2008).

não terá cabimento, porquanto será inviável a configuração de seus pressupostos de admissibilidade.

Para que se possa aferir se determinada questão está ou não prequestionada, contudo, é absolutamente imperioso, antes de qualquer coisa, precisar-se o conceito de prequestionamento.

De acordo com *José Miguel Garcia Medina*, o conceito de prequestionamento é objeto de diversas concepções doutrinárias e jurisprudenciais, que podem ser agrupadas em três categorias distintas: "a) prequestionamento como manifestação expressa do Tribunal recorrido acerca de determinado tema; b) prequestionamento como debate anterior à decisão recorrida, acerca do tema, hipótese em que o mesmo é muitas vezes considerado como ônus atribuído à parte; c) a soma das duas tendências citadas, ou seja, prequestionamento como prévio debate acerca do tema de direito [...] seguido de manifestação expressa do Tribunal a respeito".(426)

Araken de Assis, ao debruçar-se sobre o problema, tem como válida a primeira concepção e identifica o prequestionamento com "o próprio conteúdo do pronunciamento judicial". Segundo seu posicionamento, "o prequestionamento não se subordina, absolutamente, à iniciativa das partes". E isso porque a decisão judicial poderá ou não se basear no que foi alegado pelos litigantes, haja vista a existência de questões passíveis de cognição *ex officio* pelo magistrado, conforme expressamente se extrai, por exemplo, do disposto no art. 267, § 3º, do CPC.(427)

E, de fato, a vinculação do prequestionamento estritamente à iniciativa dos litigantes não espelha a melhor solução, por se divorciar do sistema inerente ao recurso ordinário, cuja amplitude do efeito devolutivo, aliada à presença do efeito translativo, permitem que o magistrado, de ofício, proceda, por exemplo, à extinção do processo, sem resolução do mérito, por ilegitimidade ativa ou passiva *ad causam*, mesmo que a impugnação apresentada pela parte esteja adstrita apenas ao mérito da causa. Nessa hipótese, caso o pronunciamento judicial lavrado pelo Tribunal Regional atente diretamente contra dispositivos legais ou constitucionais, inegável será o cabimento do recurso de revista, não obstante a questão processual jamais tenha sido suscitada pela parte.(428)

Na mesma linha conduz-se o entendimento de *Fredie Didier Jr.* e *Leonardo José Carneiro da Cunha*, ao afirmarem que, para fins de prequestionamento, "o que importa é a efetiva manifestação judicial".(429)

---

(426) MEDINA, José Miguel Garcia. *O prequestionamento nos recursos extraordinário e especial:* e outras questões relativas a sua admissibilidade e ao seu cabimento. 3. ed. São Paulo: Revista dos Tribunais, 2002. p. 201-203.

(427) ASSIS, Araken de. *Manual dos recursos*. São Paulo: Revista dos Tribunais, 2007. p. 688-689.

(428) ASSIS, Araken de. *Manual dos recursos*. São Paulo: Revista dos Tribunais, 2007. p. 688. O exemplo elaborado pelo autor foi adaptado para a realidade do processo trabalhista.

(429) DIDIER JR., Fredie; CUNHA, Leonardo José Carneiro da. *Curso de direito processual civil:* meios de impugnação às decisões judiciais e processo nos tribunais. Salvador: JusPodivm, 2006. p. 186. Ainda no mesmo sentido: FERNANDES, Luís Eduardo Simardi. *Embargos de declaração:* efeitos infringentes, prequestionamento e outros aspectos polêmicos. São Paulo: Revista dos Tribunais, 2003. p. 194; MEDINA, José Miguel Garcia. *O prequestionamento nos recursos extraordinário e especial:* e outras questões relativas a sua admissibilidade e ao seu cabimento. 3. ed. São Paulo: Revista dos Tribunais, 2002. p. 209.

Compulsando-se a jurisprudência do Tribunal Superior do Trabalho, verifica-se que a orientação ali estratificada acertadamente alinha-se com o posicionamento doutrinário antes mencionado. É o que evidencia o item I do Verbete n. 297 da Súmula de Jurisprudência Uniforme daquela Corte, *in verbis*: "Diz-se prequestionada a matéria ou questão quando na decisão impugnada haja sido adotada, explicitamente, tese a respeito."

Conquanto a sua ausência inviabilize a admissibilidade do recurso, é importante observar que a exigência atinente ao prequestionamento não possui a natureza de pressuposto dos recursos de natureza extraordinária trabalhistas. Referidos recursos, em realidade, têm suas hipóteses de cabimento expressamente previstas em lei (CLT, arts. 896 e 894, II), dentre as quais não figura o prequestionamento. Conforme observa *Manoel Antônio Teixeira Filho*, "no Brasil, o requisito do prequestionamento não está previsto em lei", de sorte que sua exigência decorre de construção jurisprudencial.(430)

E, de fato, o prequestionamento constitui mera decorrência lógica dos pressupostos de admissibilidade inerentes aos recursos excepcionais. Sua justificação emerge da circunstância de os recursos de revista e de embargos classificarem-se como recursos de fundamentação vinculada, ou seja, recursos cujo cabimento depende de que a impugnação da decisão recorrida ocorra mediante a indicação de um erro considerado relevante pela legislação. Nas palavras de *Barbosa Moreira*, a tipicidade do erro a ser impugnado no recurso é pressuposto de seu cabimento e, por via de consequência, de sua admissibilidade.(431)

Assim, tomando-se como exemplo os pressupostos de cabimento inerentes especificamente ao recurso de revista — divergência jurisprudencial (CLT, art. 896, *a* e *b*) e violação legal ou constitucional (CLT, art. 896, *c*) — verifica-se que a irresignação somente será admissível, se vier fundada em pelo menos um dos pressupostos acima delineados.

Sucede, porém, que, para que se tenha por configurado o dissenso jurisprudencial ou a presença de violação legal ou constitucional, faz-se absolutamente indispensável que a matéria impugnada no recurso tenha sido objeto de expresso enfrentamento pela decisão recorrida. E isso porque, se o julgado impugnado não tiver adotado nenhuma interpretação sobre o dispositivo legal ou constitucional invocado no recurso, não haverá jamais como se concluir pela sua vulneração. Da mesma forma, a ausência de qualquer manifestação sobre a matéria impugnada, inviabilizará, por completo, a aferição de dissenso jurisprudencial a seu respeito, dada a inexistência de teses discrepantes aptas a serem cotejadas.(432)

---

(430) TEIXEIRA FILHO, Manoel Antonio. *Sistema dos recursos trabalhistas*. 10. ed. São Paulo: LTr, 2003. p. 358.

(431) MOREIRA, José Carlos Barbosa. *Comentários ao Código de Processo Civil*. v. 5, 11. ed. Rio de Janeiro: Forense, 2004. p. 253.

(432) Cf. Manoel Antonio Teixeira Filho: "A exigência desse prévio questionar, na esfera dos recursos de índole extraordinária se justifica, como se disse, em virtude da cognição restrita que caracteriza essa espécie de recurso. Assim, para que determinada matéria possa ser apreciada mediante recurso de revista, é necessário que ela tenha sido examinada pela decisão impugnada."(TEIXEIRA FILHO, Manoel Antonio. *Sistema dos recursos trabalhistas*. 10. ed. São Paulo: LTr, 2003. p. 358).

Nesse contexto, é absolutamente indispensável que o Tribunal *a quo* efetivamente decida a questão. A mera e virtual possibilidade de o órgão judiciário vir a pronunciar-se sobre o tema, sem que efetivamente o faça, não basta(433) e torna inviável o recurso. É que, nessa hipótese, não estará configurado o prequestionamento, cuja finalidade é propiciar, por meio do recurso excepcional, o resguardo da inteireza positiva do ordenamento jurídico, mediante a fiscalização da atividade jurisdicional entregue pelo Tribunal *a quo*, e não daquela que deveria ter sido entregue e não foi.(434)

Uma vez enfrentada a questão pelo Tribunal *a quo*, portanto, ter-se-á por implementado o prequestionamento. Na hipótese, porém, de a decisão haver silenciado sobre a questão previamente suscitada, deverá a parte buscar o saneamento da omissão pela via dos embargos de declaração.(435) Esta é a orientação prevista no item II da Súmula n. 297 do Tribunal Superior do Trabalho, expresso ao dispor que: "II – Incumbe à parte interessada, desde que a matéria haja sido invocada no recurso principal, opor embargos declaratórios objetivando o pronunciamento sobre o tema, sob pena de preclusão."

Embora o verbete sumular aluda apenas às matérias que hajam sido invocadas pela parte no recurso, por óbvio que os declaratórios também se revelam cabíveis com o fito de prequestionar matérias que, embora não tenham sido invocadas pela parte, possam ser objeto de exame *ex officio* pelo magistrado.(436) Perfilhando esse entendimento, *Luís Eduardo Simardi Fernandes* observa que, arguida a questão de ordem pública pela primeira vez em sede de embargos de declaração, o magistrado não só pode como deve se manifestar sobre a matéria.(437)

Ressalvada a hipótese acima, porém, a introdução de questão nova, nunca antes suscitada pelas partes, não será possível na via estreita dos embargos de declaração, mesmo sob a justificativa de prequestionamento. E isso porque a interposição dos declaratórios, nesse caso, já não estará ligada à existência de omissão.(438) Em realidade, conforme adverte *Rodolfo de Camargo Mancuso*, em situações como estas, nem mesmo de prequestionamento se poderá cogitar, na medida em que se estará diante de verdadeiro *pós-questionamento*.(439)

---

(433) ASSIS, Araken de. *Manual dos recursos*. São Paulo: Revista dos Tribunais, 2007. p. 688.

(434) MANCUSO, Rodolfo de Camargo. *Recurso extraordinário e recurso especial*. 8. ed. São Paulo: Revista dos Tribunais, 2003. p. 230-231.

(435) DIDIER JR., Fredie; CUNHA, Leonardo José Carneiro da. *Curso de direito processual civil:* meios de impugnação às decisões judiciais e processo nos tribunais. Salvador: JusPodivm, 2006. p. 186-187.

(436) MEDINA, José Miguel Garcia. *O prequestionamento nos recursos extraordinário e especial:* e outras questões relativas a sua admissibilidade e ao seu cabimento. 3. ed. São Paulo: Revista dos Tribunais, 2002. p. 311.

(437) FERNANDES, Luís Eduardo Simardi. *Embargos de declaração:* efeitos infringentes, prequestionamento e outros aspectos polêmicos. São Paulo: Revista dos Tribunais, 2003. p. 222. No mesmo sentido: MEDINA, José Miguel Garcia. *O prequestionamento nos recursos extraordinário e especial:* e outras questões relativas a sua admissibilidade e ao seu cabimento. 3. ed. São Paulo: Revista dos Tribunais, 2002. p. 318.

(438) FERNANDES, Luís Eduardo Simardi. *Embargos de declaração:* efeitos infringentes, prequestionamento e outros aspectos polêmicos. São Paulo: Revista dos Tribunais, 2003. p. 219.

(439) MANCUSO, Rodolfo de Camargo. *Recurso extraordinário e recurso especial*. 8. ed. São Paulo: Revista dos Tribunais, 2003. p. 236. Nesse mesmo sentido: KOZIKOSKI, Sandro Marcelo. *Embargos de declaração:* teoria geral e efeitos infringentes. São Paulo: Revista dos Tribunais, 2004. p. 191-192.

Pode ocorrer, entretanto, que o Tribunal *a quo*, mesmo instado a sanar a omissão, rejeite os declaratórios legitimamente interpostos com vistas ao prequestionamento. Situações como esta, consoante observa *Teresa Arruda Alvim Wambier*, não são raras, já que, com certa frequência, os Tribunais *a quo* se negam a prover (ou mesmo admitir) os embargos declaratórios, sob o argumento de que, no rol de suas funções, não se insere a de preparar o processo para um terceiro grau de jurisdição.(440) Configurada esta hipótese, as consequências jurídicas incidentes são fixadas à luz de duas correntes.

A primeira delas considera não configurado o prequestionamento e impõe à parte, ao interpor o recurso, o ônus de articular com a nulidade da decisão recorrida, por negativa de prestação jurisdicional, de modo a forçar o pronunciamento do tribunal de origem. Do acervo jurisprudencial do Tribunal Superior do Trabalho, colhe-se o seguinte precedente, que bem ilustra essa primeira concepção:

> "**NULIDADE — NEGATIVA DE PRESTAÇÃO JURISDICIONAL.** Os arts. 93, IX, da Constituição e 832 da CLT impõem ao Poder Judiciário o dever de fundamentar suas decisões. Cabe ao magistrado expor os fundamentos fáticos e jurídicos que geraram a convicção exteriorizada no "decisum", mediante análise circunstanciada das alegações formuladas pelas partes. No âmbito da instância extraordinária, é ainda mais imperioso o fato de a fundamentação ser explícita e detalhada, ante a imprescindível necessidade do prequestionamento da matéria e, igualmente, porque não pode o Juízo "ad quem" conhecer do recurso fora da realidade retratada pelo Juízo "a quo" (Enunciados ns. 297 e 126 do TST). A persistência da omissão pelo julgador, mesmo após a oposição de oportunos embargos declaratórios, com objetivo de ver definida a moldura fático-jurídica de aspectos relevantes da lide, constitui vício de procedimento que implica a nulidade da decisão proferida, ante a caracterização de inequívoca negativa de prestação jurisdicional. Recurso de revista provido."(441)

Uma segunda corrente, fundada nos princípios da economia, celeridade e razoável duração do processo, tem por configurado o prequestionamento quando o Tribunal *a quo*, mesmo legitimamente instado por meio de embargos de declaração, persiste na omissão, deixando de pronunciar-se acerca da questão de direito oportunamente articulada. De acordo com essa concepção, o prequestionamento passa a ser admitido de maneira *ficta*, bastando, para sua materialização, apenas que a parte interponha os embargos de declaração, com vistas ao saneamento da omissão judicial.(442)

A jurisprudência do Tribunal Superior do Trabalho, outrora sedimentada em consonância com a primeira corrente, evoluiu e hoje admite o *prequestionamento ficto*, conforme evidencia o item III do Verbete n. 297 de sua Súmula de Jurisprudência Uniforme, *in verbis*: "III. Considera-se prequestionada a questão jurídica invocada no recurso principal sobre a qual se omite o Tribunal de pronunciar tese, não obstante opostos embargos de declaração".

---

(440) WAMBIER, Teresa Arruda Alvim. *Omissão judicial e embargos de declaração.* São Paulo: Revista dos Tribunais, 2005. p. 285.

(441) Processo n. TST-RR-654.007/2000. 4ª Turma. Rel. Ministro Milton de Moura França. DJ de 28.11.2003.

(442) DIDIER JR., Fredie; CUNHA, Leonardo José Carneiro da. *Curso de direito processual civil:* meios de impugnação às decisões judiciais e processo nos Tribunais. Salvador: JusPodivm, 2006. p. 187.

A postura do TST revela-se acertada e harmônica com as atuais aspirações de um processo célere e efetivo, "pois não submete o cidadão ao talante do tribunal recorrido, que, com sua recalcitrância no suprimento da omissão, simplesmente retiraria do recorrente o direito a se valer das vias extraordinárias".[443]

Mostra-se relevante, ainda, para fins de caracterização do prequestionamento, a circunstância de os recursos extraordinários dirigirem-se à impugnação de acórdãos, cuja prolação decorre de julgamento colegiado levado a efeito pelo Tribunal. Nesse contexto, o pronunciamento recorrível será aquele resultante do concurso dos votos formados pela maioria dos integrantes do órgão fracionário, de sorte que, para configuração do prequestionamento, nenhuma relevância terá o voto vencido ou o entendimento pessoal de algum julgador, ressalvado para acompanhar a maioria.[444]

Quanto a esse aspecto, contudo, a jurisprudência do Tribunal Superior do Trabalho reveste-se de peculiaridades que merecem ser analisadas. Com efeito, de acordo com a Corte Superior trabalhista, é de ser tomada com ressalvas a afirmação de que o voto vencido, por si só, seja irrelevante à configuração do prequestionamento. Demonstrado que o relator consignou determinado fato, bem como seus fundamentos jurídicos, de forma expressa, mas o Colegiado, por maioria, rejeitou a tese jurídica, *mas sem olvidar ou omitir, em voto único, as razões ou fundamentos originários do relator*, o prequestionamento estará configurado.[445]

É determinante, porém, de acordo com a jurisprudência do TST, que a decisão recorrida seja composta *de voto único*, em que constem os fundamentos jurídicos vencidos e vencedores. Nesse sentido, elucidativa se mostra a seguinte ementa:

> "**EMBARGOS DE DECLARAÇÃO VOTO VENCIDO JUNTADO EM APARTADO EFICÁCIA — ESCLARECIMENTOS.** O voto vencido empresta o devido prequestionamento quando integra o voto vencedor, fazendo parte, assim, do denominado voto único. A juntada do voto vencido, em apartado, não integrante do voto único, hipótese dos autos, presta-se somente para resguardar a posição do magistrado. Deve o julgador valer-se da via dos embargos de declaração para prestar esclarecimentos a fim de complementar sua decisão, aperfeiçoando, com isso, a prestação jurisdicional solicitada pelos litigantes. Embargos de declaração conhecidos e, em parte, providos, somente para prestar os esclarecimentos constantes na fundamentação, sem modificação do julgado."[446]

Importante observar, ainda, que, para que se tenha por configurado o prequestionamento, basta que a tese jurídica esteja individualizada na decisão judicial recorrida. Desnecessária será, assim, a expressa indicação do dispositivo legal no provimento jurisdicional, o chamado "prequestionamento numérico".[447] Nesse sentido, é

(443) DIDIER JR., Fredie; CUNHA, Leonardo José Carneiro da. *Curso de direito processual civil:* meios de impugnação às decisões judiciais e processo nos Tribunais. Salvador: JusPodivm, 2006. p. 187.

(444) ASSIS, Araken de. *Manual dos recursos*. São Paulo: Revista dos Tribunais, 2007. p. 690.

(445) Processo n. TST-E-RR-587.894/99.1, SbDI-1. Rel. Ministro Milton de Moura França. DJ de 1.12.2006.

(446) Processo n. TST-ED-RR-603.637/1999, 1ª Turma. Rel. Ministro Vieira de Mello Filho, DJ de 15.6.2007.

(447) ASSIS, Araken de. *Manual dos recursos*. São Paulo: Revista dos Tribunais, 2007. p. 689.

tranquila a jurisprudência do TST, conforme se extrai da Orientação Jurisprudencial n. 118 da Subseção I Especializada em Dissídios Individuais (SbDI-1) daquela Corte:

> "**118. PREQUESTIONAMENTO. TESE EXPLÍCITA. INTELIGÊNCIA DA SÚMULA N. 297.** Havendo tese explícita sobre a matéria, na decisão recorrida, desnecessário contenha nela referência expressa do dispositivo legal para ter-se como prequestionado este."

É de se salientar, contudo, que, a despeito de ser desnecessária, a simples indicação do dispositivo legal, por si só, não basta para que se tenha por configurado o prequestionamento. É indispensável que, acerca do preceito legal, haja manifestação expressa pelo acórdão recorrido, mediante a fixação de tese explícita a seu respeito.[(448)]

Embora o Tribunal Superior do Trabalho exija a adoção de tese explícita na decisão recorrida, para fins de interposição dos recursos excepcionais trabalhistas, *Manoel Antonio Teixeira Filho* noticia não serem raros os casos em que o acórdão proferido pelo Tribunal Regional, por razões de "comodismo intelectual", reporta-se ao que decidido na sentença, limitando-se a confirmá-la por seus próprios fundamentos.[(449)] Em situações como esta, porém, cabe à parte interessada utilizar-se dos embargos de declaração, com vistas a obter a expressa emissão de juízo acerca da tese que se pretende impugnar, porquanto, à luz da jurisprudência da mais alta Corte Trabalhista, não estará configurado o prequestionamento. Este é o entendimento perfilhado pela Orientação Jurisprudencial n. 151 da SbDI-1 do TST:

> "**151. PREQUESTIONAMENTO. DECISÃO REGIONAL QUE ADOTA A SENTENÇA. AUSÊNCIA DE PREQUESTIONAMENTO.** Decisão regional que simplesmente adota os fundamentos da decisão de primeiro grau não preenche a exigência do prequestionamento, tal como previsto na Súmula n. 297."

Questão interessante relacionada com a orientação jurisprudencial acima decorre do disposto no art. 895, § 1º, inciso IV, da CLT, que trata do recurso ordinário nas reclamações trabalhistas sujeitas ao procedimento sumaríssimo. À luz do referido dispositivo legal, o recurso ordinário "terá acórdão consistente unicamente na certidão de julgamento com a indicação suficiente do processo e parte dispositiva, e das razões de decidir do voto prevalente. Se a sentença for confirmada pelos próprios fundamentos, a certidão de julgamento, registrando tal circunstância, servirá de acórdão".

O problema que se apresenta emerge do confronto entre a exigência de prequestionamento e a autorização legal para que o acórdão, caso confirme a sentença por seus próprios fundamentos, seja composto apenas da certidão de julgamento, onde deverá estar registrada a referida circunstância.

Embora imbuído no louvável intento de agilizar o processo, o dispositivo, em nosso juízo, padece de inconstitucionalidade, por frontal contrariedade ao disposto

---

(448) MEDINA, José Miguel Garcia. *O prequestionamento nos recursos extraordinário e especial:* e outras questões relativas a sua admissibilidade e ao seu cabimento. 3. ed. São Paulo: Revista dos Tribunais, 2002. p. 254.

(449) TEIXEIRA FILHO, Manoel Antonio. *Sistema dos recursos trabalhistas*. 10. ed. São Paulo: LTr, 2003. p. 359.

no art. 93, inciso IX, da Constituição, categórico ao dispor que "todos os julgamentos dos órgãos do Poder Judiciário serão públicos, *e fundamentadas todas as decisões*, sob pena de nulidade [...]".

Nesse contexto, cremos que, por força de imperativo constitucional, a decisão que julgar o recurso ordinário, no âmbito do procedimento sumaríssimo, deverá exteriorizar os respectivos fundamentos, mesmo que estes se identifiquem totalmente com aqueles encampados na sentença.

Acresça-se a isso o desprezo perpetrado pela norma consolidada ao direito fundamental à ampla defesa que, consoante já proclamou o Supremo Tribunal Federal, envolve não só o direito de manifestação no processo, mas também o direito de ver seus argumentos analisados pelo órgão incumbido de julgar.(450) Por essa razão, entendemos, com amparo no magistério de *Manoel Antônio Teixeira Filho*, que a "'manutenção' da sentença, exclusivamente pelos fundamentos dela constantes, soa como que a um menosprezo pelas razões mediante as quais o recorrente impugnou aquele pronunciamento de primeiro grau".(451)

Ante essa perspectiva, não vemos nenhuma incompatibilidade entre a exigência de prequestionamento e o sistema em torno do qual gira o procedimento sumaríssimo no processo do trabalho. Por isso mesmo, verificada a hipótese da parte final do inciso IV do art. 895, § 1º, da CLT, caberá à parte, pela via dos embargos de declaração, instar o tribunal a emitir um pronunciamento próprio acerca da matéria que deseja ver submetida ao TST.(452)(453)

A natureza da matéria a ser impugnada, ou seja, se de ordem pública ou não, não exime a parte de obter o prequestionamento viabilizador do pretendido acesso à instância extraordinária trabalhista. Essa é a dicção que se extrai da Orientação Jurisprudencial n. 62 de Subseção I Especializada em Dissídios Individuais do TST, que é taxativa ao dispor: "Prequestionamento. Pressuposto de recorribilidade em apelo de natureza extraordinária. Necessidade, ainda que a matéria seja de incompetência absoluta".

(450) Mandado de Segurança n. 24.268-0/MG. Tribunal Pleno. Relª Ministra Ellen Gracie. Relator para o acórdão: Ministro Gilmar Mendes. Publicado no Diário de Justiça da União de 17.9.2004.

(451) TEIXEIRA FILHO, Manoel Antônio. *O procedimento sumaríssimo no processo do trabalho*: comentários à Lei n. 9.957/2000. São Paulo: LTr, 2000. p. 150-151.

(452) TEIXEIRA FILHO, Manoel Antonio. *Sistema dos recursos trabalhistas*. 10. ed. São Paulo: LTr, 2003. p. 359.

(453) No TST há precedente exigindo o prequestionamento em relação ao recurso de revista interposto contra acórdão de Tribunal Regional proferido em processo submetido ao rito sumaríssimo. Nesse sentido: "PROCEDIMENTO SUMARÍSSIMO — COMPLEMENTAÇÃO DE APOSENTADORIA — CESTA-ALIMENTAÇÃO — BENEFÍCIO PREVISTO EM NORMAS COLETIVAS — DETERMINAÇÃO EXPRESSA DE SUA NÃO EXTENSÃO AOS APOSENTADOS — SÚMULA N. 297 DO TST — PREQUESTIONAMENTO. Em se tratando de processo submetido ao rito sumaríssimo, o cabimento da revista fica restrito à demonstração de contrariedade à súmula desta Corte ou violação direta de dispositivo constitucional (CLT, art. 896, § 6º), sendo, portanto, inócua a invocação de dissenso pretoriano. Também não socorre a Reclamante, pelo óbice da Súmula n. 297 do TST, a indicação de contrariedade a súmulas desta Corte ou violação de normas constitucionais sobre as quais não adotou tese o Tribunal de origem. Recurso de revista não conhecido." (Processo n. TST-RR-871/2006-019-01-00, 7ª Turma. Rel. Ministro Ives Gandra da Silva Martins Filho. DJ de 7.12.2007).

Por fim, a título de exceção à regra geral, o TST exime a parte de promover o prequestionamento da matéria na hipótese em que violação ao preceito legal nasce na própria decisão recorrida.[454] É o que dispõe a Orientação Jurisprudencial n. 119 da SbDI-1 daquela Corte, cujo teor é voltado àquelas situações em que a parte não poderia alegar a matéria previamente. É o que sucede nos casos de *error in procedendo* ocorrido no julgamento em que proferida a decisão que se pretende impugnar. Da jurisprudência do TST colhe-se precedente elucidativo acerca da matéria, *in verbis*:

> "**EMBARGOS. PREQUESTIONAMENTO. INTIMAÇÃO DE ADVOGADO. NULIDADE. VÍCIO NASCIDO NO PRÓPRIO JULGAMENTO.** 1. O julgamento de recurso ordinário perante o Tribunal desencadeia-se mediante procedimento composto de vários atos processuais, dentre os quais avulta a necessidade de intimação regular das partes da respectiva pauta. 2. O vício na intimação da data de julgamento, consistente em dirigi-la a ex-advogada da parte, nasce e consuma-se por ocasião do próprio julgamento, razão pela qual prescinde a matéria de prequestionamento para efeito de conhecimento do recurso de revista, por violação. Desnecessidade de embargos declaratórios. Incidência da Orientação Jurisprudencial n. 119 da SDI do TST. 3. Viola o art. 5º, inc. LV da Constituição Federal acórdão regional que leva a cabo julgamento de recurso ordinário precedido de intimação viciada da parte, em virtude de a publicação no Diário Oficial da pauta recair no nome de ex-advogada. Comprometimento do direito de defesa na medida em que se frustra o direito à sustentação oral por ocasião do julgamento. 4. Afronta ao art. 896, da CLT perpetrada pelo acórdão turmário ao não conhecer do recurso de revista com fundamento em ausência de prequestionamento da matéria. 5. Recurso de embargos provido para anular parcialmente o acórdão regional, determinando-se o retorno dos autos ao Tribunal a quo para rejulgamento do recurso ordinário do Reclamante, precedido de regular intimação das partes."[455]

Importante observar que a inexigibilidade de prequestionamento em semelhante hipótese refere-se apenas à hipótese em que recurso excepcional esteja fundado em violação a preceito de lei ou da Constituição.[456] No que toca à divergência jurisprudencial, dada a ausência de tese na decisão judicial recorrida, por óbvio, inviável será a sua configuração.

---

(454) Em sentido contrário, entendendo pela necessidade de prequestionamento: ASSIS, Araken de. *Manual dos recursos*. São Paulo: Revista dos Tribunais, 2007. p. 691.

(455) Processo n. TST-E-RR-593.510/1999. SbDI-1. Rel. Ministro João Oreste Dalazen. DJ de 24.10.2003.

(456) "PREQUESTIONAMENTO. INEXIGIBILIDADE. Não se exige o prequestionamento de mandamento legal, como condição de conhecimento do recurso de revista por violação de lei, quando esta violação nasce na própria decisão recorrida, ou por se tratar de erro de procedimento. Ou seja, não se exige o prequestionamento quando a parte não poderia alegar a matéria em recurso ordinário, pois que não tratada anteriormente. Recurso de embargos não conhecido." (Processo n. TST-E-RR-16.871/1990. SbDI-1. Rel. Ministro Vantuil Abdala. DJ de 12.4.1996).

Capítulo 8

Recursos de Revista e de Embargos

1. Considerações iniciais

No capítulo anterior, tivemos a oportunidade de examinar o juízo de admissibilidade dos recursos trabalhistas extraordinários, analisando a competência para proferi-lo, a sua natureza jurídica e os efeitos dele decorrentes.

Cumpre-nos estudar agora o objeto do juízo de admissibilidade, ou seja, os requisitos, condições ou pressupostos necessários para que o tribunal possa adentrar o exame do mérito dos recursos de revista e de embargos, de modo a dar-lhes ou negar-lhes provimento. São eles: cabimento, legitimação para recorrer, interesse em recorrer, a inexistência de fato impeditivo ou extintivo do direito de recorrer, a tempestividade, a regularidade formal, o preparo e o depósito prévio de multas impostas pelo Poder Judiciário.

Examinaremos, por fim, os pressupostos específicos dos recursos excepcionais trabalhistas — divergência jurisprudencial, violação legal e constitucional e transcendência — de sorte a fixar os contornos que regem a sua configuração.

2. Classificação dos pressupostos de admissibilidade

Os pressupostos de admissibilidade dos recursos podem ser classificados segundo vários critérios.

Prestigiosa doutrina classifica-os em objetivos e subjetivos. Sob o prisma subjetivo, os pressupostos dizem respeito às pessoas legitimadas a recorrer. Já os objetivos, são os pressupostos relacionados com o recurso propriamente considerado. Entre os partidários dessa concepção figuram *Humberto Theodoro Junior*(457), *Ísis de Almeida*(458) e *Amaral Santos*(459). Assim, são pressupostos subjetivos a legitimidade e o interesse em recorrer. Já os objetivos são o cabimento, a inexistência de fato impeditivo ou extintivo do

(457) THEODORO JÚNIOR, Humberto. *Curso de direito processual civil.* 17. ed. Rio de Janeiro: Forense, 1995. p. 553-554.

(458) ALMEIDA, Ísis. *Manual de direito processual do trabalho*. 7. ed. São Paulo: LTr, 1995. p. 307-309.

(459) SANTOS, Moacyr Amaral. *Primeiras linhas de direito processual civil.* v. 3, 16. ed., rev., atual. e ampl. por Aricê Amaral Santos. São Paulo: Saraiva, 1997. p. 83.

direito de recorrer, a tempestividade, a regularidade formal, o preparo e o depósito prévio de multas impostas pelo Poder Judiciário.

Quanto à natureza, os pressupostos de admissibilidade se classificam em *genéricos*, de presença comum e invariável em todas as classes de recursos, e *específicos*, de presença inconstante, por não ser comum a todas as espécies recursais.[(460)] Entre os primeiros inserem-se, por exemplo, o cabimento e a tempestividade. Constituem exemplos dos segundos a divergência jurisprudencial e a transcendência.

Outra corrente, cujo ingresso na doutrina pátria deve-se ao gênio de *Barbosa Moreira*, classifica os pressupostos de admissibilidade dos recursos em intrínsecos (concernentes à própria existência do poder de recorrer) e extrínsecos (referentes ao modo de exercê-lo).[(461)] Integram o primeiro grupo o cabimento, a legitimação para recorrer, o interesse em recorrer e a inexistência de fato impeditivo ou extintivo do direito de recorrer. No segundo grupo alinham-se a tempestividade, a regularidade formal e o preparo. Nesse último grupo acrescentamos, ainda, o depósito prévio de multas impostas pelo Poder Judiciário (CPC, arts. 538, parágrafo único, e 557, § 2º).

Digna de registro a variação proposta por *Nelson Nery Júnior* que, não obstante adote a classificação dos pressupostos de admissibilidade em intrínsecos e extrínsecos, o faz relacionando os primeiros com o conteúdo e forma da decisão impugnada e os segundos a fatores externos à decisão judicial. À luz de seu magistério, portanto, são pressupostos intrínsecos o cabimento, a legitimação para recorrer e o interesse para recorrer. Já os extrínsecos são a tempestividade, a regularidade formal, a inexistência de fato impeditivo ou extintivo do poder de recorrer e o preparo.[(462)] Também aí enquadramos o depósito prévio das multas previstas nos arts. 538, parágrafo único, e 557, § 2º, do CPC.

Há doutrinadores, ainda, que utilizam as classificações acima como sinônimas, equiparando, a nosso ver equivocadamente, os pressupostos subjetivos aos intrínsecos e os objetivos aos extrínsecos.[(463)]

Rodrigues Pinto propõe ainda a adoção de critério inovador, que igualmente distingue os pressupostos recursais em duas categorias: pressupostos de cabimento e pressupostos de admissibilidade. A primeira refere-se ao enquadramento ou adequação do recurso ao "recurso-tipo" criado pela lei processual. A segunda, ao resultado do cumprimento das exigências da lei processual para o exercício válido do direito de recorrer.[(464)] A fim de justificar sua proposta de classificação, o ilustre jurista baiano afirma que:

(460) PINTO, José Augusto Rodrigues. *Manual dos recursos nos dissídios do trabalho.* São Paulo: LTr, 2006. p. 101.

(461) MOREIRA, José Carlos Barbosa. *Comentários ao Código de Processo Civil.* v. 5, 11. ed. Rio de Janeiro: Forense, 2004. p. 262-263.

(462) NERY JUNIOR, Nelson. *Princípios fundamentais:* teoria geral dos recursos. 5. ed. São Paulo: Revista dos Tribunais, 2000. p. 240-241.

(463) Nesse sentido: BEZERRA LEITE, Carlos Henrique. *Curso de direito processual do trabalho.* 2. ed. São Paulo: LTr, 2004. p. 454-455 e TEIXEIRA FILHO, Manoel Antonio. *Sistema dos recursos trabalhistas.* 10. ed. São Paulo: LTr, 2003. p. 144.

(464) PINTO, José Augusto Rodrigues. *Manual dos recursos nos dissídios do trabalho.* São Paulo: LTr, 2006. p. 102.

"[...] se determinado *recurso* não for *cabível*, pouco importa que o recorrente tenha cumprido todos os pressupostos de *admissibilidade* porque ele, assim mesmo, não será aceito.

Isso quer dizer que, embora todos convirjam para o fim amplo da aceitabilidade do *recurso* para julgamento, o pressuposto de cabimento não se promiscui com os de *admissibilidade*, porque os antecede e subordina.

A consequência prática, pela qual se consolida nossa tese, é de que o *cabimento* deve ser examinado, em primeiro lugar, isoladamente, por seu potencial excludente dos de *admissibilidade*. Se o recorrente for reprovado, quanto a ele, o *recurso* não será aceito para exame, a *forfait* do cumprimento de todos os demais. Enquanto isso, os pressupostos de *admissibilidade* são concorrentes apenas entre si, exigindo exame dentro do conjunto que formam.

Tudo isso demonstra, ainda, que entre o pressuposto de cabimento e os de admissibilidade, existe nítida diferença de funções. Enquanto o primeiro exerce a função de enquadramento do *recurso* interposto ao seu modelo, os outros exercem função simplesmente fiscalizadora do atendimento de exigências formais que o habilitem a julgamento."(465)

A classificação proposta por *Rodrigues Pinto* tem por parâmetro, portanto, um critério de antecedência lógica existente entre o pressuposto de cabimento e os demais pressupostos de admissibilidade recursal.

No que toca aos pressupostos próprios aos recursos de revista e de embargos — divergência jurisprudencial e a existência de violação legal ou constitucional e transcendência —, cabe classificá-los como pressupostos *objetivos*, porquanto relacionados com o recurso propriamente considerado, *específicos*, por não serem comuns a todas as espécies recursais, e *intrínsecos*, na medida em que relacionados com o conteúdo da decisão impugnada.

Embora todas as classificações expostas atendam à finalidade a que se destinam, já que permitem a visualização de um quadro sistematizado e coerente dos pressupostos de admissibilidade dos recursos, o presente trabalho toma como parâmetro duas entre as acima propostas.

Assim, para fins didáticos, já que permitem melhor divisão da matéria, os pressupostos recursais serão discriminados em genéricos e específicos. Serão agrupados ainda em intrínsecos e extrínsecos, segundo a concepção proposta por *Nelson Nery Junior*, dada a relevância emprestada a esta classificação pela legislação e pela jurisprudência, conforme evidenciam o art. 897-A da CLT(466) e o Verbete n. 353 da Súmula de Jurisprudência Uniforme do TST, que a adotaram de maneira expressa.(467)(468)

---

(465) PINTO, José Augusto Rodrigues. *Manual dos recursos nos dissídios do trabalho*. São Paulo: LTr, 2006. p. 103-104.

(466) Art. 897-A. Caberão embargos de declaração da sentença ou do acórdão, no prazo de cinco dias, devendo seu julgamento ocorrer na primeira audiência ou sessão subsequente a sua apresentação, registrado na certidão, admitido efeito modificativo da decisão, nos casos dos pressupostos extrínsecos do recurso.

(467) Nesse sentido: ASSIS, Araken de. *Manual dos recursos*. São Paulo: Revista dos Tribunais, 2007. p. 132.

(468) Súmula n. 353 – Embargos. Agravo. Cabimento. Não cabem embargos para a Seção de Dissídios Individuais de decisão de Turma proferida em agravo, salvo:

3. Pressupostos genéricos de admissibilidade

3.1. Pressupostos intrínsecos

3.1.1. Cabimento

O primeiro pressuposto de admissibilidade recursal é o cabimento. Seu exame desdobra-se em duas vertentes que, embora distintas, revelam-se complementares: a recorribilidade e a adequação.(469)

Para que o pressuposto do cabimento esteja configurado, o pronunciamento judicial deverá ser *recorrível*, isto é, passível de impugnação mediante recurso, que, por sua vez, deverá contar com expressa previsão na legislação pertinente.

Presente essa circunstância, a identificação dos atos praticados pelo juiz assume especial importância, já que, conforme examinado no capítulo 3, os recursos não são cabíveis contra todo e qualquer pronunciamento judicial, mas apenas contra atos específicos.

O cabimento do recurso guarda, ainda, íntima relação com o *princípio da taxatividade* (vide capítulo 5, item 5.1), já que o ato judicial somente poderá ser impugnado mediante recursos que possuam expressa existência legal.

Não basta, entretanto, que o ato processual seja recorrível. O recorrente também deverá, ao impugnar o pronunciamento judicial, utilizar-se do recurso adequado, próprio para o reexame da decisão.(470)

Sob essa perspectiva, o pressuposto atinente ao cabimento sofre influxo direto do princípio da singularidade, também denominado de princípio da unirrecorribilidade ou da unicidade (vide capítulo 5, item 5.6), segundo o qual cada decisão pode ser impugnada por apenas um tipo de recurso, aquele expressamente previsto como adequado pela legislação processual.

É importante observar que os requisitos atinentes à recorribilidade e à adequação sempre deverão ser observados conjuntamente, sob pena de não se ter por preenchido o pressuposto referente ao cabimento.(471) De nada adiantará o recorrente, ao manifestar

a) da decisão que não conhece de agravo de instrumento ou de agravo pela ausência de pressupostos extrínsecos;

b) da decisão que nega provimento a agravo contra decisão monocrática do Relator, em que se proclamou a ausência de pressupostos extrínsecos de agravo de instrumento;

c) para revisão dos pressupostos extrínsecos de admissibilidade do recurso de revista, cuja ausência haja sido declarada originariamente pela Turma no julgamento do agravo;

d) para impugnar o conhecimento de agravo de instrumento;

e) para impugnar a imposição de multas previstas no art. 538, parágrafo único, do CPC, ou no art. 557, § 2º, do CPC.

(469) ASSIS, Araken de. *Manual dos recursos*. São Paulo: Revista dos Tribunais, 2007. p. 133.

(470) JORGE, Flávio Cheim. *Teoria geral dos recursos cíveis*. 3. ed. São Paulo: Revista dos Tribunais, 2007. p. 80.

(471) NERY JUNIOR, Nelson. *Princípios fundamentais:* teoria geral dos recursos. 5. ed. São Paulo: Revista dos Tribunais, 2000. p. 242.

sua impugnação, insurgir-se contra um ato processual irrecorrível ou eleger um dos recursos previstos na legislação processual, e este não ser aquele apontado como apropriado para provocar o reexame daquela espécie de decisão judicial.

3.1.1.1. O recurso de revista e seu cabimento

O recurso de revista tem seu cabimento regrado pelo art. 896 da CLT, cujo *caput* tem o seguinte teor:

> "Art. 896. Cabe Recurso de Revista para Turma do Tribunal Superior do Trabalho das decisões proferidas em grau de recurso ordinário, em dissídio individual, pelos Tribunais Regionais do Trabalho, quando: [...]"

Examinando-se o dispositivo legal, verifica-se que o recurso de revista tem seu cabimento voltado à impugnação de decisões:

(a) proferidas pelos Tribunais Regionais do Trabalho;

(b) em dissídio individual; e

(c) no julgamento de recurso ordinário.

A análise do cabimento do recurso deverá levar em consideração os três aspectos acima de maneira conjunta. Por essa razão, não basta que a decisão seja proferida por Tribunal Regional do Trabalho. É indispensável que ela também tenha se originado de julgamento de recurso ordinário interposto em sede de dissídio individual.

Dos limites expostos decorre que, contra acórdãos de TRT proferidos em processos de sua competência originária (por exemplo, a ação rescisória), não caberá recurso de revista, já que a decisão não se origina do julgamento de recurso ordinário.

Por não ser proferida em sede de dissídio individual, igualmente será inviável a interposição de recurso de revista contra decisão derivada de julgamento de dissídio coletivo.(472)

Também não são impugnáveis por recurso de revista "as decisões dos órgãos do Tribunal Superior do Trabalho, os despachos e as decisões monocráticas proferidas por Relatores, Presidentes, Vice-Presidentes e Corregedores dos Tribunais Regionais do Trabalho".(473)

O Tribunal Superior do Trabalho proclama ainda, por meio do Verbete n. 218 de sua Súmula de Jurisprudência Uniforme, ser incabível o recurso de revista contra acórdão regional proferido em agravo de instrumento.

Nesse particular, merece destaque a objeção formulada por *José Augusto Rodrigues Pinto*, que afirma não concordar com interpretação veiculada pelo verbete sumular.

---

(472) SARAIVA, Renato. *Curso de direito processual do trabalho.* São Paulo: Método, 2007. p. 479.

(473) LOPES, Otavio Brito. O recurso de revista no processo do trabalho. In: FÉRES, Marcelo Andrade; CARVALHO, Paulo Gustavo M. (Coords.). *Processo nos Tribunais Superiores*. São Paulo: Saraiva, 2006. p. 849.

Para tanto, diz que a barreira imposta ao cabimento do recurso de revista desprovê o agravante de meios para a correção de equívocos que porventura ocorram no curso do julgamento do agravo de instrumento. Preconiza, assim, seja admitida a interposição da revista, sempre que o debate referir-se aos pressupostos extrínsecos do próprio agravo, à semelhança do que ocorre em relação aos embargos, conforme previsto na Súmula n. 353 do TST.[(474)]

A Súmula n. 218 do TST, contudo, encontra pleno respaldo na literalidade do art. 896, *caput*, da CLT. Realmente, ao limitar o cabimento do recurso de revista contra as decisões proferidas por Tribunal Regional do Trabalho no *julgamento de recurso ordinário*, o dispositivo legal indubitavelmente obsta a interposição do recurso excepcional contra decisões proferidas pelas Cortes regionais em sede de agravo de instrumento.

Conforme observa *Antônio Álvares da Silva*, o "agravo de instrumento, podendo ser interposto de todo despacho que denegue a interposição de recurso (art. 897, *b*), é usado também para destrancar recurso ordinário. Mas também aqui o TRT estará decidindo agravo de instrumento para destrancar recurso ordinário e não recurso ordinário propriamente dito".[(475)]

Importante registrar que, a despeito de a regra geral direcionar o cabimento do recurso de revista apenas para a impugnação de decisões proferidas por Tribunal Regional em sede de recurso ordinário, a legislação estabelece uma exceção. É o que se extrai do art. 896, § 2º, da CLT, que cuida do cabimento do recurso de revista em execução de sentença.

Nessa hipótese, o recurso será passível de interposição contra acórdão proferido em sede de agravo de petição ou em decorrência do julgamento de agravo interno, interposto contra decisão monocrática de relator, na forma do art. 557, § 1º, do CPC. Sua admissibilidade, porém, ficará vinculada à demonstração de ofensa direta e literal à Constituição Federal.

3.1.1.2. O recurso de embargos e seu cabimento

Os embargos de divergência têm seu cabimento regrado pelo art. 894, inciso II, da CLT, cujo teor é o seguinte:

> "Art. 894. No Tribunal Superior do Trabalho cabem embargos, no prazo de oito dias:
>
> [...]
>
> II – das decisões das Turmas que divergirem entre si, ou das decisões proferidas pela Seção de Dissídios Individuais, salvo se a decisão recorrida estiver em consonância com súmula ou orientação jurisprudencial do Tribunal Superior do Trabalho ou do Supremo Tribunal Federal."[(476)]

---

(474) PINTO, José Augusto Rodrigues. *Manual dos recursos nos dissídios do trabalho.* São Paulo: LTr, 2006. p. 205.

(475) SILVA, Antônio Álvares da. *O novo recurso de revista na Justiça do Trabalho*. São Paulo: LTr, 1999. p. 41.

(476) Dispositivo legal com redação de acordo com a Lei n. 11.496/2007.

Do dispositivo extrai-se que os embargos têm seu cabimento voltado para a impugnação de decisões colegiadas (acórdãos), proferidas pelas Turmas do Tribunal Superior do Trabalho. Disso decorre que a sua interposição será inadequada, quando objetivar a impugnação de decisões monocráticas, ainda que proferidas por relator de recurso, cujo julgamento esteja inserido no âmbito da competência das Turmas da mais alta Corte trabalhista.

A redação do art. 894, II, da CLT, entretanto, em razão de sua generalidade, enseja dúvida quanto à extensão do cabimento dos embargos de divergência, já que não permite concluir se o recurso é adequado para a impugnação de toda e qualquer decisão de Turma do Tribunal Superior do Trabalho.

E, de fato, examinando-se o art. 5º da Lei n. 7.701/88, verifica-se ser vasta a gama de decisões proferidas pelas Turmas do Tribunal Superior do Trabalho, cuja competência abarca o julgamento de:

a) recursos de revista interpostos de decisões dos Tribunais Regionais do Trabalho, nos casos previstos em lei;

b) agravos de instrumentos dos despachos de Presidente de Tribunal Regional que denegarem seguimento a recurso de revista;

c) agravos regimentais; e

d) embargos de declaração opostos aos seus acórdãos.

Em relação às decisões proferidas em razão do julgamento de recurso de revista, é tranquilo o entendimento de serem passíveis de impugnação pela via dos embargos de divergência. As dúvidas emergem em relação aos acórdãos proferidos em agravo de instrumento e agravo regimental.

No que se refere a esta última hipótese, o Tribunal Superior do Trabalho, por meio de sua Súmula n. 353, pacificou a questão, estabelecendo como regra o não cabimento dos embargos, ressalvadas as seguintes exceções:

> "Súmula n. 353 – Embargos. Agravo. Cabimento. Não cabem embargos para a Seção de Dissídios Individuais de decisão de Turma proferida em agravo, salvo:
>
> a) da decisão que não conhece de agravo de instrumento ou de agravo pela ausência de pressupostos extrínsecos;
>
> b) da decisão que nega provimento a agravo contra decisão monocrática do Relator, em que se proclamou a ausência de pressupostos extrínsecos de agravo de instrumento;
>
> c) para revisão dos pressupostos extrínsecos de admissibilidade do recurso de revista, cuja ausência haja sido declarada originariamente pela Turma no julgamento do agravo;
>
> d) para impugnar o conhecimento de agravo de instrumento;
>
> e) para impugnar a imposição de multas previstas no art. 538, parágrafo único, do CPC, ou no art. 557, § 2º, do CPC."

É importante registrar que, anteriormente ao advento da Súmula n. 353, a jurisprudência do TST vedava o cabimento dos embargos de divergência, sem estabelecer nenhuma exceção. É o que dispunham as Súmulas ns. 183 e 195 daquela Corte.(477)(478) E essa jurisprudência, hoje flexibilizada, originou-se de posicionamento capitaneado pelo então Ministro do TST, *Marco Aurélio Mendes de Farias Mello*.(479)(480)

O fato é que, embora mitigada de maneira salutar pela Súmula n. 353 do TST, a regra que preconiza o não cabimento dos embargos de divergência contra as decisões proferidas em agravo de instrumento e regimental revela-se judiciosa e revestida de amparo legal.(481)

É o que se extrai das alíneas *b* e *c* do art. 5º da Lei n. 7.701/88, que atribuem às Turmas do Tribunal Superior do Trabalho a competência para julgar, "*em última instância*, os agravos de instrumento dos despachos de Presidente de Tribunal Regional que denegarem seguimento a recurso de revista" (alínea *b*) e, também, "*em última instância*, os agravos regimentais" (alínea *c*).(482)

---

(477) Embargos. Recurso de revista. Despacho denegatório. Agravo de instrumento. Não cabimento. São incabíveis embargos para o Tribunal Pleno contra decisão em agravo de instrumento oposto a despacho denegatório de recurso de revista, inexistindo ofensa ao art. 153, § 4º, da Constituição Federal.

(478) Embargos. Agravo regimental. Cabimento. Não cabem embargos para o Pleno de decisão de turma do Tribunal Superior do Trabalho, prolatada em agravo regimental.

(479) No acórdão do Supremo Tribunal Federal, proferido no Agravo Regimental em Agravo de Instrumento n. 94.133-9/MG (Rel. Ministro Moreira Alves, publicado no Diário de Justiça da União de 9.12.1983), encontram-se reproduzidos os fundamentos adotados pelo Ministro Marco Aurélio, com vistas a embasar seu posicionamento, *in verbis*: "1. O agravo de instrumento previsto na alínea *b* do art. 897, da CLT, objetiva ensejar pronunciamento do Tribunal *ad quem* sobre o merecimento da decisão proferida em Juízo liminar de admissibilidade, não apresentando natureza extraordinária. 2. A apreciação da matéria lançada na minuta do agravo é da competência do Órgão ao qual caberia o conhecimento do recurso cuja interposição foi denegada — § 3º, do art. 897, da Consolidação das Leis do Trabalho. 3. Na hipótese de o recurso denegado ser a revista, a uma das Turmas do Tribunal Superior do Trabalho e não ao Pleno, cabe julgar o agravo de instrumento. 4. [...] No agravo de instrumento — frise-se — interposto com o objetivo de submeter a denegação da revista, pelo Juiz Presidente do Regional, ao crivo do Órgão competente para conhecê-la, inexiste revisor e não cabe a sustentação oral, passando, no entanto, a decisão prolatada pela *Turma deste Tribunal* a ser impugnável mediante espécie de recurso extraordinário (os embargos do 894, da CLT) *para o Pleno*, com designação de revisor e o direito de as partes assomarem à Tribuna! [...] Daí a conclusão sobre a impertinência dos embargos interpostos [...]".

(480) No mesmo sentido: COSTA, Coqueijo. *Direito processual do trabalho*. 4. ed. Rio de Janeiro: Forense, 1995. p. 496-497.

(481) Em sentido contrário, entendendo que o advento da Lei n. 11.496/2007 rompeu com a orientação prevista na Súmula n. 353/TST, permitindo a ampla impugnação das decisões proferidas em agravo, pela via do recurso de embargos, veja-se o magnífico trabalho de MIRANDA, Fernando Hugo Rabello: *Notas sobre o recurso de embargos à SBDI-1 sob o marco da Lei n. 11.496/07*. In: *BRASIL. Tribunal Superior do Trabalho. Revista do Tribunal Superior do Trabalho*, v. 74, n. 2, p. 113-116, abr./jun. 2008.

(482) Art. 5º As Turmas do Tribunal Superior do Trabalho terão, cada uma, a seguinte competência:

a) julgar os recursos de revista interpostos de decisões dos Tribunais Regionais do Trabalho, nos casos previstos em lei;

b) julgar, em última instância, os agravos de instrumento dos despachos de Presidente de Tribunal Regional que denegarem seguimento a recurso de revista, explicitando em que efeito a revista deve ser processada, caso providos;

c) julgar, em última instância, os agravos regimentais; e

d) julgar os embargos de declaração opostos aos seus acórdãos.

3.1.2. Legitimidade para recorrer

Sob a perspectiva de solucionar a lide mediante critérios justos, o sistema processual poderia franquear a qualquer pessoa a possibilidade de impugnar uma decisão judicial que lhe parecesse injusta. Por óbvias razões de política judiciária, entretanto, a legislação restringe o rol daqueles habilitados a recorrer.(483) Para tanto, parte da presunção de que, para determinadas pessoas, a decisão judicial se mostra mais relevante que para as demais.(484)

Diante desse cenário, à semelhança do que ocorre com a legitimação para agir, que figura como condição necessária ao regular exercício do direito de ação e, por conseguinte, ao exame do mérito da causa, também a legitimidade constitui requisito de admissibilidade do recurso, cujo conhecimento pressupõe que aquele que o interpôs esteja incluso no rol daqueles legalmente habilitados a fazê-lo.(485)

À míngua de regra geral específica na CLT, a legitimidade para recorrer tem sua regência no art. 499 do CPC, de aplicação subsidiária ao Processo do Trabalho. De acordo com o referido dispositivo legal, "o recurso pode ser interposto pela parte vencida, pelo terceiro prejudicado e pelo Ministério Público".

A CLT, em regra específica, ainda atribui legitimidade à Previdência Social, autorizando-lhe a interpor recurso no tocante às contribuições previdenciárias que lhe são devidas.

O art. 499 do CPC, ao aludir à "parte *vencida*" e ao "terceiro *prejudicado*", acabou por cuidar do tema de maneira desordenada, baralhando os conceitos de legitimidade para recorrer e de interesse em recorrer, que não se confundem no plano dogmático.(486)

Realmente, conforme observa *Flávio Cheim Jorge*, a referência ao interesse "não pode significar que ele condiciona a existência ou não da legitimidade, ou mesmo que deve ser visto como simples fundamento ou razão de ser da legitimidade". Em realidade — prossegue —, "é perfeitamente possível que o recorrente tenha legitimidade e não interesse".(487)(488)

Cabe, assim, examinar o conceito de legitimidade, separadamente, analisando cada uma das hipóteses previstas na legislação, de modo a fixar os contornos que lhes são inerentes.

---

(483) MOREIRA, José Carlos Barbosa. *Comentários ao Código de Processo Civil.* v. 5, 11. ed. Rio de Janeiro: Forense, 2004. p. 289.

(484) JORGE, Flávio Cheim. *Teoria geral dos recursos cíveis.* 3. ed. São Paulo: Revista dos Tribunais, 2007. p. 82.

(485) MOREIRA, José Carlos Barbosa. *Comentários ao Código de Processo Civil.* v. 5, 11. ed. Rio de Janeiro: Forense, 2004. p. 289.

(486) *Ibidem*, p. 290.

(487) JORGE, Flávio Cheim. *Teoria geral dos recursos cíveis.* 3. ed. São Paulo: Revista dos Tribunais, 2007. p. 82.

(488) Em sentido contrário, cabe trazer à colação o magistério de Rodrigues Pinto: "Por outro lado, reunimos interesse e legitimação na mesma epígrafe, em virtude de sua coexistência *associativa*, que praticamente os funde numa só ideia — daí, em outra obra sobre o tema *recursos*, termos tecido considerações a respeito da legitimação associada à sucumbência e associada ao interesses". (PINTO, José Augusto Rodrigues. *Manual dos recursos nos dissídios do trabalho.* São Paulo: LTr, 2006. p. 111).

3.1.2.1. Parte

O conceito de parte deve ser buscado sob uma perspectiva estritamente processual, inteiramente desvinculada, portanto, da relação substancial deduzida em juízo.[(489)] Realmente, conforme observa *Calamandrei*:

> "As partes, como *sujeitos da relação processual*, não devem confundir-se com os *sujeitos da relação substancial controvertida* nem com os *sujeitos da ação*: se frequentemente estas três qualidades coincidem — pois o processo se institui precisamente entre os sujeitos da relação substancial controvertida, e legitimados a acionar sobre ela e a contradizê-la —, pode ocorrer que a demanda seja proposta por quem (ou contra quem), na verdade, não esteja interessado na relação substancial controvertida, ou não esteja legitimado para acionar ou contradizer; e, entretanto, mesmo nesse caso, quem propôs a demanda (ou contra quem foi proposta) sem direito ou sem legitimação será igualmente parte em sentido processual."[(490)]

Por essa razão, sustenta o ilustre jurista italiano: "A pessoa que propõe a demanda e a pessoa contra quem se a propõe adquirem, sem mais, por este simples fato, a qualidade de partes do processo, que com esta proposição se inicia. Mesmo que a demanda seja infundada, improponível ou inadmissível [...], basta ela para fazer com que surja a relação processual, cujos efeitos são precisamente as partes".[(491)]

Assim, independentemente da relação de natureza substancial controvertida em juízo, são partes *o autor* (reclamante) e *o réu* (reclamado). O substituto processual, atuando em nome próprio na defesa de direito alheio, é parte e, por essa razão, apresenta-se revestido de legitimidade para recorrer.[(492)]

O mesmo, porém, não ocorre com o preposto, que não é parte. Este tem por função apenas representar o empregador em audiência (CLT, art. 843, § 1º), onde sua atuação circunscreve-se e exaure-se.[(493)]

O conceito de parte, porém, revela-se mais amplo. Conforme o magistério de *Araken de Assis*, "parte é quem figura, a qualquer título, em relação processual pendente".[(494)] Portanto, além de autor e réu, são partes revestidas de legitimidade para recorrer, os *litisconsortes* e os *terceiros intervenientes* admitidos no processo[(495)], desde que o ingresso destes ocorra em momento anterior à decisão impugnada. Se só depois de proferida a

---

(489) CARNEIRO, Athos Gusmão. *Intervenção de terceiros*. 13. ed. São Paulo: Saraiva, 2001. p. 4.

(490) CALAMANDREI, Piero. *Instituições de direito processual civil*. v. 2, 2. ed. Campinas, SP: Bookseller, 2003. p. 237.

(491) *Ibidem*, p. 236.

(492) GIGLIO, Wagner; CORRÊA, Claudia Giglio Veltri. *Direito processual do trabalho*. 15. ed. São Paulo: Saraiva, 2005. p. 447.

(493) TEIXEIRA FILHO, Manoel Antonio. *Sistema dos recursos trabalhistas*. 10. ed. São Paulo: LTr, 2003. p. 144; GIGLIO, Wagner; CORRÊA, Claudia Giglio Veltri. *Direito processual do trabalho*. 15. ed. São Paulo: Saraiva, 2005. p. 447.

(494) ASSIS, Araken de. *Manual dos recursos*. São Paulo: Revista dos Tribunais, 2007. p. 143.

(495) NERY JUNIOR, Nelson. *Princípios fundamentais:* teoria geral dos recursos. 5. ed. São Paulo: Revista dos Tribunais, 2000. p. 260.

decisão é que se dá o ingresso no feito, o recurso interposto já será de terceiro e não de parte.(496) Instaurado, porém, o procedimento recursal, o terceiro recorrente transforma-se em parte e, nessa condição, passará a atuar no curso do processo.(497)

Por fim, os *sucessores* das partes, *inter vivos* e *mortis causa*, revelam-se inequivocamente legitimados para recorrer.

Diante do exposto, verifica-se, com amparo no magistério de *Dinamarco*, que a aquisição da qualidade de parte pode se dar em quatro momentos distintos: a) pela demanda (autor); b) pela citação (réu); c) pela intervenção espontânea e d) pela sucessão.(498)

3.1.2.2. Ministério Público

Segundo o art. 499, § 2º, do CPC, "o Ministério Público tem legitimidade para recorrer assim no processo em que é parte, como naqueles em que oficiou como fiscal da lei".

A Lei Complementar n. 75/93, em seu art. 83, inciso VI, dirigindo-se especificamente ao Ministério Público do Trabalho, confere-lhe legitimidade para "recorrer das decisões da Justiça do Trabalho, quando entender necessário, tanto nos processos em que for parte, como naqueles em que oficiar como fiscal da lei".

Importante observar que a legitimidade recursal do Ministério Público, a despeito do que sugere a literalidade dos dispositivos legais acima, independe da circunstância de haver efetivamente funcionado como fiscal da lei. Basta ter havido a possibilidade de fazê-lo.(499)

E, de fato, há hipóteses em que a intervenção do Ministério Público do Trabalho no processo revela-se obrigatória, sob pena de nulidade. Tome-se como exemplo o disposto no art. 83, inciso XIII, da Lei Complementar n. 75/93, que impõe ao *Parquet* trabalhista "intervir obrigatoriamente em todos os feitos nos segundo e terceiro graus de jurisdição da Justiça do Trabalho, quando a parte for pessoa jurídica de Direito Público, Estado estrangeiro ou organismo internacional".

Assim, ainda que essa intervenção não ocorra — adverte *Araken de Assis* —, "inexiste razão plausível para negar ao Ministério Público o direito de corrigir o processo viciado pela falta de sua intervenção (art. 246), através do recurso destinado a invalidá-lo (*error in procedendo*), se poderá pleitear a rescisão da sentença de mérito, proferida nessas condições, por idêntico motivo (art. 487, III)".(500)(501)

---

(496) MOREIRA, José Carlos Barbosa. *Comentários ao Código de Processo Civil*. v. 5, 11. ed. Rio de Janeiro: Forense, 2004. p. 290-291.

(497) ASSIS, Araken de. *Manual dos recursos*. São Paulo: Revista dos Tribunais, 2007. p. 144.

(498) DINAMARCO, Cândido Rangel. *Litisconsórcio*. 6. ed. São Paulo: Malheiros, 2001. p. 22.

(499) NERY JUNIOR, Nelson. *Princípios fundamentais:* teoria geral dos recursos. 5. ed. São Paulo: Revista dos Tribunais, 2000. p. 261.

(500) ASSIS, Araken de. *Manual dos recursos*. São Paulo: Revista dos Tribunais, 2007. p. 147.

(501) Cf. Costa Machado: "A falta de intervenção do MP nos processos de jurisdição contenciosa em que ela é exigida [...] tem por consequência a sua nulidade, a teor do disposto nos arts. 84 e 246 do CPC [...]. Muito bem, toda vez que um processo se tenha desenvolvido sem a participação do MP e gere decisão de mérito

Os recursos interpostos pelo Ministério Público, por outro lado, em nada diferem daqueles atribuídos por lei aos demais legitimados, cabendo-lhe, por isso mesmo, satisfazer os mesmos pressupostos de admissibilidade (CPC, art. 81).[(502)] Eventuais exceções decorrem de regra específica, como a que atribui ao Ministério Público o prazo em dobro para recorrer (CPC, art. 188), bem como a isenção quanto ao pagamento de custas (CLT, art. 790-A).

De acordo com a Lei Complementar n. 75/93, a intervenção do Ministério Público no processo trabalhista encontra-se vinculada à existência de interesse público (art. 83, II). E com base nessa perspectiva, a jurisprudência do TST vem balizando a legitimidade recursal do MP, tendo-a por inexistente, por exemplo, para arguir prescrição em favor de entidade de direito público, quando a lide tiver por objeto pretensão de direito patrimonial (Orientação Jurisprudencial n. 130/SbDI-1) ou para recorrer na defesa de interesse patrimonial privado, inclusive de empresas públicas e sociedades de economia mista (Orientação Jurisprudencial n. 237/SbDI-1).[(503)]

Em sentido oposto, haja vista a presença de interesse público, o TST tem admitido a intervenção recursal do Ministério Público para recorrer contra decisão que declara a existência de vínculo empregatício com sociedade de economia mista ou empresa pública, após a Constituição de 1988, sem a prévia aprovação em concurso público (Orientação Jurisprudencial n. 338/SbDI-1).

Interessante ressaltar, por fim, que a legitimidade recursal do Ministério Público, decorrente de sua atuação como fiscal da lei, revela-se presente independentemente da irresignação de qualquer das partes.[(504)] Atuando, porém, nessa condição, difícil será reconhecer ao *Parquet* a legitimidade para recorrer de forma adesiva, já que, na qualidade

---

transitada em julgado, pode o *parquet* tomar a iniciativa da rescisão da sentença ou acórdão assim proferido. Na verdade, o presente fundamento de rescindibilidade (falta de intervenção) nada mais é do que uma particular hipótese de violação de literal disposição de lei, a que alude o inc. V do art. 485." (MACHADO, Antônio Cláudio da Costa. *Código de Processo Civil interpretado:* artigo por artigo, parágrafo por parágrafo. 6. ed. Barueri: Manole, 2007. p. 588).

(502) JORGE, Flávio Cheim. *Teoria geral dos recursos cíveis*. 3. ed. São Paulo: Revista dos Tribunais, 2007. p. 93; ASSIS, Araken de. *Manual dos recursos*. São Paulo: Revista dos Tribunais, 2007. p. 147.

(503) Carlos Henrique Bezerra Leite formula crítica às orientações jurisprudenciais referidas, asseverando que "o juízo de oportunidade e conveniência a respeito da interposição do recurso é do Ministério Público, pois somente a ele a lei atribuiu a aferição da necessidade ou não do recurso. Dito de outro modo, a legitimação e o interesse recursal do *Parquet* estarão sempre presentes, porque decorrem de previsão expressa na lei. Cabe ao tribunal apreciar o conteúdo substancial do recurso, provendo-o ou não. Ademais, a defesa do patrimônio das empresas estatais, embora pessoas jurídicas de direito privado, constitui matéria de relevante interesse público, pois essas entidades, como órgãos integrantes da administração pública indireta, estão sujeitas à observância dos princípios constitucionais da legalidade, moralidade, publicidade, impessoalidade e eficiência (CF, art. 37, *caput*)." (BEZERRA LEITE, Carlos Henrique. *Curso de direito processual do trabalho*. 2. ed. São Paulo: LTr, 2004. p. 486).

(504) JORGE, Flávio Cheim. *Teoria geral dos recursos cíveis*. 3. ed. São Paulo: Revista dos Tribunais, 2007. p. 94. Nas palavras de Fredie Didier Jr. e Leonardo José Carneiro da Cunha, "a legitimação recursal como *custos legis* é concorrente com a das partes, mas é primária, ou seja, independe do comportamento delas [...]" (DIDIER JR., Fredie; CUNHA, Leonardo José Carneiro da. *Curso de direito processual civil:* meios de impugnação às decisões judiciais e processo nos Tribunais. Salvador: JusPodivm, 2006. p. 28).

de fiscal da lei, não se poderá afirmar que o Ministério Público "sucumbiu parcialmente", de modo a permitir a adesão ao recurso interposto pela outra parte.[505]

3.1.2.3. Terceiro prejudicado

Ao contrário do que ocorre em certos ordenamentos processuais alienígenas[506], entre nós o terceiro prejudicado dispõe das mesmas modalidades recursais conferidas às partes. Idênticos também são os pressupostos de admissibilidade. Nas palavras de *Barbosa Moreira*, no ordenamento jurídico brasileiro, "não há recurso de que só o terceiro disponha, nem recurso de que disponham as partes e se negue em tese ao terceiro".[507]

Mas quem é o terceiro legitimado para recorrer pelo art. 499 do CPC a recorrer?

Com efeito, o conceito de terceiro é obtido por exclusão, mediante confronto com o conceito de parte[508], já que em relação a este se encontra em simétrica oposição.[509] "Trata-se da pessoa que jamais ostentou a condição de parte, ou deixou de exibi-la em momento anterior à interposição do recurso".[510] Em outras palavras, para efeitos recursais, terceiro é aquele que é estranho ao processo; que não figurou no curso do procedimento extinto pela sentença na qualidade de autor, réu, assistente ou interveniente.[511][512]

É importante observar, porém, que a legislação processual não outorga legitimidade recursal a qualquer terceiro. Consoante o art. 499, § 1º, do CPC, o terceiro prejudicado somente estará legitimado a recorrer se "demonstrar o nexo de interdependência entre o seu interesse de intervir e a relação jurídica submetida à apreciação judicial".

Para a caracterização da legitimidade, portanto, não basta a simples condição de terceiro. É preciso que esteja presente o "nexo de interdependência" entre a relação jurídica por este titularizada e aquela deduzida no processo. É desse liame que resulta o interesse do terceiro em intervir, como decorrência da repercussão que a solução

---

(505) ASSIS, Araken de. *Manual dos recursos*. São Paulo: Revista dos Tribunais, 2007. p. 148. No mesmo sentido: MOREIRA, José Carlos Barbosa. *Comentários ao Código de Processo Civil*. v. 5, 11. ed. Rio de Janeiro: Forense, 2004. p. 296. Em sentido contrário, Nelson Nery Junior afirma que "o MP tem, igualmente, legitimidade para recorrer pela forma adesiva, quer seja parte ou fiscal da lei, porque o termo *parte*, constante do art. 500, do CPC, quer significar *parte recorrente*." (NERY JUNIOR, Nelson. *Princípios fundamentais:* teoria geral dos recursos. 5. ed. São Paulo: Revista dos Tribunais, 2000. p. 262).

(506) José Carlos Barbosa Moreira cita como exemplos a *tierce opposition*, prevista no direito francês (*Code de procédure civile*, art. 582) e no direito belga (*Code Judiciaire*, art. 1.122), e a *opposizione di terzo*, contemplada pelo direito italiano (*Codice di procedura civile*, art. 404) — (MOREIRA, José Carlos Barbosa. *Comentários ao Código de Processo Civil*. v. 5, 11. ed. Rio de Janeiro: Forense, 2004. p. 292).

(507) MOREIRA, José Carlos Barbosa. *Comentários ao Código de Processo Civil*. v. 5, 11. ed. Rio de Janeiro: Forense, 2004. p. 293.

(508) *Idem*.

(509) DINAMARCO, Cândido Rangel. *Intervenção de terceiros*. São Paulo: Malheiros, 1997. p. 18.

(510) ASSIS, Araken de. *Manual dos recursos*. São Paulo: Revista dos Tribunais, 2007. p. 148.

(511) JORGE, Flávio Cheim. *Teoria geral dos recursos cíveis*. 3. ed. São Paulo: Revista dos Tribunais, 2007. p. 90.

(512) Ao ingressar no processo, contudo, o terceiro transforma-se em parte. (DIDIER JR., Fredie. *Recurso de terceiro:* juízo de admissibilidade. 2. ed. São Paulo: Revista dos Tribunais, 2005. p. 34).

emprestada à lide produz, direta ou indiretamente, em sua esfera jurídica, causando-lhe prejuízo.(513)

A legitimação do terceiro prejudicado, assim, não estará configurada caso o resultado da demanda repercuta apenas no âmbito de sua esfera meramente afetiva ou em suas expectativas econômicas. É indispensável a demonstração de interesse jurídico(514), evidenciado pelo elo existente entre a decisão que pretende impugnar e o prejuízo que esta lhe causou.(515) Nas palavras de *Fredie Didier Jr.*: "O interesse jurídico é o fator da legitimação do ingresso do terceiro".(516)

Diante das características acima expostas, verifica-se que, ao contrário do preconizado por prestigiosa doutrina,(517) o perito não se legitima para impugnar o valor de seus honorários fixados em decisão judicial, já que, em nenhuma hipótese, poderá ser enquadrado como terceiro prejudicado.(518) Em realidade, na condição de auxiliar do juízo, o perito não titulariza nenhuma relação conexa ou dependente daquela deduzida no processo, de sorte a ser afetado com o desfecho decorrente da solução judicial emprestada à lide. A própria posição ocupada pelo perito, por sinal, não lhe permite ter interesse jurídico no desfecho da demanda, porquanto sua atuação tem por pressuposto a imparcialidade (CPC, art. 138, III).(519)

O mesmo se diga em relação ao advogado, que, na qualidade de representante judicial das partes, não está legitimado a recorrer em nome próprio acerca da questão de direito substancial objeto da lide, exceto no que toca aos honorários advocatícios(520), conforme será devidamente apreciado no tópico seguinte.

Independentemente da demonstração de interesse jurídico, porém, a intervenção da União tem sido admitida, com base no art. 5º da Lei n. 9.469/97.(521) Para tanto, basta

---

(513) Cf. Fredie Didier Jr.: "A situação legitimante para o recurso do terceiro é, como vimos, resultado do interesse oriundo do vínculo entre duas relações jurídicas." (DIDIER JR., Fredie. *Recurso de terceiro:* juízo de admissibilidade. 2. ed. São Paulo: Revista dos Tribunais, 2005. p. 140).

(514) CARNEIRO, Athos Gusmão. *Intervenção de terceiros*. 13. ed. São Paulo: Saraiva, 2001. p. 50.

(515) NERY JUNIOR, Nelson. *Princípios fundamentais:* teoria geral dos recursos. 5. ed. São Paulo: Revista dos Tribunais, 2000. p. 262.

(516) DIDIER JR., Fredie. *Recurso de terceiro:* juízo de admissibilidade. 2. ed. São Paulo: Revista dos Tribunais, 2005. p. 118.

(517) TEIXEIRA FILHO, Manoel Antonio. *Sistema dos recursos trabalhistas*. 10. ed. São Paulo: LTr, 2003. p. 147.

(518) Nesse sentido: "ILEGITIMIDADE DO PERITO PARA RECORRER. O perito, como auxiliar do juízo, (art. 139 do CPC), não adquire a condição de parte e sucumbente na demanda, pois não compõe a relação jurídica de direito material. Não é também terceiro interessado, na acepção do art. 499, § 1º, do CPC, pois inexiste nexo de interdependência entre o seu interesse de intervir e a relação jurídica submetida à apreciação judicial. O interesse do perito em recorrer é meramente econômico, cujo fundamento não encontra amparo na legislação a fim de lhe atribuir legitimidade para recorrer." (Processo n. TST-RR-19.869/2002, 3ª Turma, Rel. Juiz Convocado Luiz Ronan Neves Koury, DJ de 7.12.2006).

(519) JORGE, Flávio Cheim. *Teoria geral dos recursos cíveis*. 3. ed. São Paulo: Revista dos Tribunais, 2007. p. 94. No mesmo sentido: JORGE NETO, Francisco Ferreira; CAVALCANTE, Jouberto de Quadro Pessoa. *Os recursos no processo do trabalho*. Rio de Janeiro: Lumen Juris, 2007. p. 169.

(520) DIDIER JR., Fredie. *Recurso de terceiro:* juízo de admissibilidade. 2. ed. São Paulo: Revista dos Tribunais, 2005. p. 171.

(521) CARNEIRO, Athos Gusmão. *Intervenção de terceiros*. 13. ed. São Paulo: Saraiva, 2001. p. 149-150.

que nos processos figurem, como autoras ou rés, autarquias, fundações públicas, sociedades de economia mista e empresas públicas federais.(522) De ser ressalvada, entretanto, a hipótese de se tratar de causa sujeita ao procedimento sumaríssimo. É que, sendo inaplicável à Administração Pública direta, autárquica e fundacional (CLT, art. 852-A, parágrafo único), o procedimento não admite a intervenção da União.

Da sistemática inerente ao recurso de terceiro, verifica-se que este nada mais é do que uma modalidade de intervenção de terceiros na fase recursal. Por isso mesmo, não é lícito ao interveniente inovar.(523) Cabe-lhe discutir em grau recursal apenas aquela lide apreciada pela decisão que pretende impugnar.(524)

O terceiro, por fim, não goza de nenhum privilégio em relação aos demais legitimados pelo art. 499 do CPC. O prazo para a interposição do recurso é o mesmo outorgado às partes. Não tem cabimento, assim, argumentar-se que o prazo recursal somente teria fluência a partir da ciência da decisão por parte do terceiro, porquanto, admitida essa circunstância, ficaria indefinidamente protraído o trânsito em julgado.(525)

3.1.2.4. A legitimidade do advogado

Conforme se afirmou no tópico anterior, o advogado, na qualidade de representante judicial das partes, não está legitimado a recorrer em nome próprio acerca da questão de direito substancial objeto da lide. No que toca especificamente aos honorários advocatícios, porém, a questão merece alguma reflexão.

Com efeito, anteriormente ao advento da Emenda Constitucional n. 45/2004, os honorários advocatícios na Justiça do Trabalho tinham seu regramento traçado exclusivamente pela Lei n. 5.584/70. Segundo o referido diploma legal, apenas nas hipóteses de assistência judiciária prestada pelo sindicato ao trabalhador economicamente carente, é que teria ensejo a fixação da verba honorária (art. 14), cujo valor, a ser pago pelo vencido, deveria reverter em favor da entidade sindical (art. 16).

A jurisprudência do TST a respeito do tema encontra-se estratificada na Súmula n. 219 daquela Corte, expressa nos seguintes termos, *in verbis*:

> "HONORÁRIOS ADVOCATÍCIOS. HIPÓTESE DE CABIMENTO. I – Na Justiça do Trabalho, a condenação ao pagamento de honorários advocatícios, nunca superiores a 15% (quinze por cento), não decorre pura e simplesmente da sucumbência, devendo a

---

(522) LEGITIMAÇÃO DA UNIÃO. INTERESSE JURÍDICO. INTELIGÊNCIA DO ART. 5º, PARÁGRAFO ÚNICO, DA LEI N. 9.469/97. É legítima a intervenção da União em processos judiciais, cujos reflexos da decisão possam ser indiretos. Com efeito, o parágrafo único do art. 5º da Lei n. 9.469/97 possibilita a intervenção independentemente da demonstração de interesse jurídico. (Processo n. TST-RXOFROAG-68484/2002-900-16-00, SbDI-2, Rel. Ministro João Batista Brito Pereira. DJ de 1.10.2004).

(523) NERY JUNIOR, Nelson. *Princípios fundamentais:* teoria geral dos recursos. 5. ed. São Paulo: Revista dos Tribunais, 2000. p. 262.

(524) JORGE, Flávio Cheim. *Teoria geral dos recursos cíveis*. 3. ed. São Paulo: Revista dos Tribunais, 2007. p. 91.

(525) ASSIS, Araken de. *Manual dos recursos*. São Paulo: Revista dos Tribunais, 2007. p. 151.

parte estar assistida por sindicato da categoria profissional e comprovar a percepção de salário inferior ao dobro do salário mínimo ou encontrar-se em situação econômica que não lhe permita demandar sem prejuízo do próprio sustento ou da respectiva família. II – É incabível a condenação ao pagamento de honorários advocatícios em ação rescisória no processo trabalhista, salvo se preenchidos os requisitos da Lei n. 5.584/70."

Com o advento da Emenda Constitucional n. 45/2004, a competência da Justiça do Trabalho foi sensivelmente ampliada, mediante a inserção de matérias, outrora situadas no âmbito da Justiça comum, e que não se inserem nos estritos limites da relação de emprego. É o que sucede, por exemplo, com as causas atinentes à representação sindical (CF, art. 114, III)(526) e às penalidades administrativas impostas aos empregadores pelos órgãos de fiscalização das relações de trabalho (CF, art. 114, VII).(527)

Dada a incompatibilidade entre estas novas matérias e a sistemática prevista na Lei n. 5.584/70, voltada integralmente para as lides entre empregado e empregador, o TST houve por bem fixar orientação no sentido de que, "exceto nas lides decorrentes da relação de emprego, os honorários advocatícios são devidos pela mera sucumbência".(528)(529)

---

(526) Cf. Estêvão Mallet: "Os dissídios sobre representação sindical, em caso de conflito entre entidades e em matéria de eleições de dirigentes, eram, antes da Emenda Constitucional n. 45, examinados pela Justiça Comum, porque não inseridos na previsão do art. 114, da Constituição, como explicitado na Orientação Jurisprudencial n. 4, da Seção de Dissídios Coletivos, do Tribunal Superior do Trabalho, na Súmula n. 4, do Superior Tribunal de Justiça, e em vários precedentes jurisprudenciais. A Justiça do Trabalho deles conhecia tão somente de modo incidental, sem que seu pronunciamento ficasse revestido da eficácia da coisa julgada (CPC, art. 469, inciso III, combinado com o art. 470). As matérias em causa, no entanto, acham-se intimamente ligadas à atuação das entidades sindicais. Não se justifica deferir o seu conhecimento, como questão principal, aos tribunais de direito comum [...]. A Emenda Constitucional n. 45 corrige o erro do direito anterior." (MALLET, Estêvão. Apontamentos sobre a Competência da Justiça do Trabalho após a Emenda Constitucional n. 45. In: COUTINHO, Grijalbo Fernandes; FAVA, Marcos Neves (Coords.). *Justiça do trabalho:* competência ampliada. São Paulo: LTr, 2005. p. 77-78).

(527) "Havia, no direito anterior, grave inconsistência e desarmonia provocada pela competência mais restrita da Justiça do Trabalho, o que abria a indesejável possibilidade de, sobre o mesmo fato, surgirem provimentos divergentes, proferidos por órgãos judiciários diferentes, sem espaço para uniformizá-los.

Considere-se a hipótese de discussão a respeito da natureza remuneratória ou não de certa parcela concedida ao empregado. Autuada a empresa, por não ter recolhido FGTS sobre o pagamento, poderia discutir, na Justiça Federal, a legitimidade de sua conduta, afirmando a natureza indenizatória da parcela. Demandada pelo empregado, para pagamento do FGTS sobre o mesmo pagamento, teria de defender-se na Justiça do Trabalho, concebendo-se que a Justiça Federal invalidasse a autuação e, ao mesmo tempo, fosse a reclamação julgada procedente pela Justiça do Trabalho. O pagamento feito ao empregado seria, a um só tempo, parcela remuneratória e não remuneratória, situação absurda e indesejável, cuja ocorrência cumpria evitar. [...] A fim de resolver a apontada dificuldade, a Emenda Constitucional n. 45 atribuiu à Justiça do Trabalho, com o inciso VII, do art. 114, competência para julgar 'as ações relativas às penalidades administrativas impostas aos empregadores pelos órgãos de fiscalização das relações de trabalho." (MALLET, Estêvão. Apontamentos sobre a competência da Justiça do Trabalho após a Emenda Constitucional n. 45. In: COUTINHO, Grijalbo Fernandes; FAVA, Marcos Neves (Coords.). *Justiça do trabalho:* competência ampliada. São Paulo: LTr, 2005. p. 84).

(528) Tribunal Superior do Trabalho. Instrução normativa n. 27/2005, publicada no Diário de Justiça da União de 22.2.2005.

(529) Sobre a evolução do tratamento legislativo dos honorários advocatícios na Justiça do Trabalho, veja-se: LIMA, Francisco Meton Marques de. *Elementos de direito do trabalho e processo trabalhista*. 12. ed. São Paulo: LTr, 2007. p. 313.

Em outras palavras, excepcionadas as lides estritamente relacionadas com a relação de emprego, incide sobre a parte sucumbente a condenação referente aos honorários advocatícios, tudo conforme as disposições dos arts. 20 e seguintes do CPC.

Como decorrência desse cenário introduzido pela Emenda Constitucional n. 45/2004, ganhou relevo o problema da legitimidade recursal do advogado para recorrer, em nome próprio, em relação aos honorários advocatícios fixados pela decisão judicial. E isto se dá porque, por força do art. 23 da Lei n. 8.906/94 (Estatuto da Advocacia e da Ordem dos Advogados do Brasil), a verba honorária pertence ao advogado, que detém o direito autônomo para executar a sentença nesta parte. Para melhor visualização da matéria, anote-se o teor do referido dispositivo legal:

> "Art. 23. Os honorários incluídos na condenação, por arbitramento ou sucumbência, pertencem ao advogado, tendo este o direito autônomo para executar a sentença nesta parte, podendo requerer que o precatório, quando necessário, seja expedido em seu favor."

Tem-se, portanto, que, excepcionadas as lides decorrentes da relação de emprego, em que os honorários advocatícios, quando devidos, revertem em favor do sindicato (Lei n. 5.584/70, art. 16), a fixação da verba honorária, no momento em que prolatada a decisão judicial, faz nascer para o advogado, que até ali não integrava o processo, o direito autônomo à referida parcela. Nas palavras de *Fredie Didier Jr.*: "A situação substancial, como em uma mitose, se subdivide em duas partes, cada qual pertencendo a diferente titular: uma ao vencedor da demanda; outra, ao advogado aquinhoado com a verba honorária".(530)

Nasce, assim, entre o advogado e a relação substancial posta em juízo o "*nexo de interdependência*" a que alude o art. 499, § 1º, do CPC, tendo em vista a inegável repercussão que a solução emprestada à lide produzirá em sua esfera jurídica. Por essa razão, bem observa *Araken de Assis* que, "legitimado a executar o capítulo assessório da sucumbência, também se habilita o advogado a recorrer para defender tal direito — por exemplo, pleiteando o aumento da verba — na qualidade de terceiro prejudicado".(531)

No mesmo sentido, e referendando as conclusões acima, cabe trazer a lume o magistério de *Yussef Said Cahali*:

> "A execução, para a qual está legitimado o advogado, tem como antecedente lógico a sentença de condenação; inserido agora na relação processual, na condição equiparada ao litisconsorte, nela passa a ter interesse próprio no concernente à verba honorária.
>
> Mas, ainda que se reputasse terceiro na lide, a sua legitimidade para recorrer, em nome próprio, encontrará respaldo no art. 499 do CPC: se antes do novo Estatuto permitia-se a discussão quando a saber se, no caso, seu interesse em recorrer

---

(530) DIDIER JR., Fredie. *Recurso de terceiro:* juízo de admissibilidade. 2. ed. São Paulo: Revista dos Tribunais, 2005. p. 169.

(531) ASSIS, Araken de. *Manual dos recursos*. São Paulo: Revista dos Tribunais, 2007. p. 153-154.

seria apenas *de fato* ou se configurava um interesse *jurídico*, agora não se pode pôr em dúvida que resta caracterizado o nexo de interdependência entre o seu interesse de intervir e a relação jurídica submetida à apreciação judicial, pressuposto exigido no § 1º do art. 499."[532]

Importante observar que a legitimidade do advogado para recorrer em nome próprio, na condição de terceiro, exclusivamente no que toca aos honorários advocatícios, não retira a legitimidade da parte por ele representada em juízo para recorrer em relação ao tema.

O recurso da parte, porém, por objetivar a defesa de direito alheio, transmudará sua legitimação de ordinária para extraordinária, já que, relativamente à verba honorária, sua atuação se dará na condição de substituta processual de seu defensor.[533] Isso explica por que o advogado, mesmo sem ser parte, será alcançado pela coisa julgada nesse particular.[534]

3.1.3. Interesse

Para que esteja configurado o interesse em recorrer é preciso o concurso de dois fatores — autônomos, mas complementares —, materializados no binômio *utilidade* e *necessidade*. Assim, haverá interesse em impugnar o ato decisório quando o recorrente "visar à obtenção de situação mais favorável do que aquela plasmada no ato sujeito ao recurso e, para atingir semelhante finalidade, a via recursal se mostrar o caminho necessário".[535]

Essa posição, majoritariamente sufragada pela doutrina nacional, conforme o magistério de *Barbosa Moreira*[536], *Nelson Nery Jr.*[537], *Flávio Cheim Jorge*[538], *Cléber Lúcio de Almeida*[539], entre outros, também encontra acolhida na literatura especializada estrangeira. Nesse sentido, conduz-se o pensamento de *Juan Carlos Hitters*: "En puridad de verdad, la noción de *interés* reposa sobre dos pautas: *utilidad*, más *necesidad*; esto significa que el recurso debe ser *útil* y, además, *necesario*. En otras palabras, es *útil* si el quejoso obtiene una situación más ventajosa; y es *necesario*, si el remedio es indispensable para alcanzar dicho éxito".[540]

---

(532) CAHALI, Yussef Said. *Honorários advocatícios*. 3. ed. São Paulo: Revista dos Tribunais, 1997. p. 810.

(533) DIDIER JR., Fredie. *Recurso de terceiro:* juízo de admissibilidade. 2. ed. São Paulo: Revista dos Tribunais, 2005. p. 169.

(534) JORGE, Flávio Cheim. *Teoria geral dos recursos cíveis*. 3. ed. São Paulo: Revista dos Tribunais, 2007. p. 99.

(535) ASSIS, Araken de. *Manual dos recursos*. São Paulo: Revista dos Tribunais, 2007. p. 154.

(536) MOREIRA, José Carlos Barbosa. *Comentários ao Código de Processo Civil*. v. 5, 11. ed. Rio de Janeiro: Forense, 2004. p. 297.

(537) NERY JUNIOR, Nelson. *Princípios fundamentais:* teoria geral dos recursos. 5. ed. São Paulo: Revista dos Tribunais, 2000. p. 265.

(538) JORGE, Flávio Cheim. *Teoria geral dos recursos cíveis*. 3. ed. São Paulo: Revista dos Tribunais, 2007. p. 100.

(539) ALMEIDA, Cléber Lúcio. *Direito processual do trabalho*. Belo Horizonte: Del Rey, 2006. p. 696.

(540) HITTERS, Juan Carlos. *Técnica de los recursos ordinarios*. 2. ed. La Plata: Librería Editora Platense, 2004. p. 61.

Fixadas essas premissas iniciais, passemos, de forma circunstanciada, ao exame desses dois fatores mencionados.

3.1.3.1. A necessidade do recurso

Para que esteja presente o interesse em recorrer, o recurso deve ser *necessário*, ou seja, deve constituir o *único meio* para a obtenção, *no mesmo processo*, do benefício que pretende o recorrente contra a decisão judicial impugnada. Por essa razão, não estará conformado o requisito do interesse recursal, caso o recorrente possa, por outro meio, sem a interposição do recurso, obter a vantagem almejada.(541)

Bem ilustra essa situação a equivocada admissão de recurso no primeiro juízo de admissibilidade, não obstante, por exemplo, a sua intempestividade ou deserção. Em semelhante hipótese, evidencia-se a ausência de interesse recursal por parte do recorrido, que poderá, por meio mais rápido e eficaz — as contrarrazões ao recurso defeituoso — obter o resultado almejado, qual seja: a sua inadmissibilidade.(542) Revela-se desnecessária, portanto, a interposição de recurso pela parte recorrida, contra a decisão proferida pelo juízo *a quo*, ao emitir o juízo positivo de admissibilidade.

Não há necessidade de interposição de recurso, outrossim, contra despacho, que, por não possuir conteúdo decisório, não gera sucumbência, nem dá ensejo à formação de preclusão.(543) Revela-se também desnecessária a interposição de recurso diretamente contra decisão interlocutória, cujo teor poderá ser impugnado por ocasião do recurso interposto contra a decisão definitiva, conforme expressa previsão do art. 893, § 1º, da CLT.

Não basta, porém, que o recurso seja necessário. É preciso também que ele seja útil.

3.1.3.2. A utilidade do recurso

À míngua de regra específica na CLT, o interesse recursal no processo trabalhista tem seu regramento ditado pelo art. 499 do CPC, cujo *caput* dispõe que: “O recurso pode ser interposto pela parte vencida, pelo terceiro prejudicado e pelo Ministério Público”.

Por força de sua expressa referência à “parte *vencida*”, durante muito tempo a interpretação do referido dispositivo legal foi pautada pela vinculação do interesse recursal à diferença entre o que foi postulado pelas partes e o que foi concedido pela decisão proferida. Com isso, plasmou-se um critério de sucumbência fundado em uma perspectiva estritamente *formal*.(544)

Desse modo, o interesse nasceria para o autor, sempre que a decisão judicial deixasse de acolher seu pedido, no todo ou em parte. Já sob a ótica do réu, o interesse

---

(541) NERY JUNIOR, Nelson. *Princípios fundamentais:* teoria geral dos recursos. 5. ed. São Paulo: Revista dos Tribunais, 2000. p. 265.

(542) *Idem*.

(543) SOUZA, Bernardo Pimentel. *Introdução aos recursos cíveis e à ação rescisória*. 4. ed. São Paulo: Saraiva, 2007. p. 53.

(544) JORGE, Flávio Cheim. *Teoria geral dos recursos cíveis*. 3. ed. São Paulo: Revista dos Tribunais, 2007. p. 101.

recursal teria sua gênese no acolhimento total ou parcial da pretensão formulada pelo autor. Em suma, a apuração do interesse seria a resultante "de uma simples operação aritmética".(545)

Essa visão formal da sucumbência alicerça-se, igualmente, na concepção de que o interesse em recorrer encontra-se indissociavelmente vinculado à ideia de prejuízo ou gravame. Nesse sentido, conduz-se o magistério de *Amaral Santos*, segundo o qual: "Tem interesse de recorrer a parte prejudicada pela decisão. O que justifica o recurso é o *prejuízo*, ou *gravame*, que a parte sofreu com a sentença".(546) Na mesma linha, posiciona-se *Eduardo Couture*, ao preconizar que: "Puede deducir recurso, por lo tanto, aquel que ha sufrido agravio en la sentencia. Y esto puede ocurrir siendo parte en el juicio o siendo ajeno a él".(547)

O critério acima, contudo, por encontrar-se diretamente ligado à iniciativa das partes, põe a descoberto inúmeras situações que não se harmonizam ao conceito de sucumbência formal, muito embora, em relação a elas, admita-se a interposição de recurso. É o caso, por exemplo, do réu revel, que não poderia ter qualquer pedido negado pela decisão, pelo simples fato de nada haver requerido. O mesmo se aplica ao extenso rol de matérias e questões que podem ser apreciadas de ofício pelo juiz, independentemente de manifestação das partes, e que, não obstante, são plenamente passíveis de impugnação pela via recursal.(548)

Pela mesma razão, a noção formal de sucumbência mostra-se incapaz de abarcar a totalidade dos legitimados do art. 499 do CPC. Com efeito, quanto ao terceiro prejudicado, não se poderia cogitar de sucumbência ou mesmo imputar-lhe a condição de vencido, quando se observa que este permaneceu estranho ao feito até a interposição do recurso.(549) Diga-se o mesmo em relação ao Ministério Público, quando sua atuação no processo dá-se na condição de fiscal da lei. Realmente, por limitar-se a opinar, sem nada pedir, mostra-se inviável, nessa hipótese, atribuir-se ao *Parquet* a condição de vencido.(550)

Diante dessa perspectiva, parte da doutrina passou a investigar e formular outros critérios que melhor adequassem as múltiplas situações que não eram abarcadas pelo

---

(545) LIMA, Patrícia Carla de Deus. Sobre a possibilidade de interposição de recurso pela parte vencedora que sofreu cerceamento de defesa: algumas reflexões. In: NERY JR., Nelson; WAMBIER, Teresa Arruda Alvim (Coords.). *Aspectos polêmicos e atuais dos recursos cíveis e assuntos afins*. São Paulo: Revista dos Tribunais, 2006. v. 10, p. 347.

(546) SANTOS, Moacyr Amaral. *Primeiras linhas de direito processual civil*. 16. ed., rev., atual. e ampl. por Aricê Amaral Santos. São Paulo: Saraiva, 1997. v. 3, p. 82.

(547) COUTURE, Eduardo. *Fundamentos del derecho procesal civil*. Buenos Aires: B de F, 2005. p. 294.

(548) LIMA, Patrícia Carla de Deus. Sobre a possibilidade de interposição de recurso pela parte vencedora que sofreu cerceamento de defesa: algumas reflexões. In: NERY JR., Nelson; WAMBIER, Teresa Arruda Alvim (Coords.). *Aspectos polêmicos e atuais dos recursos cíveis e assuntos afins*. São Paulo: Revista dos Tribunais, 2006. v. 10, p. 348.

(549) MOREIRA, José Carlos Barbosa. *Comentários ao Código de Processo Civil*. v. 5, 11. ed. Rio de Janeiro: Forense, 2004. p. 297-298.

(550) ASSIS, Araken de. *Manual dos recursos*. São Paulo: Revista dos Tribunais, 2007. p. 156.

conceito de sucumbência formal, cuja aplicação isolada se mostrava insatisfatória e insuficiente.(551)

Cunhou-se, assim, o conceito de *sucumbência material*, que é ligado, não propriamente "ao prejuízo perpetrado pela decisão proferida, no seu aspecto formal, mas sim, e, principalmente, aos *efeitos prejudiciais* da decisão e à possibilidade de se obter uma decisão diversa e mais *favorável* do que aquela proferida".(552)

Em sintonia com esse pensamento, *Barbosa Moreira* observa que a construção de um conceito unitário do interesse em recorrer, que direcione um tratamento uniforme à parte, ao terceiro prejudicado e ao Ministério Público, exige a adoção de uma ótica antes *prospectiva* que *retrospectiva*. Por essa razão, adverte, a ênfase na formulação do conceito de interesse deve incidir "mais sobre o que é possível ao recorrente *esperar que se decida*, no novo julgamento, do que sobre o teor daquilo que *se decidiu*, no julgamento impugnado". Em síntese, o interesse liga-se "ao *proveito* que a futura decisão seja capaz de proporcionar ao recorrente".(553)

A apuração do interesse recursal, portanto, assenta-se na *utilidade* que o novo pronunciamento judicial poderá acarretar ao recorrente, que é medida pela possibilidade de alçá-lo a uma posição mais vantajosa que aquela em que se encontrava, em razão dos parâmetros fixados pelo provimento jurisdicional recorrido.(554)

Assentadas essas premissas, sem nenhuma dúvida, a parte será vencida, quando a decisão lhe causar prejuízo ou a colocar em situação menos favorável do que aquela em que se encontrava antes do processo. Diga-se o mesmo quando a decisão lhe repelir alguma pretensão ou acolher pretensão de seu adversário. Mas não é só. A parte igualmente será vencida, quando a decisão não lhe tenha proporcionado, pelo prisma prático, o máximo de vantagem que dela se poderia esperar.(555)

Postas as considerações acima, é induvidoso que àquele que sucumbiu, total ou parcialmente, assiste interesse em recorrer. Questão tormentosa, contudo, reside na apuração do interesse daquele que se sagrou vencedor.

---

(551) JORGE, Flávio Cheim. *Teoria geral dos recursos cíveis*. 3. ed. São Paulo: Revista dos Tribunais, 2007. p. 102.

(552) *Ibidem*, p. 103.

(553) MOREIRA, José Carlos Barbosa. *Comentários ao Código de Processo Civil*. v. 5, 11. ed. Rio de Janeiro: Forense, 2004. p. 298.

(554) A correlação entre interesse e utilidade remonta à teoria geral do direito. Em página clássica, ao abordar o tema, CARNELUTTI, Francesco (*Teoria geral do direito*. São Paulo: Lejus, 1999. p. 89-90) define o interesse como "uma posição favorável para a satisfação de uma necessidade", exprimindo, assim, a relação existente entre o ente que experimenta a necessidade (homem) e aquele que é capaz de satisfazê-la (bem). A capacidade de um bem para satisfazer a uma necessidade, por sua vez, evidencia a sua utilidade, de sorte que o interesse, ao fim e ao cabo, é a resultante da utilidade específica de um ente (bem) para outro ente (homem). No âmbito dos pressupostos de admissibilidade dos recursos, o conceito de interesse, ao ligar-se ao de utilidade, igualmente obedece aos parâmetros ditados pelas premissas acima. Assim, para que esteja presente o interesse, é preciso que o recurso seja *útil* ao recorrente, permitindo-lhe a satisfação de uma necessidade, qual seja: a de obter, por meio de um novo provimento jurisdicional, uma situação mais favorável que aquela materializada pela decisão judicial impugnada.

(555) MOREIRA, José Carlos Barbosa. *Comentários ao Código de Processo Civil*. v. 5, 11. ed. Rio de Janeiro: Forense, 2004. p. 299.

Conquanto a regra seja pela inadmissibilidade do recurso, é de se ver que, em algumas situações, até mesmo o vitorioso terá interesse em impugnar uma decisão favorável. Basta, sob o ponto de vista prático, que a decisão a ser proferida pelo órgão julgador do recurso possa, em tese, ser-lhe ainda mais vantajosa.(556)

É o caso do réu que fica sujeito ao ajuizamento de uma nova ação, conquanto vencedor em ação civil pública julgada improcedente por ausência de provas. É que, nessa hipótese, a decisão não faz coisa julgada material, quando em jogo a defesa de interesses difusos e coletivos (Lei n. 7.347/85, art. 16 e Lei n. 8.078/90, art. 103, I e II).(557) Assim, ainda que vitorioso, tem o réu inegável interesse recursal, pois não logrou alcançar o melhor resultado possível no processo: a improcedência do pedido mediante julgado protegido pela coisa julgada material.(558)

Pelos mesmos fundamentos, reputa-se presente o interesse recursal do réu em relação à sentença terminativa que haja decretado a extinção do processo por carência de ação. E isso porque, o art. 268 do CPC autoriza o autor a intentar de novo a ação.(559) Em realidade, materializada a hipótese acima — adverte *Araken de Assis* —, o réu será um vitorioso aparente e transitório, constrangido a suportar as futuras investidas do adversário.(560)(561)

De acordo com o magistério de *Patrícia Carla de Deus Lima*, o interesse da parte vencedora para recorrer também se configura naquelas hipóteses em que a sentença, apesar de favorável, padece de vício passível de acarretar sua desconstituição em momento futuro, por meio de ação rescisória. É o que sucede, por exemplo, no caso de julgamento *extra* ou *ultra petita*, de decisão proferida por juiz impedido ou absolutamente incompetente, ou quando a solução da lide se perfaz sem a intervenção do Ministério Público, em processo no qual ela era obrigatória.(562)

Inútil, porém, será a interposição de recurso, para impugnar a discrepância entre as razões adotadas pela decisão e os argumentos invocados pela parte vencedora. Conforme

---

(556) SOUZA, Bernardo Pimentel. *Introdução aos recursos cíveis e à ação rescisória*. 4. ed. São Paulo: Saraiva, 2007. p. 50-51.

(557) MARTINS FILHO, Ives Gandra. *Ação civil pública trabalhista*. Recife: Nossa Livraria, 1997. p. 91.

(558) Nesse sentido: SOUZA, Bernardo Pimentel. *Introdução aos recursos cíveis e à ação rescisória*. 4. ed. São Paulo: Saraiva, 2007. p. 51; NERY JUNIOR, Nelson. *Princípios fundamentais:* teoria geral dos recursos. 5. ed. São Paulo: Revista dos Tribunais, 2000. p. 269 (aludindo, com idêntico fundamento, à ação popular); ASSIS, Araken de. *Manual dos recursos*. São Paulo: Revista dos Tribunais, 2007. p. 159 (também com referência à ação popular) e MOREIRA, José Carlos Barbosa. *Comentários ao Código de Processo Civil.* 11. ed. Rio de Janeiro: Forense, 2004. v. 5, p. 299 (também com referência à ação popular).

(559) Nesse sentido: SOUZA, Bernardo Pimentel. *Introdução aos recursos cíveis e à ação rescisória*. 4. ed. São Paulo: Saraiva, 2007. p. 51; NERY JUNIOR, Nelson. *Princípios fundamentais:* teoria geral dos recursos. 5. ed. São Paulo: Revista dos Tribunais, 2000. p. 268.

(560) ASSIS, Araken de. *Manual dos recursos*. São Paulo: Revista dos Tribunais, 2007. p. 158.

(561) Em sentido contrario: MARINONI, Luiz Guilherme; ARENHART, Sérgio Cruz. *Curso de direito processual civil*. 6. ed. São Paulo: Revista dos Tribunais, 2007. v. 2: processo de conhecimento. p. 508.

(562) LIMA, Patrícia Carla de Deus. Sobre a possibilidade de interposição de recurso pela parte vencedora que sofreu cerceamento de defesa: algumas reflexões. In: NERY Jr., Nelson; WAMBIER, Teresa Arruda Alvim (Coords.). *Aspectos polêmicos e atuais dos recursos cíveis e assuntos afins*. São Paulo: Revista dos Tribunais, 2006. v. 10, p. 351-352.

observa *Barbosa Moreira*, para aferição do interesse recursal, é irrelevante "que o juiz se tenha apoiado, total ou parcialmente, em argumentos diversos daqueles sugeridos pelo litigante a cujo favor, no entanto, decidiu".[(563)]

De fato, a existência do interesse recursal deve ser apurada a partir da conclusão do julgado "e não do raciocínio armado para produzi-la".[(564)]

Para assim concluir, é preciso que se tenha em mente o efeito obstativo inerente aos recursos (veja capítulo 6, item 2.1), cuja interposição tem por objetivo impedir (obstar) a formação da preclusão e da coisa julgada.

Sucede que, consoante o art. 469 do CPC, todas as razões que levaram o magistrado a julgar procedente ou improcedente o pedido encontram-se fora dos limites objetivos da coisa julgada[(565)], cuja proteção incide apenas sobre a parte dispositiva da decisão. Por essa razão, somente à luz do dispositivo é que deve ser aferida a existência do interesse recursal.

Realmente, conforme observa *Flávio Cheim Jorge*, "se as razões de decidir não transitam em julgado, a parte poderá rediscuti-las em qualquer outro processo, não acarretando, portanto, qualquer interesse prático o fato de o juiz, apesar de acolher o requerimento da parte, fazê-lo com outro argumento".[(566)]

Não se extraia desta afirmação, contudo, a irrelevância da motivação para fins de apuração do interesse recursal, principalmente no que toca aos recursos de natureza extraordinária.[(567)] É que, se a conclusão do julgado estiver assentada em dois ou mais fundamentos, autônomos entre si, será inútil o recurso que não combata a todos. É que, nessa hipótese, ainda que provido, o recurso excepcional não trará nenhuma vantagem de ordem prática ao recorrente, já que a conclusão do julgado subsistirá incólume, ancorada no fundamento inatacado.[(568)]

3.2. Pressupostos extrínsecos

Finalizado o exame dos pressupostos intrínsecos de admissibilidade, cabe analisar os pressupostos extrínsecos: tempestividade, regularidade formal, inexistência de fato

---

(563) MOREIRA, José Carlos Barbosa. *Comentários ao Código de Processo Civil.* v. 5, 11. ed. Rio de Janeiro: Forense, 2004. p. 300.

(564) *Idem.*

(565) MACHADO, Antônio Cláudio da Costa. *Código de processo civil interpretado:* artigo por artigo, parágrafo por parágrafo. 6. ed. Barueri: Manole, 2007. p. 489.

(566) JORGE, Flávio Cheim. *Teoria geral dos recursos cíveis*. 3. ed. São Paulo: Revista dos Tribunais, 2007. p. 106.

(567) Em relação ao recurso ordinário aplica-se subsidiariamente o comando do § 2º do art. 515 do CPC, segundo o qual: "Quando o pedido ou a defesa tiver mais de um fundamento e o juiz acolher apenas um deles, a apelação devolverá ao tribunal o conhecimento dos demais".

(568) SOUZA, Bernardo Pimentel. *Introdução aos recursos cíveis e à ação rescisória*. 4. ed. São Paulo: Saraiva, 2007. p. 52; MOREIRA, José Carlos Barbosa. *Comentários ao Código de Processo Civil.* v. 5, 11. ed. Rio de Janeiro: Forense, 2004. p. 301. Ainda sobre o tema, cabe fazer referência ao magistério de Araken de Assis, que ressalta, com absoluta razão, que a questão atinente ao fundamento suficiente não impugnado relaciona-se muito mais com o pressuposto da regularidade formal, do que propriamente com a ausência de interesse recursal (ASSIS, Araken de. *Manual dos recursos*. São Paulo: Revista dos Tribunais, 2007. p. 161).

impeditivo ou extintivo do poder de recorrer, preparo e o depósito prévio de multas impostas pelo Poder Judiciário.

3.2.1. Tempestividade

3.2.1.1. Conceito

Proferida a decisão judicial, esta não será passível de ser impugnada a qualquer momento e de maneira indefinida. O princípio da segurança jurídica impõe limites ao poder de recorrer, fazendo com que os recursos devam ser interpostos dentro de prazos fixados na lei processual.(569)

Realmente, conforme observa *Fernando Amâncio Ferreira*, "torna-se necessário encontrar um ponto de equilíbrio entre o interesse de aperfeiçoar a decisão e a necessidade de pôr termo à lide; donde dever a sentença tornar-se firme e imutável a partir de certo momento, sem possibilidade de ulteriores impugnações".(570)

Nisso, portanto, consiste a tempestividade: na adequação entre a efetiva interposição do recurso e o lapso temporal legalmente concedido para que o recorrente exercite o poder de recorrer.(571)

Assim, interposto tardiamente, o recurso não será admissível, porquanto intempestivo, operando-se a preclusão temporal e a consequente formação da coisa julgada.(572)

3.2.1.2. O problema do recurso prematuro

Imperioso examinar se o recurso será intempestivo, com a sua consequente inadmissibilidade, se efetivada a interposição *antes* de abrir-se o prazo para recorrer.

Quanto a esse particular, a jurisprudência do TST firmou-se no sentido da inadmissibilidade do recurso prematuro.(573) Em sintonia com esse pensamento, *José Augusto*

---

(569) JORGE, Flávio Cheim. *Teoria geral dos recursos cíveis*. 3. ed. São Paulo: Revista dos Tribunais, 2007. p. 121.

(570) FERREIRA, Fernando Amâncio. *Manual dos recursos em processo civil.* 7. ed. Coimbra: Almedina, 2006. p. 137.

(571) PINTO, José Augusto Rodrigues. *Manual dos recursos nos dissídios do trabalho.* São Paulo: LTr, 2006. p. 115.

(572) NERY JUNIOR, Nelson. *Princípios fundamentais:* teoria geral dos recursos. 5. ed. São Paulo: Revista dos Tribunais, 2000. p. 286.

(573) EMBARGOS DE DECLARAÇÃO OPOSTOS ANTES DA PUBLICAÇÃO DO ACÓRDÃO DO TST NO DIÁRIO DE JUSTIÇA RECURSO PREMATURO — INTEMPESTIVIDADE, CONFORME JURISPRUDÊNCIA CEDIÇA DO STF E DO TST. 1. A jurisprudência cediça do STF e do TST (conforme decisão proferida pelo Tribunal Pleno em 4.5.06, no processo TST-ED-ROAR-11.607/2002-000-02-00.4, em sede de incidente de uniformização de jurisprudência, que manteve inalterado o posicionamento jurisprudencial da Corte) considera intempestiva a interposição de recurso anteriormente à publicação do acórdão impugnado, prevalecendo o entendimento de que a contagem do prazo inicial para a interposição de qualquer recurso se dá no primeiro dia útil após a publicação oficial do acórdão, nos estritos termos da lei. 2. O fundamento da intempestividade do recurso prematuro decorre de: a) somente a partir do conhecimento dos fundamentos adotados pelo julgador, a parte tem condições de apresentar sua defesa, impugnando especificamente as razões da decisão recorrida com a indicação dos motivos de fato e de direito pelos quais requer novo julgamento; b) o recurso interposto

Rodrigues Pinto preconiza que o recurso será intempestivo quer seja prematuro, quer seja tardio. Segundo seu magistério, porém, iniciado o curso do prazo, as razões recursais precocemente apresentadas poderão ser ratificadas ou mesmo reapresentadas, ficando, assim, regularizada a situação processual do recorrente.(574)

A tese atinente à intempestividade do recurso precocemente apresentado, contudo, não encontra respaldo no sistema processual trabalhista, que repele esta conclusão. Por essa razão, não hesitamos em afirmar a admissibilidade do recurso, quando sua interposição verificar-se antes da fluência do prazo recursal.

O problema do recurso *ante tempus* decorre, em realidade, de equívoco na interpretação da legislação processual, que acaba por promover certa confusão entre institutos absolutamente diversos entre si, quais sejam: a publicação da decisão e a intimação das partes.

Com efeito, intimação "é o ato pelo qual se dá ciência a alguém dos atos e termos do processo, para que faça ou deixe de fazer alguma coisa". É o que expressamente estatui no art. 234 do CPC. No caso específico da interposição de recurso, o art. 242, também do CPC, estabelece regra segundo a qual o prazo "conta-se da data, em que os advogados são intimados da decisão, da sentença ou do acórdão". Adotando a mesma diretriz, o art. 774 da CLT preceitua que os prazos contam-se "a partir da data em que for feita pessoalmente, ou recebida a notificação, daquela em que for publicado o edital no jornal oficial ou no que publicar o expediente da Justiça do Trabalho, ou, ainda, daquela em que for afixado o edital na sede da Junta, Juízo ou Tribunal".

O prazo para recorrer, portanto, tem seu fluxo a partir do momento em que parte tem ciência da decisão judicial, o que se perfaz por meio da respectiva intimação.

A publicação da decisão, entretanto, é instituto diverso. Pode ser conceituada como o ato "que marca a existência jurídica da decisão".(575) Nas palavras de *Flávio Cheim Jorge*, a decisão considera-se publicada quando passa "a ter a natureza de ato processual. Isso ocorre ao ser lida em audiência, ou entregue em cartório para juntar-se aos autos".(576) *Amaral Santos*, com absoluta precisão, esclarece: "A sentença, como os atos processuais em geral, é ato público. Deverá ser dada à publicidade por meio da *publicação*. Enquanto não publicada não produzirá os efeitos que lhe são próprios".

---

prematuramente implica descompasso nos prazos em relação à parte contrária na ação, podendo desencadear discussões processuais que poderiam ser evitadas; c) uma das razões da obrigatoriedade da fundamentação dos votos proferidos por magistrados é justamente a de convencer a parte vencida de que o direito está com a parte vencedora, ou seja, a parte poderá se convencer e desistir de recorrer se tomar ciência do inteiro teor do acórdão, no qual o juiz explicita todos os motivos que o levaram a julgar nesse ou naquele sentido; d) a decisão prolatada só tem validade no mundo jurídico após a sua publicação pelo órgão oficial. (Processo n. ED-A-ROAG - 2167/2001-000-15-00, SbDI-2, Rel. Ministro Ives Gandra da Silva Martins Filho, DJ de 18.3.2008).

(574) PINTO, José Augusto Rodrigues. *Manual dos recursos nos dissídios do trabalho*. São Paulo: LTr, 2006. p. 115.

(575) SOUZA, Bernardo Pimentel. *Introdução aos recursos cíveis e à ação rescisória*. 4. ed. São Paulo: Saraiva, 2007. p. 69.

(576) JORGE, Flávio Cheim. *Teoria geral dos recursos cíveis*. 3. ed. São Paulo: Revista dos Tribunais, 2007. p. 125.

E conclui: "A publicação da sentença é condição de sua integração ao processo. A sentença existe e produz efeitos a partir de sua publicação. Mas, em relação às partes, seus efeitos se produzem a partir da sua *intimação*, que é o ato pelo qual se lhes dá conhecimento dela".(577)

Tem-se, portanto, conforme observa *Bernardo Pimentel Souza*, que "é a publicação — e não a intimação por meio da publicação no órgão oficial de imprensa — que marca a existência da decisão no mundo jurídico".(578)

Disso decorre que, materializada a existência jurídica da decisão, por meio de sua publicação, ou seja, por meio de sua juntada aos autos, a parte dela poderá ter ciência por outra via qualquer, diversa da intimação oficial. É o que sucede, por exemplo, quando a parte retira os autos em carga e a decisão neles já se encontra. Nessa hipótese, não pode haver dúvidas quanto ao fato de que estará aperfeiçoada a intimação, com a consequente fluência do prazo recursal.(579)

Nesse contexto, a intimação da parte acerca da decisão judicial não se confunde com a publicação desta, ou seja, com o ato que promove a sua existência enquanto ato jurídico processual. Por isso mesmo, estando a parte habilitada a recorrer *ante tempus*, é de se ter por válida a impugnação(580), pois é da publicação da decisão, e não da intimação solene, que nasce o direito de recorrer.(581)

Inegável, portanto, ser plenamente admissível o recurso antecipado.(582) Entender-se o contrário significa impor desarrazoada penalidade ao recorrente, por imprimir celeridade ao feito, ao adiantar-se à intimação oficial. Por outro lado, se a antecipação do recorrente gerar algum descompasso entre as razões do recurso e os fundamentos da decisão impugnada, aí o problema já não será de tempestividade, mas de inadmissibilidade da insurgência no que toca à sua regularidade formal.

3.2.1.3. O recurso de revista e de embargos e o prazo para a sua interposição

Para que esteja atendido o pressuposto da tempestividade, tanto o recurso de revista quanto os embargos deverão ser interpostos no prazo de oito dias (Lei n. 5.584/70, art. 6º), contados da publicação do dispositivo do acórdão no órgão oficial (CPC, art. 506, III). Esse prazo poderá ser *comum às partes*, no caso de sucumbência recíproca, ou,

(577) SANTOS, Moacyr Amaral. *Primeiras linhas de direito processual civil.* v. 3, 16. ed., rev., atual. e ampl. por Aricê Amaral Santos. São Paulo: Saraiva, 1997. p. 25.

(578) SOUZA, Bernardo Pimentel. *Introdução aos recursos cíveis e à ação rescisória*. 4. ed. São Paulo: Saraiva, 2007. p. 70.

(579) JORGE, Flávio Cheim. *Teoria geral dos recursos cíveis*. 3. ed. São Paulo: Revista dos Tribunais, 2007. p. 122.

(580) ASSIS, Araken de. *Manual dos recursos*. São Paulo: Revista dos Tribunais, 2007. p. 180.

(581) SOUZA, Bernardo Pimentel. *Introdução aos recursos cíveis e à ação rescisória*. 4. ed. São Paulo: Saraiva, 2007. p. 70-71.

(582) Também nesse sentido: PORTO, Sérgio Gilberto; USTÁRROZ, Daniel. *Manual dos recursos cíveis*. Porto Alegre: Livraria do Advogado, 2007. p. 69-71.

particular, na hipótese de sucumbência total. Em qualquer situação, porém, o prazo será peremptório, ou seja, insuscetível de alteração por convenção das partes ou pelo juiz.(583)

Constitui, porém, privilégio da União, dos Estados, do Distrito Federal, dos Municípios, bem como das autarquias e fundações de direito público federais, estaduais ou municipais, desde que não explorem atividade econômica, a contagem em dobro do prazo recursal, conforme se extrai do inciso III do art. 1º do Decreto-lei n. 779/69. A mesma prerrogativa é legalmente estendida ao Ministério Público, consoante o art. 188 do CPC.

No caso de litisconsortes representados por diferentes procuradores, o art. 191 do CPC estatui a contagem em dobro do prazo para recorrer. O TST, porém, sedimentou sua jurisprudência no sentido de o dispositivo legal ser inaplicável subsidiariamente ao Processo do Trabalho, dada a incompatibilidade com o princípio da celeridade.(584) É o que preconiza a Orientação Jurisprudencial n. 310 da SDI-1.(585)

Não vislumbramos, entretanto, a apontada incompatibilidade. Não é só o Processo do Trabalho que sofre a incidência do princípio da celeridade processual. Também o Processo Civil encontra-se fortemente submetido ao seu influxo, de modo que não se justifica o argumento de que a aplicação do art. 191 do CPC seria inconciliável com a sistemática processual trabalhista.

Por outro lado, com o advento da Emenda Constitucional n. 45/2004, a celeridade processual foi alçada ao patamar dos direitos fundamentais, com a inserção do inciso LXXVIII ao art. 5º da Constituição, que assegura *a todos*, sem distinção, no âmbito judicial e administrativo, a razoável duração do processo e os meios que garantam a celeridade de sua tramitação. Nesse contexto, admitir-se a incompatibilidade entre celeridade processual e contagem em dobro dos prazos recursais tornaria imperioso que se abolisse, por inconstitucional, semelhante privilégio outorgado à Fazenda Pública e ao Ministério Público.

Registre-se, por fim, que a CLT não possui nenhuma regra acerca do litisconsórcio, o que atrai, no que se refere ao instituto, a aplicação subsidiária do CPC, inclusive em relação à fixação do prazo recursal.(586)

3.2.1.4. A contagem do prazo

Os prazos são contados excluindo-se o dia da intimação e incluindo-se o dia do vencimento (CLT, art. 775, *caput*). A contagem, contudo, não se inicia nem termina

(583) Cf. Fernando Amâncio Ferreira: "Os meios de impugnação estão sujeitos a prazos peremptórios e curta duração, impostos pela necessidade de não protelar no tempo a firmeza da definição das situações jurídicas levada a efeito pelos tribunais." (FERREIRA, Fernando Amâncio. *Manual dos recursos em processo civil.* 7. ed. Coimbra: Almedina, 2006. p. 137).

(584) Em sentido contrário: TEIXEIRA FILHO, Manoel Antonio. *Sistema dos recursos trabalhistas*. 10. ed. São Paulo: LTr, 2003. p. 160.

(585) 310. LITISCONSORTES. PROCURADORES DISTINTOS. PRAZO EM DOBRO. ART. 191 DO CPC. INAPLICÁVEL AO PROCESSO DO TRABALHO. DJ 11.8.03. A regra contida no art. 191 do CPC é inaplicável ao processo do trabalho, em face da sua incompatibilidade com o princípio da celeridade inerente ao processo trabalhista.

(586) BEBBER, Júlio César. *Recursos no processo do trabalho:* teoria geral dos recursos. São Paulo: LTr, 1999. p. 103.

em dias não úteis. Assim, operando-se a intimação na sexta-feira, o fluxo do prazo inicia-se no primeiro dia útil subsequente. Caso a intimação ocorra no sábado, seus efeitos somente serão produzidos na segunda-feira, passando o prazo a fluir somente na terça-feira.(587) É o que preconiza o item I da Súmula n. 262 do TST.(588)

Da mesma forma, caso o vencimento ocorra no sábado, domingo ou feriado, o termo final do prazo prorroga-se para o primeiro dia útil subsequente (CLT, art. 775, parágrafo único). Em se tratando de feriado local, porém, a prova de sua ocorrência constitui ônus do recorrente, conforme orientação plasmada na Súmula n. 385 do TST.(589)

Importante observar, em se tratando de prazos judiciais, que a regra geral que os orienta encontra-se sedimentada no princípio da continuidade. Assim, uma vez iniciados, os prazos devem ter seu livre curso até o final, sendo excepcionais e rigidamente disciplinadas pela lei as hipóteses de suspensão e interrupção.(590)

Nesse particular, merecem especial análise a apresentação de pedido de reconsideração, a interposição de embargos de declaração, o advento do recesso e das férias forenses e o falecimento da parte, do advogado ou a ocorrência de motivo de força maior.

No que toca ao pedido de reconsideração, sua apresentação pela parte não produz nenhum efeito em relação ao curso do prazo destinado à interposição do recurso. Tendo-se em conta que o sistema processual brasileiro adota o princípio da taxatividade (veja capítulo 5, item 5.1), somente podem ser considerados recursos aqueles meios de impugnação das decisões judiciais expressamente previstos como tal no âmbito da legislação federal. Disso decorre que o pedido de reconsideração, por não encontrar previsão legal no ordenamento jurídico-processual brasileiro, não possui a natureza jurídica de recurso e, conquanto tenha por finalidade a reforma do pronunciamento judicial(591), não obsta a formação da preclusão e da coisa julgada.

Quanto aos embargos de declaração, depreende-se do art. 538 do CPC, aplicável subsidiariamente ao processo do trabalho, que estes interrompem o prazo para a interposição de outros recursos, por qualquer das partes. Disso decorre que, a partir da intimação da decisão que julgar os declaratórios, o prazo para a interposição do recurso subsequente é integralmente restituído à parte, desprezando-se o interregno verificado entre a intimação da decisão embargada e a interposição dos embargos de declaração.(592)

(587) BEBBER, Júlio César. *Recursos no processo do trabalho:* teoria geral dos recursos. São Paulo: LTr, 1999. p. 99.

(588) I – Intimada ou notificada a parte no sábado, o início do prazo se dará no primeiro dia útil imediato e a contagem, no subsequente.

(589) Feriado local. Ausência de expediente forense. Prazo recursal. Prorrogação. Comprovação. Necessidade. Cabe à parte comprovar, quando da interposição do recurso, a existência de feriado local ou de dia útil em que não haja expediente forense, que justifique a prorrogação do prazo recursal.

(590) TEIXEIRA FILHO, Manoel Antonio. *Sistema dos recursos trabalhistas*. 10. ed. São Paulo: LTr, 2003. p. 163.

(591) OLIANI, José Alexandre Manzano. *O contraditório nos recursos e no pedido de reconsideração*. São Paulo: Revista dos Tribunais, 2007. p. 145

(592) KOZIKOSKI, Sandro Marcelo. *Embargos de declaração:* teoria geral e efeitos infringentes. São Paulo: Revista dos Tribunais, 2004. p. 161.

Questão importante reside na verificação da causa de interrupção do prazo, ou seja, se esse efeito se opera pela mera interposição, pelo conhecimento ou pelo provimento dos embargos de declaração. A doutrina posiciona-se no sentido de que a simples interposição tempestiva dos declaratórios já constitui causa suficiente a desencadear o efeito interruptivo, sendo irrelevante sejam eles providos ou não, ou mesmo considerados protelatórios.[593] Disso decorre que, intempestivamente interpostos, os declaratórios não operarão a interrupção do prazo destinado à interposição dos recursos subsequentes. O mesmo ocorre, em nosso sentir, quando os declaratórios são interpostos por advogado desprovido de instrumento de mandato nos autos. É que, nessa hipótese, o recurso será inexistente (CPC, art. 37, parágrafo único) e, por isso mesmo, insuscetível de produzir efeitos no mundo jurídico.[594]

Também opera a interrupção do prazo, com sua consequente restituição integral, o falecimento da parte, de seu advogado ou a ocorrência de força maior que suspenda o curso do processo (CPC, art. 507).[595] Nos casos de morte do advogado a interrupção será automática. Igualmente o será em outras hipóteses de força maior que impossibilite a parte de recorrer, como a doença do advogado. Nesse último caso, porém, a interrupção não se operará caso o advogado haja substabelecido os poderes do mandato a ele outorgado. No caso de falecimento da parte, a interrupção não é automática, devendo ser oportunamente apontada pelo respectivo advogado.[596]

Por fim, também repercute na contagem dos prazos judiciais, operando a sua suspensão[597], a superveniência do recesso (Lei n. 5.010/66, art. 62, I) e das férias forenses (Lei Complementar n. 35/79 — LOMAN, art. 66). Nessa hipótese, ao contrário do que sucede com a interrupção, a contagem volta a fluir pelo tempo restante, computando-se o prazo já escoado no período anterior à suspensão. A jurisprudência do TST, nesse particular, é tranquila, conforme se extrai do item II da Súmula n. 262 daquela Corte: "O recesso forense e as férias coletivas dos Ministros do Tribunal Superior do Trabalho (art. 177, § 1º, do RITST) suspendem os prazos recursais".

---

(593) KOZIKOSKI, Sandro Marcelo. *Embargos de declaração:* teoria geral e efeitos infringentes. São Paulo: Revista dos Tribunais, 2004. p. 162-163. MACHADO, Antônio Cláudio da Costa. *Código de Processo Civil interpretado:* artigo por artigo, parágrafo por parágrafo. 6. ed. Barueri: Manole, 2007. p. 658-659.

(594) Em conformidade com esse entendimento, colhe-se o seguinte julgado do TST: "AGRAVO DE INSTRUMENTO. RECURSO DE REVISTA. EMBARGOS DE DECLARAÇÃO REPUTADOS INEXISTENTES POR IRREGULARIDADE DE REPRESENTAÇÃO PROCESSUAL. NÃO INTERRUPÇÃO DO PRAZO PARA INTERPOSIÇÃO DE RECURSO SUBSEQUENTE. INTEMPESTIVIDADE DO APELO REVISIONAL. Pacificado o entendimento de que o recurso subscrito por procurador sem poderes nos autos é inexistente (Súmula n. 164/TST), não há falar em eficácia interruptiva do prazo recursal, na forma preconizada pelo art. 538 do CPC, pois o ato processual inexistente não gera efeitos no mundo jurídico. Mantido, na espécie, o despacho denegatório que reconheceu a intempestividade do recurso de revista, por não observado o prazo recursal a partir da publicação do julgamento do recurso ordinário interposto. Agravo de instrumento desprovido." (Processo n. TST-AIRR-319/2000-085-15-00, 6ª Turma, Rel. Ministro Mauricio Godinho Delgado, DJ de 16.5.2008).

(595) CAIRO JR., José. *Curso de direito processual do trabalho:* teoria geral e processo de conhecimento. Salvador: JusPodivm, 2008. p. 514.

(596) MACHADO, Antônio Cláudio da Costa. *Código de Processo Civil Interpretado:* artigo por artigo, parágrafo por parágrafo. 6. ed. Barueri: Manole, 2007. p. 609.

(597) Esta orientação não se mostra incompatível com o disposto no art. 93, inciso XII, da Constituição, que determina a ininterruptividade da atividade jurisdicional.

3.2.1.5. *O controle dos prazos judiciais*

O controle da tempestividade é feito por meio do protocolo do recurso em cartório, consoante regra fixada pelo parágrafo único do art. 506 do CPC. Para que o recurso seja tempestivo, portanto, é indispensável que o respectivo *protocolo* ocorra *dentro do prazo legal*.

Presente essa circunstância, pouco importa a maneira pela qual a petição contendo as razões recursais será encaminhada ao tribunal. Poderá o legitimado, com vistas a encaminhar sua irresignação, utilizar-se dos serviços prestados pela Empresa Brasileira de Correios e Telégrafos — ECT, sem nenhum prejuízo à validade do ato processual. Oportuno registrar, porém, que, configurada essa hipótese, a tempestividade do recurso será aferida com base na *data de chegada da petição ao protocolo do tribunal* e não a partir da data em que ocorreu a respectiva postagem.[598]

Além de observar o prazo legal, a interposição do recurso deverá igualmente ocorrer *dentro do horário do expediente forense*. É o que expressamente estatui o art. 172, § 3º, do CPC, subsidiariamente aplicável ao Processo do Trabalho: "Quando o ato tiver que ser praticado em determinado prazo, por meio de petição, esta deverá ser apresentada no protocolo, dentro do horário de expediente, nos termos da lei de organização judiciária local".

Sucede que a Justiça do Trabalho, dado o seu caráter de Justiça Especializada Federal, não se submete ao disposto nas leis locais de organização judiciária.[599] Por essa razão, cabe aos tribunais, por meio do respectivo regimento interno, dispor sobre o funcionamento de seus próprios órgãos, estabelecendo o horário de expediente, inclusive para o protocolo de petições. Isso é o que determina a Constituição, em seu art. 96, I, *a*, ao prescrever que compete privativamente aos tribunais "eleger seus órgãos diretivos e *elaborar seus regimentos internos*, com observância das normas de processo e das garantias processuais das partes, dispondo sobre a competência e *o funcionamento dos respectivos órgãos jurisdicionais e administrativos*".

O art. 770 da CLT estabelece que "os atos processuais serão públicos salvo quando o contrário determinar o interesse social, e realizar-se-ão nos dias úteis das 6 (seis) às

---

(598) RECURSO ORDINÁRIO DAS RÉS. POSTAGEM NOS CORREIOS. PROTOCOLO NO TRT APÓS O PRAZO RECURSAL. INTEMPESTIVIDADE. Na esteira da jurisprudência deste Tribunal Superior, para fins de contagem do prazo recursal, prevalece a data constante do protocolo do Tribunal Regional do Trabalho, e não a data da postagem na Agência da Empresa Brasileira de Correios e Telégrafos. Recurso Ordinário não conhecido. (Processo n. TST-ROAR-117/2006-000-04-00, SbDI-2, Rel. Ministro José Simpliciano Fernandes, DJ de 23.5.2008).
RECURSO DE REVISTA. NÃO CONHECIMENTO. INTEMPESTIVIDADE. 1. Constitui obrigação da parte fazer o recurso chegar ao protocolo no prazo legal, independentemente do meio que eleja para fazê-lo. É a partir da data da efetiva protocolização da peça processual e não da sua postagem nos Correios que se afere a tempestividade do recurso. 2. Resulta, daí, manifestamente intempestivo o recurso de revista porque interposto fora do octódio legal, apesar de sua postagem na agência dos Correios, por meio do Sistema de Sedex convencional, ter-se efetivado no último dia do prazo recursal. Recurso de revista não conhecido. (Processo n. TST-RR-353/2002-181-06-00.0, 1ª Turma, Rel. Ministro Lélio Bentes Correa, DJ de 3.8.2007).

(599) BEBBER, Júlio César. *Recursos no processo do trabalho:* teoria geral dos recursos. São Paulo: LTr, 1999. p. 111.

20 (vinte) horas". O intervalo de tempo fixado pela norma legal, contudo, não se refere ao expediente interno dos órgãos judiciais, mas à prática de atos externos, que devem ser executados fora da sede do juízo ou tribunal[600], como se dá, por exemplo, com a citação e a penhora.[601]

Ainda no que toca ao controle da tempestividade dos recursos, merece, por fim, ser abordada a questão atinente ao sistema de protocolo integrado. Instituído por diversos Tribunais Regionais do Trabalho, com amparo no art. 547, parágrafo único, do CPC, teve por objetivo descentralizar o serviço de protocolo, habilitando as varas do trabalho situadas no interior do Estado a validamente receber e protocolar documentos de natureza judiciária ou administrativa, destinados a outras varas ou ao TRT local.

Por meio da Orientação Jurisprudencial n. 320 da SbDI-1, o TST, inicialmente, sedimentou sua jurisprudência no sentido de afastar a possibilidade de utilização dessa via para a interposição dos recursos inseridos no âmbito de sua competência.[602] O entendimento fundava-se na interpretação literal do § 1º do art. 896 da CLT, que determina seja o recurso de revista "*apresentado ao Presidente do Tribunal recorrido*", e não perante varas do trabalho situadas no interior, ainda que vinculadas diretamente ao TRT, por meio de sistema de protocolo integrado. Partindo dessa premissa, materializou-se, naquela Corte, o posicionamento de que o sistema de protocolo integrado somente produziria efeitos em relação aos atos de competência do Tribunal Regional do Trabalho que o instituiu.[603]

---

(600) ALMEIDA, Cléber Lúcio. *Direito processual do trabalho*. Belo Horizonte: Del Rey, 2006. p. 420.

(601) Nesse mesmo sentido: THEODORO JÚNIOR, Humberto. *Curso de direito processual civil*. 37. ed. Rio de Janeiro: Forense, 2001. v. 1, p. 210.

(602) "320. SISTEMA DE PROTOCOLO INTEGRADO. NORMA INTERNA. EFICÁCIA LIMITADA A RECURSOS DA COMPETÊNCIA DO TRT QUE A EDITOU. ART. 896, § 1º, DA CLT. DJ 11.8.03 (cancelada — DJ 14.9.04). O sistema de protocolo integrado, criado pelos Tribunais Regionais do Trabalho, que autoriza as Varas localizadas no interior do Estado a receberem e a protocolarem documentos de natureza judiciária ou administrativa, destinados a outras Varas ou ao TRT local, tem aplicação restrita ao âmbito de competência do Tribunal que o editou, não podendo ser considerado válido em relação a recursos de competência do Tribunal Superior do Trabalho."

(603) "Não há como se conhecer do Recurso de Revista, visto que, ante o que consta da chancela de protocolo lançada na peça recursal, o apelo revisional não foi apresentado perante o Tribunal Regional de origem nem há indicação de qualquer obstáculo para fazê-lo, restando inobservada a determinação do art. 896, § 1º, da CLT, o que inviabiliza a aferição de sua tempestividade.

Supondo tratar-se, na hipótese, de Recurso de Revista interposto mediante Sistema de Protocolo Integrado, melhor sorte não socorreria o recorrente. Tal sistema somente produz efeito no âmbito da jurisdição e da competência do Tribunal que o instituiu, não interrompendo os prazos processuais de recursos destinados ao Tribunal Superior do Trabalho. Neste sentido é a diretriz expressa pela Orientação Jurisprudencial n. 320 da SBDI-1 deste Tribunal Superior, que dispõe: Sistema de protocolo integrado. Norma interna. Eficácia limitada a recursos da competência do TRT que a editou. Art. 896, § 1º, da CLT. O sistema de protocolo integrado, criado pelos Tribunais Regionais do Trabalho, que autoriza as Varas localizadas no interior do Estado a receberem e a protocolarem documentos de natureza judiciária ou administrativa, destinados a outras Varas ou ao TRT local, tem aplicação restrita ao âmbito de competência do Tribunal que o editou, não podendo ser considerado válido em relação a recursos de competência do Tribunal Superior do Trabalho. O Recurso de Revista, conforme consignado à fl. 504, não foi apresentado no Protocolo do Tribunal Regional, razão por que não alcança conhecimento". (Processo n. TST-RR-701.006/2000. 5ª Turma, Rel. Ministro João Batista Brito Pereira, DJ de 13.8.2004).

Em boa hora, contudo, o TST reviu essa orientação e, redefinindo os rumos de sua jurisprudência, cancelou a Orientação Jurisprudencial n. 320/SbDI-1, de modo a admitir, como tempestivos, os recursos de revista interpostos mediante utilização do sistema de protocolo integrado. Prestigiou-se, com este novo posicionamento, relevante sistema de descentralização dos serviços de protocolo, voltado a facilitar o acesso dos litigantes aos tribunais trabalhistas de todo o país, contribuindo para a máxima concretização do princípio constitucional do acesso à Justiça (CF, art. 5º, XXXV).(604)

3.2.1.6. *A tempestividade do recurso interposto via fax e no processo eletrônico*

Conforme observa *Cassio Scarpinella Bueno*, a legislação processual brasileira "mostrou-se sempre bastante arredia à incorporação das novidades tecnológicas para a prática dos mais variados atos".(605) Também refratária, a jurisprudência igualmente posicionou-se de forma muito restritiva à utilização de meios eletrônicos para a prática de atos processuais. Significativo exemplo reside na interposição do recurso via fax. Não obstante admitida, sua tempestividade ficava ilogicamente condicionada à apresentação dos respectivos originais dentro do prazo recursal, tornando absolutamente inútil a transmissão fac-similada da impugnação.(606)

Esse anacronismo foi em parte mitigado com o advento da Lei n. 9.800, de 26.5.1999, que autoriza às partes a utilização de sistema de transmissão de dados e imagens tipo fac-símile ou outro similar, para a prática de atos que dependam de petição escrita (art. 1º), embora, incrivelmente, não atribua aos órgãos judiciários o ônus de manter equipamentos de recepção (art. 5º).

Com a edição do referido diploma legal, a tempestividade do ato praticado via fax fica assegurada, desde que os respectivos originais sejam apresentados em juízo, em até cinco dias, contados a partir do dia subsequente ao *dies a quo* do prazo judicial (art. 2º).

Importante observar que os originais devem guardar absoluta fidelidade ao documento apresentado via fac-símile, sob pena, não só da ineficácia do ato processual(607), mas também de ser a parte considerada litigante de má-fé (art. 4º).

Sobre o tema, a jurisprudência do TST sedimentou-se em conformidade com as diretrizes traçadas pela Súmula n. 387, de seguinte teor:

> "Recurso. Fac-símile. Lei n. 9.800/1999. (conversão das Orientações Jurisprudenciais ns. 194 e 337 da SDI-1) – Res. 129/2005 - DJ 20.4.05.

---

(604) MACHADO, Antônio Cláudio da Costa. *Código de processo civil interpretado:* artigo por artigo, parágrafo por parágrafo. 6. ed. Barueri: Manole, 2007. p. 702.

(605) BUENO, Cassio Scarpinella. *A nova etapa da reforma do Código de Processo Civil*. São Paulo: Saraiva, 2006. v. 2, p. 92.

(606) BEBBER, Júlio César. *Recursos no processo do trabalho:* teoria geral dos recursos. São Paulo: LTr, 1999. p. 107.

(607) Nesse sentido: BEBBER, Júlio César. *Recursos no processo do trabalho:* teoria geral dos recursos. São Paulo: LTr, 1999. p. 108.

I – A Lei n. 9.800/1999 é aplicável somente a recursos interpostos após o início de sua vigência. (ex-OJ n. 194 — Inserida em 8.11.2000)

II – A contagem do quinquídio para apresentação dos originais de recurso interposto por intermédio de fac-símile começa a fluir do dia subsequente ao término do prazo recursal, nos termos do art. 2º da Lei n. 9.800/1999, e não do dia seguinte à interposição do recurso, se esta se deu antes do termo final do prazo. (ex-OJ n. 337 — primeira parte — DJ 4.5.2004).

III – Não se tratando a juntada dos originais de ato que dependa de notificação, pois a parte, ao interpor o recurso, já tem ciência de seu ônus processual, não se aplica a regra do art. 184 do CPC quanto ao *dies a quo*, podendo coincidir com sábado, domingo ou feriado. (ex-OJ n. 337 — *in fine* — DJ 4.5.2004)".

Embora a disciplina ditada pela Lei n. 9.800/99 já tenha constituído um avanço, foi somente a partir do ano de 2006, que a modernização tecnológica da legislação processual começou a caminhar a passos largos. Realmente, naquele ano a legislação processual passou a sofrer diversas alterações, sendo relevante, para o tema ora em exame, aquela introduzida pela Lei n. 11.280, de 16.2.2006.

Com a promulgação do referido diploma legal, ao art. 154 do CPC foi enxertado um parágrafo único, autorizando os tribunais, no âmbito da respectiva jurisdição, a "disciplinar a prática e a comunicação oficial dos atos processuais por meios eletrônicos, atendidos os requisitos de autenticidade, integridade, validade jurídica e interoperabilidade da Infraestrutura de Chaves Públicas Brasileira — ICP — Brasil".

Logo em seguida, dando curso às reformas, foi promulgada a Lei n. 11.419, de 19.12.2006, dispondo sobre a informatização do processo judicial e aplicando-a, indistintamente, aos processos civil, penal e trabalhista, bem como aos juizados especiais, em qualquer grau de jurisdição (art. 1º, § 1º).

Por seu intermédio, abriu-se o ensejo para o envio de petições, de recursos e à prática de atos processuais em geral por meio eletrônico, mediante uso de assinatura eletrônica, sendo obrigatório, entretanto, o credenciamento prévio no Poder Judiciário, conforme disciplina ditada pelos órgãos respectivos (art. 2º).[608]

A grande vantagem introduzida pela Lei n. 11.419/2006 reside na desvinculação entre a prática do ato processual e o horário de expediente forense, já que, quando a petição eletrônica for enviada para atender a prazo processual, serão consideradas tempestivas as transmitidas até as 24 (vinte e quatro) horas do seu último dia (art. 3º, parágrafo único).

Também por intermédio da Lei n. 11.419/2006 foi autorizada a criação pelos Tribunais do Diário de Justiça eletrônico, disponibilizado em sítio da rede mundial de computadores, para publicação de atos judiciais e administrativos próprios e dos órgãos a eles subordinados, bem como comunicações em geral (art. 4º). Importante observar que a publicação eletrônica, por meio do Diário Eletrônico, substitui qualquer

(608) No âmbito da Justiça do Trabalho, a regulamentação dá-se consoante o disposto na Instrução Normativa n. 30/2007, do Tribunal Superior do Trabalho.

outro meio de publicação oficial, para quaisquer efeitos legais, à exceção dos casos em que, por força de expressa disposição de lei, é exigida intimação ou vista pessoal (art. 4º, § 2º).

A regra disposta no art. 775, *caput*, da CLT, também se aplica no tocante à intimação realizada por meio do Diário de Justiça eletrônico. Os prazos, assim, serão contados da mesma forma, excluindo-se o dia da intimação e incluindo-se o dia do vencimento. A diferença, em relação às intimações veiculadas no Diário de Justiça tradicional, reside apenas na fixação da data de publicação e do início do prazo judicial. De acordo com art. 4º, §§ 3º e 4º, da Lei n. 11.419/2006, considera-se como data da publicação, o primeiro dia útil subsequente ao da disponibilização da informação no Diário da Justiça eletrônico, sendo que os prazos processuais terão início no primeiro dia útil que seguir ao considerado como data da publicação.

Observam *Marinoni* e *Arenhart*, com absoluta propriedade, que, também nas intimações realizadas por meio do Diário de Justiça eletrônico, haverá causas, ainda que não previstas em lei, que importarão na suspensão ou interrupção dos prazos informados eletronicamente. Cita como exemplos, caracterizando-os como motivos de força maior, a inviabilidade de acesso ao sítio do diário eletrônico e a indisponibilidade do conteúdo da página específica.[(609)]

Nesse particular, porém, é importante ressaltar que o Tribunal Superior do Trabalho, por meio de sua Instrução Normativa n. 30, estabelece ser de exclusiva responsabilidade dos usuários, acompanhar a divulgação dos períodos em que o serviço não estiver disponível, em virtude de manutenção no sítio do Tribunal, que, em contrapartida, deverá veicular informação aos interessados, acerca desses períodos de indisponibilidade temporária (art. 11, inciso V e § 2º) .

Paralelamente ao Diário de Justiça eletrônico, a Lei n. 11.419/2006 confere à parte a opção de ser intimada em portal eletrônico, desde que previamente cadastrada, com obtenção de assinatura eletrônica, na forma do art. 2º da Lei.

No âmbito da Justiça do Trabalho, conforme o disposto no art. 14 da Instrução Normativa n. 30 do TST, foi instituído para esse fim o Portal JT, que abrange todos os tribunais trabalhistas do país.

As intimações realizadas eletronicamente, por intermédio do portal, dispensarão a publicação no órgão oficial, inclusive eletrônico, conforme o art. 5º da Lei n. 11.419/2006. Ainda consoante o mesmo dispositivo legal (§ 1º), considerar-se-á realizada a intimação no dia em que o intimando efetivar a consulta eletrônica ao teor da intimação, certificando-se nos autos a sua realização. Nos casos em que a consulta ocorrer em dia não útil, a intimação será considerada como realizada no primeiro dia útil seguinte (§ 2º). Entretanto, de modo a não tornar a marcha processual refém da iniciativa das partes, dispõe a Lei, em seu art. 5º, § 3º, que a consulta referida nos §§ 1º e 2º deverá ser feita em até 10 (dez) dias corridos, contados da data do envio da intimação, que será considerada automaticamente realizada na data do término desse prazo.

---

(609) MARINONI, Luiz Guilherme; ARENHART, Sérgio Cruz. *Curso de direito processual civil.* 6. ed. São Paulo: Revista dos Tribunais, 2007. p. 117. v. 2: processo de conhecimento.

De modo a tornar mais segura e efetiva a ciência pelo interessado, a Lei n. 11.419/2006 (art. 5º, § 4º) ainda dispõe que, em caráter informativo, poderá ser efetivada remessa de correspondência eletrônica, comunicando o envio da intimação e a abertura automática do prazo processual nos termos do § 3º deste artigo, aos que manifestarem interesse por esse serviço.

Ao contrário do que se dá com o Diário de Justiça eletrônico, as intimações feitas por intermédio do Portal JT, inclusive da Fazenda Pública, serão consideradas pessoais para todos os efeitos legais (Lei n. 11.419/2006, art. 5º, § 6º).(610)

Por fim, de acordo com a Instrução Normativa n. 30 do TST, as intimações por meio do Portal JT somente serão realizadas nos processos em que todas as partes estejam devidamente credenciadas, de modo a tornar uniforme a contagem dos prazos judiciais (art. 16, § 4º).

3.2.2. Regularidade formal

Para que se tenha por preenchido o pressuposto da regularidade formal, o recurso deverá observar os requisitos de forma estabelecidos na legislação processual. O recorrente, portanto, não possui a faculdade de livremente dispor acerca da forma pela qual efetuará a interposição do recurso, cabendo-lhe atender a quatro requisitos formais genéricos: (a) petição escrita; (b) identificação das partes; (c) motivação e (d) pedido de reforma ou de invalidação do pronunciamento judicial recorrido.(611)

3.2.2.1. Petição escrita

O primeiro requisito de forma prescrito pelo ordenamento processual reside na exigência de que a interposição do recurso se faça por meio de *petição escrita*. É o que textualmente se extrai do art. 899 da CLT, ao dispor que "os recursos serão interpostos por simples petição".(612)

Disso decorre ser juridicamente impossível que a interposição do recurso se faça pela *via meramente oral*, por se tratar de forma que inviabiliza o exercício do contraditório pela parte contrária, que não terá acesso às razões recursais com vistas a oferecer a respectiva impugnação.(613)

(610) No mesmo sentido: Instrução Normativa n. 30 do TST, art. 16, § 6º.

(611) ASSIS, Araken de. *Manual dos recursos*. São Paulo: Revista dos Tribunais, 2007. p. 193.

(612) BEBBER, Júlio César. *Recursos no processo do trabalho:* teoria geral dos recursos. São Paulo: LTr, 1999. p. 111.

(613) Sobre o tema, anote-se interessante decisão monocrática da lavra do Ministro João Batista Brito Pereira, proferida em sede de reclamação correcional, no âmbito do Tribunal Superior do Trabalho (Processo n. RC-157.568/2005-000-00-00.6 - DJ 25.7.2005): "Trata-se de Reclamação Correicional interposta pela Centrais Elétricas do Pará S.A. — CELPA contra ato da Egrégia Seção Especializada I do Tribunal Regional do Trabalho da Oitava Região que, em julgamento de Embargos de Declaração em Ação Declaratória de Abusividade de Greve (EDADAG 156-2005-000-08-00.0), admitiu Agravo Regimental, interposto oralmente da tribuna contra a decisão que indeferira pedido de liminar no Mandado de Segurança MS 295/2005-000-08-00.3, e proveu-o para determinar a reintegração ao emprego de ex-empregados, restabelecendo decisão liminar em Ação Civil Pública que tramita na 1ª Vara do Trabalho de Belém-PA (ACP 1048/2005-001-08-00.0).

Essa vedação ganha ainda mais corpo em relação aos recursos trabalhistas de natureza extraordinária, que têm seu cabimento vinculado ao preenchimento de pressupostos específicos de admissibilidade — demonstração de violação literal de dispositivo legal ou constitucional (recurso de revista) e de divergência jurisprudencial (recursos de revista e de embargos) —, dificilmente compatíveis com a manifestação oral das razões recursais.

O requerente assevera que não existe no ordenamento agravo regimental oral e que sequer havia agravo regimental na pauta de julgamento. Aduz que o processamento do referido recurso causou tumulto processual e violou os princípios do contraditório e da publicidade dos atos processuais. Afirma estarem presentes o *fumus boni juris* e o *periculum in mora* para, em caráter de urgência, suspender a ilegal decisão proferida pelo Tribunal Regional.

O informe n. 445, organizado pela Assessoria de Comunicação Social do Tribunal Regional, traz a notícia de que "em decisão inédita, a Seção Especializada I do Tribunal Regional do Trabalho da 8ª Região [...] admitiu, na sessão de hoje (7.7.2005), a interposição de recurso oral (agravo regimental), apresentado, na própria tribuna, nos autos de mandado de segurança [...] e, por maioria de votos, deu-lhe provimento [...]" (fls. 11). Por outro lado, o 'espelho' da tramitação do Mandado de Segurança, expedido do site do TRT, revela que o despacho que indeferiu a liminar foi publicado em 7.7.2005, que no dia 8.7.2005 foi apresentado Agravo Regimental, julgado, porém, no dia 7 de julho (cf. fls. 12), o que confirma a tese de processamento e julgamento de recurso interposto oralmente da tribuna.

Ocorre que efetivamente não há, a princípio, previsão de interposição de recurso oralmente, seja no Regimento Interno do Tribunal Regional da Oitava Região, seja nas leis processuais, salvo se o recurso tenha sido apresentado em audiência contra ato ali praticado no processo e que seja reduzida a inconformidade a termo, o que não é a hipótese descrita nos autos.

Apesar de o Regimento Interno do TRT prever o julgamento do Agravo Regimental independentemente de pauta e impedir a sustentação oral (arts. 105, inciso III, e 269, § 3º) o procedimento levado a efeito pelo Tribunal Regional atenta contra o princípio do contraditório e do devido processo legal, na medida em que subverte a tramitação regular do processo, pois sequer se iniciou a contagem do prazo recursal para o agravo. A apreciação de recurso, antes de sua protocolização, como parece revelar a folha do andamento da tramitação do *mandamus*, atenta contra o princípio da iniciativa da parte. Está presente o *fumus boni juris*.

Com a decisão, o requerente passou a ter a obrigação de reintegrar os empregados demitidos e, consequentemente, arcar com as despesas inerentes à prestação do serviços a partir de então, o que caracteriza, por si só, o *periculum in mora*, em face do teor da Orientação Jurisprudencial n. 87 da SDI-2 do TST. De fato, esta Corte tem entendido que a concessão de liminar pelo Juiz do Trabalho constitui faculdade do juiz, 'inexistindo direito líquido e certo a ser tutelável pela via do mandado de segurança' (Orientação Jurisprudencial n. 141 da SDI-2 do TST). Além disso, a concessão liminar de reintegração só é possível 'quando demonstrada a razoabilidade do direito subjetivo material' (Orientação Jurisprudencial n. 142 da SDI-2 do TST), o que não é a hipótese dos autos, como revela as decisões de fls. 86/88 e 90/92.

Ante o exposto, DEFIRO A LIMINAR para suspender a decisão que admitiu e proveu Agravo Regimental apresentado oralmente no processo MS 295/2005-000-08-00.3, tornando sem efeito, por ora, a ordem de reintegração expedida pelo Tribunal Regional do Trabalho da Oitava Região.

Comunique-se, com urgência, o inteiro teor desse despacho à requerente, ao eminente presidente do Tribunal Regional do Trabalho da Oitava Região e ao Exmº Sr. Juiz do Trabalho da 1ª Vara do Trabalho de Belém-PA.

Intime-se a requerente para que, no prazo de 10 (dez) dias: providencie a autenticação das peças dos autos ou ateste sua veracidade nos termos do art. 544, § 1º, do CPC; forneça a certidão de julgamento dos Embargos de Declaração na Ação Declaratória ou outra certidão que, igualmente, ateste a interposição do Agravo Regimental oralmente e de sua redução a termo; e apresente, com fulcro nos arts. 16 e 17 do Regimento Interno da Corregedoria-Geral, 3 (três) cópias da Petição Inicial e dos documentos que a instruem para fins de notificação, sob pena de indeferimento da Exordial e de caducidade da presente liminar.

Publique-se. Cumpra-se. Intime-se.

Brasília, 11 de julho de 2005.

JOÃO BATISTA BRITO PEREIRA

Ministro do Tribunal Superior do Trabalho, no exercício eventual da Corregedoria-Geral da Justiça do Trabalho".

A petição deverá ainda estar subscrita por advogado detentor de procuração com poderes para representar o recorrente nos autos, ou pela própria parte, caso esteja no exercício do *jus postulandi*, na forma dos arts. 791 e 839, alínea *a*, da CLT.[(614)]

Uma vez subscrito por advogado desprovido de instrumento de mandato, expresso ou tácito[(615)], o recurso não será conhecido, porquanto inexistente, a teor do art. 37, parágrafo único, do CPC, subsidiariamente aplicável ao processo trabalhista.[(616)] Isso, porém, não ocorrerá quando o recorrente estiver representado por procurador com mandato legal, como se dá, por exemplo, com os membros do Ministério Público, com os advogados da União, com os procuradores dos Estados, do Distrito Federal e dos Municípios.[(617)]

Constitui praxe no meio forense o recorrente apresentar o recurso dividido em duas partes autônomas. Na primeira, procede-se à identificação do processo, das partes, à indicação do ato judicial impugnado e, por fim, postula-se a admissão do recurso e o respectivo processamento. Na segunda parte, anexada à anterior, encontram-se as razões recursais, por meio das quais o recorrente manifesta os motivos de sua inconformidade e formula o pedido de reforma ou invalidação do ato recorrido, conforme for pertinente à espécie. Inexiste, porém, norma legal que imponha ao recorrente a observância dessa forma de interposição dos recursos. Por essa razão, o recurso poderá ser perfeitamente apresentado em peça única, com o que estará plenamente atendido o pressuposto da regularidade formal.[(618)]

Caso, porém, opte por efetuar a interposição mediante separação formal das peças, doutrina[(619)] e jurisprudência[(620)] são concordes no sentido de que ao menos uma

---

(614) Cf. Sérgio Pinto Martins: "No processo do trabalho, as partes (tanto empregador como empregado) podem ingressar em juízo independentemente de patrocínio de advogado (arts. 791 e 839 da CLT). Esta possibilidade restringe-se, porém, ao âmbito da Justiça do Trabalho, ou seja, desde a Vara até o Tribunal Superior do Trabalho. Para se interpor recurso extraordinário em matéria trabalhista a parte terá que contratar advogado. O mesmo ocorre se houver a interposição de recurso no STJ quando se discute conflito de competência." (MARTINS, Sérgio Pinto. *Comentários às Súmulas do TST*. 4. ed. São Paulo: Atlas, 2008. p. 201).

(615) Cf. Francisco Antonio de Oliveira, "para que o mandato tácito firme residência no processo trabalhista é necessário que o advogado tenha participado de pelo menos um ato de audiência. A simples assinatura da petição inicial, da defesa ou de alguma petição não se traduz em ato suficiente para configurar o mandato tácito." (OLIVEIRA, Francisco Antonio de. *Comentários às Súmulas do TST*. 8. ed. São Paulo: Revista dos Tribunais, 2008. p. 332).

(616) É o que textualmente dispõe a Súmula n. 164 do TST: "O não cumprimento das determinações dos §§ 1º e 2º do art. 5º da Lei n. 8.906, de 4.7.94, e do art. 37, parágrafo único, do Código de Processo Civil importa o não conhecimento de recurso, por inexistente, exceto na hipótese de mandato tácito".

(617) Nesse sentido, a Orientação Jurisprudencial n. 52 da SbDI-1 do TST: "MANDATO. PROCURADOR DA UNIÃO, ESTADOS, MUNICÍPIOS E DISTRITO FEDERAL, SUAS AUTARQUIAS E FUNDAÇÕES PÚBLICAS. DISPENSÁVEL A JUNTADA DE PROCURAÇÃO. A União, Estados, Municípios e Distrito Federal, suas autarquias e fundações públicas quando representadas em juízo, ativa e passivamente, por seus procuradores, estão dispensadas da juntada de instrumento de mandato."

(618) ASSIS, Araken de. *Manual dos recursos*. São Paulo: Revista dos Tribunais, 2007. p. 194-195.

(619) Nesse sentido, a Orientação Jurisprudencial n. 120 da SbDI-1 do TST. "RECURSO. ASSINATURA DA PETIÇÃO OU DAS RAZÕES RECURSAIS. VALIDADE. O recurso sem assinatura será tido por inexistente. Será considerado válido o apelo assinado, ao menos, na petição de apresentação ou nas razões recursais."

(620) JORGE, Flávio Cheim. *Teoria geral dos recursos cíveis*. 3. ed. São Paulo: Revista dos Tribunais, 2007. p. 139; ASSIS, Araken de. *Manual dos recursos*. São Paulo: Revista dos Tribunais, 2007. p. 195; SOUZA, Bernardo

delas deverá estar assinada para que seja alcançada a regularidade do ato. Qualquer que seja a forma de interposição, entretanto, a integral ausência de assinatura terá por consequência inafastável o não conhecimento do recurso, sendo inviável, na instância extraordinária, a concessão de prazo para o saneamento do vício.

Sendo original a assinatura lançada na petição e preenchidos os demais pressupostos de admissibilidade, nada impede que o recurso seja interposto por meio de fotocópia.[(621)]

Com o advento da Lei n. 9.800, de 26/5/1999, viabilizou-se a utilização de sistema de transmissão de dados e imagens tipo fac-símile ou outro similar, para a prática de atos que dependam de petição escrita (art. 1º), entre os quais a interposição de recurso. Praticado o ato, a sua regularidade fica assegurada, desde que os respectivos originais sejam apresentados em juízo, em até cinco dias, contados a partir do dia subsequente ao *dies a quo* do prazo judicial (art. 2º).

Os originais devem guardar absoluta fidelidade ao documento apresentado via fac-símile, sob pena, não só da ineficácia do ato processual[(622)], mas também de ser a parte considerada litigante de má-fé (art. 4º). Nas palavras de *Nelson Nery Junior*, "os originais deverão espelhar, *ipsis litteris*, a mensagem enviada, vedado ao transmitente 'melhorar' sua peça, acrescentando dados e adminículos que não constaram da mensagem enviada".[(623)]

Com a promulgação da Lei n. 11.280, de 16.2.2006, ao art. 154 do CPC foi enxertado um parágrafo único, autorizando os tribunais, no âmbito da respectiva jurisdição, a "disciplinar a prática e a comunicação oficial dos atos processuais por meios eletrônicos, atendidos os requisitos de autenticidade, integridade, validade jurídica e interoperabilidade da Infraestrutura de Chaves Públicas Brasileira — ICP — Brasil".

Logo em seguida, foi editada a Lei n. 11.419, de 19/12/2006, dispondo sobre a informatização do processo judicial e aplicando-a, indistintamente, aos processos civil, penal e trabalhista, bem como aos juizados especiais, em qualquer grau de jurisdição (art. 1º, § 1º).

Por seu intermédio, abriu-se o ensejo ao envio de petições, de recursos e à prática de atos processuais em geral por meio eletrônico, mediante uso de assinatura eletrônica, sendo obrigatório, entretanto, o credenciamento prévio no Poder Judiciário, conforme disciplina ditada pelos órgãos respectivos (art. 2º).

Pimentel. *Introdução aos recursos cíveis e à ação rescisória*. 4. ed. São Paulo: Saraiva, 2007. p. 98; TEIXEIRA FILHO, Manoel Antonio. *Sistema dos recursos trabalhistas*. 10. ed. São Paulo: LTr, 2003. p. 154.

(621) BEBBER, Júlio César. *Recursos no processo do trabalho:* teoria geral dos recursos. São Paulo: LTr, 1999. p. 117; NERY JUNIOR, Nelson. *Princípios fundamentais:* teoria geral dos recursos. 5. ed. São Paulo: Revista dos Tribunais, 2000. p. 322; ORIONE NETO, Luiz. *Recursos cíveis*. 2. ed. São Paulo: Saraiva, 2006. p. 104.

(622) Nesse sentido: BEBBER, Júlio César. *Recursos no processo do trabalho:* teoria geral dos recursos. São Paulo: LTr, 1999. p. 108.

(623) NERY JUNIOR, Nelson. *Princípios fundamentais:* teoria geral dos recursos. 5. ed. São Paulo: Revista dos Tribunais, 2000. p. 324. No mesmo sentido: SOUZA, Bernardo Pimentel. *Introdução aos recursos cíveis e à ação rescisória*. 4. ed. São Paulo: Saraiva, 2007. p. 93.

Diversamente do que ocorre na sistemática instituída pela Lei n. 9.800/99, o documento eletrônico não constitui mera cópia do original. Sua regularidade formal, portanto, não depende de sua posterior substituição, mediante apresentação dos originais nos autos do processo. Assim, praticado o ato por meio eletrônico, este estará aperfeiçoado e será considerado realizado no dia e hora em que for encaminhado ao provedor do Poder Judiciário.(624)

3.2.2.2. Identificação das partes

Ao proceder à interposição do recurso, a petição deve conter os nomes e a qualificação das partes. Se ambos, recorrente e recorrido, já se encontram identificados nos autos, não há necessidade de nova qualificação. No caso de recurso de terceiro, entretanto, impõe-se a qualificação completa do recorrente na petição do recurso.(625)

A exigência decorre de motivos óbvios, já que, do contrário, seria impossível a identificação do recorrente, na hipótese de existir mais de um legitimado.(626)

Mas é no caso de litisconsórcio que se impõe com maior vigor a exigência de identificação do recorrente, haja vista a necessidade de delimitação dos sujeitos ativos do recurso e, conforme a espécie de litisconsórcio, dos efeitos decorrentes da interposição.(627)

Realmente, no caso de *litisconsórcio comum*, se alguns dos litisconsortes vencidos recorrem e outros deixam de fazê-lo, prevalece aí o princípio da *personalidade do recurso*, que produzirá efeitos apenas em relação àqueles que se insurgiram contra o ato judicial impugnado(628). Nessa hipótese, abre-se a possibilidade de coexistirem, dentro do mesmo processo, dois pronunciamentos judiciais conflitantes acerca das mesmas questões de fato e de direito. O primeiro proferido pelo juízo *a quo* e transitado em julgado para os litisconsortes que se conformaram e deixaram de recorrer, e aquele prolatado pelo juízo *ad quem*, por ocasião do julgamento do recurso interposto.(629)

Já no caso de litisconsórcio unitário, em que se impõe a necessidade de um julgamento homogêneo, aplica-se o princípio da *comunhão dos recursos*, de sorte que aquele interposto por um dos litisconsortes aproveitará também aos colitigantes do recorrente, independentemente de haverem ou não recorrido.(630) É o que deflui da regra inserta no

(624) JORGE, Flávio Cheim. *Teoria geral dos recursos cíveis*. 3. ed. São Paulo: Revista dos Tribunais, 2007. p. 143; JORGE, Flávio Cheim; DIDIER JR., Fredie; RODRIGUES, Marcelo Abelha. *A terceira etapa da reforma processual civil*. São Paulo: Saraiva, 2006. p. 36.

(625) SOUZA, Bernardo Pimentel. *Introdução aos recursos cíveis e à ação rescisória*. 4. ed. São Paulo: Saraiva, 2007. p. 94.

(626) ASSIS, Araken de. *Manual dos recursos*. São Paulo: Revista dos Tribunais, 2007. p. 196.

(627) *Idem*.

(628) Isto é a decorrência lógica da regra inscrita no art. 48 do CPC: "Salvo disposição em contrário, os litisconsortes serão considerados, em suas relações com a parte adversa, como litigantes distintos; os atos e as omissões de um não prejudicarão nem beneficiarão os outros".

(629) DINAMARCO, Cândido Rangel. *Litisconsórcio*. 6. ed. São Paulo: Malheiros, 2001. p. 152-153.

(630) *Ibidem*, p. 153-154.

art. 509 do CPC: "O recurso interposto por um dos litisconsortes a todos aproveita, salvo se distintos ou opostos os seus interesses".

3.2.2.3. Motivação

Todo recurso exige fundamentação. Deve o recorrente indicar, de maneira precisa, quais os *errores in judicando* e os *errores in procedendo* que, sob sua ótica, eivam a decisão recorrida.(631) Deve demonstrar as razões pelas quais pretende convencer o juízo *ad quem* sobre o desacerto da decisão tomada pelo juízo *a quo*.(632)

Com efeito, o recurso, no que toca ao seu conteúdo, compõe-se de duas partes distintas: a declaração de desagrado com a decisão (*elemento volitivo*) e os motivos que levaram a essa insatisfação (*elemento descritivo*). Não basta, por conseguinte, que o recorrente externe o seu inconformismo, mediante indicação de que a decisão está errada ou defeituosa. É indispensável a exposição dos fundamentos pelos quais postula um novo pronunciamento judicial sobre a matéria impugnada no recurso.(633)

Recurso despido de fundamentação sujeita-se a juízo negativo de admissibilidade, já que torna impossível estabelecer a extensão da impugnação — se total ou parcial —, bem como inviabiliza ao recorrido o exercício do contraditório.

Realmente, conforme observa *Nelson Nery Junior*, "as razões de recurso são elemento indispensável para que o tribunal, ao qual se dirige, possa julgá-lo, ponderando-as em confronto com os motivos da decisão recorrida que lhe embasaram a parte dispositiva".(634) Por outro lado, em matéria recursal incide o princípio da dialeticidade (vide capítulo 5, item 5.3), de sorte que, para viabilizar o real e efetivo exercício do direito ao contraditório, exige-se que a petição de recurso traga os fundamentos de fato e de direito em que se embasa o inconformismo do recorrente.(635)

Mas não basta ao recorrente fundamentar o recurso. É preciso que deduza *fundamentação pertinente*, isto é, que guarde sintonia direta com a decisão impugnada. É o que acertadamente preconiza a Súmula n. 422 do TST ao dispor que: "Não se conhece de recurso para o TST, pela ausência do requisito de admissibilidade inscrito no art. 514, II, do CPC, quando as razões do recorrente não impugnam os fundamentos da decisão recorrida, nos termos em que fora proposta".

(631) JORGE, Flávio Cheim. *Teoria geral dos recursos cíveis*. 3. ed. São Paulo: Revista dos Tribunais, 2007. p. 144.

(632) ASSIS, Araken de. *Manual dos recursos*. São Paulo: Revista dos Tribunais, 2007. p. 196.

(633) JORGE, Flávio Cheim. *Teoria geral dos recursos cíveis*. 3. ed. São Paulo: Revista dos Tribunais, 2007. p. 144; NERY JUNIOR, Nelson. *Princípios fundamentais:* teoria geral dos recursos. 5. ed. São Paulo: Revista dos Tribunais, 2000. p. 319; BEBBER, Júlio César. *Recursos no processo do trabalho:* teoria geral dos recursos. São Paulo: LTr, 1999. p. 113; ORIONE NETO, Luiz. *Recursos cíveis*. 2. ed. São Paulo: Saraiva, 2006. p. 101-102.

(634) NERY JUNIOR, Nelson. *Princípios fundamentais:* teoria geral dos recursos. 5. ed. São Paulo: Revista dos Tribunais, 2000. p. 319-320.

(635) PORTANOVA, Ruy. *Princípios do processo civil*. 6. ed. Porto Alegre: Livraria do Advogado, 2005. p. 276; NERY JUNIOR, Nelson. *Princípios fundamentais:* teoria geral dos recursos. 5. ed. São Paulo: Revista dos Tribunais, 2000. p. 319; ASSIS, Araken de. *Manual dos recursos*. São Paulo: Revista dos Tribunais, 2007. p. 197; ORIONE NETO, Luiz. *Recursos cíveis*. 2. ed. São Paulo: Saraiva, 2006. p. 101.

Por essa razão, não se mostra admissível o recurso cuja fundamentação apresente-se divorciada dos elementos articulados pela decisão recorrida, ou que simplesmente reproduza o conteúdo de peças processuais anteriores ao ato judicial impugnado.

Sob pena de incidir em juízo de admissibilidade negativo, o recurso deve estar assentado em uma censura dirigida especificamente contra o provimento jurisdicional recorrido, de modo a persuadir o tribunal *ad quem* a proceder à sua reforma ou invalidação.(636)

Com muito mais razão, a simples remissão ao conteúdo de peças processuais anteriores ao julgado recorrido igualmente torna inviável o recurso por irregularidade formal. Admitida esta última hipótese, o juiz estaria compelido a realizar um trabalho de verdadeira "garimpagem processual", vasculhando os autos processuais à procura dos fundamentos em que se assenta o inconformismo do recorrente.(637)

A fundamentação do recurso deve estar presente no ato de sua interposição. Padece de vício insanável, que terá por consequência o juízo negativo de admissibilidade, o recurso motivado após o prazo recursal.(638) Tampouco será factível ao recorrente a apresentação posterior das respectivas razões, ainda que em curso o prazo recursal.(639) A petição de interposição e as razões recursais, conquanto elaboradas em peças distintas, constituem ato único e inseparável, sendo vedada a apresentação em momentos distintos, sob pena de preclusão.(640)

Por fim, cumpre ter em foco que, em matéria recursal incide o princípio da consumação (vide capítulo 5, item 5.7), de sorte que, validamente interposto o recurso, é vedado ao recorrente alterá-lo, complementá-lo ou mesmo corrigi-lo. Por essa razão, não merece reparos o magistério de *Júlio César Bebber*, segundo o qual "a única hipótese possível de complementação das razões recursais ocorre nos casos em que a sentença for integrada por decisão proveniente de embargos de declaração", valendo ressaltar que essa complementação cinge-se aos limites do acréscimo sofrido pelo julgado embargado.(641)

3.2.2.4. Pedido de reforma ou de invalidação

Como último requisito necessário à regular interposição do recurso sob o ponto de vista formal, cabe ao recorrente formular ao órgão *ad quem* o pedido de substituição do ato impugnado, observada a finalidade do recurso: reforma ou invalidação.(642)

---

(636) ASSIS, Araken de. *Manual dos recursos*. São Paulo: Revista dos Tribunais, 2007. p. 198; BEBBER, Júlio César. *Recursos no processo do trabalho:* teoria geral dos recursos. São Paulo: LTr, 1999. p. 114.

(637) OLIVEIRA, Francisco Antonio de. *Comentários às Súmulas do TST*. 8. ed. São Paulo: Revista dos Tribunais, 2008. p. 704.

(638) NERY JUNIOR, Nelson. *Princípios fundamentais:* teoria geral dos recursos. 5. ed. São Paulo: Revista dos Tribunais, 2000. p. 318.

(639) ASSIS, Araken de. *Manual dos recursos*. São Paulo: Revista dos Tribunais, 2007. p. 197.

(640) BEBBER, Júlio César. *Recursos no processo do trabalho:* teoria geral dos recursos. São Paulo: LTr, 1999. p. 116.

(641) *Ibidem*, p. 116-117.

(642) ASSIS, Araken de. *Manual dos recursos*. São Paulo: Revista dos Tribunais, 2007. p. 198-199.

Bem observa *Nelson Nery Junior* que o procedimento recursal é semelhante ao inaugural de uma ação. A petição de recurso, portanto, à semelhança da peça inicial, deve conter os fundamentos de fato e de direito, bem como o respectivo pedido[(643)], que "há de ser determinado em todos os seus elementos".[(644)]

3.2.3. Inexistência de fato impeditivo ou extintivo do poder de recorrer

A ocorrência de algum fato impeditivo ou extintivo do poder de recorrer sujeita o recurso interposto a juízo negativo de admissibilidade.

Os fatos extintivos são a renúncia e a aquiescência. Encontram-se previstos, respectivamente, nos arts. 502 e 503 do CPC. O fato impeditivo é a desistência (CPC, art. 501).[(645)]

Interessante observar que os pressupostos de admissibilidade em questão distinguem-se dos demais pelo seu *caráter negativo*, já que o recurso somente será admissível diante de sua inexistência.[(646)] Por essa razão, configurada a sua presença, o recurso não será passível de conhecimento.

3.2.3.1. Renúncia ao direito de recorrer

A renúncia é um dos modos pelos quais se extinguem os direitos. *Clóvis Beviláqua* define-a como "um ato jurídico pelo qual o titular de um direito dele se despoja".[(647)] No mesmo sentido, direciona-se a definição proposta por *Orlando Gomes*, ao proclamar que: "*Renúncia* é o fato pelo qual o titular do direito declara a vontade de se desfazer dele, ou de não o aceitar".[(648)]

No âmbito do direito processual, a renúncia igualmente consiste em modalidade extintiva de direitos. No que concerne especificamente ao direito de recorrer, *Barbosa Moreira* tem-na como "o ato pelo qual uma pessoa manifesta a vontade de não interpor o recurso de que poderia valer-se contra determinada decisão".[(649)]

(643) NERY JUNIOR, Nelson. *Princípios fundamentais:* teoria geral dos recursos. 5. ed. São Paulo: Revista dos Tribunais, 2000. p. 319.

(644) ASSIS, Araken de. *Manual dos recursos.* São Paulo: Revista dos Tribunais, 2007. p. 199.

(645) Nesse sentido: ASSIS, Araken de. *Manual dos recursos.* São Paulo: Revista dos Tribunais, 2007. p. 165; NERY JUNIOR, Nelson. *Princípios fundamentais:* teoria geral dos recursos. 5. ed. São Paulo: Revista dos Tribunais, 2000. p. 335; SOUZA, Bernardo Pimentel. *Introdução aos recursos cíveis e à ação rescisória.* 4. ed. São Paulo: Saraiva, 2007. p. 54; KOZIKOSKI, Sandro Marcelo. *Manual dos recursos cíveis:* teoria geral e recursos em espécie. 3. ed. Curitiba: Juruá, 2007. p. 83; PORTO, Sérgio Gilberto; USTÁRROZ, Daniel. *Manual dos recursos cíveis.* Porto Alegre: Livraria do Advogado, 2007. p. 62; BEBBER, Júlio César. *Recursos no processo do trabalho:* teoria geral dos recursos. São Paulo: LTr, 1999. p. 155. Em sentido contrário, reputando a renúncia e a aquiescência como fato impeditivo e a desistência como fato extintivo do direito de recorrer: ORIONE NETO, Luiz. *Recursos cíveis.* 2. ed. São Paulo: Saraiva, 2006. p. 106; JORGE, Flávio Cheim. *Teoria geral dos recursos cíveis.* 3. ed. São Paulo: Revista dos Tribunais, 2007. p. 113.

(646) SOUZA, Bernardo Pimentel. *Introdução aos recursos cíveis e à ação rescisória.* 4. ed. São Paulo: Saraiva, 2007. p. 54.

(647) BEVILÁQUA, Clóvis. *Teoria geral do direito civil.* 3. ed. Rio de Janeiro: F. Alves, 1980. p. 282.

(648) GOMES, Orlando. *Introdução ao direito civil.* 8. ed. Rio de Janeiro: Forense, 1986. p. 216.

(649) MOREIRA, José Carlos Barbosa. *Comentários ao Código de Processo Civil.* v. 5, 11. ed. Rio de Janeiro: Forense, 2004. p. 339.

Sua regência legal encontra-se sedimentada no art. 502 do CPC, de onde se extrai textualmente que "a renúncia ao direito de recorrer independe da aceitação da parte contrária". Emerge do texto legal, portanto, ser a renúncia um *ato jurídico unilateral*(650), incluído, conforme o magistério de *Orlando Gomes*, "entre os modos de *extinção subjetiva* dos direitos, posto não dependa, para valer, da aceitação por outrem".(651)

Tão logo seja manifestada, portanto, a renúncia produz seus efeitos típicos.(652) Promove a instantânea extinção do direito de recorrer e, não havendo outro óbice, como a possibilidade de interposição do recurso por pessoa diversa, com extensão dos efeitos ao renunciante, o imediato trânsito em julgado da decisão.(653)

A renúncia deve ser expressa. Embora a legislação processual não estabeleça forma especial para a prática do ato, esta deve ocorrer por meio de petição dirigida ao órgão prolator da decisão judicial.(654) Poderá também ser manifestada oralmente, quando a decisão for proferida em audiência, ou, no tribunal, logo após proclamado o resultado do julgamento.(655)

Sua manifestação pode ser efetivada diretamente pela parte, quando no exercício do *jus postulandi*. Se estiver, entretanto, representada por advogado, pressupõe a outorga de poderes especiais na respectiva procuração (CPC, art. 38)(656), de sorte que será ineficaz se ancorada em mandato tácito, que compreende apenas os poderes gerais da cláusula *ad judicia*.(657)

Validamente declarada, porém, independe de homologação e produz efeitos em caráter irrevogável.(658)

Quanto à extensão, a renúncia pode ser total ou parcial. Com efeito, se o provimento judicial, por ocasião da interposição do recurso, pode ser total ou parcialmente impugnado (CPC, art. 505), revela-se plenamente possível ao renunciante abdicar do direito de recorrer apenas em relação a uma parcela da decisão que lhe foi contrária.(659)

---

(650) NERY JUNIOR, Nelson. *Princípios fundamentais:* teoria geral dos recursos. 5. ed. São Paulo: Revista dos Tribunais, 2000. p. 337.

(651) GOMES, Orlando. *Introdução ao direito civil*. 8. ed. Rio de Janeiro: Forense, 1986. p. 216.

(652) ASSIS, Araken de. *Manual dos recursos*. São Paulo: Revista dos Tribunais, 2007. p. 165.

(653) MOREIRA, José Carlos Barbosa. *Comentários ao Código de Processo Civil*. v. 5, 11. ed. Rio de Janeiro: Forense, 2004. p. 343.

(654) ASSIS, Araken de. *Manual dos recursos*. São Paulo: Revista dos Tribunais, 2007. p. 166; MOREIRA, José Carlos Barbosa. *Comentários ao Código de Processo Civil*. v. 5, 11. ed. Rio de Janeiro: Forense, 2004. p. 342-343.

(655) SOUZA, Bernardo Pimentel. *Introdução aos recursos cíveis e à ação rescisória*. 4. ed. São Paulo: Saraiva, 2007. p. 55.

(656) *Idem*.

(657) PINTO, José Augusto Rodrigues. *Manual dos recursos nos dissídios do trabalho*. São Paulo: LTr, 2006. p. 54.

(658) ASSIS, Araken de. *Manual dos recursos*. São Paulo: Revista dos Tribunais, 2007. p. 166; MOREIRA, José Carlos Barbosa. *Comentários ao Código de Processo Civil*. v. 5, 11. ed. Rio de Janeiro: Forense, 2004. p. 343.

(659) SOUZA, Bernardo Pimentel. *Introdução aos recursos cíveis e à ação rescisória*. 4. ed. São Paulo: Saraiva, 2007. p. 54.

A renúncia merece interpretação restritiva, à semelhança do que ocorre com os atos de disposição em geral.[660] Nesse sentido, já nos idos de 1850, pronunciava-se *Lourenço Trigo de Loureiro*: "A renúncia interpreta-se restrictivamente, sem se ampliar de uma pessoa a outra, nem de uma cousa a outra cousa diversa".[661] Ante esse contexto, a renúncia ao direito de recorrer pela via independente não implica, necessariamente, a extinção do direito de interpor recurso pela modalidade adesiva, a menos que este seja abrangido expressamente pela declaração de renúncia.[662]

A renúncia ao recurso pressupõe, ainda, já tenha nascido o poder de recorrer e dirige-se exclusivamente ao recurso ainda não interposto. Em outras palavras, a faculdade de renunciar validamente ao recurso somente se materializa no momento em que se abre a possibilidade de sua interposição. Por essa razão, para que esteja tipificada, é indispensável que a manifestação de vontade do renunciante seja posterior à decisão que lhe foi contrária e anterior à interposição do recurso.[663] Daí ser irreparável o magistério de *Barbosa Moreira* ao proclamar que "renunciar ao direito de recorrer antes de proferida a decisão é renunciar a um direito que *ainda não se tem* e, a rigor, *nem sequer se sabe se nascerá* — o que depende, como é intuitivo, do sentido em que venha a pronunciar-se o órgão judicial".[664][665]

A possibilidade de renunciar, por fim, cessa, por completo, com a interposição do recurso. A partir daí só caberá ao recorrente dele desistir.

No que concerne aos litisconsortes, o renunciante não depende da concordância destes, à semelhança do que já se afirmou em relação à parte contrária.[666] Como visto, a renúncia é ato unilateral cuja validade independe da aceitação de terceiros, de sorte que, manifestada por um dos litisconsortes, nenhuma influência terá na situação dos remanescentes.

Em relação aos efeitos produzidos, porém, é relevante a distinção entre o *litisconsórcio comum* e o *unitário*.

Na primeira hipótese, pelo fato de a situação litigiosa não demandar a aplicação de solução uniforme para a causa, se um dos litisconsortes renuncia e outro(s) recorre(m), em caso de provimento do recurso, o resultado da lide será um para o

(660) ASSIS, Araken de. *Manual dos recursos*. São Paulo: Revista dos Tribunais, 2007. p. 166.

(661) LOUREIRO, Lourenço Trigo de. *Instituições de direito civil brasileiro*. Ed. *fac-sim*. Brasília: Senado Federal, Conselho Editorial: Superior Tribunal de Justiça, 2004, v. II, p. 293.

(662) NERY JUNIOR, Nelson. *Princípios fundamentais:* teoria geral dos recursos. 5. ed. São Paulo: Revista dos Tribunais, 2000. p. 354. No mesmo sentido: ASSIS, Araken de. *Manual dos recursos*. São Paulo: Revista dos Tribunais, 2007. p. 167. Em sentido diverso: MOREIRA, José Carlos Barbosa. *Comentários ao Código de Processo Civil*. v. 5, 11. ed. Rio de Janeiro: Forense, 2004. p. 343.

(663) BEBBER, Júlio César. *Recursos no processo do trabalho:* teoria geral dos recursos. São Paulo: LTr, 1999. p. 161.

(664) MOREIRA, José Carlos Barbosa. *Comentários ao Código de Processo Civil*. v. 5, 11. ed. Rio de Janeiro: Forense, 2004. p. 342.

(665) Em sentido contrário, admitindo a possibilidade de renúncia prévia, veja-se, por todos: NERY JUNIOR, Nelson. *Princípios fundamentais:* teoria geral dos recursos. 5. ed. São Paulo: Revista dos Tribunais, 2000. p. 339-352.

(666) SOUZA, Bernardo Pimentel. *Introdução aos recursos cíveis e à ação rescisória*. 4. ed. São Paulo: Saraiva, 2007. p. 55; MOREIRA, José Carlos Barbosa. *Comentários ao Código de Processo Civil*. v. 5, 11. ed. Rio de Janeiro: Forense, 2004. p. 344.

renunciante e outro para aquele(s) que recorreu(ram). Tem incidência, assim, a regra inscrita no art. 48 do CPC, segundo a qual "salvo disposição em contrário, os litisconsortes serão considerados, em suas relações com a parte adversa, como litigantes distintos; os atos e as omissões de um não prejudicarão nem beneficiarão os outros".[667]

No caso de *litisconsórcio unitário*, entretanto, o trato da matéria reclama disciplina particular. E isso porque, diante da exigência de homogeneidade no julgamento da lide em relação a todos os colitigantes, a renúncia não faz transitar em julgado a decisão, exceto na hipótese de todos os litisconsortes simultaneamente renunciarem. Aplica-se aqui o disposto no art. 509 do CPC, segundo o qual "o recurso interposto por um dos litisconsortes a todos aproveita, salvo se distintos ou opostos os seus interesses". Nesse contexto, o renunciante não só conserva a posição de parte, como também se submete ao julgamento a ser proferido pelo juízo *ad quem*, em relação ao recurso interposto pelos litisconsortes que não renunciaram.[668]

3.2.3.2. Desistência do direito de recorrer

A desistência do direito de recorrer consiste no ato por meio do qual o recorrente manifesta ao órgão jurisdicional a vontade de que seu recurso não seja julgado. Constitui, portanto, verdadeiro ato de revogação da interposição.[669]

Sua regência legal encontra-se sedimentada no art. 501 do CPC, de onde se extrai textualmente que "o recorrente poderá, a qualquer tempo, sem anuência do recorrido ou dos litisconsortes, desistir do recurso". Cuida-se, portanto, de *ato unilateral*, cuja eficácia independe da aceitação de terceiros, quer seja a parte contrária, quer sejam os litisconsortes. Nem mesmo o recorrente adesivo tem o condão de obstar a desistência do recurso principal, pois sua irresignação a este se encontra subordinada.[670] Conforme bem assentado por *Manoel Antonio Teixeira Filho*, a desistência constitui um direito potestativo do recorrente.[671]

Ao contrário do que ocorre com a renúncia, em que o recorrente despoja-se previamente do direito de impugnar a decisão, a desistência pressupõe *recurso interposto*. A designação comum no dia a dia forense, acerca da "*desistência do prazo do recurso*" caracteriza, em realidade, verdadeira renúncia ao poder de recorrer e nunca desistência de recurso ainda não interposto.[672]

---

(667) TEIXEIRA FILHO, Manoel Antonio. *Sistema dos recursos trabalhistas*. 10. ed. São Paulo: LTr, 2003. p. 239-240; MOREIRA, José Carlos Barbosa. *Comentários ao Código de Processo Civil*. v. 5, 11. ed. Rio de Janeiro: Forense, 2004. p. 344; BEBBER, Júlio César. *Recursos no processo do trabalho:* teoria geral dos recursos. São Paulo: LTr, 1999. p. 163-164.

(668) *Idem*.

(669) MOREIRA, José Carlos Barbosa. *Comentários ao Código de Processo Civil*. v. 5, 11. ed. Rio de Janeiro: Forense, 2004. p. 329-330.

(670) NERY JUNIOR, Nelson. *Princípios fundamentais:* teoria geral dos recursos. 5. ed. São Paulo: Revista dos Tribunais, 2000. p. 360-361.

(671) TEIXEIRA FILHO, Manoel Antonio. *Sistema dos recursos trabalhistas*. 10. ed. São Paulo: LTr, 2003. p. 233.

(672) NERY JUNIOR, Nelson. *Princípios fundamentais:* teoria geral dos recursos. 5. ed. São Paulo: Revista dos Tribunais, 2000. p. 361.

Por outro lado, quanto aos efeitos, as duas figuras também se distinguem. Enquanto a renúncia torna o recurso *inadmissível*, a desistência torna-o *inexistente*.(673)

Quanto à extensão, a desistência pode ser *parcial* ou *total*.(674) Assim, o recorrente poderá desistir integralmente do recurso ou apenas de alguns dos capítulos da decisão entre aqueles que foram impugnados.

Quanto à oportunidade, a desistência pode ocorrer *"a qualquer tempo"*. É o que literalmente enuncia o art. 501 do CPC. A despeito de sua amplitude, contudo, é preciso fixar o alcance do dispositivo. Com efeito, somente a partir da interposição do recurso, consoante já visto, é que poderá a parte dele desistir. Antes disso, o que se terá é renúncia. Já o termo final é marcado pelo instante imediatamente anterior ao julgamento e deve anteceder a coleta dos votos.(675) Segundo *Nelson Nery Junior*, a desistência pode ser manifestada até a oportunidade da sustentação oral no tribunal, por ser o momento em que a parte encerra sua participação ativa na causa.(676) Prestigiosa doutrina, entretanto, admite a desistência mesmo após o início do julgamento, desde que antes de proclamado o resultado.(677)

Como regra geral, a desistência manifesta-se mediante petição escrita, dirigida ao órgão perante o qual foi interposto o recurso, ou ao relator no tribunal.(678) A lei, entretanto, não lhe impõe forma especial. Por essa razão, nada impede que a desistência de qualquer recurso seja declarada oralmente, na sessão de julgamento.(679)

No exercício do *jus postulandi*, a parte poderá diretamente desistir do recurso. Se, contudo, estiver representada por advogado, para a sua validade será necessária a outorga de poderes especiais, na forma do art. 38 do CPC(680), de sorte que não será eficaz a desistência ancorada em mandato tácito, uma vez que nele só se compreendem os poderes gerais da cláusula *ad judicia*.(681)

---

(673) MOREIRA, José Carlos Barbosa. *Comentários ao Código de Processo Civil*. v. 5, 11. ed. Rio de Janeiro: Forense, 2004. p. 330. No mesmo sentido: COSTA, Coqueijo. *Direito processual do trabalho*. 4. ed. Rio de Janeiro: Forense, 1995. p. 468.

(674) ASSIS, Araken de. *Manual dos recursos*. São Paulo: Revista dos Tribunais, 2007. p. 168.

(675) MOREIRA, José Carlos Barbosa. *Comentários ao Código de Processo Civil*. v. 5, 11. ed. Rio de Janeiro: Forense, 2004. p. 330-331.

(676) NERY JUNIOR, Nelson. *Princípios fundamentais:* teoria geral dos recursos. 5. ed. São Paulo: Revista dos Tribunais, 2000. p. 362.

(677) Cf. Araken de Assis: "Competindo o julgamento a órgão colegiado do tribunal, o recorrente poderá desistir após o início da coleta dos votos, mas antes de seu término, ou seja, da proclamação do resultado [...]." (ASSIS, Araken de. *Manual dos recursos*. São Paulo: Revista dos Tribunais, 2007. p. 171). Nesse mesmo sentido: SOUZA, Bernardo Pimentel. *Introdução aos recursos cíveis e à ação rescisória*. 4. ed. São Paulo: Saraiva, 2007. p. 57.

(678) MOREIRA, José Carlos Barbosa. *Comentários ao Código de Processo Civil*. v. 5, 11. ed. Rio de Janeiro: Forense, 2004. p. 331.

(679) ASSIS, Araken de. *Manual dos recursos*. São Paulo: Revista dos Tribunais, 2007. p. 169.

(680) JORGE, Flávio Cheim. *Teoria geral dos recursos cíveis*. 3. ed. São Paulo: Revista dos Tribunais, 2007. p. 119.

(681) PINTO, José Augusto Rodrigues. *Manual dos recursos nos dissídios do trabalho*. São Paulo: LTr, 2006. p. 54.

No que concerne ao Ministério Público, inexiste na legislação processual trabalhista e no CPC qualquer dispositivo que imponha óbice similar ao previsto no art. 576 do Código de Processo Penal, que expressamente lhe veda desistir do recurso interposto.[682] Portanto, revela-se perfeitamente possível ao *Parquet* apresentar desistência.

Quanto à Fazenda Pública, observa *Barbosa Moreira* que "regra de direito administrativo pode e costuma subordinar a manifestação da desistência pelo procurador à prévia autorização do chefe do Poder Executivo, ou de alguma autoridade à qual se delegue competência para tanto".[683] Adverte, porém, *Araken de Assis*, nesse particular, que tais disposições constituem, no plano processual, *res inter alios acta*, de sorte que, sem prejuízo da responsabilidade civil, administrativa e penal do autor do ato processual, a ausência de autorização ou a negativa em autorizá-la, não desnatura a validade e a eficácia da desistência manifestada por procurador da Fazenda Pública federal, estadual, distrital ou municipal.[684]

Quando parcial, a desistência validamente manifestada tem o condão de restringir o objeto do recurso, excluindo da apreciação judicial o(s) capítulo(s) de que se desistiu. Se total, produz a imediata extinção do procedimento recursal.[685]

Em qualquer caso, porém, a desistência prescinde de qualquer homologação, forte no art. 158 do CPC, expresso ao dispor que "os atos das partes, consistentes em declarações unilaterais ou bilaterais de vontade, produzem imediatamente a constituição, a modificação ou a extinção de direitos processuais".[686]

Tampouco será necessário ao recorrente justificar as razões que o levaram a desistir do recurso interposto. A desistência prescinde de fundamentação.[687]

Observa *Juan Carlos Hitters*, que a desnecessidade de homologação não significa que o órgão jurisdicional passe a ser "un convidado de piedra", excluído pela lei de qualquer tipo de atuação. Segundo o autor, "en todos los casos es éste quien efectivamente tiene por cumplido ese acto, dado que debe controlar si el abdicante está en condiciones de producirlo".[688]

A despeito do necessário controle jurisdicional acerca da regularidade da desistência, toda a sua eficácia remonta ao momento de sua manifestação nos autos, de sorte que a atividade judicial, na hipótese, encerra um provimento de *caráter meramente declaratório*,

---

(682) NERY JUNIOR, Nelson. *Princípios fundamentais:* teoria geral dos recursos. 5. ed. São Paulo: Revista dos Tribunais, 2000. p. 363.

(683) MOREIRA, José Carlos Barbosa. *Comentários ao Código de Processo Civil.* v. 5, 11. ed. Rio de Janeiro: Forense, 2004. p. 332.

(684) ASSIS, Araken de. *Manual dos recursos*. São Paulo: Revista dos Tribunais, 2007. p. 169-170.

(685) MOREIRA, José Carlos Barbosa. *Comentários ao Código de Processo Civil.* v. 5, 11. ed. Rio de Janeiro: Forense, 2004. p. 332.

(686) *Idem.*

(687) TEIXEIRA FILHO, Manoel Antonio. *Sistema dos recursos trabalhistas*. 10. ed. São Paulo: LTr, 2003. p. 234-235.

(688) HITTERS, Juan Carlos. *Técnica de los recursos ordinarios*. 2. ed. La Plata: Librería Editora Platense, 2004. p. 155.

destinado apenas a certificar os efeitos já operados.[(689)] Nas precisas palavras de *Manoel Antonio Teixeira Filho*, em sede recursal a desistência não é requerida, e sim comunicada.[(690)]

No que concerne à decisão recorrida, é importante ainda delimitar os efeitos produzidos pela desistência. Nesse particular, questão se apresenta em torno da possibilidade ou não de se renovar a impugnação abandonada, se ainda em curso do respectivo prazo judicial. Conforme noticiam *Hitters*[(691)] e *Barbosa Moreira*[(692)], a solução afirmativa é acolhida pela legislação alemã, segundo a qual, desde que não haja escoado o prazo, é admitido ao recorrente reapresentar o recurso de que desistira.

Entre nós, conquanto a legislação seja silente sobre o tema, prevalece o entendimento de que, validamente manifestada, a desistência produz o trânsito em julgado da decisão recorrida, desde que, por óbvio, a interposição do recurso seja o único óbice erigido contra a formação da *res judicata*.[(693)] Em relação ao recorrente, verifica-se o fenômeno da preclusão consumativa. Assim, fica obstada a interposição de novo recurso contra o provimento judicial, a despeito de o prazo originário não ter se exaurido.[(694)]

Se o recorrente exerceu de maneira válida o direito de impugnar a decisão, tal direito consuma-se e não volta a renascer em virtude da desistência do recurso. A decisão, portanto, torna-se irrecorrível e, por força da desistência, cessam por completo os efeitos da interposição do recurso, entre os quais o de obstar o trânsito em julgado.[(695)]

Merece exame destacada a hipótese de sucumbência recíproca, de sorte a perquirir se a desistência manifestada quanto ao recurso independente, no prazo normal, tem o condão de impedir que a parte, após ser intimada da irresignação interposta pela parte contrária, renove adesivamente a sua impugnação.

Júlio César Bebber responde negativamente, fundamentando sua posição com lastro na incidência da preclusão consumativa. Em sua concepção, nem mesmo o fato de o recurso adesivo eventualmente impugnar matéria diversa daquela objeto do recurso abandonado abriria ensejo à sua interposição. Diz o autor:

> "A partir do momento em que a parte fez uso do recurso principal, consumada estará a faculdade de recorrer. Se, eventualmente, deixou de impugnar algum tópico da sentença, deve-se presumir que renunciou ao poder de recorrer dessa parte.
>
> [...]

---

(689) MOREIRA, José Carlos Barbosa. *Comentários ao Código de Processo Civil*. v. 5, 11. ed. Rio de Janeiro: Forense, 2004. p. 333.

(690) TEIXEIRA FILHO, Manoel Antonio. *Sistema dos recursos trabalhistas*. 10. ed. São Paulo: LTr, 2003. p. 234.

(691) HITTERS, Juan Carlos. *Técnica de los recursos ordinarios*. 2. ed. La Plata: Librería Editora Platense, 2004. p. 156.

(692) MOREIRA, José Carlos Barbosa. *Comentários ao Código de Processo Civil*. v. 5, 11. ed. Rio de Janeiro: Forense, 2004. p. 333-334.

(693) *Ibidem*, p. 334.

(694) ASSIS, Araken de. *Manual dos recursos*. São Paulo: Revista dos Tribunais, 2007. p. 172.

(695) MOREIRA, José Carlos Barbosa. *Comentários ao Código de Processo Civil*. v. 5, 11. ed. Rio de Janeiro: Forense, 2004. p. 334.

Portanto, a interposição do recurso principal do que se desistiu é óbice ao uso do recurso adesivo para impugnar capítulos da sentença não impugnados naquele."[696]

A doutrina majoritária, contudo, posiciona-se no sentido de ser cabível a impugnação adesiva. Com efeito, tendo a desistência por objeto o recurso principal, seus efeitos se irradiam apenas em relação a este. Sobrevindo fato novo — a interposição de recurso independente pelo adversário —, capaz de alterar o cenário processual em torno do qual se materializou a desistência, abre-se ao desistente o direito de recorrer pela via adesiva.[697] Conforme observa *Barbosa Moreira*, "o efeito preclusivo cede, aí, diante da regra especial do art. 500, *caput*, 2ª parte, que, sem restrição de espécie alguma, reabre ao litigante parcialmente vencido a possibilidade de impugnar por sua vez a decisão, em verificando que dela recorrera o adversário".[698]

Em realidade, a desistência tem por condão tornar o recurso inexistente. É como se este nunca tivesse sido interposto. Por essa razão, sobrevindo recurso independente da parte contrária, revela-se inegável o direito do desistente a ele aderir. Nas palavras de *Coqueijo Costa*, se o fato de um dos sucumbentes deixar passar o prazo de recorrer não impede a utilização do recurso adesivo, não há razão para o desistente ser tolhido de usar desse remédio se, após a desistência, o outro litigante recorrer.[699]

Quanto aos litisconsortes, mostra-se mais uma vez relevante a distinção entre o *litisconsórcio comum* e o *unitário*.

Na primeira hipótese, pelo fato de a situação litigiosa não demandar a aplicação de solução uniforme para a causa, a desistência manifestada por um dos litisconsortes nenhum efeito surtirá em relação aos demais recorrentes. No que toca ao desistente, entretanto, a decisão impugnada pelo recurso abandonado transitará em julgado, subsistindo incólume para ele, ainda que a irresignação interposta por um dos demais colitigantes seja provida (CPC, art. 48).

Já no caso de *litisconsórcio unitário*, é de se ter em conta a exigência de uniformidade no julgamento da lide em relação a todos os colitigantes. Por essa razão, a pendência de recurso interposto por um dos litisconsortes impede o trânsito em julgado da decisão, inclusive, em relação ao desistente, a quem aproveitará o eventual provimento do recurso (CPC, art. 509).[700]

---

(696) BEBBER, Júlio César. *Recursos no processo do trabalho:* teoria geral dos recursos. São Paulo: LTr, 1999. p. 159-160.

(697) NERY JUNIOR, Nelson. *Princípios fundamentais:* teoria geral dos recursos. 5. ed. São Paulo: Revista dos Tribunais, 2000. p. 363-364.

(698) MOREIRA, José Carlos Barbosa. *Comentários ao Código de Processo Civil.* v. 5, 11. ed. Rio de Janeiro: Forense, 2004. p. 335. Nesse mesmo sentido: ASSIS, Araken de. *Manual dos recursos.* São Paulo: Revista dos Tribunais, 2007. p. 172.

(699) COSTA, Coqueijo. *Direito processual do trabalho.* 4. ed. Rio de Janeiro: Forense, 1995. p. 468.

(700) Em conformidade com esse entendimento: ASSIS, Araken de. *Manual dos recursos.* São Paulo: Revista dos Tribunais, 2007. p. 172; MOREIRA, José Carlos Barbosa. *Comentários ao Código de Processo Civil.* v. 5, 11. ed. Rio de Janeiro: Forense, 2004. p. 337; TEIXEIRA FILHO, Manoel Antonio. *Sistema dos recursos trabalhistas.* 10. ed. São Paulo: LTr, 2003. p. 235-236.

Em qualquer caso, o recorrente poderá desistir sem a anuência dos demais litisconsortes. E, desde que o prazo ainda esteja em curso, a desistência manifestada não impedirá a interposição de recurso por um dos colitigantes até então omissos.(701)

3.2.3.3. Aquiescência

Aquiescer é aceitar, concordar, anuir. A aquiescência, portanto, é a aceitação da decisão judicial.(702) Pode ser total ou parcial, conforme se refira a todo o conteúdo ou somente a parte do ato decisório.(703) Tem seu regramento previsto no art. 503 do CPC, segundo o qual: "A parte que aceitar expressa ou tacitamente a sentença ou a decisão, não poderá recorrer".

O preceito legal resulta da exigência imposta aos litigantes de que guardem uma postura dotada de coerência em relação ao provimento jurisdicional desfavorável. Por isso mesmo, se a parte, uma vez vencida, não concordar com a decisão judicial, cabe-lhe manifestar sua insurgência por meio do recurso adequado. Se, ao revés, agir em consonância com o julgado que lhe foi contrário, não poderá valer-se da via recursal, ante a incidência da preclusão lógica.(704) Trata-se, assim, de aplicação no âmbito do direito processual da locução *venire contra factum proprium*, que traduz o princípio pelo qual se tem por inadmissível o exercício de uma posição jurídica em contradição com o comportamento assumido anteriormente pelo exercente.(705)

Segundo a literalidade do art. 503 do CPC, a aceitação poderá ser expressa ou tácita. Na primeira categoria, insere-se a manifestação de vontade dirigida ao órgão judicial ou ao adversário.(706) Pelo fato de a lei não estabelecer forma especial para a prática do ato, este poderá materializar-se por meio de petição ou oralmente, nos momentos que antecedem o início do julgamento.(707)

Já a aceitação tácita configura-se mediante a "prática, sem reserva alguma, de um ato incompatível com a vontade de recorrer". É o que textualmente dispõe o parágrafo único do art. 503 do CPC. Somente estará caracterizada quando resultar de atos claros e inequívocos, absolutamente inconciliáveis com a impugnação da decisão.(708) Não poderá, em nenhuma hipótese, ser presumida.(709) É o caso do condenado que, de

---

(701) ASSIS, Araken de. *Manual dos recursos*. São Paulo: Revista dos Tribunais, 2007. p. 172-173.

(702) NERY JUNIOR, Nelson. *Princípios fundamentais:* teoria geral dos recursos. 5. ed. São Paulo: Revista dos Tribunais, 2000. p. 359.

(703) MOREIRA, José Carlos Barbosa. *Comentários ao Código de Processo Civil*. v. 5, 11. ed. Rio de Janeiro: Forense, 2004. p. 345.

(704) TEIXEIRA FILHO, Manoel Antonio. *Sistema dos recursos trabalhistas*. 10. ed. São Paulo: LTr, 2003. p. 231.

(705) CORDEIRO, António Manuel da Rocha e Menezes. *Da boa-fé no direito civil*. Coimbra: Almedina, 2007. p. 742.

(706) MOREIRA, José Carlos Barbosa. *Comentários ao Código de Processo Civil*. v. 5, 11. ed. Rio de Janeiro: Forense, 2004. p. 345.

(707) ASSIS, Araken de. *Manual dos recursos*. São Paulo: Revista dos Tribunais, 2007. p. 174.

(708) MOREIRA, José Carlos Barbosa. *Comentários ao Código de Processo Civil*. v. 5, 11. ed. Rio de Janeiro: Forense, 2004. p. 345-346.

(709) NERY JUNIOR, Nelson. *Princípios fundamentais:* teoria geral dos recursos. 5. ed. São Paulo: Revista dos Tribunais, 2000. p. 359; ASSIS, Araken de. *Manual dos recursos*. São Paulo: Revista dos Tribunais, 2007. p. 173.

forma espontânea, pede prazo para o cumprimento da condenação. Se o ato, porém, for praticado sob protesto ou reserva, estará descaracterizada a aquiescência tácita.(710)

A outorga ao advogado de poderes especiais (CPC, art. 38) será, em qualquer caso, indispensável para que seja válida a anuência.(711)

Conquanto refira-se à parte, a regra constante do art. 503 do CPC não exclui os demais legitimados do art. 499 do CPC, aplicando-se tanto ao Ministério Público, como ao terceiro prejudicado.(712) Quanto a este último, observa *Fredie Didier Júnior* que a inexistência de fatos extintivos ou impeditivos do poder de recorrer é requisito que, ordinariamente, não tem como ser desatendido pelos terceiros, por guardar relação com comportamentos insuscetíveis de serem praticados por quem, até aquele momento, era completamente estranho ao feito. Adverte, porém, que "caso o comportamento do terceiro denote aceitação à decisão, o seu recurso, eventualmente interposto, não será conhecido".(713)

Em seu *caput*, o art. 503 do CPC indica "*a sentença ou a decisão*" como os atos judiciais passíveis de aceitação. Não obstante a redundância do texto legal, ao referir-se simultaneamente à espécie (*sentença*) e ao gênero (*decisão*) dos atos decisórios(714), é de se ver que todo e qualquer pronunciamento judicial recorrível, sem distinção, poderá ser objeto de aquiescência.(715)

Sob o prisma temporal, a aquiescência pressupõe tenha o órgão jurisdicional se pronunciado. Não há como tê-la por configurada em momento anterior à emissão do ato judicial, já que ninguém poderá aceitar aquilo que desconhece.(716) Deverá, outrossim, ocorrer antes da interposição do recurso. Trata-se de decorrência lógica do comando inserto no *caput* do art. 503 do CPC, segundo o qual, aquele que aceitar a decisão, "*não poderá recorrer*". O dispositivo legal é claro ao pontuar que a aquiescência impossibilita a prática do ato. Por essa razão, qualquer interpretação voltada a admitir a aceitação no caso de recurso interposto nos parece eivada de incongruência.(717) Em realidade, consoante o irreparável magistério de *Flávio Cheim Jorge*, "se após a interposição do recurso o recorrente cumpre o comando da sentença, é caso de falta de interesse superveniente e não de aquiescência [...] porque o recurso não será mais útil".(718)

Para que incida o óbice do art. 503 do CPC é preciso que o ato de aceitação da decisão seja *espontâneo*. Daí por que se mostra indispensável que o provimento jurisdicional

(710) ASSIS, Araken de. *Manual dos recursos*. São Paulo: Revista dos Tribunais, 2007. p. 174.

(711) MIRANDA, Gilson Delgado; PIZZOL, Patrícia Miranda. *Processo civil:* recursos. 4. ed. São Paulo: Atlas, 2004. p. 45.

(712) ASSIS, Araken de. *Manual dos recursos*. São Paulo: Revista dos Tribunais, 2007. p. 174.

(713) DIDIER JR., Fredie. *Recurso de terceiro:* juízo de admissibilidade. 2. ed. São Paulo: Revista dos Tribunais, 2005. p. 206.

(714) ASSIS, Araken de. *Manual dos recursos*. São Paulo: Revista dos Tribunais, 2007. p. 174.

(715) NERY JUNIOR, Nelson. *Princípios fundamentais:* teoria geral dos recursos. 5. ed. São Paulo: Revista dos Tribunais, 2000. p. 359.

(716) ASSIS, Araken de. *Manual dos recursos*. São Paulo: Revista dos Tribunais, 2007. p. 174-175.

(717) BEBBER, Júlio César. *Recursos no processo do trabalho:* teoria geral dos recursos. São Paulo: LTr, 1999. p. 156.

(718) JORGE, Flávio Cheim. *Teoria geral dos recursos cíveis*. 3. ed. São Paulo: Revista dos Tribunais, 2007. p. 118.

ainda não esteja apto à produção de efeitos.(719) Se, ao contrário, a decisão já for dotada de eficácia, como se dá na hipótese de interposição de recurso sem efeito suspensivo, em que se abre ensejo à execução provisória, o eventual cumprimento do julgado não poderá ser considerado como aceitação.(720)

A aquiescência, assim como a renúncia e a desistência, é ato unilateral e, por isso mesmo, independe de aceitação da parte contrária ou dos litisconsortes. Para sua validade, tampouco se mostra necessária a homologação judicial, iniciando a produção de efeitos imediatamente a partir da declaração de vontade.(721)

Ao contrário do que sucede com a renúncia e a desistência, que têm o recurso por objeto, a aceitação dirige-se à decisão judicial. Por essa razão, a sua manifestação fecha integralmente a via recursal, não cabendo fazer qualquer distinção entre recurso independente e recurso adesivo. Verificando-se a aquiescência, opera-se, em relação ao aquiescente, o imediato trânsito em julgado do provimento jurisdicional, ressalvada apenas a hipótese de *litisconsórcio unitário*, em que, em virtude da indispensável homogeneidade na solução da causa, a decisão somente passará em julgado mediante a aceitação de *todos* os litisconsortes.(722)

3.2.4. Preparo

No âmbito do Direito Processual do Trabalho, o preparo subdivide-se nas custas e no depósito recursal.(723) Trata-se de pressuposto de admissibilidade inerente aos recursos trabalhistas, cuja ausência ou irregularidade no preenchimento impede o conhecimento do recurso, ante incidência da pena de *deserção*.

A deserção pode ser declarada *ex officio* ou mediante provocação da parte interessada. Uma vez configurada, porém, é insuscetível de ser relevada, exceto se demonstrada, pelo recorrente, a existência de justo impedimento para cumprir o pressuposto dentro do prazo legal (CPC, art. 519).(724)

Nos tópicos a seguir, as custas e o depósito recursal serão objeto de exame, de modo a identificar seus contornos e em que hipóteses serão exigidos.

---

(719) ASSIS, Araken de. *Manual dos recursos*. São Paulo: Revista dos Tribunais, 2007. p. 175.

(720) MOREIRA, José Carlos Barbosa. *Comentários ao Código de Processo Civil*. v. 5, 11. ed. Rio de Janeiro: Forense, 2004. p. 346.

(721) BEBBER, Júlio César. *Recursos no processo do trabalho:* teoria geral dos recursos. São Paulo: LTr, 1999. p. 155.

(722) MOREIRA, José Carlos Barbosa. *Comentários ao Código de Processo Civil*. v. 5, 11. ed. Rio de Janeiro: Forense, 2004. p. 348-349.

(723) Em conformidade com essa divisão: JORGE NETO, Francisco Ferreira; CAVALCANTE, Jouberto de Quadro Pessoa. *Os recursos no processo do trabalho*. Rio de Janeiro: Lumen Juris, 2007. p. 176; CAIRO JR., José. *Curso de direito processual do trabalho:* teoria geral e processo de conhecimento. Salvador: JusPodivm, 2008. p. 506; ALMEIDA, Cléber Lúcio. *Direito processual do trabalho*. Belo Horizonte: Del Rey, 2006. p. 700; BEZERRA LEITE, Carlos Henrique. *Curso de direito processual do trabalho*. 2. ed. São Paulo: LTr, 2004. p. 462; SARAIVA, Renato. *Curso de direito processual do trabalho*. São Paulo: Método, 2007. p. 459. Em sentido contrário, englobando no conceito de preparo apenas as custas processuais: BEBBER, Júlio César. *Recursos no processo do trabalho:* teoria geral dos recursos. São Paulo: LTr, 1999. p. 140.

(724) PINTO, José Augusto Rodrigues. *Manual dos recursos nos dissídios do trabalho*. São Paulo: LTr, 2006. p. 131.

3.2.4.1. *Custas*

As custas constituem espécie do gênero despesa processual. São taxadas por lei e referem-se à expedição e movimentação dos feitos.[725] No sistema recursal trabalhista, encontram-se integralmente regradas nos arts. 789 a 790-A da CLT e são devidas tanto nas lides referentes à relação de emprego, como nos feitos alçados à competência material da Justiça do Trabalho pela Emenda Constitucional n. 45/2004.[726] Possuem natureza jurídica de taxas e submetem-se às regras e princípios de Direito Tributário.[727][728]

No processo de conhecimento, o seu pagamento é devido pelo *vencido*. Na execução, incide tão somente sobre o *executado* (CLT, art. 789-A). Em qualquer hipótese, são pagas sempre ao final. No caso de interposição de recurso, contudo, o seu recolhimento deve ser efetuado e constitui pressuposto de admissibilidade, cuja ausência, insuficiência ou irregularidade no atendimento impõe sobre o recorrente a pena de *deserção* (CLT, arts. 789, § 1º).

É importante observar que o recolhimento das custas e a sua respectiva comprovação deverão ocorrer dentro do prazo recursal, conforme expressamente determina o art. 789, § 1º, da CLT. Assim, mesmo que o recurso seja interposto *antes do término do prazo recursal*, o recorrente disporá de todo o período restante para promover o pagamento e comprovar a satisfação do pressuposto processual.

O valor das custas deverá ser expressamente fixado pelo provimento judicial (CLT, arts. 789, § 2º, e 832, § 2º). Será calculado mediante a incidência da alíquota de 2% (dois por cento) sobre o valor do acordo ou da condenação (CLT, art. 789, I). Em caso de extinção do processo, sem resolução do mérito, ou de procedência de pedido formulado em ação meramente declaratória ou constitutiva, o percentual incidirá sobre o valor da causa (CLT, art. 789, II e III). Caso este seja indeterminado, a incidência se dará sobre valor a ser fixado pelo juiz (CLT, art. 789, IV). Em qualquer caso, porém, o recolhimento deverá observar o importe mínimo de R$ 10,64 (dez reais e sessenta e quatro centavos), conforme estipulado pelo *caput* do art. 789 da CLT.

---

(725) SANTOS, Moacyr Amaral. *Primeiras linhas de direito processual civil.* v. 2, 18. ed., rev., atual. e ampl. por Aricê Amaral Santos. São Paulo: Saraiva, 1997. p. 298.

(726) Cf. art. 3º da Instrução Normativa n. 27 do TST.

(727) JORGE NETO, Francisco Ferreira; CAVALCANTE, Jouberto de Quadro Pessoa. *Os recursos no processo do trabalho*. Rio de Janeiro: Lumen Juris, 2007. p. 177.

(728) Nesse sentido: "DESTINAÇÃO DE CUSTAS E EMOLUMENTOS A FINALIDADES INCOMPATÍVEIS COM A SUA NATUREZA TRIBUTÁRIA. – Qualificando-se as custas judiciais e os emolumentos extrajudiciais como taxas (RTJ n. 141/430), nada pode justificar seja o produto de sua arrecadação afetado ao custeio de serviços públicos diversos daqueles a cuja remuneração tais valores se destinam especificamente (pois, nessa hipótese, a função constitucional da taxa — que é tributo vinculado — restaria descaracterizada) ou, então, à satisfação das necessidades financeiras ou à realização dos objetivos sociais de entidades meramente privadas. É que, em tal situação, subverter-se-ia a própria finalidade institucional do tributo, sem se mencionar o fato de que esse privilegiado (e inaceitável) tratamento dispensado a simples instituições particulares (Associação de Magistrados e Caixa de Assistência dos Advogados) importaria em evidente transgressão estatal ao postulado constitucional da igualdade. Precedentes." (Processo n. ADI-MC 1.378/ES, Tribunal Pleno, Rel. Ministro Celso de Mello, DJ de 30.5.97).

Em caso de omissão, caberá ao recorrente, por meio dos embargos de declaração ou por simples petição, instar o órgão jurisdicional ao saneamento da lacuna. Nessa hipótese, prevalecerá o entendimento estratificado na Súmula n. 53 do TST, segundo o qual: "O prazo para pagamento das custas, no caso de recurso, é contado da intimação do cálculo". A mesma diretriz valerá na eventualidade de a decisão não estipular os novos valores devidos a título de custas, resultantes de acréscimo incidente no valor da condenação.

Se, ainda assim, os valores não forem expressamente calculados, levando, por consequência, à ausência de intimação da parte, não poderá o tribunal aplicar a pena de deserção, ficando o pagamento das custas postergado para o final (TST, OJ n. 104/SbDI-1).

No processo de execução, os valores a serem recolhidos, a título de custas, já se encontram previamente fixados no art. 789-A da CLT, e estão vinculados à prática de atos processuais específicos. Com vistas à interposição de recurso de revista, o inciso IV, do referido dispositivo consolidado, estabelece o montante de R$ 55,35 (cinquenta e cinco reais e trinta e cinco centavos). Ante o silêncio da lei, que não prevê nenhum valor a ser recolhido para a interposição de recurso de embargos no curso da execução, é de se concluir pela inexigibilidade das custas nessa hipótese.

É importante observar que o art. 789 da CLT, conquanto estabeleça o percentual destinado ao cálculo e o importe mínimo a ser recolhido a título de custas, em nenhum momento fixa um *valor máximo*. Sucede que a ausência de um limitador, acima do qual as custas não poderiam ser estipuladas, pode resultar, sobretudo, em causas de grande repercussão econômica, na fixação de valores desarrazoados, cujo recolhimento, se imposto ao recorrente, tornará inviável o acesso à Justiça.

Por essa razão, em diversos julgados, o Supremo Tribunal Federal tem proclamado a necessidade de ser observado um limite, que tenha por parâmetro a equivalência entre o valor das custas e o custo real da atividade judiciária, sob pena de abrir ensejo à fixação de valores exorbitantes e desproporcionais, em tudo contrários à garantia fundamental inscrita no art. 5º, inciso XXXV, da Lei Maior.(729)

Exceto no caso de acordo (CLT, arts. 789, § 3º), nos dissídios individuais do trabalho não há previsão legal que autorize o pagamento de custas *pro rata*. Por isso, ainda que o provimento judicial acolha *apenas em parte* a pretensão formulada pelo autor, o ônus de efetuar o recolhimento das custas recairá integralmente sobre o réu, a quem será, para este fim, atribuída a condição *vencido*.(730)

Na hipótese de litisconsórcio, caso apenas um dos colitigantes deseje recorrer, deverá, para tanto, efetuar o recolhimento das custas pelo valor total fixado no provimento judicial, não havendo que se falar em pagamento proporcional.(731)

---

(729) Nesse sentido, os seguintes precedentes do Plenário do STF: RP-1.077-RJ (*leading case*), Rel. Ministro Moreira Alves, DJ de 28.9.94; ADIMC-1.651/PB, Rel. Ministro Sydney Sanches, DJ de 11.9.98; ADInMC-1.772-7/MG, Tribunal Pleno, Rel. Ministro Carlos Velloso, DJ de 8.9.2000; ADIn-948-6/GO, Tribunal Pleno, Rel. Ministro Francisco Rezek, DJ de 17.3.2000; ADInMC-1.926-4/PE, Tribunal Pleno, Rel. Ministro Sepúlveda Pertence, DJ de 10.9.99.

(730) BEZERRA LEITE, Carlos Henrique. *Curso de direito processual do trabalho*. 2. ed. São Paulo: LTr, 2004. p. 463.

(731) BEBBER, Júlio César. *Recursos no processo do trabalho:* teoria geral dos recursos. São Paulo: LTr, 1999. p. 142.

Além dos beneficiários da justiça gratuita, gozam de isenção legal relativamente ao pagamento das custas o Ministério Público, a União, os Estados, o Distrito Federal e os Municípios, bem com as respectivas autarquias e fundações públicas que não explorem atividade econômica (CLT, art. 790-A, I e II). A isenção, contudo, não é extensiva às entidades fiscalizadoras do exercício profissional (OAB, Conselhos de Medicina, Engenharia, Psicologia, Enfermagem etc.), conforme parágrafo único do art. 790-A da CLT, e, em nenhuma hipótese, incide sobre as empresas públicas e sociedades de economia mista, regidas, no que toca às suas obrigações civis, comerciais, trabalhistas e tributárias, pelo regime jurídico próprio das empresas privadas (CF, art. 173, II e § 2º).[732]

Quanto aos benefícios da justiça gratuita, conquanto possam ser requeridos a qualquer tempo e grau de jurisdição, é importante atentar para o fato de que a isenção somente poderá ser concedida caso o requerimento seja formulado dentro do prazo alusivo ao recurso. Se formulado após o esgotamento do prazo recursal, o pedido nenhuma utilidade terá, porque, uma vez consumada a deserção, o juiz já não mais poderá dispensar o interessado do ônus de satisfazer o pressuposto recursal.[733]

Nesse sentido, consolidou-se a jurisprudência do TST, conforme evidencia a OJ n. 269 da SbDI-1 daquela Corte: "JUSTIÇA GRATUITA. REQUERIMENTO DE ISENÇÃO DE DESPESAS PROCESSUAIS. MOMENTO OPORTUNO. O benefício da justiça gratuita pode ser requerido em qualquer tempo ou grau de jurisdição, desde que, na fase recursal, seja o requerimento formulado no prazo alusivo ao recurso".

Diante das limitações vivenciadas pelo síndico (hoje, administrador, cf. Lei n. 11.101/2005, art. 21), que necessita de autorização judicial para promover a liberação de valores[734], bem como para evitar uma inversão na ordem de preferência dos créditos na falência, inclusive em relação a salários[735], a massa falida tem sido liberada pela jurisprudência do recolhimento das custas judiciais. Essa é a orientação constante da Súmula n. 86 do TST. O privilégio, entretanto, não é extensivo às empresas em regime de liquidação extrajudicial, conforme direciona o mesmo verbete sumular.

Ainda em matéria de isenção, assume especial relevância a hipótese de inversão dos ônus da sucumbência. É que, se a parte inicialmente vencida, por se enquadrar em qualquer das situações previstas no art. 790-A da CLT, estiver livre do encargo de recolher as custas, em caso de inversão dos ônus da sucumbência, o então vencedor, assumindo agora a condição de vencido, deverá efetuar o recolhimento, sob pena de deserção. Esta é a orientação plasmada na Súmula n. 25 do TST, *in verbis*: "A parte vencedora na primeira instância, se vencida na segunda, está obrigada, independentemente

(732) Em sintonia com esse entendimento, dispõe a Súmula n. 170 do TST: "SOCIEDADE DE ECONOMIA MISTA. CUSTAS — Os privilégios e isenções no foro da Justiça do Trabalho não abrangem as sociedades de economia mista, ainda que gozassem desses benefícios anteriormente ao Decreto-lei n. 779, de 21.8.1969."

(733) TEIXEIRA FILHO, Manoel Antonio. *Sistema dos recursos trabalhistas*. 10. ed. São Paulo: LTr, 2003. p. 197.

(734) GIGLIO, Wagner; CORRÊA, Claudia Giglio Veltri. *Direito processual do trabalho*. 15. ed. São Paulo: Saraiva, 2005. p. 115; CAIRO JR., José. *Curso de direito processual do trabalho:* teoria geral e processo de conhecimento. Salvador: JusPodivm, 2008. p. 509.

(735) MARTINS, Sérgio Pinto. *Comentários às Súmulas do TST*. 4. ed. São Paulo: Atlas, 2008. p. 57.

de intimação, a pagar as custas fixadas na sentença originária, das quais ficara isenta a parte então vencida".

Caso, porém, o recolhimento das custas já tenha efetivamente ocorrido, a inversão dos ônus da sucumbência não impõe ao recorrente o encargo de proceder a novo pagamento, *salvo tenha ocorrido acréscimo ou atualização do respectivo valor*. Não sendo essa a hipótese, porém, somente ao final é que caberá ao sucumbente ressarcir o vencedor, consoante estabelece o art. 789, § 1º, da CLT (TST, OJ n. 186/SbDI-1).

Conforme o art. 790 da CLT, a forma de pagamento das custas obedece às instruções expedidas pelo Tribunal Superior do Trabalho. No exercício dessa competência, a mais alta Corte trabalhista editou a Instrução Normativa n. 20/2002[(736)], que estabelece os códigos de receita para fins de arrecadação e o procedimento formal destinado ao pagamento da despesa.

De acordo com a referida instrução normativa, as custas serão pagas mediante Documento de Arrecadação de Receitas Federais (DARF), constituindo ônus da parte proceder ao correto preenchimento. A respectiva guia deverá conter o valor das custas e um mínimo de dados que permita relacioná-la ao processo. O recolhimento poderá ocorrer, ainda, mediante transferência eletrônica de fundos (DARF eletrônico), hipótese em que deverá conter, obrigatoriamente, a identificação do processo ao qual se refere, registrada em campo próprio.[(737)]

Quanto aos aspectos formais relativos ao preenchimento da guia de recolhimento, a jurisprudência do TST tem se mostrado ponderada, relevando a ocorrência de eventuais irregularidades, como a ausência de identificação da reclamada[(738)], do número do processo[(739)] ou a errônea indicação do código de receita.[(740)]

---

(736) Alterada pela Resolução Administrativa n. 902, de 7.11.2002.

(737) Conforme a OJ n. 158/SbDI-1: "CUSTAS. COMPROVAÇÃO DE RECOLHIMENTO. DARF ELETRÔNICO. VALIDADE. O denominado "DARF ELETRÔNICO" é válido para comprovar o recolhimento de custas por entidades da administração pública federal, emitido conforme a IN-SRF 162, de 4.11.1988."

(738) "RECURSO DE REVISTA. GUIA DARF. CUSTAS PROCESSUAIS. IRREGULARIDADE NO PREENCHIMENTO. DESERÇÃO DO RECURSO ORDINÁRIO. O preenchimento da guia DARF sem o número e a identificação da reclamada não torna sem efeito o recolhimento efetuado, se este ocorreu no prazo e no valor arbitrado, mediante documento específico e com a identificação da parte depositante. Adotando o princípio da instrumentalidade das formas e verificando-se que o depósito atingiu a finalidade de ressarcir a União das despesas processuais, considera-se válido o ato (art. 244 do CPC). Recurso de revista conhecido e provido no tema." (Processo n. TST-RR-1097/1999-021-15-00, 6ª Turma, Rel. Ministro Aloysio Corrêa da Veiga, DJ de 22.8.2008).

(739) "DESERÇÃO. RECOLHIMENTO DE CUSTAS. GUIA DARF SEM INDICAÇÃO DO NÚMERO DO PROCESSO. No que concerne ao pagamento de custas, a lei limita-se a estabelecer que este se dê no prazo e no valor indicado na sentença, de sorte que o preenchimento da guia DARF para comprovação do recolhimento deve ser orientado pelos princípios da boa-fé das partes e do máximo aproveitamento dos atos. Constando da guia informação que comprova que as custas estão à disposição da Receita Federal, não há como negar que o ato tenha atingido sua finalidade." (Processo n. TST-RR- 2092/2004-341-01-00, 5ª Turma, Rel. Ministro João Batista Brito Pereira, DJ de 22.8.2008).

(740) "RECURSO DE REVISTA. CUSTAS PROCESSUAIS. DESERÇÃO. PREENCHIMENTO DA GUIA DARF. CÓDIGO DE RECEITA DIVERSO. Diante dos princípios da razoabilidade, instrumentalidade e da finalidade dos atos processuais, o preenchimento equivocado do código de receita da guia DARF não pode ter o condão de impedir que a parte tenha sua pretensão apreciada, sob pena de ofensa aos arts. 789, § 1º, da CLT e 244

Por fim, é importante observar que o valor fixado pelo provimento judicial a título de custas deverá ser integralmente recolhido, sob pena de deserção, mesmo que a diferença em relação ao importe devido seja ínfima. A jurisprudência do TST, nesse particular, tem se revestido de bastante rigor, consoante evidencia a OJ n. 140 da SbDI-1, que não admite o recurso mesmo quando o valor a menor é referente a centavos.

3.2.4.2. Depósito recursal

Na Justiça do Trabalho, os recursos somente são admitidos mediante prévio depósito do valor da condenação, até um limite máximo previsto em lei (CLT, art. 899, § 1º).

Trata-se de medida destinada a desencorajar a interposição de recursos protelatórios[(741)], bem como voltada a assegurar o êxito da futura execução, sobretudo nas causas de pequeno valor, cujo polo ativo, em sua maioria, é ocupado por trabalhadores economicamente carentes.[(742)] O depósito recursal, portanto, diferentemente das custas, não detém natureza jurídica de taxa de recurso, mas sim de garantia do juízo recursal, conforme a perfeita dicção da Instrução Normativa n. 3 do TST (item I).

Seu regramento legal dá-se, precipuamente, à luz do art. 899 da CLT e da Lei n. 8.177/91, com a redação que lhe emprestou a Lei n. 8.542, de 23.12.92. De acordo com este último diploma legal, o depósito recursal é exigido na interposição dos recursos ordinário, de revista, embargos, extraordinário (Lei n. 8.177/91, art. 40, *caput*), mesmo quando apresentados na modalidade adesiva.[(743)] Nos embargos de declaração, agravos de instrumento, regimental e no recurso de revisão, a lei não impõe a sua realização.

No curso da execução, a Lei n. 8.177/91, em dispositivo que prima pela atecnia e má redação (art. 40, § 2º), estabelece que *"a exigência de depósito aplica-se, igualmente, aos embargos, à execução e a qualquer recurso subsequente do devedor"*. Partindo da interpretação meramente gramatical, ter-se-ia por configurada a exigibilidade do depósito recursal, não só para a oposição dos embargos do devedor — que não detém natureza jurídica e recurso —, mas também a cada novo recurso interposto pelo executado ao longo da fase de execução.

Em face das diversas dúvidas que surgiram na aplicação da lei, o TST, em louvável iniciativa, editou a Instrução Normativa n. 3, de 12.3.1993, com vistas a uniformizar a interpretação e o procedimento relativo ao depósito recursal. No que refere ao mencionado art. 40, § 2º, o TST suprimiu a vírgula existente entre as expressões *"embargos"* e *"à execução"*, atribuindo a sua presença a mero erro de redação, e passou a considerar como efetivamente prevista na lei a referência aos *"embargos à execução"* (Instrução

---

do CPC, uma vez que, com o recolhimento correto e a tempo do valor relativo às custas processuais, atendeu-se aos requisitos legais que disciplinam a matéria, não ocorrendo deserção. Recurso de revista a que se dá provimento." (Processo n. TST-RR-1387/2000-315-02-00, 5ª Turma, Relª Ministra Kátia Magalhães Arruda, DJ de 22.8.2008).

(741) MARTINS, Sérgio Pinto. *Comentários às Súmulas do TST*. 4. ed. São Paulo: Atlas, 2008. p. 102.

(742) COSTA, Coqueijo. *Direito processual do trabalho*. 4. ed. Rio de Janeiro: Forense, 1995. p. 482.

(743) ALMEIDA, Cléber Lúcio. *Direito processual do trabalho*. Belo Horizonte: Del Rey, 2006. p. 701.

Normativa n. 3, item IV). E a partir dessa "*correção de rumos*", estabeleceu não ser exigível o depósito para a oposição dos embargos do devedor, quando a execução estiver suficientemente garantida por depósito recursal efetivado na fase de conhecimento ou pela nomeação ou apreensão judicial de bens do devedor (item IV, alínea *a*).

Quanto aos recursos, estando a execução integralmente garantida, a Instrução Normativa sinaliza com a exigibilidade de novo depósito apenas se houver elevação do débito, hipótese em que este deverá ser efetuado no valor correspondente ao acréscimo, sem a observância de qualquer limite (item IV, alínea *c*). Essa também é a orientação plasmada no item II da Súmula n. 128 do TST, expressa ao dispor que: "Garantido o juízo, na fase executória, a exigência de depósito para recorrer de qualquer decisão viola os incisos II e LV do art. 5º da CF/1988. Havendo, porém, elevação do valor do débito, exige-se a complementação da garantia do juízo".

O depósito é devido, sob pena de ser declarada a deserção do recurso interposto, tanto nas lides decorrentes da relação de emprego, em que constitui ônus exclusivo do empregador(744), como nos demais feitos alçados à competência material da Justiça do Trabalho pela Emenda Constitucional n. 45/2004.(745) Em qualquer hipótese, porém, somente será exigível se houver condenação em pecúnia (TST, Súmula n. 161).(746)

O valor do depósito deverá ser equivalente à quantia arbitrada à condenação pelo provimento judicial. A Lei n. 8.177/91 (art. 40, *caput* e § 1º), entretanto, com a redação que lhe emprestou a Lei n. 8.542/92, estabeleceu limites, que variam de acordo com a espécie recursal a ser utilizada, cujos valores deverão ser atualizados com base na variação acumulada do INPC do IBGE do bimestre antecedente, sendo divulgados por meio de atos expedidos pela Presidência do Tribunal Superior do Trabalho.

Assim, a cada novo recurso interposto é devido um novo depósito, respeitados os valores-limites legalmente fixados, até que seja atingido o valor integral arbitrado à condenação. Alcançado este, nenhum outro depósito será devido pelo recorrente, exceto se majorado o valor da condenação.(747)(748)

Conquanto o art. 899, § 1º, da CLT faça referência a *prévio depósito* da condenação, em clara alusão ao momento anterior à interposição do recurso, a Lei n. 5.584/70, em seu art. 7º, confere disciplina mais elástica ao pressuposto e estabelece que "a comprovação

(744) O empregado estará dispensado de efetuar o depósito, mesmo que sofra condenação pecuniária em sede de reconvenção proposta pelo empregador. Entendimento contrário implicará a subversão ideológica do processo trabalhista, voltado à tutela do hipossuficiente. Nesse sentido: TEIXEIRA FILHO, Manoel Antonio. *Sistema dos recursos trabalhistas*. 10. ed. São Paulo: LTr, 2003. p. 177 e 179.

(745) Cf. art. 2º, parágrafo único, da Instrução Normativa n. 27 do TST.

(746) No mesmo sentido, dispõe o item I da Instrução Normativa n. 3/TST, ao afirmar que o depósito recursal "pressupõe decisão condenatória ou executória de obrigação de pagamento em pecúnia, com valor líquido ou arbitrado".

(747) BEBBER, Júlio César. *Recursos no processo do trabalho:* teoria geral dos recursos. São Paulo: LTr, 1999. p. 127.

(748) Cf. item I da Súmula n. 128 do TST: "É ônus da parte recorrente efetuar o depósito legal, integralmente, em relação a cada novo recurso interposto, sob pena de deserção. Atingido o valor da condenação, nenhum depósito mais é exigido para qualquer recurso".

do depósito da condenação (CLT, art. 899, §§ 1º a 5º) terá que ser feita dentro do prazo para a interposição do recurso, sob pena de ser este considerado deserto".

Em decorrência disso, ainda que a interposição do recurso se dê de maneira antecipada, *antes, portanto, do término do prazo recursal*, o recorrente disporá de todo o período restante para promover o depósito e efetuar a respectiva comprovação. Conforme bem observa *Manoel Antonio Teixeira Filho*, o juízo de admissibilidade *a quo* deverá aguardar o esgotamento do prazo recursal, de modo a verificar se foi ou não efetuado o depósito pelo recorrente, pouco importando que o recurso tenha sido efetivamente interposto em momento anterior.(749)

Essa, igualmente, é a orientação consolidada pela jurisprudência do TST, conforme se verifica da Súmula n. 245 daquela Corte, expressa ao preconizar que: "O depósito recursal deve ser feito e comprovado no prazo alusivo ao recurso. A interposição antecipada deste não prejudica a dilação legal".

Conforme frisado anteriormente, a Súmula n. 161 do TST enuncia que o depósito recursal somente será devido nas hipóteses em que haja condenação em pecúnia. Disso decorre a sua inexigibilidade nas *ações de caráter meramente declaratório*, assim como nas *ações constitutivas*.(750)

Relevante observar, também, que, a teor do art. 1º, inciso IV, do Decreto-lei n. 779/69, encontram-se dispensados do depósito para a interposição de recurso: a União, os Estados, os Municípios e o Distrito Federal. O dispositivo alude, ainda, às respectivas autarquias e fundações públicas, *ressalvando, porém, aquelas que explorem atividade econômica*, cujo recurso deverá vir acompanhado do respectivo preparo.(751)

Sucede que o depósito recursal tem por finalidade garantir, ainda que parcialmente, o êxito da futura execução. Tanto assim que os valores depositados a este título poderão ser levantados pela parte vencedora, tão logo ocorra o trânsito em julgado da decisão, conforme autorização constante da parte final do art. 899, § 1º, da CLT.

As autarquias e fundações públicas, entretanto, na qualidade de entes integrantes da Administração Pública indireta, submetem-se a uma série de restrições impostas pelo ordenamento constitucional: seus bens são absolutamente impenhoráveis; o pagamento de seus débitos judiciais se perfaz apenas por meio de precatório (CF, art. 100) e a

---

(749) TEIXEIRA FILHO, Manoel Antonio. *Sistema dos recursos trabalhistas*. 10. ed. São Paulo: LTr, 2003. p. 178.

(750) BEBBER, Júlio César. *Recursos no processo do trabalho:* teoria geral dos recursos. São Paulo: LTr, 1999. p. 135-136.

(751) Nesse sentido: "RECURSO DE REVISTA. AUTARQUIA ESTADUAL QUE EXPLORA ATIVIDADE ECONÔMICA. DESERÇÃO. O entendimento desta Corte é que quando a entidade pública estadual ou municipal exerce atividade econômica tem descaracterizada sua natureza jurídica, igualando-a às empresas privadas, portanto, deverá efetuar o preparo. Recurso de revista não conhecido". (Processo n. TST-RR-1332/2006-011-18-00.0, 3ª Turma, Rel. Ministro Carlos Alberto Reis de Paula, DJ de 14.12.2007).
"AGRAVO DE INSTRUMENTO. DESERÇÃO DO RECURSO DE REVISTA. AUTARQUIA ESTADUAL QUE EXPLORA ATIVIDIDADE ECONÔMICA. DESERÇÃO. DESPROVIMENTO. Ante a conclusão exarada no v. acórdão recorrido no sentido de ser a reclamada autarquia estadual que explora atividade econômica, não há como dar provimento ao agravo de instrumento quando não efetuado o preparo do recurso de revista". (Processo n. TST-AIRR-1871/2005-007-18-40.4, 6ª Turma, Rel. Ministro Aloysio Corrêa da Veiga, DJ de 19.10.2007).

realização de suas despesas subordina-se à existência de prévia dotação orçamentária (CF, art. 169, § 1º).

Diante desse cenário, não há como lhes impor a exigência de depósito recursal, porquanto eventual liberação desses valores no curso da execução promoverá inegável ruptura com o regime constitucional a que estão vinculadas.

Por outro lado, ainda que exerçam atividade econômica, o depósito recursal não poderá ser exigido. E isso porque, após a Emenda Constitucional n. 19, de 4.6.98, o art. 173 da Constituição sofreu significativa alteração, de modo a direcionar o regime jurídico próprio das empresas privadas apenas às empresas públicas e sociedades de economia mista, com a supressão da previsão a outras entidades integrantes da administração pública, outrora existente na redação original do preceito constitucional.[752] Por essa razão, não vemos como juridicamente possível a equiparação entre empresas privadas, autarquias e fundações públicas, ainda que estas últimas exerçam atividade econômica.

A despeito de tudo o quanto acima se afirmou, o art. 1º-A da Lei n. 9.494/97, com a redação que lhe emprestou a Medida Provisória n. 2.180-35, de 24.8.2001, acabou por afastar toda e qualquer dúvida eventualmente existente em torno da matéria, ao pontificar que "estão dispensadas de depósito prévio, para interposição de recurso, as pessoas jurídicas de direito público federais, estaduais, distritais ou municipais".

São igualmente beneficiários da dispensa de depósito: o Ministério Público, a massa falida (Súmula n. 86 do TST), os entes de direito público externo, a herança jacente e a parte que, comprovando insuficiência de recursos, receber assistência judiciária integral e gratuita do Estado (Instrução Normativa n. 3/TST, item X).

O depósito recursal deverá ser efetuado na conta vinculada do empregado, prevista na Lei do Fundo de Garantia do Tempo de Serviço (FGTS). Em caso de inexistência, a conta deverá ser aberta pelo empregador, para que nela seja efetuado o depósito (CLT, art. 899, §§ 4º e 5º).

É importante observar, contudo, que a exigência em exame pressupõe, por óbvio, que a lide tenha por objeto o reconhecimento da relação de emprego ou de direitos dela diretamente decorrentes. Somente nessa hipótese é que fará sentido a abertura de conta vinculada com vistas à realização do depósito recursal.

Com a ampliação da competência *ratione materiae* da Justiça do Trabalho, implementada pela Emenda Constitucional n. 45/2004, conquanto o depósito recursal continue a ser exigido na condição de pressuposto de admissibilidade recursal[753], o procedimento previsto nos §§ 4º e 5º do art. 899 da CLT não se mostra justificável, quando em jogo

(752) Processo n. STF-RE-356.711-0, 2ª Turma, Rel. Ministro Gilmar Mendes, DJ de 7.4.2006. Diz o voto condutor do acórdão em relação ao art. 173 da Constituição: "Ademais a EC n. 19. de 04 de junho de 1998 alterou o citado artigo reforçando o entendimento da impossibilidade de sua aplicação às autarquias [...]".

(753) Cf. o art. 2º, parágrafo único, da Instrução Normativa n. 27 do TST, que dispõe sobre as normas procedimentais aplicáveis ao processo do trabalho em decorrência da ampliação da competência da Justiça do Trabalho pela Emenda Constitucional n. 45/2004, "o depósito recursal a que se refere o art. 899 da CLT é sempre exigível como requisito extrínseco do recurso, quando houver condenação em pecúnia".

direitos decorrentes de relação jurídica não empregatícia. Configurada essa hipótese, e considerada a ausência de disposição legal sobre a matéria, deverá ser aceito como válido o depósito realizado em conta bancária remunerada à disposição do juízo, mediante identificação das partes e do respectivo processo judicial.

Na hipótese de litisconsórcio ativo, a jurisprudência do TST preconiza não ser necessário, com vistas à interposição de recurso, que o réu proceda à realização de tantos depósitos recursais, quantos forem os litigantes que figurem no lado oposto da relação processual. Assim, bastará que efetue um único depósito, observado o limite legal, e o pressuposto restará atendido, na forma prevista no art. 899, § 1º, da CLT.[754][755]

Quando houver condenação solidária de duas ou mais empresas, o depósito recursal efetuado por uma delas aproveita as demais, quando a empresa que efetuou o depósito não pleiteia sua exclusão da lide. É o que preconiza o item III da Súmula n. 128 do TST. A ressalva encontra sua razão de ser na eventualidade de ser deferida a exclusão da lide da empresa que efetuou o depósito recursal. É que, nessa hipótese, o valor depositado poderá ser levantado, deixando o juízo e a futura execução desprovidos de garantia.

O depósito deverá ser efetuado pelo valor integral da condenação ou do respectivo limite legal, sob pena de deserção. Subsistindo alguma diferença em relação ao importe devido, mesmo que seja ínfima, o recurso não será admitido. Nesse sentido, consolidou-se a jurisprudência do TST (OJ n. 140 da SbDI-1), que obsta o cabimento do recurso, mesmo quando o valor a menor é referente a centavos.

Por fim, mostra-se relevante consignar que o depósito recursal deverá ser efetuado por meio da Guia de Recolhimento do FGTS e Previdência Social — GFIP, na forma prevista na Instrução Normativa n. 29 do TST[756], considerando-se válido, para fins de comprovação perante a Justiça do Trabalho, que na guia respectiva conste, ao menos, o nome do recorrente e do recorrido; o número do processo; a designação do juízo por onde tramitou o feito e a explicitação do valor depositado, desde que autenticada pelo banco recebedor.[757]

3.2.5. Depósito prévio de multas

Na busca de imprimir celeridade e efetividade ao processo, a legislação tem se revestido de medidas tendentes a coibir a utilização abusiva dos recursos. Como principal

(754) Nesse sentido: "RECURSO DE REVISTA. RECLAMAÇÃO PLÚRIMA. DEPÓSITO RECURSAL. NECESSIDADE DE INDIVIDUALIZAÇÃO. DESERÇÃO. Não se prevê no art. 899, § 1º, da CLT que o depósito recursal deva ser efetuado de acordo com o número de trabalhadores que integram a lide. Para o cumprimento da determinação legal, é necessário que seja efetuado o depósito correspondente ao valor da condenação ou àquele vigente na época da interposição do recurso. Recurso de revista a que se dá provimento." (Processo n. TST-RR-810.559/2001. 5ª Turma, Rel. Ministro Gelson de Azevedo, DJ de 17.2.2006).

(755) Em sentido contrário: BEBBER, Júlio César. *Recursos no processo do trabalho:* teoria geral dos recursos. São Paulo: LTr, 1999. p. 129-130.

(756) Publicada no DJ de 14.9.2004.

(757) Cf. Instrução Normativa n. 18 do TST, publicada no DJ de 12.1.2000.

expediente destinado a viabilizar esse desiderato, a imposição de sanções pecuniárias encontra previsão expressa nos arts. 538, parágrafo único, e 557, § 2º, do CPC, e tem sido utilizada de modo crescente pelo Poder Judiciário.

Com efeito, na condição de um dos recursos mais utilizados com o intuito de perpetuar a lide, os embargos de declaração, quando revestidos de caráter manifestamente protelatório, sujeitam o embargante à sanção prevista no parágrafo único do art. 538 do CPC, que autoriza a imposição de multa não excedente de 1% (um por cento) sobre o valor da causa.

No caso de reiteração do comportamento irregular, a legislação prevê duas consequências. A primeira é a elevação do valor da multa, que poderá ser majorada até 10% (dez por cento) do valor da causa. A segunda consiste em condicionar a admissibilidade de qualquer outro recurso, ao depósito prévio do respectivo montante, que deverá ser comprovado no momento da interposição.(758)

Do art. 557, § 2º, do CPC colhe-se disposição análoga àquela do art. 538, parágrafo único, direcionada, porém, ao agravo cabível contra a decisão monocrática do relator, proferida nas hipóteses previstas no *caput* e § 1º do art. 557 do CPC.

Segundo o referido dispositivo legal (CPC, art. 557, § 2º), sendo manifestamente inadmissível ou infundado o agravo, o tribunal condenará o agravante ao pagamento de multa a ser fixada entre 1% (um por cento) e 10% (dez por cento) do valor corrigido da causa. Além disso, a admissibilidade de qualquer outro recurso aqui igualmente ficará condicionada ao prévio depósito do respectivo valor, que deverá ser comprovado no ato da interposição.

Nessa segunda hipótese, a sanção pecuniária terá lugar em duas situações. Quando o agravo for manifestamente inadmissível, ou seja, quando não atender aos pressupostos de admissibilidade (falta de interesse, regularidade formal, tempestividade etc.), ou quando o recurso for infundado, é dizer, quando suas razões estiverem assentadas em fundamentação absurda, inadequada ou impertinente.(759)

Em qualquer das situações acima, a multa imposta, quer no caso de reiteração dos embargos de declaração protelatórios(760), quer no bojo de agravo inadmissível ou infundado(761), constitui pressuposto de admissibilidade recursal, cujo desatendimento inviabilizará o recurso subsequente, que não será conhecido. Uma vez recolhida, porém, reverterá em benefício da parte contrária.(762)

(758) MOREIRA, José Carlos Barbosa. *Comentários ao Código de Processo Civil.* v. 5, 11. ed. Rio de Janeiro: Forense, 2004. p. 563.

(759) MACHADO, Antônio Cláudio da Costa. *Código de Processo Civil interpretado:* artigo por artigo, parágrafo por parágrafo. 6. ed. Barueri: Manole, 2007. p. 716.

(760) KOZIKOSKI, Sandro Marcelo. *Embargos de declaração:* teoria geral e efeitos infringentes. São Paulo: Revista dos Tribunais, 2004. p. 177.

(761) ASSIS, Araken de. *Manual dos recursos.* São Paulo: Revista dos Tribunais, 2007. p. 176-177.

(762) MOREIRA, José Carlos Barbosa. *Comentários ao Código de Processo Civil.* v. 5, 11. ed. Rio de Janeiro: Forense, 2004. p. 563.

Conquanto se possa questionar a aplicação das penalidades em exame ao Processo do Trabalho, dada a condição de hipossuficiência inerente ao trabalhador, não temos dúvidas em adotar posição no sentido da plena compatibilidade da sanção com as lides trabalhistas, sobretudo após o alargamento da competência material da Justiça do Trabalho, promovido pela Emenda Constitucional n. 45/2004, que ampliou o rol de matérias submetidas aos tribunais trabalhistas para além dos limites da relação de emprego.

A reforçar essa conclusão, cabe ter em mente a circunstância de que a sanção pecuniária em exame alcança, até mesmo, os beneficiários da assistência judiciária. E, de fato, conforme bem observa *Araken de Assis*, a condição de necessitado de modo algum tem o condão de inibir a prática de atos reprováveis ou o mal uso de quaisquer recursos. Não se pode permitir que toda uma classe de litigantes, a despeito do estado de miserabilidade econômica, fique a salvo da incidência das penalidades em questão.(763)

Nesse sentido, cabe registrar que o art. 3º da Lei n. 1.060/50, ao discriminar os benefícios decorrentes da assistência judiciária, não inseriu as multas impostas por má-fé processual, no rol de isenções ali descritas, nem tampouco, as "custas" que revertam em proveito da parte contrária, conforme o regramento constante do art. 35 do CPC.(764)(765)

Em realidade, a isenção decorrente da assistência judiciária gratuita abrange apenas as despesas processuais. As multas, entretanto, na qualidade de típica sanção pecuniária, incidentes nos casos de transgressão do conteúdo ético do processo, não se inserem nessa categoria e, por isso mesmo, são devidas pela parte, ainda que se encontre em estado de miserabilidade.(766)

No que toca às pessoas jurídicas de direito público federais, estaduais, distritais e municipais, *Barbosa Moreira*, tendo em mira o art. 1º-A da Lei n. 9.494/97, com a redação que lhe emprestou a Medida Provisória n. 2.180-35, de 24.8.2001, preconiza a existência de isenção legal, apta a dispensá-las do prévio depósito do valor inerente à sanção pecuniária.(767)

Cassio Scarpinella Bueno, examinando o mesmo dispositivo legal, conclui de forma diametralmente oposta. Para tanto, assevera não ser possível adotar-se qualquer interpretação que conceda às referidas pessoas de direito público semelhante prerrogativa, de modo a autorizá-las, livres de qualquer tipo de sanção, a interpor recursos desarrazoados,

---

(763) ASSIS, Araken de. *Manual dos recursos*. São Paulo: Revista dos Tribunais, 2007. p. 177.

(764) Art. 35. As sanções impostas às partes em consequência de má-fé serão contadas como custas e reverterão em benefício da parte contrária.

(765) BEBBER, Júlio César. *Recursos no processo do trabalho:* teoria geral dos recursos. São Paulo: LTr, 1999. p. 139-140. No mesmo sentido: MOREIRA, José Carlos Barbosa. *Comentários ao Código de Processo Civil*. v. 5, 11. ed. Rio de Janeiro: Forense, 2004. p. 562.

(766) TEIXEIRA FILHO, Manoel Antonio. *Sistema dos recursos trabalhistas*. 10. ed. São Paulo: LTr, 2003. p. 484.

(767) MOREIRA, José Carlos Barbosa. *Comentários ao Código de Processo Civil*. v. 5, 11. ed. Rio de Janeiro: Forense, 2004. p. 666.

com nítido intuito protelatório, postergando indefinidamente o início da execução das decisões que lhes são desfavoráveis.(768)

Na jurisprudência, assim como na doutrina, a questão não tem obtido sufrágios unânimes. O Tribunal Superior do Trabalho, por intermédio de sua Subseção I Especializada em Dissídios Individuais, fixou entendimento no sentido de dispensar a Fazenda Pública de efetuar o pagamento da sanção processual, mediante aplicação da garantia inscrita no art. 1º, inciso IV, do Decreto-lei n. 779/69, que assegura a "dispensa de depósito para a interposição de recursos".(769) Já o Supremo Tribunal Federal tem exigido o recolhimento prévio da multa, inclusive da Fazenda Pública, sob pena de tornar-se inviável o conhecimento do recurso.(770)

A despeito do dissenso doutrinário e jurisprudencial acerca da matéria, não nos parece seja possível interpretar os arts. 1º-A da Lei n. 9.494/97 e 1º, inciso IV, do Decreto-lei n. 779/69, no sentido de favorecer a Fazenda Pública com qualquer tipo de isenção relativamente ao depósito das multas previstas nos arts. 538, parágrafo único, e 557, § 2º, do CPC.

Semelhante interpretação provocaria uma séria ruptura na pauta de valores introduzida na Lei Maior pela Emenda Constitucional n. 45/2004, toda ela voltada à instituição de um processo célere e efetivo, direcionado à concretização da garantia do acesso à Justiça na maior dimensão e no menor espaço de tempo possível.

E, de fato, para além de assegurar a todos, no âmbito judicial e administrativo, "a razoável duração do processo e os meios que garantam a celeridade de sua tramitação" (CF, art. 5º, LXXVIII), a Emenda Constitucional n. 45/2004 estabeleceu, entre outras medidas tendentes a acelerar a marcha processual, a imediata distribuição de processos, em todos os graus de jurisdição (CF, art. 93, XV), a atividade jurisdicional ininterrupta no primeiro e segundo graus de jurisdição (CF, art. 93, XII), a instalação da Justiça itinerante pelos Tribunais Regionais do Trabalho (CF, art. 115, § 1º) e a possibilidade de funcionamento descentralizado dos Tribunais Regionais do Trabalho, por meio de Câmaras regionais (CF, art. 115, § 2º).

Não se pode olvidar, igualmente, a disposição constante do art. 8º, item 1, da Convenção Americana de Direitos Humanos (*Pacto de San José da Costa Rica*) —

(768) BUENO, Cassio Scarpinella. *O poder público em juízo*. 3. ed. São Paulo: Saraiva, 2005. p. 249-250.

(769) Processo n. TST-E-A-RR-1.244/2004-051-11-00. SbDI-1, Rel. Ministro João Batista Brito Pereira, DJ de 29.2.2008.

(770) "Embargos de declaração. Multa aplicada em agravo regimental. Depósito não efetuado. Fazenda Pública. Não satisfação da condição para interposição de recurso. Embargos não conhecidos. Aplicação do art. 557, § 2º do CPC. Aplica-se à Fazenda Pública a exigência de comprovação do depósito da multa de que trata o § 2º do art. 557 do CPC." (Processo n. STF-AI-AgR-ED-603.003/MG. 2ª Turma, Rel. Ministro Cezar Peluso, DJ de 14.9.2007).

"EMBARGOS DECLARATÓRIOS EM AGRAVO REGIMENTAL EM AGRAVO DE INSTRUMENTO. MULTA PROCESSUAL. § 2º DO ART. 557 DO CÓDIGO DE PROCESSO CIVIL. NECESSIDADE DE COMPROVAÇÃO DO DEPÓSITO. FAZENDA PÚBLICA. A comprovação do depósito da multa em questão é requisito de admissibilidade de novos recursos. Requisito aplicável, inclusive, à Fazenda Pública. Precedente: AI 525.511-AgR-ED, Relator Ministro Sepúlveda Pertence. Embargos de declaração não conhecidos." (Processo n. STF-AI-AgR-ED-530.838/RJ. 1ª Turma, Rel. Ministro Carlos Britto, DJ de 31.8.2007).

promulgada pelo Estado Brasileiro por meio do Decreto n. 678, de 6.11.1992 — segundo a qual: "Toda pessoa terá o direito de ser ouvida, com as devidas garantias e *dentro de um prazo razoável*, por um juiz ou Tribunal competente, independente e imparcial, [...] na determinação de seus direitos e obrigações de caráter civil, trabalhista, fiscal ou de qualquer outra natureza".

Diante do arcabouço normativo exposto, os arts. 1º-A da Lei n. 9.494/97 e 1º, inciso IV, do Decreto-lei n. 779/69, ao procederem à dispensa de depósito prévio para a interposição de recursos, não podem ser interpretados de modo a materializar uma postura condescendente do Poder Judiciário com a proliferação de recursos protelatórios interpostos pelo Poder Público.

E isso porque "o ordenamento jurídico brasileiro repele práticas incompatíveis com o postulado ético-jurídico da lealdade processual. O processo não pode ser manipulado para viabilizar o abuso de direito, pois essa é uma ideia que se revela frontalmente contrária ao dever de probidade que se impõe à observância das partes. O litigante de má-fé — trate-se de parte pública ou de parte privada — deve ter a sua conduta sumariamente repelida pela atuação jurisdicional dos juízes e dos tribunais, que não podem tolerar o abuso processual como prática descaracterizadora da essência ética do processo".(771)

Os arts. 1º-A da Lei n. 9.494/97 e 1º, inciso IV, do Decreto-lei n. 779/69, assim, devem ser interpretados como referentes apenas ao depósito recursal trabalhista (CLT, art. 899, § 2º), cuja exigibilidade não se mostra presente em relação à Fazenda Pública.

Quanto às multas previstas nos arts. 538, parágrafo único, e 557, § 2º, do CPC, sempre que impostas pela decisão recorrida, o depósito prévio dos respectivos valores constituirá pressuposto de admissibilidade do recurso interposto, sendo irrelevante, para sua exigibilidade, a natureza pública ou privada inerente à parte.

4. Pressupostos específicos de admissibilidade

No capítulo 2, ao examinarmos a classificação dos recursos, verificamos que a revista e os embargos de divergência devem ser enquadrados na categoria dos recursos de fundamentação vinculada. E isso porque a sua admissibilidade encontra-se indissociavelmente atrelada à demonstração de pressupostos específicos, considerados relevantes pela legislação processual trabalhista.

O exame desses pressupostos constitui, a partir de agora, o objeto do presente trabalho, que os analisará a fim de dissecar-lhes os contornos e a anatomia.

4.1. Recurso de revista

No que concerne especificamente ao recurso de revista, seus pressupostos de admissibilidade encontram-se disciplinados nos arts. 896 e 896-A da CLT. Examinando os referidos dispositivos legais, verifica-se que a revista tem seu cabimento vinculado

(771) Processo n. STF-RE-AgR-ED-244.893/PR. 2ª Turma, Rel. Ministro Celso de Mello, DJ de 3.3.2000.

à demonstração de divergência jurisprudencial (CLT, art. 896, *a* e *b*), de violação literal de dispositivo de lei federal ou da Constituição (art. 896, *c*) e da transcendência da causa (CLT, art. 896-A).

O mesmo art. 896 da CLT estabelece ainda: os efeitos do recurso e a autoridade competente para efetuar o primeiro juízo de admissibilidade (§ 1º); a hipótese em que se abre o cabimento da revista no curso da execução (§ 2º); a possibilidade de interposição de recurso de revista fundado em dissenso entre a decisão recorrida e o enunciado da súmula de jurisprudência de Tribunal Regional do Trabalho (§ 3º); a nota de atualidade que deve permear o dissenso de teses invocado como pressuposto de admissibilidade da revista (§ 4º); o não cabimento do recurso quando a decisão recorrida estiver em consonância com verbete da súmula de jurisprudência do TST (§ 5º) e as hipóteses de cabimento do recurso de revista nas causas sujeitas ao procedimento sumaríssimo (§ 6º).

Cada uma das situações acima será objeto de exame nos tópicos seguintes.

4.1.1. Divergência jurisprudencial

4.1.1.1. O art. 896, alínea a, *da CLT*

Dispõe a alínea *a* do art. 896 da CLT ser cabível o recurso de revista das decisões proferidas pelos Tribunais Regionais do Trabalho, em dissídio individual, no julgamento de recurso ordinário, quando "derem ao mesmo *dispositivo de lei federal interpretação diversa* da que lhe houver dado *outro Tribunal Regional*, no seu Pleno ou Turma, *ou a Seção de Dissídios Individuais do Tribunal Superior do Trabalho*, ou a *Súmula de Jurisprudência Uniforme dessa Corte*".

Ao vincular o cabimento da revista à demonstração de ocorrência de interpretações diversas relativamente a um "mesmo dispositivo de lei federal", a CLT erige a *divergência jurisprudencial* como pressuposto de admissibilidade do recurso, evidenciando a sua finalidade precípua: a uniformização da jurisprudência trabalhista nacional.[(772)]

Essa vocação uniformizadora, por outro lado, sempre se revelou presente ao longo de todo o ciclo evolutivo do recurso de revista.

Inicialmente prevista como *recurso inominado*, na forma do Decreto-lei n. 1.237/39, a revista tinha por pressuposto a existência de dissenso interpretativo entre decisões dos Conselhos Regionais do Trabalho (órgãos administrativos que antecederam os Tribunais Regionais do Trabalho) ou entre decisão destes últimos e do Conselho Nacional do Trabalho (antecessor do TST).

No período de vigência do Decreto-lei n. 6.596/40, em que teve sua denominação alterada para *recurso extraordinário*, seu cabimento permaneceu vinculado à existência de dissenso de teses acerca de uma mesma lei. Esta configuração manteve-se com o advento da CLT (Decreto-lei n. 5.452/43), bem como após a edição do Decreto-lei n. 8.737/46, quando foi adicionada, ao rol de requisitos de admissibilidade, a demonstração de "violação expressa de direito".

---

(772) TEIXEIRA FILHO, Manoel Antonio. *Sistema dos recursos trabalhistas*. 10. ed. São Paulo: LTr, 2003. p. 342.

Com a Lei n. 861/49, a denominação foi alterada para *recurso de revista*. A finalidade uniformizadora, porém, permaneceu presente, resistindo a todas as alterações legislativas subsequentes. É o que evidenciam os seguintes diplomas legais: Lei n. 2.244/54; Lei n. 7.701/88, Lei n. 9.756/98, Lei n. 9.957/2000 e Medida Provisória n. 2.226/2001.

Coerente com essa finalidade uniformizadora, o art. 896, § 5º, da CLT obsta o cabimento do recurso de revista, autorizando o relator a negar-lhe seguimento, sempre que a decisão recorrida estiver em consonância com enunciado da Súmula da Jurisprudência Uniforme do Tribunal Superior do Trabalho. E, de fato, conforme bem observam *Wagner Giglio* e *Claudia Giglio Veltri Corrêa*, se o recurso tem por escopo unificar a interpretação da legislação trabalhista, não haverá, em princípio, nenhum sentido em admiti-lo quando essa finalidade já houver sido atingida e o intento do recorrente for unicamente desvirtuá-la, manifestando oposição à súmula.[(773)]

Nas palavras de *Antônio Álvares da Silva* "nada pior para a segurança jurídica e para a própria expectativa dos cidadãos do que um tribunal decidir a mesma controvérsia, ora de um modo, ora de outro, contribuindo negativamente para os sentimentos de justiça e segurança que toda ordem jurídica tem como objetivo impor".[(774)] Por essa razão, exaurido o processo de maturação e consolidação da jurisprudência, mediante a edição de súmula sobre a matéria até então controvertida, a interposição do recurso de revista torna-se inútil, pois o tribunal já atingiu a sua finalidade, adotando, conforme lhe cabia, um entre os vários posicionamentos discrepantes.[(775)]

É importante observar, porém, que o óbice não pode ser levado ao extremo de engessar a jurisprudência, impedindo a sua evolução, mediante a manutenção de súmula ultrapassada, ancorada apenas em uma postura defensiva do tribunal, voltada apenas à redução do acervo represado de recursos de revista. Por essa razão, uma vez demonstrado que o entendimento sumulado encontra-se obsoleto, discrepando da realidade, é de ser afastado o óbice ao cabimento da revista, de modo a permitir a modificação da jurisprudência rumo a novo processo de pacificação.

Mas não é só. O recurso igualmente não terá curso se a divergência jurisprudencial invocada não for atual. Para tanto, não poderá estar fundada em decisão paradigma ultrapassada por súmula, conforme acima já frisado, *ou superada por iterativa e notória jurisprudência do Tribunal Superior do Trabalho* (CLT, art. 896, § 4º).

Esse óbice processual, não obstante tenha sido abarcado pela legislação apenas com o advento da Lei n. 9.756, de 17 de dezembro de 1998, já era objeto de aplicação pelo Tribunal Superior do Trabalho, por meio do Verbete n. 333 de sua Súmula de Jurisprudência Uniforme, expresso ao dispor que: "Não ensejam recursos de revista ou de embargos decisões superadas por iterativa, notória e atual jurisprudência do Tribunal Superior do Trabalho".

(773) GIGLIO, Wagner; CORRÊA, Claudia Giglio Veltri. *Direito processual do trabalho*. 15. ed. São Paulo: Saraiva, 2005. p. 473.

(774) SILVA, Antônio Álvares da. *O novo recurso de revista na Justiça do Trabalho*. São Paulo: LTr, 1999. p. 164.

(775) *Ibidem*, p. 165.

Mais uma vez vem à baila a finalidade uniformizadora inerente ao recurso de revista, cuja interposição não terá nenhuma utilidade na hipótese de a jurisprudência em torno da matéria impugnada já estar cristalizada. Realmente, conforme afirma *Antônio Álvares da Silva*, não teria qualquer sentido que o TST, no seu trabalho unificador, levasse em conta um recurso fundado em jurisprudência desatualizada e que tenha por objeto um tema não mais debatido ou já superado no âmbito dos tribunais.[776]

Assim, o recurso de revista não terá seguimento se o dissenso de teses invocado for obsoleto e, por isso mesmo, desprovido da nota de atualidade exigida pela legislação. Além disso, o dissídio jurisprudencial não poderá estar superado por jurisprudência notória e iterativa do TST, isto é, jurisprudência reiterada, repetitivamente aplicada e que seja de conhecimento público.

Cabe ressaltar, porém, com base no magistério de *Amauri Mascaro Nascimento*, que "jurisprudência antiga pode ser, para o fim em questão, atual. Desatualizada será aquela que já foi ultrapassada por decisões posteriores em sentido contrário, sumulada ou não, esta última a iterativa, vale dizer, reiterada".[777]

No escopo de emprestar à sua jurisprudência atual e iterativa a marca de notoriedade exigida pela legislação, o TST consolida os diversos temas pacificados em orientações jurisprudenciais, que espelham o entendimento dominante no âmbito da Seção de Dissídios Individuais daquela Corte.[778]

---

(776) SILVA, Antônio Álvares da. *O novo recurso de revista na Justiça do Trabalho*. São Paulo: LTr, 1999. p. 186.

(777) NASCIMENTO, Amauri Mascaro. *Curso de direito processual do trabalho*. 20. ed. São Paulo: Saraiva, 2001. p. 511.

(778) A Seção Especializada em Dissídios Individuais do TST divide-se em duas subseções, cuja competência é disciplinada no art. 71 do Regimento Interno da Corte, nos seguintes termos:

"Art. 71. À Seção Especializada em Dissídios Individuais, em composição plena ou dividida em duas Subseções, compete:

I – em composição plena, julgar, em caráter de urgência e com preferência na pauta, os processos nos quais tenha sido estabelecida, na votação, divergência entre as Subseções I e II da Seção Especializada em Dissídios Individuais, quanto à aplicação de dispositivo de lei federal ou da Constituição da República.

II – à Subseção I:

a) julgar os embargos interpostos contra decisões divergentes das Turmas, ou destas que divirjam de decisão da Seção de Dissídios Individuais, de Orientação Jurisprudencial ou de Súmula; e

b) julgar os agravos e os agravos regimentais interpostos contra despacho exarado em processos de sua competência.

III – à Subseção II:

a) originariamente:

1. julgar as ações rescisórias propostas contra suas decisões, as da Subseção I e as das Turmas do Tribunal;

2. julgar os mandados de segurança contra os atos praticados pelo Presidente do Tribunal, ou por qualquer dos Ministros integrantes da Seção Especializada em Dissídios Individuais, nos processos de sua competência;

3. julgar as ações cautelares; e

4. julgar os *habeas corpus*.

b) em única instância:

1. julgar os agravos e os agravos regimentais interpostos contra despacho exarado em processos de sua competência; e

2. julgar os conflitos de competência entre Tribunais Regionais e os que envolvam Juízes de Direito investidos da jurisdição trabalhista e Varas do Trabalho em processos de dissídios individuais.

c) em última instância:

E, de modo a atender ao disposto no § 4º do art. 896 da CLT, o art. 171 do Regimento Interno do TST estabelece que a proposta de instituição de nova orientação jurisprudencial da Seção Especializada em Dissídios Individuais deverá estar embasada em "cinco acórdãos da Subseção respectiva, reveladores da unanimidade sobre a tese", ou em "dez acórdãos da Subseção respectiva, prolatados por maioria simples". Instituída a nova orientação, sua divulgação ocorrerá por meio de publicação no Diário Eletrônico da Justiça do Trabalho, na Revista do Tribunal Superior do Trabalho, em periódicos autorizados e no sítio do TST na rede mundial de computadores (*internet*), tudo conforme dispõe o art. 174 do Regimento Interno daquela Corte.

Ainda em conformidade com a alínea *a* do art. 896 da CLT, a divergência jurisprudencial se estabelece quando for adotada interpretação diversa em relação a um mesmo *dispositivo de lei federal*, entre acórdãos *de diferentes Tribunais* Regionais do Trabalho, ou ainda, *entre acórdão de Tribunal Regional do Trabalho e outro proveniente da Seção de Dissídios Individuais do TST*. Cabe examinar cada um desses aspectos.

4.1.1.1.1. O conceito de dispositivo de lei federal

A primeira questão que merece análise reside na circunstância de que a divergência apta a ensejar a interposição de recurso de revista deve ter por objeto a interpretação de um mesmo *dispositivo de lei federal*. Partindo-se dessa premissa, será juridicamente inviável a utilização do recurso com vistas a dirimir controvérsia envolvendo o dissenso interpretativo em torno de *leis municipais e estaduais*.[779]

Isso decorre da circunstância de o Tribunal Superior do Trabalho ser uma Corte da Federação, destinada a unificar a interpretação da legislação aplicável em todo o território nacional.

Exceção à regra encontra-se prevista na alínea *b* do art. 896 da CLT, que será objeto de análise em tópico específico, pela qual o recurso de revista terá cabimento para a solução de controvérsia local, envolvendo a interpretação de lei estadual, desde que esta tenha aplicação em território que ultrapasse a jurisdição do Tribunal Regional do Trabalho prolator da decisão recorrida.

Fixado objeto da divergência jurisprudencial apta a autorizar o manejo do recurso de revista, afigura-se importante determinar o que é que se entende por "*dispositivo de lei federal*", à luz do disposto no art. 896, alínea *a*, da CLT.

Com efeito, ao se defrontar com o vocábulo "*lei*", o intérprete pode conceituá-lo sob duas perspectivas: *material* e *formal*.

De acordo com a concepção material, merecerá a denominação de lei todo ato normativo cujo conteúdo tenha caráter geral, abstrato e obrigatório, e tenha por finalidade o

---

1. julgar os recursos ordinários interpostos contra decisões dos Tribunais Regionais em processos de dissídio individual de sua competência originária; e

2. julgar os agravos de instrumento interpostos contra despacho denegatório de recurso ordinário em processos de sua competência."

(779) VILLELA, Fábio Goulart. *Recurso de revista*. Rio de Janeiro: Freitas Bastos, 2006. p. 10.

ordenamento da vida coletiva, de modo a trazer certeza, precisão e garantia às relações jurídicas.[780] Sob essa ótica, o conceito de lei é atribuído a partir de seu conteúdo (matéria), sem guardar relação com o respectivo órgão que a produziu.

Pode a lei, ainda, ser conceituada sob um ponto de vista estritamente formal, mediante enfoque pertinente aos sistemas constitucionais calcados no regime da separação dos Poderes, em que a função legislativa é atribuída a órgão distinto daqueles incumbidos das funções executiva e judiciária.[781] À luz dessa concepção, "chamar-se-á lei toda norma que foi posta em uma determinada forma, ou seja, por um determinado órgão, o Parlamento por exemplo, nos termos de um processo particular".[782]

Partindo dessas duas vertentes, pontuam *Hamon*, *Troper* e *Burdeau* que "uma norma que emane do Parlamento, mas que não seja geral, será considerada uma lei de acordo com a concepção formal, mas não de acordo com a concepção material. De modo oposto, uma norma geral que emane do governo será uma lei de acordo com a concepção material, mas não de acordo com a concepção formal".[783]

Tomando-se por base o sistema constitucional brasileiro, verifica-se que no interior do Estado há normas jurídicas de diversas espécies, dotadas de caráter geral, abstrato e obrigatório, e que foram promulgadas por variados tipos de autoridades. Realmente, além da Constituição Federal e das emendas constitucionais, editadas, respectivamente, pelo Poder Constituinte originário e reformador, há as leis federais emanadas do Congresso Nacional e sancionadas pelo Presidente da República, os decretos legislativos, os decretos administrativos e regulamentos para fiel execução das leis, além das medidas provisórias editadas pelo Presidente da República em casos de relevância e urgência.[784] Acresça ainda a esse rol os Decretos-leis editados ao tempo do ordenamento constitucional pretérito, muitos dos quais se encontram ainda em vigor, porquanto materialmente recepcionados pela Constituição Federal de 1988.[785]

No que concerne especificamente às matérias sujeitas ao âmbito de atuação do Judiciário Trabalhista, verifica-se ser perfeitamente possível o advento de controvérsia interpretativa envolvendo os diversos tipos de normas acima mencionados.

Com efeito, da Constituição da República, além de um vasto catálogo de direitos outorgados ao trabalhador (CF, art. 7º), emanam normas relativas aos limites da atuação sindical (CF, art. 8º), bem como regras pertinentes à competência e ao funcionamento da Justiça do Trabalho (CF, arts. 111 a 117). Todo esse arcabouço normativo-constitucional pode ser objeto de interpretações díspares a reclamar a atuação uniformizadora do Tribunal Superior do Trabalho.

(780) SILVA, José Afonso. *Processo constitucional de formação das leis*. 2. ed. São Paulo: Malheiros, 2006. p. 26.

(781) *Ibidem*, p. 27.

(782) HAMON, Francis; TROPER, Michel; BURDEAU, Georges. *Direito constitucional*. 27. ed. Barueri: Manole, 2005. p. 115.

(783) *Ibidem*, p. 116.

(784) SILVA, José Afonso. *Processo constitucional de formação das leis*. 2. ed. São Paulo: Malheiros, 2006. p. 25.

(785) *Idem*.

Diversas controvérsias trabalhistas têm por pano de fundo a interpretação de leis e decretos regulamentares, como se dá, por exemplo, com o adicional de periculosidade devido aos empregados do setor de energia elétrica, cujo regramento é ditado pela Lei n. 7.369/85 e pelo Decreto Regulamentar n. 93.412/86.

Não raro, os Tribunais do Trabalho deparam com a necessidade de interpretar medidas provisórias editadas pelo Poder Executivo federal, sem mencionar a própria Consolidação das Leis do Trabalho, cuja aprovação ocorreu por meio do Decreto-lei n. 5.452/43.

Cabe mencionar, ainda, as várias Convenções Internacionais editadas pela Organização Internacional do Trabalho, que consagram direitos após incorporadas à ordem jurídica interna, mediante aprovação do Congresso Nacional, por decreto legislativo, e promulgação por meio de decreto do Presidente da República.(786)

Ante esse cenário, a concepção formal de lei não serve de parâmetro interpretativo para o art. 896, alínea *a*, da CLT, porque, se o conceito de lei federal previsto no dispositivo ficar adstrito aos atos normativos emanados do Congresso Nacional, o recurso de revista não será admissível com vistas à uniformização de controvérsias envolvendo, por exemplo, a disparidade de interpretação em torno de medidas provisórias, decretos-leis e decretos regulamentares.

É à luz da concepção material de lei, portanto, que deve ser interpretado o art. 896, alínea *a*, da CLT. Assim, a divergência apta a ensejar a interposição de recurso de revista poderá ter por objeto a interpretação de dispositivos da Constituição e de emendas constitucionais, de leis ordinárias, complementares e delegadas, de decretos regulamentares, medidas provisórias e decretos-leis de estatura federal, bem como de tratados internacionais.

4.1.1.1.2. A origem do aresto invocado a título de divergência jurisprudencial

Além de ter por objeto interpretações diversas em relação a um mesmo dispositivo de lei federal, a divergência jurisprudencial hábil a ensejar a admissibilidade da revista deverá ocorrer entre acórdãos de *diferentes Tribunais Regionais do Trabalho*, ou ainda, *entre acórdão de Tribunal Regional do Trabalho e outro proveniente da Seção de Dissídios Individuais do TST*. Também viabilizará o recurso, a dissonância entre o acórdão recorrido, proferido por TRT, e verbete da Súmula de Jurisprudência Uniforme do TST. Cabe examinar cada uma dessas situações.

4.1.1.1.2.1. Divergência entre arestos de diferentes Tribunais Regionais do Trabalho

Em sua redação anterior ao advento da Lei n. 9.756/98, a alínea *a* do art. 896 da CLT permitia que o aresto colacionado para fins de comprovação da divergência jurisprudencial

(786) Cf. Arnaldo Süssekind: "Incumbe ao Presidente da República submeter o tratado ao Congresso Nacional. Se este o aprovar ou referendar, o fará por meio de decreto legislativo, habilitando o Poder Executivo a proceder a troca das ratificações ou, se for o caso, de *ratificação ou adesão*. Em seguida, o Poder Executivo expedirá o *Decreto de promulgação*, em virtude do qual torna público que o tratado foi ratificado, registra quando entrará em vigor para o Brasil e determina que suas disposições sejam respeitadas em todo o território nacional." (SÜSSEKIND, Arnaldo. *Direito internacional do trabalho*. 3. ed. São Paulo: LTr, 2000. p. 47).

fosse originário do *mesmo* TRT prolator da decisão recorrida. Com a edição do referido diploma, o dispositivo legal sofreu alteração, de sorte a dispor que o precedente invocado no recurso, somente servirá de parâmetro para a aferição do dissenso de teses, se for oriundo de *tribunal regional diverso* daquele do qual emana a decisão impugnada.

A questão é objeto da Orientação Jurisprudencial n. 111 da SbDI-1 do TST, lavrada nos seguintes termos: "Não é servível ao conhecimento de recurso de revista aresto oriundo de mesmo Tribunal Regional do Trabalho, salvo se o recurso houver sido interposto anteriormente à vigência da Lei n. 9.756/98".

A alteração introduzida pela Lei n. 9.756/98 é consentânea com a finalidade do recurso de revista, voltada à unificação da jurisprudência trabalhista em nível nacional, com vistas a propiciar segurança aos jurisdicionados e estabilidade às relações jurídicas inseridas no âmbito da competência material da Justiça do Trabalho.

Já a discrepância de julgados no seio do mesmo tribunal regional é reveladora, apenas, da ausência de uniformização da jurisprudência interna da Corte local, que, entretanto, não se mostra suscetível de ser aferida ou alcançada na esfera do recurso de revista. Não por outra razão, aliás, é que a Lei n. 9.756/98 houve por bem alterar a redação do § 3º do art. 896 da CLT, de modo a compelir os Tribunais Regionais do Trabalho a uniformizarem a sua jurisprudência, o que deverá ocorrer nos termos do Livro I, Título IX, Capítulo I, do CPC.(787)

Importante observar que, a teor da alínea *a* do art. 896 da CLT, nada obsta que a decisão invocada na revista para demonstrar o dissenso jurisprudencial seja oriunda do Pleno ou de Turmas dos Tribunais Regionais do Trabalho. Basta, apenas, que tenha sido proferida por TRT diverso daquele prolator do julgado recorrido. Com isso, buscou-se alcançar o pronunciamento judicial não só daquelas Cortes que, em razão da quantidade de membros, se subdividem em Turmas, como também dos pequenos Tribunais Regionais, onde se atribui ao Pleno o julgamento de todas as matérias inerentes às competências originária e recursal.(788)(789)

Para além de compelir os Tribunais Regionais do Trabalho à uniformização de sua jurisprudência interna, o § 3º do art. 896 da CLT instituiu outra modalidade de dissenso jurisprudencial hábil a ensejar a admissibilidade de recurso de revista: aquele existente entre a decisão recorrida, oriunda de Tribunal Regional do Trabalho, e súmula editada por outro TRT, que consolide interpretação discrepante em torno

---

(787) "Parece-nos que a interpretação do § 3º do art. 896 da CLT autoriza a ilação de que a uniformização não será factível nos tribunais que funcionam exclusivamente com composição plenária, pois, na prática, nesses tribunais em quase todos os julgamentos há divergência, mormente se considerarmos que, em função das férias e das licenças dos juízes, é rotineira a convocação de juízes do primeiro grau para substituir os juízes titulares da Corte Regional, o que implica, evidentemente, novas interpretações de textos normativos, inviabilizando, destarte, a uniformização jurisprudencial." (BEZERRA LEITE, Carlos Henrique. *Curso de direito processual do trabalho*. 2. ed. São Paulo: LTr, 2004. p. 536).

(788) VILLELA, Fábio Goulart. *Recurso de revista*. Rio de Janeiro: Freitas Bastos, 2006. p. 11.

(789) Dispõe o art. 670, § 8º, da CLT: "Os Tribunais Regionais da 1ª e 2ª Regiões dividir-se-ão em Turmas, facultada essa divisão aos constituídos de, pelo menos, 12 (doze) Juízes. [...]".

da mesma matéria objeto da impugnação. Para tanto, porém, um importante requisito deverá ser observado: não poderá a súmula regional ser contrária ao entendimento cristalizado na Súmula de Jurisprudência Uniforme do TST ou no acervo de orientações que compõem a atual, notória e iterativa jurisprudência de sua Seção Especializada em Dissídios Individuais.(790)

É oportuno frisar que esta exigência, prevista pelo § 3º do art. 896 da CLT, conquanto relevante, mostra-se desnecessária. E isso porque nada mais é do que mero reflexo do que já estatuído pelo § 4º do mesmo dispositivo consolidado, segundo o qual "a divergência apta a ensejar o Recurso de Revista deve ser atual, não se considerando como tal a ultrapassada por súmula, ou superada por iterativa e notória jurisprudência do Tribunal Superior do Trabalho".

Assim, conforme o magistério de *João Oreste Dalazen*, ao uniformizar sua jurisprudência, "o Regional é evidentemente *livre* para encampar a tese que lhe parecer de direito. Contudo, se discrepar de Súmula do TST, ou da jurisprudência atual, notória e iterativa do TST, de que cuida a Súmula n. 333, do TST, a súmula regional será *inócua* como paradigma no que tange a casos futuros".(791)

Questão interessante, também enfocada por *Dalazen*, reside na circunstância de o recurso de revista invocar, a título de demonstração de divergência jurisprudencial, aresto paradigma já superado por súmula regional. Sobre o tema, o eminente Ministro do Tribunal Superior do Trabalho, *acertadamente*, pronuncia-se pela imprestabilidade do julgado, para o fim de configurar o dissenso de teses.

Em suas palavras, o "aresto retratando tese *vencida* ou isolada na Corte, em contraste com súmula regional, é imprestável e inidôneo como padrão para confronto com decisão de *outro* Regional destinado a impulsionar *futuro* recurso de revista, por divergência jurisprudencial". E isso porque "afigura-se inconcebível prestigiar-se, para a caracterização da disceptação jurisprudencial, uma tese que *não* exprime com fidelidade o pensamento definitivo e predominante na Corte sobre a questão jurídica, se o propósito explícito da lei é alcançar a homogeneização da jurisprudência *interna do Regional*, cometendo ao TST a excelsa tarefa de uniformizar a jurisprudência trabalhista *nacional*, isto é, *entre* os Regionais e não *nos* Regionais".(792)

É de se ver, entretanto, que aresto *harmônico* com o entendimento sumulado pelo Regional será perfeitamente válido para o fim previsto na alínea *a* do art. 896 da CLT, sendo desnecessária, para o efeito de viabilizar a cognição do recurso de revista, que a parte proceda, concomitantemente, à transcrição da respectiva súmula regional nas razões recursais.

Ao asserir, por fim, que o dissenso de teses apto a ensejar o cabimento de recurso de revista deve ocorrer entre acórdãos de *diferentes Tribunais Regionais do Trabalho*, o

---

(790) DALAZEN, João Oreste. Recurso de revista por divergência – Súmula Regional e a Lei n. 9.756/98. In: *Revista LTr*, São Paulo, v. 63, n. 6, p. 728, jun. 1999.

(791) *Idem*.

(792) *Ibidem*, p.728-729.

art. 896, alínea *a*, da CLT, por exclusão, obsta a invocação, para esse fim, de sentenças proferidas pelas Varas do Trabalho ou juízos de direito investidos na jurisdição trabalhista.

4.1.1.1.2.2. Divergência com aresto proveniente da SDI

A divergência jurisprudencial, no que concerne à admissibilidade da revista, poderá ocorrer não só entre acórdãos de diferentes Tribunais Regionais do Trabalho, mas também *entre acórdão de Tribunal Regional do Trabalho e outro proveniente da Seção de Dissídios Individuais do TST.*

Por exclusão, aresto proveniente de Turma ou da Seção de Dissídios Coletivos do TST será imprestável à configuração da divergência jurisprudencial.(793)

Quanto aos acórdãos provenientes de Turma, a circunstância de poderem ser reapreciados e reformados pela Seção de Dissídios Individuais do TST, com a consequente eliminação da divergência de teses ensejadora do recurso de revista, justifica a sua recusa para fins de caracterização do dissídio jurisprudencial.(794) Por via de consequência, competindo à SDI firmar a posição definitiva do TST relativamente às matérias submetidas ao seu crivo nos dissídios individuais, nada mais lógico que os julgados por ela proferidos sejam aqueles utilizados pelo legislador como parâmetro destinado à aferição do dissenso interpretativo entre o TST e os Tribunais Regionais.

Quanto aos acórdãos exarados pela Seção de Dissídios Coletivos, o caráter das matérias por eles decididas, envolvidas no âmbito de aplicação do Poder Normativo da Justiça do Trabalho, já inviabiliza a sua utilização para o fim de contraste com julgados impugnados em dissídio individual.(795) Sobre o tema, ilustrativas são as palavras de *Vantuil Abdala*: "E qual o fundamento pelo qual a decisão proferida em dissídio coletivo não serve para configurar a divergência em dissídio individual? O fundamento é absolutamente lógico. No dissídio coletivo não se decide com base na existência de uma norma anterior, apenas se estabelecem novas condições de trabalho, como lhe autoriza o art. 114, § 2º, da Lei Maior".(796)

Sucede que, além de acórdãos oriundos da Seção de Dissídios Individuais do TST, a interposição de recurso de revista é autorizada quando presente a discrepância entre o acórdão recorrido e verbete da Súmula de Jurisprudência Uniforme do Tribunal Superior do Trabalho. É o que passa a examinar.

4.1.1.1.2.3. Conflito com verbete da Súmula do TST

A pletora de processos em curso nos tribunais constitui um tema recorrente no meio jurídico nacional, que permanece à busca de soluções para o estado de permanente

(793) RUIZ, Lenira Ferreira. *Do recurso de revista*. 2. ed. São Paulo: LTr, 2004. p. 37.

(794) GIGLIO, Wagner; CORRÊA, Claudia Giglio Veltri. *Direito processual do trabalho.* 15. ed. São Paulo: Saraiva, 2005. p. 474.

(795) RUIZ, Lenira Ferreira. *Do recurso de revista*. 2. ed. São Paulo: LTr, 2004. p. 37.

(796) ABDALA, Vantuil. Pressupostos intrínsecos de conhecimento do recurso de revista. In: *Revista do Tribunal Superior do Trabalho*, Brasília, v. 65, n. 1, p. 49, out./dez. 1999.

congestionamento da máquina judiciária. Além de ser um fator de inegável desgaste da imagem do Poder Judiciário perante a sociedade, o assoberbamento dos tribunais revela-se um importante obstáculo a ser superado no caminho da instituição de um processo célere e efetivo e que atenda aos objetivos de pacificação social e afirmação da autoridade do ordenamento jurídico estatal.

No que tange especificamente às Cortes Superiores, diversos fatores podem ser apontados como causadores desse cenário de sobrecarga de trabalho: a infidelidade dos demais órgãos do Poder Judiciário em relação à sua jurisprudência; a elevação, daí decorrente, do contingente recursal e a repetição de processos idênticos, que aparecem de maneira seriada nos tribunais.

De modo a fazer frente a esses fatores, a súmula foi inserida no sistema processual brasileiro no início da década de 1960, mediante iniciativa do Ministro *Victor Nunes Leal*, do Supremo Tribunal Federal, que a idealizou como um método de trabalho destinado a permitir não só o julgamento seguro e rápido dos processos rotineiros e que se multiplicam em série, mas também a viabilizar a própria divulgação da jurisprudência firme da Suprema Corte.(797)

A partir de sua instituição, a súmula ultrapassou as fronteiras do STF e passou a ser utilizada nos demais tribunais do país. Sofreu, outrossim, um gradativo processo de transformação, que traz como nota marcante o progressivo aumento de seu valor no sistema jurídico-processual brasileiro.

Com efeito, outrora realizada de forma autônoma pelos Tribunais, a elaboração das súmulas passou a ser o resultado de procedimento de uniformização de jurisprudência, estabelecido no vigente Código de Processo Civil (CPC)(798) em substituição ao antigo prejulgado do CPC de 1939(799), fato que inegavelmente contribuiu para o incremento de sua importância na praxe forense, onde a consulta aos precedentes e orientações jurisprudenciais agrega relevantes subsídios ao exercício da advocacia e da atividade jurisdicional, tornando, em certa medida, previsível o desfecho do processo.

Adicione-se a isso, a prerrogativa conferida ao relator dos recursos, que pode liminarmente provê-los ou obstar-lhes o seguimento, conforme esteja a decisão recorrida em dissonância ou harmonia com súmula do respectivo tribunal, do Supremo Tribunal Federal ou de Tribunal Superior (CPC, arts. 544, 557 e CLT, art. 896).

No que concerne ao recurso de revista, a súmula representa a concretização do escopo de uniformização da jurisprudência trabalhista nacional, contribuindo, de maneira relevante, para o desenvolvimento das atividades do Tribunal Superior do Trabalho, na medida em que permite a dinamização do processo e a solução mais eficaz dos conflitos de interesses.

---

(797) LEAL, Victor Nunes. Atualidade do Supremo Tribunal. In: *Revista de Direito Processual Civil*. São Paulo: Saraiva, v. 5, ano III, p. 71-78, jan./jun. 1962.

(798) Arts. 476 a 479.

(799) LEAL, Victor Nunes. Passado e futuro da "Súmula do STF". In: *Revista dos Tribunais*. São Paulo: TR, v. 553, ano 70, p. 287-299, nov. 1981.

Por essa razão, sempre que contrariadas no julgamento de recurso ordinário, em sede de dissídio individual, as súmulas do TST, uma vez invocadas, abrem ensejo à cognição de recurso de revista, como forma de restabelecer o estado de tranquilidade outorgado pela uniformidade da jurisprudência, momentaneamente abalado pelo Tribunal Regional do Trabalho recalcitrante.

Importante destacar que somente a súmula editada pelo Tribunal Superior do Trabalho serve de parâmetro para caracterizar a divergência jurisprudencial apta a ensejar o recurso de revista. Verbetes da Súmula do Supremo Tribunal Federal, *mesmo quando revestidos de caráter vinculante*, não se prestam ao fim do art. 896, alínea *a*, da CLT.

Em relação às súmulas vinculantes, aliás, cabe consignar que, na hipótese de serem contrariadas, aplicadas indevidamente ou terem sua vigência negada por meio de decisão judicial, o art. 7º da Lei n. 11.417/2006 prevê o cabimento de reclamação para o Supremo Tribunal Federal, *sem prejuízo dos recursos ou outros meios cabíveis de impugnação.*

Isso, contudo, não significa que esses recursos ou outros meios de impugnação sejam admissíveis tão só mediante invocação da súmula vinculante contrariada. Conforme bem observa *André Ramos Tavares*, o art. 7º da Lei n. 11.417/2006 está a estabelecer apenas que a reclamação constitui uma das opções possíveis para restabelecer a autoridade da súmula contrariada e, mesmo quando adotada, não inviabiliza a adoção concomitante de outro recurso ou medida judicial contra a decisão impugnada.(800)

Assim, se a contrariedade à súmula vinculante do Supremo Tribunal Federal emanar de julgado proferido por Tribunal Regional do Trabalho, no julgamento de recurso ordinário, em sede de dissídio individual, será indispensável que a parte, ao utilizar-se do recurso de revista, atenda a todos os pressupostos elencados no art. 896 da CLT. Se a interposição do recurso fundar-se apenas na contrariedade ao verbete sumular do STF, inviável será a sua admissibilidade.

Por fim, vale observar que, à semelhança do que ocorre com as súmulas, a discrepância jurisprudencial com item integrante da atual, notória e iterativa jurisprudência do TST também autoriza a interposição do recurso de revista. É o que evidencia a diretriz plasmada na OJ n. 219 da SbDI-1 do TST: "RECURSO DE REVISTA OU DE EMBARGOS FUNDAMENTADO EM ORIENTAÇÃO JURISPRUDENCIAL DO TST. É válida, para efeito de conhecimento do recurso de revista ou de embargos, a invocação de Orientação Jurisprudencial do Tribunal Superior do Trabalho, desde que, das razões recursais, conste o seu número ou conteúdo".

Realmente, sendo as orientações jurisprudenciais do TST um dos frutos gerados pelo processo de sedimentação da jurisprudência trabalhista, nada mais lógico que, uma vez contrariadas, a sua invocação abra ensejo à interposição de recurso de revista, a fim de que se promova o retorno ao estado de pacificação abalado com a quebra da uniformidade interpretativa levada a efeito pela decisão recorrida.

---

(800) TAVARES, André Ramos. *Nova Lei da Súmula Vinculante:* estudos e comentários à Lei 11.417 de 19.12.2006. São Paulo: Método, 2007. p. 82.

4.1.1.1.3. A configuração da divergência jurisprudencial

A despeito de seu conteúdo (interpretação de um mesmo dispositivo de lei federal) e de sua origem, a demonstração da divergência jurisprudencial deve obedecer a certos requisitos, sob pena de inviabilizar a cognição do recurso de revista. É o que direcionam os Verbetes ns. 296, 23 e 337 da Súmula de Jurisprudência Uniforme do TST, examinados a seguir.

4.1.1.1.3.1. A Súmula n. 296 do TST: a especificidade da divergência jurisprudencial

Todo o fenômeno jurídico se passa mediante um processo de interpenetração entre o mundo dos fatos e o das normas jurídicas. Por essa razão, é válido dizer que a prolação de toda e qualquer decisão judicial envolve operação por meio da qual os fatos são qualificados de sorte a determinar as respectivas consequências no plano normativo.(801) É o que se chama de *subsunção.*

Nem sempre, contudo, o arcabouço fático objeto da solução normativa a ser determinada pela decisão judicial é fixado da mesma maneira. Nas instâncias ordinárias, a apuração dos fatos dá-se por meio das provas produzidas nos autos ao longo da instrução processual e que serão livremente analisadas pelo juiz (CPC, art. 131). Nas instâncias extraordinárias, contudo, os fatos somente serão conhecidos por intermédio da descrição deles efetuada pela decisão recorrida. Por essa razão, no âmbito dos recursos de índole extraordinária, o acerto da solução normativa aplicada somente poderá ser avaliado *à luz da moldura fática fixada pela própria decisão recorrida.*(802)

Partindo-se dessa perspectiva, resulta lógica a consequência de que, para a configuração da divergência jurisprudencial apta a impulsionar o conhecimento do recurso de revista, os arestos paradigmas reproduzidos nas respectivas razões recursais igualmente deverão partir de idêntico cenário fático, com vistas a encampar interpretação jurídica diversa daquela adotada pela decisão recorrida.

Realmente, se o recurso de revista tem por finalidade a busca da uniformidade interpretativa no âmbito da Justiça do Trabalho, os julgados confrontados deverão, necessariamente, partir das mesmas hipóteses fáticas, discrepando, apenas, em relação às conclusões jurídicas.(803) Se o acórdão paradigma envolve situação diversa(804) ou não se pautou no julgamento de fatos idênticos àqueles emoldurados pelo julgado recorrido(805), não se mostra adequado ao fim de viabilizar o conhecimento de recurso de revista.

---

(801) WAMBIER, Teresa Arruda Alvim. *Controle das decisões judiciais por meio de recursos de estrito direito e de ação rescisória*. São Paulo: Revista dos Tribunais, 2001. p. 154.

(802) *Ibidem*, p. 162-163.

(803) ABDALA, Vantuil. Pressupostos intrínsecos de conhecimento do recurso de revista. In: *Revista do Tribunal Superior do Trabalho*, Brasília, v. 65, n. 1, p. 49, out./dez. 1999.

(804) MARTINS, Sérgio Pinto. *Comentários às Súmulas do TST*. 4. ed. São Paulo: Atlas, 2008. p. 181.

(805) OLIVEIRA, Francisco Antonio de. *Comentários às Súmulas do TST*. 8. ed. São Paulo: Revista dos Tribunais, 2008. p. 555.

Nas palavras de *Otavio Brito Lopes*: "A ausência ou acréscimo de qualquer circunstância alheia ao caso posto em julgamento torna inespecíficos os julgados trazidos ao confronto de teses no recurso de revista".[806]

Isso é o que preconiza a Súmula n. 296 do TST, expressa ao dispor que "a divergência jurisprudencial ensejadora da admissibilidade, do prosseguimento e do conhecimento do recurso há de ser específica, revelando a existência de teses diversas na interpretação de um mesmo dispositivo legal, embora idênticos os fatos que a ensejaram".

4.1.1.1.3.2. A Súmula n. 23 do TST: os fundamentos da decisão recorrida

A jurisprudência do TST, por meio de sua Súmula n. 23, estabelece igualmente que "não se conhece da revista ou dos embargos, se a decisão recorrida resolver determinado item do pedido por diversos fundamentos e a jurisprudência transcrita não abranger a todos".

Ao examinar o verbete sumular, acima reproduzido, *Antônio Álvares da Silva* dirige-lhe severa crítica. Diz que seu enunciado prevê "situação quase impossível de ocorrer na prática e extrapola o papel da jurisprudência que é o de interpretar e não de legislar sobre a lei interpretada, acrescentando-lhe condições de que o legislador não cuidou". Afirma, por fim, que "geralmente toda sentença traz argumentos vários" e que "exigir que uma decisão resolva a controvérsia dos autos com os mesmos fundamentos de outra é pedir o impossível".[807]

Fosse essa a exata dicção da Súmula n. 23 do TST, não teríamos dúvidas em subscrever as críticas formuladas pelo ilustre jurista e magistrado. Não teria, realmente, nenhum cabimento exigir que determinado aresto, invocado como paradigma no recurso de revista, divergisse, com absoluta exatidão, do julgado recorrido, abrangendo a totalidade dos fundamentos por ele abarcados.

Sucede, porém, que a Súmula n. 23 do TST contém orientação diversa. Em realidade, por estar assentado em redação que não prima pela clareza, o referido verbete sumular, em algumas oportunidades, vem sendo objeto de aplicação equivocada, e, conforme observa *Vantuil Abdala*, tem sido muitas vezes mal entendido.[808]

A Súmula n. 23 do TST dirige-se àquelas hipóteses em que o recurso de revista é interposto com vistas a impugnar decisão judicial calcada em mais de um fundamento suficiente, capaz, por si só, de manter subsistente a conclusão do julgado. Materializada essa situação, não basta que o recurso venha ancorado em divergência jurisprudencial relativa a apenas um dos fundamentos. E isso porque, ainda que o paradigma invocado divirja de uma das teses adotadas pela decisão recorrida e o recurso mereça provimento

(806) LOPES, Otavio Brito. O recurso de revista no processo do trabalho. In: FÉRES, Marcelo Andrade; CARVALHO, Paulo Gustavo M. (Coords.). *Processo nos Tribunais Superiores*. São Paulo: Saraiva, 2006. p. 863-864.

(807) SILVA, Antônio Álvares da. *O novo recurso de revista na Justiça do Trabalho*. São Paulo: LTr, 1999. p. 61.

(808) ABDALA, Vantuil. Pressupostos intrínsecos de conhecimento do recurso de revista. In: *Revista do Tribunal Superior do Trabalho*, Brasília, v. 65, n. 1, p. 50, out./dez. 1999.

nesse particular, a outra tese, em relação à qual não logrou ser demonstrado o dissenso jurisprudencial, já será apta, por si só, a manter o julgado recorrido.[809]

O sentido do verbete sumular foi bem apreendido por *Otavio Brito Lopes*, cujo magistério preconiza que, se a decisão recorrida puder se sustentar em apenas um de seus fundamentos e este não tiver sido contestado em face de posicionamento diverso de outro Tribunal Regional, de Súmula ou orientação jurisprudencial do Tribunal Superior do Trabalho, o acórdão impugnado não merecerá reexame, porquanto poderá subsistir incólume lastreado apenas no fundamento jurídico sobre o qual não foi apresentado dissenso interpretativo.[810]

A súmula, assim, não exige que, no corpo do mesmo aresto paradigma, estejam abarcados todos os fundamentos adotados pelo acórdão recorrido, inclusive aqueles circunstanciais, pronunciados *a latere*.[811] Sua dicção, em realidade, é similar àquela constante da Súmula n. 283 do Supremo Tribunal Federal, expressa ao dispor que: "é inadmissível o recurso extraordinário, quando a decisão recorrida assenta em mais de um fundamento suficiente e o recurso não abrange todos eles".

4.1.1.1.3.3. A Súmula n. 337 do TST: aspectos formais da divergência jurisprudencial

A demonstração do dissenso jurisprudencial no recurso de revista deve, igualmente, obedecer a certos parâmetros formais, atualmente previstos na Súmula n. 337 do TST.

Com efeito, conforme relata *Vantuil Abdala*, comuns eram as situações em que as partes, ao ingressarem com recurso de revista, faziam-no de maneira assistemática, mediante simples menção ao conflito com inúmeras decisões judiciais que juntavam aos autos, compelindo o julgador a cotejar um a um os arestos apresentados, a fim de apurar a existência de divergência jurisprudencial com o julgado recorrido.[812]

Este procedimento, embora inconveniente do ponto de vista prático, era autorizado pela Súmula n. 38 do TST, que assim conferiria tratamento à questão: "Para comprovação da divergência justificadora do recurso é necessário que o recorrente junte certidão, ou documento equivalente, do acórdão paradigma ou faça transcrição do trecho pertinente à hipótese, indicando sua origem e esclarecendo a fonte da publicação, isto é, órgão oficial ou repertório idôneo de jurisprudência".

Por outro lado, a apresentação assistemática de julgados, com o intuito de comprovar o dissenso interpretativo invocado na revista, para além de criar embaraços à atividade jurisdicional, igualmente dificultava o exercício do contraditório. E isso porque impunha também à parte contrária o ônus de examinar um vasto número de acórdãos, no momento de ofertar as respectivas contrarrazões ao recurso interposto.

(809) ABDALA, Vantuil. Pressupostos intrínsecos de conhecimento do recurso de revista. In: *Revista do Tribunal Superior do Trabalho*, Brasília, v. 65, n. 1, p. 50, out./dez. 1999.

(810) LOPES, Otavio Brito. O recurso de revista no processo do trabalho. In: FÉRES, Marcelo Andrade; CARVALHO, Paulo Gustavo M. (Coords.). *Processo nos Tribunais Superiores*. São Paulo: Saraiva, 2006. p. 865-866.

(811) ABDALA, Vantuil. Pressupostos intrínsecos de conhecimento do recurso de revista. In: *Revista do Tribunal Superior do Trabalho*, Brasília, v. 65, n. 1, p. 50, out./dez. 1999.

(812) *Ibidem*, p. 48.

Diante dessas dificuldades, a jurisprudência do TST evoluiu, consolidando-se atualmente na Súmula n. 337 do TST[(813)]. A partir de seu advento[(814)], passou-se a impor ao recorrente o ônus de reproduzir nas razões recursais as ementas ou trechos dos acórdãos trazidos à comprovação do dissídio jurisprudencial, ainda que o inteiro teor dos julgados paradigmas já se encontre nos autos ou venha a ser juntado com o recurso.

Cabe ao recorrente, outrossim, com vistas a demonstrar o conflito de teses que justifique o conhecimento do recurso, proceder ao confronto analítico entre os arestos recorrido e paradigma, evidenciando, nas respectivas razões recursais, o ponto de dissenso interpretativo entre os julgados. Em outras palavras, a parte deve "demonstrar a premissa ou premissas adotadas pelo Regional e as que o foram nos arestos paradigmas, com o objetivo de salientar a sua identidade para dilucidar o antagonismo das teses em confronto, sob pena de o recurso não se credenciar ao conhecimento do TST".[(815)]

Para além de reproduzir e evidenciar nas razões recursais o dissenso jurisprudencial, cumpre ao recorrente demonstrar a autenticidade dos arestos paradigmas invocados. E, para tanto, cabe-lhe juntar cópia autenticada do julgado (CLT, art. 830) ou indicar a respectiva fonte oficial ou repositório oficial em que foi publicado.

Questão interessante reside em saber se cópias de acórdãos extraídas do sítio do respectivo tribunal na rede mundial de computadores revelam-se válidas para demonstrar o dissenso jurisprudencial em sede de recurso de revista. Para *Otavio Brito Lopes* a internet não é fonte oficial de publicação.[(816)] No mesmo sentido, conduz-se o magistério de *Lenira Ferreira Ruiz.*[(817)]

Sérgio Pinto Martins, com fulcro no art. 541, parágrafo único do CPC (redação da Lei n. 11.341, de 7.8.2006), afirma ser "possível fazer a prova de divergência jurisprudencial com a juntada de acórdão originário do *site* dos tribunais". Segundo seu magistério, "há omissão na CLT, sendo aplicável o referido dispositivo".[(818)]

---

(813) Súmula n. 337 do TST — Comprovação de divergência jurisprudencial. Recursos de revista e de embargos. (incorporada a Orientação Jurisprudencial n. 317 da SDI-1) — Res. n. 129/2005 - DJ 20.4.05

I – Para comprovação da divergência justificadora do recurso, é necessário que o recorrente:

a) Junte certidão ou cópia autenticada do acórdão paradigma ou cite a fonte oficial ou o repositório autorizado em que foi publicado; e

b) Transcreva, nas razões recursais, as ementas e/ou trechos dos acórdãos trazidos à configuração do dissídio, demonstrando o conflito de teses que justifique o conhecimento do recurso, ainda que os acórdãos já se encontrem nos autos ou venham a ser juntados com o recurso. (ex-Súmula n. 337 - Res. 121/2003, DJ 21.11.2003)

II – A concessão de registro de publicação como repositório autorizado de jurisprudência do TST torna válidas todas as suas edições anteriores. (ex-OJ n. 317 — DJ 11.8.2003).

(814) Cf. a Orientação Jurisprudencial Transitória n. 3 da SbDI-1 do TST: SÚMULA N. 337. INAPLICABILIDADE. (título alterado e inserido dispositivo, DJ 20.4.05) A Súmula n. 337 do TST é inaplicável a recurso de revista interposto anteriormente à sua vigência.

(815) Processo n. TST-RR-839/2006-017-05-00.6, Rel. Min. Antônio José de Barros Levenhagen, 4ª Turma, DJ de 5.12.2008.

(816) LOPES, Otavio Brito. O recurso de revista no processo do trabalho. In: FÉRES, Marcelo Andrade; CARVALHO, Paulo Gustavo M. (Coords.). *Processo nos tribunais superiores*. São Paulo: Saraiva, 2006. p. 864.

(817) RUIZ, Lenira Ferreira. *Do recurso de revista*. 2. ed. São Paulo: LTr, 2004. p. 84-85.

(818) MARTINS, Sérgio Pinto. *Comentários às Súmulas do TST*. 4. ed. São Paulo: Atlas, 2008. p. 224.

O TST, em paradigmático aresto da lavra do Ministro *Milton de Moura França*, prolatado sob a égide de norma regimental já revogada, proclamou a inviabilidade de se tomar como fonte oficial de publicação a página da Corte na rede mundial de computadores. Diz o precedente:

> "EMBARGOS — DIVERGÊNCIA JURISPRUDENCIAL — ENDEREÇO DO TST NA *INTERNET* — FONTE DE PUBLICAÇÃO — ENUNCIADO N. 337/TST — ART. 331, § 4º, DO RITST — INOBSERVÂNCIA. A orientação sumulada no Enunciado n. 337/TST preconiza que, para a comprovação da divergência jurisprudencial, deve a parte trazer a cópia autenticada dos acórdãos por ela apontados como discrepantes ou indicar a respectiva fonte oficial ou repositório autorizado em que estes foram publicados. O art. 331, § 4º, do RITST, por sua vez, elenca como fontes oficiais de publicação dos julgados apenas o Diário da Justiça da União e dos Estados, a Revista do Tribunal Superior do Trabalho, a Revista de Jurisprudência Trabalhista do TST, as revistas publicadas pelos Tribunais Regionais do Trabalho e os repositórios autorizados à publicação da jurisprudência trabalhista. Nesse contexto, são imprestáveis à comprovação da divergência jurisprudencial os arestos que trazem como fonte de publicação apenas o endereço desta Corte na *internet*, que, conforme se depreeende do Regimento Interno desta Corte, não figura dentre as fontes oficiais de publicação de julgados. Embargos não conhecidos, no particular."(819)

O debate, porém, hoje encontra-se superado, haja vista que, conforme o art. 226, parágrafo único, do atual RITST, são fontes oficiais de publicação dos julgados: o Diário Eletrônico da Justiça do Trabalho, o Diário da Justiça da União e dos Estados, a Revista do Tribunal Superior do Trabalho, as revistas publicadas pelos Tribunais Regionais do Trabalho, os sítios do Tribunal Superior do Trabalho e dos Tribunais Regionais do Trabalho na internet e os repositórios autorizados a publicar a jurisprudência trabalhista.

À luz da norma regimental acima, deverá o recorrente reproduzir, nas razões do recurso, a ementa ou trecho do acórdão invocado com vistas à demonstração da divergência jurisprudencial, indicando uma das fontes oficiais de publicação relacionadas. Será necessária, contudo, a juntada da íntegra do acórdão, mediante cópia autenticada, quando o dissenso estiver fundado em trecho da respectiva fundamentação. Nesse sentido, tem decidido o TST, sob o fundamento de que a publicação veiculada na imprensa oficial somente reproduz as ementas dos julgados, impedindo a verificação da autenticidade do dissenso assentado na fundamentação. Se, porém, o inteiro teor da decisão colacionada houver sido extraído do sítio do Tribunal na rede mundial de computadores, caberá ao recorrente necessariamente indicá-lo, sob pena de não atender às exigências formais previstas na Súmula n. 337 do TST.(820)

---

(819) Processo n. TST-E-RR-328.804/1996, SbDI-1, Rel. Min. Milton de Moura França, DJ de 7.4.2000.

(820) "EMBARGOS. DIVERGÊNCIA JURISPRUDENCIAL. COMPROVAÇÃO. TRANSCRIÇÃO DO TRECHO DO ACÓRDÃO PARADIGMA. JUNTADA DO INTEIRO TEOR EXTRAÍDO DA INTERNET. INDICAÇÃO DO SÍTIO. NECESSIDADE. A indicação do Diário de Justiça como fonte de publicação não é suficiente para demonstrar a autenticidade do aresto paradigma, pois, consignada a tese divergente na fundamentação do acórdão, deve a parte trazer cópia do seu inteiro teor e, caso extraia da Internet, apontar a que sítio pertence. Dessa forma, deixando a embargante de indicar o sítio da Internet do qual extraiu o inteiro teor do acórdão paradigma anexado ao recurso de revista, a divergência não atende à formalidade exigida na referida Súmula n. 337 do TST." (Processo n. E-A-RR-5308/2003-026-12-00. SbDI-1, Rel. Min. Vantuil Abdala. DJe de 13.2.2009).

4.1.1.2. O art. 896, alínea b, *da CLT*

Conforme vimos, de acordo com a alínea *a* do art. 896 da CLT, o recurso de revista mostra-se cabível para uniformizar a divergência na interpretação de lei federal. Sucede que as relações jurídicas inseridas nos limites da competência material da Justiça do Trabalho regem-se por normas oriundas de diversas fontes.

Realmente, no âmbito do Direito do Trabalho há a convivência entre normas estatais e extraestatais(821), formando um vasto complexo de normas jurídicas. Em razão dessa característica, afirma-se que o Direito Laboral "insere-se no contexto do pluralismo jurídico", por ser "um ordenamento jurídico composto por uma pluralidade de normas e de fontes normativas (fontes estatais e particulares), uma vez que tanto ao Estado quanto aos particulares é dada a elaboração de normas jurídicas".(822)

E, de fato, ao lado da lei federal, no rol das denominadas *fontes estatais*, figura a *legislação editada pelos Estados, Municípios e pelo Distrito Federal*, de acordo com a competência legislativa que lhes foi outorgada pela Constituição. No mesmo grupo situa-se a *sentença normativa*, na condição de ato judicial emanado dos tribunais trabalhistas na solução dos conflitos coletivos de trabalho.

No rol das denominadas fontes extraestatais situam-se o contrato de trabalho, o regulamento empresarial, as convenções e os acordos coletivos de trabalho.

Para fins de cabimento do recurso de revista, o legislador houve por bem emprestar relevância a algumas das fontes acima mencionadas. É o que evidencia o art. 896 da CLT, cuja alínea *b* abre ensejo à interposição do recurso quando a decisão proferida pelo Tribunal Regional do Trabalho, no julgamento de recurso ordinário, der ao mesmo dispositivo de *lei estadual, convenção coletiva de trabalho, acordo coletivo, sentença normativa ou regulamento empresarial*, interpretação divergente, "na forma da alínea *a*". Em outras palavras, tal como ocorre em relação à lei federal, o dissenso interpretativo em torno das fontes mencionadas deverá ocorrer com decisão de outro Tribunal Regional, da Seção de Dissídios Individuais do TST ou com verbete da súmula da jurisprudência uniforme dessa Corte.

Mas não é só. Para que o recurso de revista seja cabível, é imprescindível que o dispositivo objeto de dissenso interpretativo seja proveniente de lei estadual, convenção coletiva, acordo coletivo, sentença normativa ou regulamento empresarial "*de observância obrigatória em área territorial que exceda a jurisdição do Tribunal Regional prolator da decisão recorrida*".

Caso o dispositivo seja de observância restrita ao território jurisdicionado pelo TRT prolator da decisão, não se abrirá ensejo à interposição de recurso de revista. É que, nessa hipótese, não se terá por configurada a existência de dissenso interpretativo apto a atrair a atuação do órgão de cúpula da Justiça do Trabalho.

---

(821) PÉREZ DEL CASTILLO, Santiago. Hierarquia das fontes no direito do trabalho. In: PLÁ RODRÍGUEZ, Américo (Coord.). *Estudos sobre as fontes do direito do trabalho*. São Paulo: LTr, 1998. p. 31.

(822) SANTOS, Ronaldo Lima dos. *Teoria das normas coletivas*. São Paulo: LTr, 2007. p. 85.

Realmente, conforme pontua *Dalazen*, nesse caso, "o Regional dá a última palavra", cabendo-lhe, ainda, de modo a evitar a divergência interpretativa interna, suscitar o incidente de uniformização, na forma do art. 896, § 3º, da CLT, "para que o órgão de cúpula local fixe a tese jurídica prevalecente pela qual há de pautar-se a Turma no caso concreto e, idealmente, nos casos futuros".(823)

Não obstante a previsão legal, dificilmente o recurso de revista terá curso para dirimir dissenso interpretativo em torno de lei estadual. Não bastasse a competência privativa da União para legislar sobre direito do trabalho (CF, art. 22, I), o que já reduz sobremaneira o espectro de cabimento do recurso, somente o Estado de São Paulo possui em seu território dois Tribunais Regionais, a saber: TRT da 2ª Região, com sede na cidade de São Paulo, e o TRT da 15ª Região, sediado em Campinas.

Diversa, porém, é a situação das demais fontes de direito contempladas no dispositivo legal em exame.

No que toca aos acordos e convenções coletivas de trabalho, a observância das cláusulas avençadas terá por parâmetro geográfico a *base territorial comum* das entidades contratantes(824), conforme diretriz plasmada no art. 611, *caput* e § 1º, da CLT. Sendo essa base territorial superior ao território jurisdicionado pelo TRT prolator da decisão recorrida, estará aberta a via para a interposição de recurso de revista fundado em divergência interpretativa.

Quanto às sentenças normativas, somente aquelas prolatadas pelo Tribunal Superior do Trabalho, na solução dos dissídios coletivos que excedam a jurisdição dos Tribunais Regionais (CLT, art. 702, *b*), é que poderão ser objeto de recurso de revista.

Com efeito, nas palavras de *Ribeiro de Vilhena*:

> "Formal e horizontalmente, a sentença normativa, via de regra, se limita por um princípio de regionalização, que se depreende, no direito positivo brasileiro, da territorialidade competencial dos Tribunais do Trabalho — que a editam como regra de direito — e pelo âmbito de representação categorial das entidades sindicais, que são as pessoas capazes de suscitar dissídios coletivos. Excepcionalizam-se, antiteticamente, empresas de âmbito nacional, que tenham, em princípio, quadro unitário e uniformemente distribuído, quando a competência é a direta e primária do TST. [...]
>
> Em caso de excesso de jurisdição, isto é, quando o âmbito da representação da entidade sindical ultrapasse aquele da competência territorial dos Tribunais Regionais (nas hipóteses dos arts. 517, 535, 857 e seu parágrafo único ou, mais especificamente, dissídios que envolvam representação sindical nacional ou empresas que possuam quadro organizado de carreira em todo o território nacional), a sentença será proferida

---

(823) DALAZEN, João Oreste. Recurso de revista por divergência — Súmula Regional e a Lei n. 9.756/98. In: *Revista LTr*, São Paulo, v. 63, n. 6, p. 728, jun. 1999.

(824) SANTOS, Ronaldo Lima dos. *Teoria das normas coletivas*. São Paulo: LTr, 2007. p. 208-209.

para todo o território nacional, alcançando determinada categoria, pelo TST, art. 702, letra *b*."[825]

Presentes as premissas acima, se a sentença normativa não ultrapassa a jurisdição do tribunal prolator da decisão recorrida, incabível será o recurso de revista. Nessa hipótese, a uniformização jurisprudencial em torno da norma coletiva será feita pelo próprio Tribunal Regional do Trabalho, em conformidade com o art. 896, § 3º, da CLT. Se, contudo, sua observância ultrapassa os limites territoriais do TRT, aí então estará presente o pressuposto de cabimento apto a viabilizar a interposição da revista.[826]

Cumpre examinar, por fim, o regulamento empresarial.

Consoante o magistério de *Pedro Paulo Teixeira Manus*, os regulamentos "são as normas internas de uma empresa". Por seu intermédio, são determinadas a conduta de empregados e empregador na estruturação interna da empresa, bem como os procedimentos, vantagens e obrigações de ambas as partes.[827]

São atos unilaterais editados pelo empregador, cujas normas, de caráter abstrato e genérico, aderem aos contratos individuais de trabalho, assumindo, por isso mesmo, a inegável condição de fonte criadora de direitos e obrigações de natureza trabalhistas.[828]

Na órbita do recurso de revista, a Súmula n. 208 do TST era peremptória ao obstar o seu cabimento quando o dissenso jurisprudencial invocado girasse em torno de regulamento de empresa.[829] Com o advento da Lei n. 9.756/98, porém, que conferiu a atual redação à alínea *b* do art. 896 consolidado, a diretriz constante do verbete sumular tornou-se obsoleta, muito embora seu cancelamento já houvesse sido implementado pelo TST desde o ano de 1996.

A previsão constante da alínea *b* do art. 896 da CLT tem por alvo as empresas de grande porte, com regulamentos internos de âmbito nacional ou interestadual, aptos, por isso mesmo, a serem alvo de controvérsias em mais de um ente da Federação. Esta circunstância tem embasado alegações de inconstitucionalidade, por suposta afronta ao princípio da isonomia, já que, por esse fundamento, lides envolvendo empresas de menor porte ficariam alijadas do acesso ao TST.[830]

Não temos, entretanto, a norma por inconstitucional. A apontada discriminação assenta-se em fundamento lógico, razoável, igualmente alicerçado no princípio da

---

(825) VILHENA, Paulo Emílio Ribeiro de. *Da sentença normativa:* à luz da Emenda constitucional 45/04. 2. ed. São Paulo: LTr, 2006. p. 20.

(826) SILVA, Antônio Álvares da. *O novo recurso de revista na Justiça do Trabalho*. São Paulo: LTr, 1999. p. 80.

(827) MANUS, Pedro Paulo Teixeira. *Direito do trabalho*. 10. ed. São Paulo: Atlas, 2006. p. 37.

(828) RUSSOMANO, Mozart Victor. *Curso de direito do trabalho*. 4. ed. Curitiba: Juruá, 1994. p. 42.

(829) Súmula n. 208 — A divergência jurisprudencial, suficiente a ensejar a admissibilidade ou o conhecimento do recurso de revista, diz respeito à interpretação de lei, sendo imprestável aquela referente ao alcance de cláusula contratual, ou de regulamento de empresa.

(830) Nesse sentido: OLIVEIRA, Francisco Antonio de. *Comentários às Súmulas do TST*. 8. ed. São Paulo: Revista dos Tribunais, 2008. p. 430.

isonomia, e decorrente do fato de que não se pode permitir a existência de uma jurisprudência conflitante entre Tribunais Regionais relativamente a uma mesma matéria.

Tome-se por base uma empresa de âmbito nacional, cujas normas regulamentares estejam sujeitas a interpretações conflitantes por parte de todos os Tribunais Regionais do Trabalho existentes no país. Disso resulta, conforme assevera *Dalazen*, "a necessidade e conveniência de que um órgão superior busque a interpretação uniforme, de modo a propiciar, tanto quanto possível, segurança aos jurisdicionados e estabilidade nas relações trabalhistas".(831)

Atentatória à isonomia seria a submissão de empregados a interpretações vacilantes e díspares, com verdadeira quebra da paridade de tratamento, não obstante sujeitos à mesma norma regulamentar.

4.1.2. O art. 896, alínea *c*, da CLT: violação à literal disposição de lei federal e afronta direta e literal à Constituição

Ao dispor sobre a terceira hipótese de cabimento da revista, o art. 896 da CLT, em sua alínea *c*, vincula a admissibilidade do recurso à demonstração de que a decisão impugnada foi proferida "com violação literal de disposição de lei federal ou afronta direta e literal à Constituição Federal".

Examinando-se o dispositivo consolidado infere-se que a questão objeto do recurso de revista não mais se funda na eleição da melhor entre duas interpretações discrepantes adotadas por diferentes tribunais, com vistas à uniformização da jurisprudência. O cerne do problema gira agora em torno da legalidade ou constitucionalidade da tese jurídica encampada pela decisão recorrida, que será confrontada, respectivamente, com a lei federal e a Constituição, de modo a permitir que seja obtida a interpretação única, exata e exclusiva a ser aplicada.

Emerge aqui a função *nomofilácica* (do grego *nomo = lei* e *philasso = guardar*) inerente ao recurso de revista, voltada, segundo *Juan Carlos Hitters*, a controlar e guardar a exata observância das leis, conferindo unidade ao direito objetivo nacional.(832)

É certo que a fixação de uma interpretação única, exata e exclusiva atende mais à finalidade prática de manter-se a certeza e a igualdade na aplicação do direito, do que, efetivamente, ao fato de ser possível a obtenção de uma interpretação verdadeira e excludente de todas as demais. Realmente, em sua clássica *Teoria Pura do Direito*, *Hans Kelsen* já preconizava que "a interpretação de uma lei não deve necessariamente conduzir a uma única solução como sendo a única correta, mas possivelmente a várias soluções que — na medida em que apenas sejam aferidas pela lei a aplicar — têm igual

(831) DALAZEN, João Oreste. Recurso de revista por divergência — Súmula Regional e a Lei n. 9.756/98. In: *Revista LTr*, São Paulo, v. 63, n. 6, p. 727, jun. 1999.

(832) HITTERS, Juan Carlos. *Técnica de los recursos extraordinarios y de la casación*. 2. ed. La Plata: Librería Editora Platense, 2007. p. 166-168.

valor, se bem que apenas uma delas se torne Direito positivo no ato do órgão aplicador do Direito — no ato do tribunal, especialmente".[833] E conclui:

"A interpretação jurídico-científica tem de evitar, com o máximo cuidado, a ficção de que uma norma jurídica apenas permite, sempre e em todos os casos, uma só interpretação: a interpretação 'correta'. Isto é uma ficção de que se serve a jurisprudência tradicional para consolidar o ideal da segurança jurídica."[834]

O Tribunal Superior do Trabalho, portanto, ao julgar o recurso de revista fundado na alínea *c* do art. 896 da CLT, apresenta-se como o destino final das várias interpretações do texto normativo passíveis de serem produzidas pelas instâncias inferiores. Cabe-lhe, assim, unificá-las, atento à finalidade político-institucional segundo a qual, havendo uma só lei, é necessário que haja, em contrapartida, uma criação jurisprudencial una. Em outras palavras, cabe ao recurso de revista, na hipótese em exame, por fim ao desenvolvimento jurisprudencial da lei, conferindo-lhe a necessária estabilidade.[835]

Sob o espectro da legalidade da decisão impugnada, é importante observar que a legislação vincula o cabimento da revista à demonstração de violação *literal* de disposição de lei federal. No que toca à constitucionalidade, exige-se afronta à Lei Fundamental que, para além de *literal*, deve ser *direta*, ou seja, apurável sem a necessidade de análise de normas de hierarquia inferior.[836]

Não se extraia, contudo, da utilização do adjetivo *literal*, qualquer ilação no sentido de que o legislador haja restringido o campo de atuação do intérprete ao âmbito da interpretação literal (gramatical), no momento da aferição da violação articulada no recurso de revista.

Consoante observa *Antônio Álvares da Silva*, partir-se dessa premissa "seria a mais absurda e perversa limitação, visto que reduziria o campo de atividade do intérprete e fecharia à fecundidade da interpretação o conteúdo das leis".[837] E, de fato, conforme adverte *Carlos Maximiliano*, "hoje nenhum cultor do Direito experimenta em primeiro lugar a exegese verbal, por entender atingir a verdade só por esse processo".[838]

Em realidade, a despeito da imprecisa redação do texto legal, ao qualificar a violação à lei federal e a afronta à Constituição, utilizando o adjetivo *literal*, o art. 896 da CLT impõe apenas que estas tenham sido perpetradas de forma *clara* e *expressa*[839] pela decisão recorrida.[840] O cabimento do recurso de revista não se vincula, assim, tão só

(833) KELSEN, Hans. *Teoria pura do direito*. 2. ed. São Paulo: Martins Fontes, 1987. p. 366.

(834) *Ibidem*, p. 371.

(835) KNIJNIK, Danilo. *O recurso especial e a revisão da questão de fato pelo Superior Tribunal de Justiça*. Rio de Janeiro: Forense, 2005. p. 104.

(836) ASSIS, Araken de. *Manual dos recursos*. São Paulo: Revista dos Tribunais, 2007. p. 705.

(837) SILVA, Antônio Álvares da. *O novo recurso de revista na justiça do trabalho*. São Paulo: LTr, 1999. p. 98.

(838) MAXIMILIANO, Carlos. *Hermenêutica e aplicação do direito*. 10. ed. Rio de Janeiro: Forense, 1988. p. 121.

(839) Cf. o Dicionário Aurélio Eletrônico: Literal [Do lat. tard. litterale.] Adj. 2 g. 1. Conforme à letra do texto; 2. Exato, rigoroso, restrito; 3. Claro, expresso, formal.

(840) Aparentemente nesse mesmo sentido, colhe-se o magistério de Aloysio Santos: "O evento que estamos a examinar, repetimos, é o cabimento do recurso de revista contra decisão de TRT proferida em sede de

à estrita desconformidade entre a decisão recorrida e a literalidade do dispositivo legal ou constitucional. Violação não só à letra, mas também ao espírito do texto normativo, abre ensejo à interposição da revista fundada na alínea *c* do permissivo consolidado.

Importante observar, ainda, que o art. 896, *c*, da CLT, ao referir-se à lei federal, vincula o cabimento da revista à demonstração de *violação* ao texto normativo. Já ao reportar-se à Constituição, o legislador alude à *afronta* como pressuposto de admissibilidade do recurso. Parece-nos, entretanto, que ambos os verbos — *violar* e *afrontar* —, no contexto em que foram empregados pelo legislador, devem ser interpretados como sinônimos, de modo que caberá ao recorrente, em um e outro caso, demonstrar, por ocasião da interposição da revista fundada no permissivo consolidado em exame, ter a decisão impugnada incorrido em *infração* à lei ou ao ordenamento constitucional.[841]

A caracterização dessa *infração* ao texto normativo, por sua vez, pode ocorrer de diversas maneiras. Estará pavimentado o caminho para a interposição do recurso de revista sempre que a decisão impugnada proceder à escolha inadequada ou à interpretação errônea da norma. Igualmente estará aberta a via recursal nas hipóteses em que se verificar a inexata qualificação jurídica ou a falsa determinação das consequências jurídicas referentes ao caso concreto.[842] Em linha similar, *Montero Aroca* e *Flors Matíes* preconizam que "la noción de infración comprenderá tanto el supuesto en que la norma se aplique incorrectamente, como el de la falta de aplicación, o el de su aplicación indebida".[843]

Hitters distingue as hipóteses de infração ao texto normativo em *violação*, *interpretação errônea* e *aplicacão errônea*. Segundo seu magistério, a *violação* consiste em não aplicar a um fato a regra que lhe corresponda. E isso pode ocorrer, sob uma perspectiva positiva, vulnerando o alcance do preceito ou, em sentido negativo, por desconhecimento ou inaplicação dele. A *interpretação errônea* tem lugar quando, por equívoco na investigação de sua acepção, não se dá à disposição normativa o seu verdadeiro sentido, extraindo-lhe consequências que não resultam de seu conteúdo. Em outras palavras, a norma aplicável é bem escolhida, mas a ela é emprestado um significado diverso daquele que realmente detém. Por fim, dá-se a *aplicação errônea* mediante a incorreta

---

recurso ordinário, em dissídio individual, que viole norma legal infraconstitucional federal na sua literalidade. Literal quer dizer *flagrante*, *evidente*, significado este que temos como genuíno pelo vocábulo utilizado pelo legislador (... na sua *literalidade*)." (SANTOS, Aloysio. *Recurso de revista:* o recurso extraordinário trabalhista. Rio de Janeiro: Forense, 2006. p. 121).

(841) Cf. adverte *Juan Carlos Hitters*, cabe assinalar, tanto na legislação como na doutrina, a existência de uma verdadeira anarquia lexicográfica, em que algumas leis aludem ora a violação, ora a interpretação errônea, ora a aplicação indevida. Por essa razão, propõe o jurista argentino, sejam todos esses defeitos englobados no conceito genérico de infração, até mesmo porque "resulta muy difícil dar una definición categórica de tales anormalidades, ya que, como veremos, han sido utilizadas, la mayor de las veces, de manera fungible". (HITTERS, Juan Carlos. *Técnica de los recursos extraordinarios y de la casación*. 2. ed. La Plata: Librería Editora Platense, 2007. p. 267-268).

(842) FERREIRA, Fernando Amâncio. *Manual dos recursos em processo civil.* 7. ed. Coimbra: Almedina, 2006. p. 247.

(843) MONTERO AROCA, Juan; FLORS MATÍES, José. *Tratado de recursos en el proceso civil*. Valência: Tirant lo Blanch, 2005. p. 797-798.

qualificação dos fatos, de modo a, sobre eles, incidir uma regra que não lhes corresponde. Trata-se, assim, de verdadeiro erro de subsunção.[(844)]

Em todas as hipóteses anteriores, a decisão dará ensejo à interposição de recurso de revista, com arrimo na alínea *c* do art. 896 consolidado.

A questão, entretanto, pode ainda ser examinada sob um prisma distinto, tendo em conta a relação existente entre a infração ao texto normativo e os tipos de sentenças em que esta se produz.

Sob esse ponto de vista, cabe examinar, em primeiro lugar, a *sententia contra litteram legis*. Nessa hipótese, materializa-se o conflito entre o provimento judicial e a norma jurídica em sua expressão verbal (gramatical). Desnecessário, nesse caso, investigar se o espírito da norma foi ofendido pelo julgado, porquanto a infração perpetrada contra o texto normativo é ostensiva e grave, já que decorrente da não aplicação de texto efetivamente existente no ordenamento jurídico, ou da aplicação delirante de texto normativo não constante da ordem jurídica, mas apenas suposto pelo julgador.[(845)]

Outra modalidade de decisão é a *sententia contra rationem legis*. Aqui, a infração já não reside no descompasso entre o julgado e a literalidade da norma (*contra verba legis*). No caso em exame, conquanto o provimento judicial não discrepe da letra da lei, afronta-lhe o sentido ou o espírito. Assim, mesmo ao buscar interpretar *secundum legem*, o juiz labora em equívoco, divorciando-se da finalidade da norma, não obstante mantenha-se preso à linguagem.[(846)]

Como em uma espécie de *aberratio ictus* do processo exegético, o julgador poderá proferir ainda uma *sententia contra simile legis*. Aqui, a contrariedade perpetrada não se dá em relação ao texto de regência, mas contra outro texto normativo, que o juiz, equivocadamente, supõe ser aplicável ao caso por analogia. Conforme ressalta *Mancuso*, nessa hipótese o julgador incorre em duplo erro: "primeiro quando supõe tratar-se de um caso que comporta recurso à analogia; depois, tomando um texto regulador da hipótese que reputa análoga, infere uma premissa não autorizada por esse texto".[(847)]

Por fim, cabe apreciar a *sententia contra legem obscuram*. Nessa hipótese, o julgado baseia-se em texto normativo de compreensão duvidosa, lacunosa e obscura[(848)] e que, por isso mesmo, comporta mais de uma interpretação. Aqui abre-se ensejo à incidência da orientação prevista na Súmula n. 221 do TST, cujo item II estabelece que "interpretação razoável de preceito de lei, ainda que não seja a melhor, não dá ensejo à admissibilidade ou ao conhecimento de recurso de revista ou de embargos com base, respectivamente, na alínea *c* do art. 896 e no inciso II do art. 894 da CLT. A violação há de estar ligada à literalidade do preceito".

---

(844) HITTERS, Juan Carlos. *Técnica de los recursos extraordinarios y de la casación*. 2. ed. La Plata: Librería Editora Platense, 2007. p. 277-278.

(845) MANCUSO, Rodolfo de Camargo. *Recurso extraordinário e recurso especial*. 10. ed. São Paulo: Revista dos Tribunais, 2007. p. 251-253.

(846) *Ibidem*, p. 253-255.

(847) *Ibidem*, p. 258.

(848) *Idem*.

A súmula, contudo, não tem incidência ilimitada. Se, em momento anterior à prolação do julgado recorrido, a jurisprudência do TST já houver se pacificado em sentido contrário àquele firmado pelo Tribunal *a quo*, mesmo em caso de *legem dubiam*, estará aberta a via para a interposição da revista pela alínea *c* do art. 896 consolidado. Esta é a inteligência da Súmula n. 83 do TST, que, a despeito de referir-se à ação rescisória, traduz orientação em tudo aplicável ao caso:

> "AÇÃO RESCISÓRIA. MATÉRIA CONTROVERTIDA. I – Não procede pedido formulado na ação rescisória por violação literal de lei se a decisão rescindenda estiver baseada em texto legal infraconstitucional de interpretação controvertida nos Tribunais. II – O marco divisor quanto a ser, ou não, controvertida, nos Tribunais, a interpretação dos dispositivos legais citados na ação rescisória é a data da inclusão, na Orientação Jurisprudencial do TST, da matéria discutida."

Importante divisar, ainda, que na expressão *lei federal* inserem-se não só os atos normativos editados pelo Poder Legislativo (lei ordinária, lei complementar, decreto legislativo e resoluções do Congresso Nacional), mas também aqueles oriundos do Poder Executivo, quando revestidos de força de lei (*v. g.* medida provisória e os antigos decretos-lei). Já os atos infralegais, como os decretos regulamentares, portarias ministeriais, instruções normativas, ordens de serviço etc., não autorizam a interposição da revista.

Por derradeiro, cuidando-se de recurso de fundamentação vinculada, cabe ao recorrente, ao interpor a revista fundada na alínea *c* do art. 896 da CLT, indicar, de maneira expressa, o dispositivo de lei ou da Constituição tido como violado. É o que preconiza o item I da Súmula n. 221 do TST. Importante registrar, entretanto, que "impor à parte o ônus de indicar expressamente o dispositivo violado não significa exigir dela a utilização de expressões verbais, tais como: 'feriu', 'contrariou', 'violou' etc. O que se pretende é que ela argumente com a matéria e o dispositivo legal ou constitucional pertinente, de modo a que se possa extrair de sua irresignação a desejada e perseguida violação".[(849)]

4.1.3. A transcendência da causa

A implantação de um processo rápido e efetivo tem constituído um dos grandes desafios de nosso tempo. Não obstante a Constituição tenha alçado a celeridade processual e a razoável duração do processo à condição de direitos fundamentais (CF, art. 5º, LXXVIII), a lentidão e o assoberbamento do Poder Judiciário perpetuam-se como um crônico problema, cujos remédios até o momento implementados não se mostraram capazes de solucionar.

Para que se possa avaliar a questão sob a perspectiva do Tribunal Superior do Trabalho, basta consultar o Relatório Geral da Justiça do Trabalho, anualmente disponibilizado por aquela Corte, na rede mundial de computadores (*internet*).

---

(849) Processo n. TST-E-RR-368.912/1997, SbDI-1, Rel. Min. Milton de Moura França, DJ de 8.8.2003.

De acordo com o referido documento, em 2005, foram recebidos no TST 116.294 processos. Já no ano de 2006, esse número subiu para 154.457 novos processos autuados, representando um incremento de 33% em relação ao ano de 2005. Em 2007, o aporte de novos casos sofreu mais um aumento significativo. Naquele ano, 165.466 novas demandas foram recebidas no TST, totalizando 14% a mais que no ano anterior. Em contrapartida, não obstante tenha sido julgado, em 2007, o significativo contingente de 153.592 processos, o esforço solucionou o equivalente a apenas 37% do total a julgar. Esse, igualmente, foi o índice médio de julgamentos nos anos de 2005 (37%) e 2006 (36% do total a julgar).[850]

O relatório deixa transparente que o Tribunal Superior do Trabalho não consegue dar vazão ao contingente de processos submetidos à sua apreciação. De um ano para outro, sobra sempre um expressivo resíduo de casos não solucionados, que, adicionado ao quantitativo de novos processos do ano subsequente, faz com que o problema assuma proporções dramáticas.

Importante observar com *Mancuso*, que essas cifras expressivas não reduzem o problema a uma crise meramente numérica ou quantitativa. Deve-se, ao contrário, ter presente que a quantidade afeta significativamente a qualidade[851], já que a pletora recursal não permite ao TST uma apreciação satisfatória das causas submetidas ao seu crivo.

Na tentativa de modificar esse cenário, em que o TST mostra-se ineficiente na consecução da importante missão de solucionar com rapidez a totalidade dos conflitos de interesses submetidos à sua apreciação, diversas medidas foram implementadas ao longo dos anos.

Um dos métodos utilizados consiste na sedimentação de uma *jurisprudência defensiva*, por meio da qual simplesmente cerram-se as portas da Corte ao ingresso de novos recursos, mediante o recrudescimento na análise de seus pressupostos. Exemplo disso é o entendimento inicialmente adotado pelo TST em relação ao protocolo integrado, com o intuito de fulminar uma verdadeira miríade de processos.[852]

Entre outras medidas adotadas internamente, vale mencionar a divisão da Seção de Dissídios Individuais em duas Subseções, de modo a otimizar o fluxo e julgamento dos processos; a convocação extraordinária de juízes de TRT para atuarem no julgamento de agravos de instrumento e recursos de revista, bem como a realização de mutirões com vistas à triagem de processos.

---

(850) Disponível em: <http://www.tst.gov.br/> Acesso em: 6 fev. 2009.

(851) MANCUSO, Rodolfo de Camargo. *Recurso extraordinário e recurso especial*. 10. ed. São Paulo: Revista dos Tribunais, 2007. p. 81.

(852) Cf. a então vigente Orientação Jurisprudencial n. 320 da SbDI-1 do TST: "SISTEMA DE PROTOCOLO INTEGRADO. NORMA INTERNA. EFICÁCIA LIMITADA A RECURSOS DA COMPETÊNCIA DO TRT QUE A EDITOU. ART. 896, § 1º, DA CLT (cancelada) – DJ 14.9.2004. O sistema de protocolo integrado, criado pelos Tribunais Regionais do Trabalho, que autoriza as varas localizadas no interior do Estado a receberem e a protocolarem documentos de natureza judiciária ou administrativa, destinados a outras varas ou ao TRT local, tem aplicação restrita ao âmbito de competência do Tribunal que o editou, não podendo ser considerado válido em relação a recursos de competência do Tribunal Superior do Trabalho."

Já no plano legislativo, entre outras providências, foi implementado o aumento do número de ministros da Corte que, com o advento da Reforma do Poder Judiciário (Emenda Constitucional n. 45/2004), teve sua composição restabelecida para o total de 27 julgadores. Com isso, viabilizou-se a criação de três novas Turmas julgadoras, que, somadas às anteriormente existentes, resultou em um número maior de casos apreciados. Promoveu-se, outrossim, a valorização das decisões da Corte e da jurisprudência sumulada, mediante o fortalecimento dos poderes do relator que, nas matérias pacificadas, obteve a chancela do legislador para decidir monocraticamente (CPC, art. 557 e CLT, art. 896, § 5º).

Diante, porém, do insucesso dessas medidas, que não lograram êxito em alterar de maneira efetiva o estado de congestionamento do Tribunal, ganhou corpo a ideia de implantar um *filtro qualitativo* de acesso à Corte Superior trabalhista, já que, "por ter um volume imenso de causas, o tempo e o esforço que é possível dedicar a cada uma se torna escasso, impedindo que as grandes teses sejam amadurecidas e julgadas com profundidade".(853)

Partindo dessa premissa, a implantação desse filtro teria por escopo permitir que apenas *causas relevantes* pudessem ser alçadas ao TST, mediante a interposição de recurso de revista. Pautado por essa diretriz, veio a lume o Projeto de Lei n. 3.267, de 2000, por meio do qual seria acrescido à CLT o art. 896-A, cujo teor estabelecia que: "O Tribunal Superior do Trabalho não conhecerá de recurso oposto contra decisão em que a matéria de fundo não ofereça transcendência com relação aos reflexos gerais de natureza jurídica, política, social e econômica".

Antes, porém, que o Congresso Nacional pudesse examinar o projeto de lei, adveio ao mundo jurídico a Medida Provisória n. 2.226, de 4 de setembro de 2001, cujo art. 1º inseriu na Consolidação das Leis do Trabalho o art. 896-A, com a seguinte redação: "O Tribunal Superior do Trabalho, no recurso de revista, examinará previamente se a causa oferece transcendência com relação aos reflexos gerais de natureza econômica, política, social ou jurídica".

O art. 2º da medida provisória estabelece ainda que: "O Tribunal Superior do Trabalho regulamentará, em seu regimento interno, o processamento da transcendência do recurso de revista, assegurada a apreciação da transcendência em sessão pública, com direito a sustentação oral e fundamentação da decisão".

Instituiu-se, assim, novo pressuposto de admissibilidade inerente ao recurso de revista, destinado a viabilizar o acesso ao TST das causas que, sob os prismas econômico, político, social ou jurídico, produzam repercussão para além do interesse jurídico das partes, na medida em que digam respeito ao interesse coletivo e geral.(854)

Objeto de larga controvérsia no meio jurídico, o instituto da transcendência foi alvo de ação direta de inconstitucionalidade proposta pelo Conselho Federal da Ordem

(853) BRAGHITTONI, Rogério Ives. *Recurso extraordinário:* uma análise do acesso do Supremo Tribunal Federal. São Paulo: Atlas, 2007. p. 47.

(854) SILVA, Antônio Álvares da. *A transcendência no recurso de revista*. São Paulo: LTr, 2002. p. 22.

dos Advogados do Brasil, cujo pedido de medida cautelar, *no que concerne ao tema*, foi *indeferido* pelo Supremo Tribunal Federal.(855)

É de se observar, ainda, que nem mesmo no âmbito do próprio TST o instituto goza de sufrágios unânimes, tanto que, até o momento, a Corte não exercitou a competência regulamentar que lhe foi outorgada pela Medida Provisória n. 2.226/2001.

Por outro lado, mesmo que seja desencadeada, a regulamentação não será tarefa de fácil consecução. As dificuldades iniciam-se pela definição dos critérios relativos ao instituto da *transcendência*, termo rotulado por *Wagner Giglio* de vago, elástico, impreciso e indefinido e, por isso mesmo, capaz de possibilitar ao intérprete uma vasta área de liberdade, que potencializa o risco de gerar interpretações subjetivas e casuísticas dos julgadores.(856)

No Projeto de Lei n. 3.267, de 2000, tentou-se fornecer uma definição. Segundo os parâmetros ali estabelecidos, a *transcendência jurídica* consistiria no "desrespeito patente aos direitos humanos fundamentais ou aos interesses coletivos indisponíveis, com comprometimento da segurança e estabilidade das relações jurídicas". A *transcendência política* estaria presente uma vez configurado o "desrespeito notório ao princípio federativo ou a harmonia dos Poderes constituídos". Já a *transcendência social* decorreria da "existência de situação extraordinária de discriminação, de comprometimento do mercado de trabalho ou de perturbação notável à harmonia entre capital e trabalho". Por fim, ter-se-ia a *transcendência econômica* diante da "ressonância de vulto da causa em relação à entidade de direito público ou economia mista, ou grave repercussão da questão na política econômica nacional, no segmento produtivo ou no desenvolvimento regular da atividade empresarial".

---

(855) O indeferimento deu-se com base nos fundamentos sintetizados na ementa a seguir reproduzida: "MEDIDA CAUTELAR EM AÇÃO DIRETA DE INCONSTITUCIONALIDADE. MEDIDA PROVISÓRIA N. 2.226, DE 4.9.2001. TRIBUNAL SUPERIOR DO TRABALHO. RECURSO DE REVISTA. REQUISITO DE ADMISSIBILIDADE. TRANSCENDÊNCIA. AUSÊNCIA DE PLAUSIBILIDADE JURÍDICA NA ALEGAÇÃO DE OFENSA AOS ARTS. 1º; 5º, *CAPUT* E II; 22, I; 24, XI; 37; 62, *CAPUT* E § 1º, I, *B*; 111, § 3º E 246. [...].

1. A medida provisória impugnada foi editada antes da publicação da Emenda Constitucional n. 32, de 11.9.2001, circunstância que afasta a vedação prevista no art. 62, § 1º, I, *b*, da Constituição, conforme ressalva expressa contida no art. 2º da própria EC n. 32/2001.

2. Esta Suprema Corte somente admite o exame jurisdicional do mérito dos requisitos de relevância e urgência na edição de medida provisória em casos excepcionalíssimos, em que a ausência desses pressupostos seja evidente. No presente caso, a sobrecarga causada pelos inúmeros recursos repetitivos em tramitação no TST e a imperiosa necessidade de uma célere e qualificada prestação jurisdicional aguardada por milhares de trabalhadores parecem afastar a plausibilidade da alegação de ofensa ao art. 62 da Constituição.

3. Diversamente do que sucede com outros Tribunais, o órgão de cúpula da Justiça do Trabalho não tem sua competência detalhadamente fixada pela norma constitucional. A definição dos respectivos contornos e dimensão é remetida à lei, na forma do art. 111, § 3º, da Constituição Federal. As normas em questão, portanto, não alteram a competência constitucionalmente fixada para o Tribunal Superior do Trabalho.

4. Da mesma forma, parece não incidir, nesse exame inicial, a vedação imposta pelo art. 246 da Constituição, pois, as alterações introduzidas no art. 111 da Carta Magna pela EC n. 24/99 trataram, única e exclusivamente, sobre o tema da representação classista na Justiça do Trabalho." (Processo n. STF-ADI-2.527. Tribunal Pleno. Relª Ministra Ellen Gracie. DJe de 23.11.2007).

(856) GIGLIO, Wagner; CORRÊA, Claudia Giglio Veltri. *Direito processual do trabalho.* 15. ed. São Paulo: Saraiva, 2005. p. 467.

As definições anteriores, contudo, devem ser tomadas, quando muito, como mera referência. Sua utilização, no ato de regulamentação, não nos parece adequada, sobretudo diante do *caráter indeterminado* inerente ao conceito jurídico de "reflexos gerais de natureza econômica, política, social ou jurídica", no qual se fundamenta o instituto da transcendência, cujos contornos devem ser delineados caso a caso pela jurisprudência.

Consoante o magistério de *Karl Engisch*, entende-se por *conceito jurídico indeterminado* aquele "cujo conteúdo e extensão são em larga medida incertos".(857) Por essa razão, "o volume normativo destes conceitos tem de ser preenchido caso a caso, através de actos de valoração".(858) Presente esse contexto, não merece reparos a advertência de *Antônio Álvares da Silva*, ao ponderar que "melhor fará o legislador em desistir defini-los [...]. Agirá muito mais acertadamente se confiar ao prudente discernimento e à adequada discrição dos tribunais superiores a destilação destes elementos dos casos concretos que lhes forem levados".(859)

Cabe observar, por outro lado, que as definições constantes do Projeto de Lei n. 3.267 também se apresentam repletas de conceitos indeterminados, cuja concretização somente será possível pela via jurisprudencial. Realmente, em que limite estará configurado o "desrespeito patente" e o "comprometimento da segurança e estabilidade das relações jurídicas", exigidos com vistas à caracterização da transcendência jurídica? Ou o que se entende por "situação extraordinária de discriminação", apontada como requisito da transcendência social? Pode se falar, em contrapartida, em situação ordinária de discriminação? Em que medida estará presente a "ressonância de vulto da causa" configuradora da transcendência econômica?

Perante essa perspectiva, melhor será ao TST seguir o caminho já trilhado pelo legislador comum, que, ao regulamentar o instituto constitucional da *repercussão geral*, relativo ao recurso extraordinário, deixou "a caracterização da relevância e transcendência da questão debatida como algo a ser aquilatado em concreto, nesse ou a partir desse e daquele caso apresentado ao Supremo Tribunal Federal".(860)

No ato de regulamentação, entretanto, algumas premissas deverão ser observadas, como decorrência da própria redação do art. 2º da Medida Provisória n. 2.226/2001. Realmente, ao outorgar ao TST a competência para regulamentar o processamento da transcendência, o referido diploma legal estabelece que o procedimento deverá ocorrer em *sessão pública*, com direito a *sustentação oral* e *fundamentação da decisão*. Trata-se de corolário do que disposto no art. 93, IX, da Constituição e do princípio da ampla defesa, de sorte que a apreciação da transcendência da causa objeto do recurso de revista reclamará, obrigatoriamente, *a inclusão do feito em pauta, com prévia intimação das partes.*

(857) ENGISCH, Karl. *Introdução ao pensamento jurídico*. 7. ed. Lisboa: Fundação Calouste Gulbenkian, 1996. p. 208.

(858) *Ibidem*, p. 213.

(859) SILVA, Antônio Álvares da. *A transcendência no recurso de revista*. São Paulo: LTr, 2002. p. 61.

(860) MARINONI, Luiz Guilherme; MITIDIERO, Daniel. *Repercussão geral no recurso extraordinário*. São Paulo: Revista dos Tribunais, 2007. p. 34.

Presente essa circunstância, revela-se inafastável a conclusão a que chegou *Estêvão Mallet*, segundo a qual "o procedimento de seleção de processos agora proposto, ao invés de simplificar a atuação dos tribunais superiores, ou manterá tudo como hoje está — com julgamento, não do mérito do recurso, mas de sua relevância — ou, em certos casos, agravará a carga de trabalho, com imposição de dois julgamentos [...]: o primeiro, com todos os ritos e solenidades próprios de qualquer julgamento, para decidir sobre a necessidade de exame do recurso; o segundo, após superada tal fase, para julgamento do recurso propriamente dito".(861)

E, de fato, configurada a transcendência da causa, o TST não estará dispensado de proceder ao exame dos demais pressupostos elencados no art. 896 da CLT. A Medida Provisória n. 2.226/2001 não revogou as alíneas *a*, *b* e *c* do permissivo consolidado. Ao contrário, adicionou mais um pressuposto àqueles já ali previstos. Assim, conforme observa *Antônio Álvares da Silva*, "a pretensão foi de soma e não de exclusão dos requisitos".(862)

Adicione-se a isso o fato de que, independentemente de a decisão concluir ou não pela presença da transcendência, a questão poderá, ainda, ser objeto de recurso de embargos para a Seção de Dissídios Individuais do TST, ante a inexistência de qualquer restrição no texto da medida provisória. Posto o problema nesses termos, não vemos em que medida o instituto poderá efetivamente simplificar a atuação da Corte, com a redução do contingente recursal submetido à sua apreciação.

Nem mesmo a sedimentação da jurisprudência, no sentido da presença ou ausência de transcendência relativamente a determinada matéria, terá o condão de alterar substancialmente esse cenário, porquanto apenas abrirá ao relator a oportunidade de utilizar-se do julgamento monocrático, na forma prevista no art. 557, *caput* e § 1º-A, do CPC, da mesma forma que hoje já lhe é facultada.

Cabe frisar, por outro lado, que o TST já conta hoje com filtros recursais que, embora não tenham contribuído de maneira significativa para a redução do acervo processual da Corte, possuem ao menos a vantagem de se pautarem por *parâmetros objetivos*, que permitem maior segurança e previsibilidade quanto ao momento de sua aplicação. Refiro-me às limitações recursais presentes na Lei n. 5.584/70 (*dissídios de alçada*) e no art. 896, § 2º (*processo de execução*) e § 6º (*procedimento sumaríssimo*), da CLT. Na primeira hipótese, salvo a presença de matéria constitucional, fica excluída toda e qualquer possibilidade de recurso nas causas cujo valor não exceda dois salários mínimos. No processo de execução, inviável será a interposição de recurso de revista, salvo em caso de ofensa direta e literal à Constituição da República. Por fim, nas causas sujeitas ao procedimento sumaríssimo, com valor limitado a 40 salários mínimos, somente se abrirá ensejo ao recurso de revista, quando demonstrada a contrariedade à Súmula do TST ou violação direta da Constituição da República.

---

(861) MALLET, Estêvão. Celeridade da prestação jurisdicional e seleção das causas a serem julgadas pelos Tribunais Superiores. In: FRANCO FILHO, Georgenor de Sousa *et al.* (Coords.). *Direito e processo do trabalho em transformação.* Rio de Janeiro: Elsevier, 2007. p. 120.

(862) SILVA, Antônio Álvares da. *A transcendência no recurso de revista*. São Paulo: LTr, 2002. p. 58.

Por todos esses fundamentos, cremos que o instituto da seleção recursal fundado na transcendência da causa não se mostra como a melhor solução para aumentar o coeficiente de celeridade do TST, na entrega da prestação jurisdicional. Outras medidas podem ser mais efetivas na consecução desse mister, como, exemplificativamente, o incentivo à busca de soluções extrajudiciais para os conflitos de interesse; a imposição de sanções pecuniárias economicamente relevantes, inclusive ao Poder Público, na interposição de recursos protelatórios; a majoração dos juros de mora incidentes nas condenações judiciais, de modo a coibir o retardamento indevido da marcha processual pela parte economicamente mais forte; o investimento na gestão administrativa e tecnológica dos tribunais; a exigência do depósito integral do valor da condenação, como pressuposto de admissibilidade recursal[(863)] e o estímulo ao ajuizamento de ações coletivas[(864)], de modo a promover a concentração de litígios em um único feito, em conformidade com o mais atualizado conceito de *acesso à justiça.*

4.1.4. O recurso de revista na fase de execução

Dispõe o art. 896 da CLT, em seu § 2º, ser incabível o recurso de revista contra as decisões proferidas pelos TRTs em execução de sentença, inclusive em processo incidente de embargos de terceiro. Em uma única hipótese, porém, o legislador abriu ensejo à interposição do recurso: quando o provimento judicial impugnado incorrer em *ofensa direta e literal de norma da Constituição Federal.*

Mediante as limitações impostas, o dispositivo consolidado evidencia ter o legislador mitigado, em sede de execução, a *competência uniformizadora* e *nomofilácica* do TST, que não incide em relação à legislação material e processual de índole infraconstitucional, já que foi ressalvado o acesso à alta Corte trabalhista apenas na hipótese de a decisão impugnada na revista incorrer em ofensa direta e literal à Constituição.

Referida circunstância mereceu severa crítica de *Antônio Álvares da Silva.* Segundo seu magistério, "se o legislador viu importância em unificar nacionalmente, através de um tribunal superior, a lei trabalhista federal ou outros comandos normativos trabalhistas provenientes de fontes diversas [...], sua atitude deveria ser a mesma em relação à execução, pois não há nenhuma razão científica para supor que os fatos que acontecem no processo de conhecimento deixem de acontecer no processo de execução".[(865)]

A censura acima, contudo, revela-se injustificada. O art. 896, § 2º, da CLT, encontra-se em absoluta conformidade com restrições similares impostas ao cabimento de recursos no âmbito da processualística trabalhista, em que, paralelamente aos óbices impostos ao debate no plano infraconstitucional, foram preservadas as vias de discussão em torno da matéria constitucional, como forma de permitir o posterior acesso ao Supremo

(863) MALLET, Estêvão. Celeridade da prestação jurisdicional e seleção das causas a serem julgadas pelos Tribunais Superiores. In: FRANCO FILHO, Georgenor de Sousa *et al.* (Coords.). *Direito e processo do trabalho em transformação.* Rio de Janeiro: Elsevier, 2007. p. 122.

(864) *Ibidem*, p. 123.

(865) SILVA, Antônio Álvares da. *O novo recurso de revista na Justiça do Trabalho*. São Paulo: LTr, 1999. p. 118-119.

Tribunal Federal.(866) É o que ocorre, por exemplo, com os dissídios de alçada previstos no art. 2º, § 4º, da Lei n. 5.584/70(867) e com o recurso de revista interposto nas causas sujeitas ao procedimento sumaríssimo, *ex vi* do § 6º, do art. 896, da CLT(868). Vê-se, portanto, que a limitação imposta ao cabimento da revista em execução nada tem de incoerente ou assistemática.(869)

Por outro lado, considerando as peculiaridades inerentes ao Processo do Trabalho, cujas lides, preponderantemente, têm por objeto créditos de natureza alimentar, o filtro recursal previsto no art. 896, § 2º, da CLT espelha a opção do legislador pelo princípio da celeridade, materializada na redução e consequente simplificação do sistema recursal na fase processual destinada à satisfação do direito, que já se encontra assegurado pelo título executivo transitado em julgado.

Na contramão de tão relevante finalidade, porém, não raras vezes, recursos de revista interpostos em sede de execução, conquanto sejam cabíveis tão só na hipótese de ofensa direta e literal a dispositivo da Constituição, muitas vezes, são conhecidos e providos sem que haja "o menor traço de contencioso constitucional".(870)

Em tais circunstâncias, é comum a invocação de violações ao princípio da legalidade (CF, art. 5º, II) ou aos primados do devido processo legal, do contraditório e da ampla defesa (CF, art. 5º, LIV e LV), conquanto todo o debate esteja centrado, única e exclusivamente, no contencioso infraconstitucional.

O art. 896, § 2º, da CLT, contudo, refere-se à existência de afronta *direta* à Lei Fundamental, cuja apuração deve ocorrer sem a necessidade de análise de normas de hierarquia inferior. Sua aplicação, assim, deve se pautar pela mesma diretriz encampada pela Súmula n. 636 do Supremo Tribunal Federal, que veda o cabimento do recurso extraordinário "por contrariedade ao princípio constitucional da legalidade, *quando*

(866) LINDOSO, Alexandre Simões. A supressão da contrariedade à letra de Lei Federal como pressuposto de cabimento do recurso de embargos no dissídio individual do trabalho — análise dos aspectos positivos e negativos do Projeto de Lei. In: *Revista LTr*, São Paulo, v. 71, n. 6, p. 731, jun. 2007.

(867) Art. 2º Nos dissídios individuais, proposta a conciliação, e não havendo acordo, o Presidente da Junta, ou o Juiz, antes de passar à instrução da causa, fixar-lhe-á o valor para a determinação da alçada, se este for indeterminado no pedido.

[...]

§ 4º Salvo se versarem sobre matéria constitucional, nenhum recurso caberá das sentenças proferidas nos dissídios de alçada a que se refere o parágrafo anterior, considerado, para esse fim, o valor do salário mínimo à data do ajuizamento da ação.

(868) § 6º Nas causas sujeitas ao procedimento sumaríssimo, somente será admitido recurso de revista por contrariedade à súmula de jurisprudência uniforme do Tribunal Superior do Trabalho e violação direta da Constituição da República.

(869) O mesmo fenômeno se verifica no processo comum. Cite-se como exemplo a sistemática recursal adotada nas causas de competência dos juizados especiais (Lei n. 9.099/95). Com efeito, em face das decisões proferidas nos julgamentos de segunda instância é cabível o recurso extraordinário (Súmula n. 640/STF), mas não o recurso especial (Súmula n. 203/STJ).

(870) MALLET, Estêvão. Celeridade da prestação jurisdicional e seleção das causas a serem julgadas pelos Tribunais Superiores. In: FRANCO FILHO, Georgenor de Sousa *et al.* (Coords.). *Direito e processo do trabalho em transformação.* Rio de Janeiro: Elsevier, 2007. p. 118.

a sua verificação pressuponha rever a interpretação dada a normas infraconstitucionais pela decisão recorrida".

É o que se colhe da orientação estratificada na Súmula n. 266 do TST, muitas vezes desconsiderada pela própria Corte, e que se encontra lavrada nos seguintes termos: "A admissibilidade do recurso de revista interposto de acórdão proferido em agravo de petição, na liquidação de sentença ou em processo incidente na execução, inclusive os embargos de terceiro, depende de demonstração inequívoca de violência direta à Constituição Federal".

Por fim, cabe assinalar que o dispositivo legal, ao vincular o cabimento do recurso de revista à demonstração de violência *literal* à Constituição, impõe que a afronta tenha sido perpetrada de forma *clara* e *expressa* pela decisão recorrida. Não se deve, por isso mesmo, extrair do adjetivo *literal*, presente no § 2º, do art. 896, da CLT, qualquer ilação no sentido de que o legislador haja restringido o campo de atuação do intérprete ao âmbito da interpretação gramatical da Constituição. Violação não só à letra, mas também ao espírito do texto, abre ensejo à interposição da revista destinada à reforma das decisões proferidas pelos TRTs no curso da execução.

4.1.5. O recurso de revista no procedimento sumaríssimo

O procedimento sumaríssimo foi instituído pela Lei n. 9.957, de 12 de janeiro de 2000, com vistas ao processamento dos dissídios individuais cujo valor não exceda a quarenta vezes o salário mínimo vigente na data do ajuizamento da reclamação, excluídos os feitos que tenham como parte a Administração Pública direta, autárquica e fundacional (CLT, art. 852-A, *caput* e parágrafo único)[871].

Sua implantação teve o evidente propósito de imprimir celeridade ao processo, agilizando a solução de causas revestidas de menor repercussão econômica. Norteado por essa diretriz, o legislador introduziu importante restrição ao cabimento do recurso de revista, que só será admitido "por contrariedade a súmula de jurisprudência uniforme do Tribunal Superior do Trabalho e violação direta da Constituição da República" (CLT, art. 896, § 6º).

Ao instituir estas limitações, o legislador afastou *em parte* a competência *uniformizadora* e *nomofilácica* do TST, exercitada, preponderantemente, por meio da eliminação da divergência jurisprudencial e do controle e guarda da exata observância da legislação material e processual infraconstitucional. Essa competência, contudo, embora mitigada, revela-se ainda presente na apreciação dos casos de violação direta

(871) Cf. Amador Paes de Almeida: "Ressalte-se que na esfera do Poder Judiciário, como um todo, é exatamente o Poder Público que abarrota os pretórios com recursos manifestamente protelatórios, não bastassem os sucessivos escândalos de precatórios que se arrastam por anos a fio sem ser solucionados, contribuindo sobremaneira para a desmoralização da Justiça. [...]
Positivamente não foi feliz o legislador ao excluir, do âmbito do procedimento sumaríssimo, a Administração Pública." (ALMEIDA, Amador Paes. *O procedimento sumaríssimo na Justiça do Trabalho*. São Paulo: Saraiva, 2000. p. 58).

à Constituição, mas, sobretudo, nas hipóteses de contrariedade à Súmula do TST, oportunidade em que o recurso de revista será cabível, ainda que a controvérsia *tenha por objeto matéria de índole estritamente infraconstitucional.*

Sempre, portanto, que, no procedimento sumaríssimo, a decisão proferida pelo TRT contrastar com a jurisprudência sumulada do TST, estará aberta a via de acesso ao TST, por meio do recurso de revista, a fim de que seja restabelecida a unidade e a uniformidade na aplicação do direito, abalada pelo julgado dissonante. Será irrelevante que a matéria sumulada seja de estatura infraconstitucional. A contrariedade, entretanto, deverá ser em *relação à súmula*, não se prestando à admissão do recurso a indicação de conflito com mera orientação jurisprudencial editada pelos órgãos fracionários daquela Corte.[872] Inadmissível, portanto, emprestar-se interpretação ampliativa ao termo "súmula" previsto no art. 896, § 6º, da CLT, de sorte a abranger também as orientações jurisprudenciais.

Esse entendimento encontra-se estratificado na Orientação Jurisprudencial n. 352 da SbDI-1 do TST: "Nas causas sujeitas ao procedimento sumaríssimo, não se admite recurso de revista por contrariedade à Orientação Jurisprudencial do Tribunal Superior do Trabalho (Livro II, Título II, Capítulo III, do RITST), por ausência de previsão no art. 896, § 6º, da CLT."

Por afronta *direta* à Lei Fundamental deve-se entender aquela apurável sem a necessidade de análise de normas de hierarquia inferior. Aqui, ao contrário do que ocorre na revista interposta em execução, o filtro recursal tem obtido uma aplicação um pouco mais rigorosa por parte do TST[873], de modo a obstar o exame de questões "*reflexamente constitucionais*", fundadas em genéricas alegações de ofensa ao princípio da legalidade (CF, art. 5º, II) ou aos primados do devido processo legal, do contraditório e da ampla defesa (CF, art. 5º, LIV e LV), conquanto todo o debate esteja centrado, única e exclusivamente, no contencioso infraconstitucional. A motivação para isto talvez decorra da baixa repercussão econômica das causas, bem como da não incidência do procedimento sumaríssimo sobre os feitos que tenham como parte a Administração Pública direta, autárquica e fundacional.

A vedação prevista no art. 852-A, parágrafo único, da CLT, que afasta a aplicação do procedimento sumaríssimo às causas em que figure como parte a Administração

(872) "Acrescento, ainda, que a admissibilidade do apelo revisional interposto contra acórdão proferido em procedimento sumaríssimo está restrita à demonstração de violência direta ao texto constitucional ou de contrariedade à Súmula de Jurisprudência Uniforme desta Corte, nos termos do § 6º do art. 896 da CLT. Portanto, de plano, afasto a alegação de violação de lei federal (arts. 11, parágrafo único, 43 e 94 da Lei n. 8.212/91), de contrariedade à Orientação Jurisprudencial da SBDI-1/TST n. 141 (OJ da SBDI-1/TST n. 352) e de divergência jurisprudencial contida no Recurso de revista." (Processo n. AIRR - 693/2007-046-03-41. 2ª Turma. Rel. Min. Renato de Lacerda Paiva. DJ de 27.2.2009).

(873) AGRAVO DE INSTRUMENTO. RECURSO DE REVISTA. RITO SUMARÍSSIMO. HONORÁRIOS PERICIAIS. VIOLAÇÃO DO ART. 5º, II, DA CF. NÃO CONFIGURAÇÃO. O princípio constitucional da legalidade, previsto no art. 5º, II, da CF tem caráter genérico, o que não permite a configuração da violação de natureza direta exigida no art. 896, § 6º, da CLT. Agravo de instrumento desprovido. (Processo n. AIRR - 1302/2004-012-02-40. 6ª Turma. Rel. Min. Maurício Godinho Delgado. DJ de 5.12.2008).

Pública direta, autárquica e fundacional, fecha qualquer possibilidade de incidência do art. 5º da Lei n. 9.469/97, que autoriza, independentemente da demonstração de interesse jurídico, a intervenção da União, *inclusive como recorrente*, nos processos em que figurem, como autoras ou rés, autarquias, fundações públicas, sociedades de economia mista e empresas públicas federais.[874]

É que, sendo inaplicável à Administração Pública direta, autárquica e fundacional, o procedimento sumaríssimo não incide nas demandas em que as duas últimas (autarquias e fundações públicas) figurem como parte. Por outro lado, mesmo que a posição de parte seja ocupada por sociedade de economia mista ou por empresa pública, ainda assim não se poderá admitir a intervenção recursal da União, que, ao ingressar no processo, deixará a condição de terceira, transformando-se automaticamente em parte[875], e com isso materializará justamente a situação que o art. 852-A, parágrafo único, da CLT quis obstar.

É importante observar, por fim, que o escopo que orientou a implantação do procedimento sumaríssimo foi imprimir rapidez ao processamento de causas de menor repercussão econômica e que, preponderantemente, têm por objeto créditos de natureza alimentar. Por essa razão, o filtro recursal previsto no art. 896, § 6º, da CLT espelha a opção do legislador pelo princípio da celeridade, materializada na simplificação do sistema recursal.

Presente esse contexto, não se revela justificada a objeção formulada por *Manoel Antonio Teixeira Filho*, que se insurge contra o fato de o legislador haver suprimido a violação legal como pressuposto de admissibilidade da revista interposta no procedimento sumaríssimo.[876]

As limitações previstas no art. 896, § 6º, da CLT encontram-se em absoluta conformidade com restrições similares impostas ao cabimento de recursos no âmbito do processo trabalhista. É o que se tem, por exemplo, nos dissídios de alçada previstos no art. 2º, § 4º, da Lei n. 5.584/70 e no recurso de revista interposto na fase de execução, *ex vi* do § 2º do art. 896 da CLT, em que a violação à legislação infraconstitucional não credencia o acesso às instâncias extraordinárias. Vale ressaltar, por outro lado, que o mesmo fenômeno se verifica no processo comum, consoante evidencia a sistemática recursal adotada nas causas de competência dos juizados especiais (Lei n. 9.099/95), em

---

(874) Art. 5º A União poderá intervir nas causas em que figurarem, como autoras ou rés, autarquias, fundações públicas, sociedades de economia mista e empresas públicas federais.

Parágrafo único. As pessoas jurídicas de direito público poderão, nas causas cuja decisão possa ter reflexos, ainda que indiretos, de natureza econômica, intervir, independentemente da demonstração de interesse jurídico, para esclarecer questões de fato e de direito, podendo juntar documentos e memoriais reputados úteis ao exame da matéria e, se for o caso, recorrer, hipótese em que, para fins de deslocamento de competência, serão consideradas partes.

(875) DIDIER JR., Fredie. *Recurso de terceiro*: juízo de admissibilidade. 2ª ed. São Paulo: Revista dos Tribunais, 2005. p. 34.

(876) TEIXEIRA FILHO, Manoel Antonio. *O procedimento sumaríssimo no processo do trabalho*: comentários à Lei n. 9.957/2000. São Paulo: LTr, 2000. p. 154.

que contra as decisões proferidas nos julgamentos de segunda instância é cabível o recurso extraordinário (Súmula n. 640/STF), mas não o recurso especial (Súmula n. 203/STJ).

4.2. Recurso de embargos

Tendo por origem o Projeto de Lei n. 4.733/2004, foi promulgada a Lei n. 11.496, de 22 de junho de 2007, que alterou substancialmente os contornos inerentes ao recurso de embargos, mediante a introdução do inciso II no art. 894 da CLT, em substituição à alínea *b* outrora existente na redação revogada.

Com efeito, à luz da sistemática processual anterior, o recurso de embargos tinha seu cabimento voltado à impugnação das decisões proferidas pelas Turmas do TST, nos dissídios individuais, quando estas se mostrassem contrárias à letra de lei federal ou da Constituição, bem como quando divergentes de outros julgados proferidos por Turma ou pela Seção Especializada em Dissídios Individuais do TST.[877] Viabilizava também o referido recurso a demonstração de discrepância entre a decisão recorrida e súmula ou orientação jurisprudencial do TST, conforme a então vigente redação do art. 3º, inciso III, alínea *b*, da Lei n. 7.701/88.

A partir da Lei n. 11.496/2007, o recurso de embargos teve suas hipóteses de cabimento reduzidas, mediante a supressão da contrariedade à letra de lei federal ou da Constituição como pressuposto de admissibilidade.[878] A justificativa para tanto, consoante a exposição de motivos apresentada pelo Ministério da Justiça, foi que não haveria "razão para se examinar em duplicidade a violação da lei federal, uma vez pelas Turmas e outra vez pela Seção de Dissídios Individuais"[879].

Embora a Lei n. 11.496/2007 evidencie o propósito do legislador de enxugar a malha recursal trabalhista, conferindo maior celeridade e efetividade ao processo, certo é que seu advento não permaneceu livre de críticas.

A começar pela justificativa apresentada na exposição de motivos acima referida, *José Alberto Couto Maciel* observa que muitas das violações legais outrora impugnadas por meio de recurso de embargos surgiam "nas próprias decisões de Turmas no TST, e, nessas hipóteses, não haveria dupla apreciação da violação da lei, porque esta se originou no acórdão embargado".[880] Frisante exemplo do que afirmado reside nas

---

(877) Art. 894. Cabem embargos, no Tribunal Superior do Trabalho, para o Pleno, no prazo de 8 (oito) dias a contar da publicação da conclusão do acórdão:

[...]

b) das decisões das turmas contrárias à letra de lei federal, ou que divergirem entre si, ou da decisão proferida pelo Tribunal Pleno, salvo se a decisão recorrida estiver em consonância com súmula de jurisprudência uniforme do Tribunal Superior do Trabalho.

(878) "Art. 894. No Tribunal Superior do Trabalho cabem embargos, no prazo de oito dias:

[...]

II — das decisões das Turmas que divergirem entre si, ou das decisões proferidas pela Seção de Dissídios Individuais, salvo se a decisão recorrida estiver em consonância com súmula ou orientação jurisprudencial do Tribunal Superior do Trabalho ou do Supremo Tribunal Federal."

(879) Disponível em: <http://www.camara.gov.br/sileg/integras/276544.htm> Acesso em: 14 mar. 2006.

(880) MACIEL, José Alberto Couto. Embargos de divergência no TST e a matéria constitucional. In: BRASIL. Tribunal Superior do Trabalho. *Revista do Tribunal Superior do Trabalho*, v. 74, n. 2, p. 86-87, abr./jun. 2008.

impugnações fundadas em lesão ao art. 896 da CLT, referentes ao juízo de admissibilidade da revista, ou na nulidade dos acórdãos das Turmas em decorrência da prática de *error in procedendo*.

Para *João Batista Brito Pereira*, a alteração legislativa também é merecedora de censura. Em sua concepção, "a limitação dos embargos ao critério da divergência jurisprudencial apenas amputa a competência do Tribunal Superior do Trabalho na sua função primordial, sem eliminar a divergência jurisprudencial interna". Ressalta que, na sistemática anterior, frequentemente os embargos eram acolhidos por violação à legislação ordinária e, até mesmo, à Constituição, de sorte que, em seu sentir, a restrição imposta ao cabimento do recurso muito provavelmente resultará em prejuízo para a qualidade da prestação jurisdicional.(881)

Conquanto a nova sistemática não se mostre livre de problemas, é importante ressaltar que ela igualmente se reveste de aspectos positivos. Partindo dessa dupla perspectiva, os pressupostos de admissibilidade dos embargos serão aqui analisados e enfrentados, à luz do conjunto de regras e princípios em que se assenta o sistema recursal trabalhista, na tentativa de contribuir para aclaramento dos novos contornos inerentes ao recurso que, nas bem colocadas palavras de *Fernando Hugo Rabello Miranda*, representam "uma revolução no que diz respeito à sistemática recursal interna do Tribunal Superior do Trabalho".(882)

4.2.1. O recurso de embargos e sua função: uniformizar a jurisprudência interna do TST

De acordo com a nova redação emprestada ao art. 894, inciso II, da CLT, pela Lei n. 11.496/2007, o recurso de embargos passa a ser cabível para a impugnação das decisões de Turmas do TST que divergirem entre si, ou de julgados proferidos pela Seção de Dissídios Individuais, salvo se a decisão recorrida estiver em consonância com súmula ou orientação jurisprudencial do Tribunal Superior do Trabalho ou do Supremo Tribunal Federal.

A norma legal evidencia, assim, a finalidade inerente ao recurso, que se destina a uniformizar a jurisprudência *interna* da Corte, além de conferir novo vigor à Seção de Dissídios Individuais do TST, investindo-a em sua verdadeira e principal função: pacificar, em âmbito nacional, a interpretação da legislação material e processual trabalhista. Para tanto, retira-lhe a feição de instância revisora das decisões proferidas no âmbito das Turmas, que, por sua vez, também experimentam um notável grau de fortalecimento.

---

(881) PEREIRA, João Bastista Brito. Os embargos no TST na vigência da Lei n. 11.496/07 (Art. 894, inciso II, da CLT). In: BRASIL. Tribunal Superior do Trabalho. *Revista do Tribunal Superior do Trabalho*, v. 74, n. 2, p. 31, abr./jun. 2008.

(882) MIRANDA, Fernando Hugo Rabello. Notas sobre o recurso de embargos à SBDI-1 sob o marco da Lei n. 11.496/07. In: BRASIL. Tribunal Superior do Trabalho. *Revista do Tribunal Superior do Trabalho*, v. 74, n. 2, p. 90, abr./jun. 2008.

Com efeito, no sistema anteriormente em vigor, os pronunciamentos judiciais emanados das Turmas do TST eram, em sua grande maioria, passíveis de serem impugnados pela via do recurso de embargos. Para assim concluir, basta considerar que, mediante invocação de afronta ao art. 896 da CLT, ao recorrente era dado manifestar insurgência relativa a amplo espectro de matérias relacionadas com a admissibilidade do recurso de revista.

A admissão dos embargos por contrariedade a verbete da Súmula de Jurisprudência Uniforme do TST igualmente constituía campo fértil ao debate em torno de temas variados. Por essa via, o julgamento proferido pelas Turmas sujeitava-se a ser revisto em relação ao prequestionamento da matéria impugnada na revista (Súmula n. 297/TST), no tocante à impossibilidade de revolvimento de fatos e provas em sede extraordinária (Súmula n. 126/TST), quanto aos pressupostos extrínsecos de admissibilidade de agravo (Súmula n. 353/TST), quanto a aspectos formais de demonstração da divergência jurisprudencial (Súmula n. 337/TST), além do próprio mérito do julgado recorrido, quando discrepante de entendimento já sumulado no âmbito da Corte.

Não é exagero, assim, afirmar que "grande parte das pretensões sucumbentes no pronunciamento de Turma poderia ser inteiramente reproduzida nos embargos posteriormente interpostos".(883)

Em grande medida, a manutenção desse cenário justificava-se tendo em conta a presença da representação classista na composição das Turmas do TST(884), de sorte que, por razões de segurança jurídica, à Seção de Dissídios Individuais era conferida não só a competência uniformizadora da jurisprudência interna da Corte, mas também uma forte competência revisional em relação ao que decidido pelas Turmas.

Com o fim da representação classista na Justiça do Trabalho, aliada à necessidade de emprestar celeridade ao processo e racionalizar os trabalhos no âmbito do TST, a outorga dessa competência revisional à Seção de Dissídios Individuais perdeu sua razão de ser. E essa alteração de rumos é agora implementada com a Lei n. 11.496/2007, com a supressão da violação à letra de lei federal como pressuposto de cabimento do recurso de embargos.

Não mais se insere na órbita a Seção de Dissídios Individuais, portanto, a competência revisional dos provimentos judiciais exarados pelas Turmas do TST. Com isso, as decisões proferidas por estas últimas assumem um caráter de maior definitividade, imunizando-se em grande medida contra o ataque de recursos de embargos.

Com a Lei n. 11.496/2007, a Seção de Dissídios Individuais do TST assume o papel equivalente ao das Seções do Superior Tribunal de Justiça (STJ) e do Plenário

---

(883) MIRANDA, Fernando Hugo Rabello. Notas sobre o recurso de embargos à SBDI-1 sob o marco da Lei n. 11.496/07. In: BRASIL. Tribunal Superior do Trabalho. *Revista do Tribunal Superior do Trabalho*, v. 74, n. 2, p. 93, abr./jun. 2008.

(884) BASTOS, Guilherme Augusto Caputo. Lei n. 11.496/2007 – art. 894 da CLT: o recurso de embargos para o TST. Atual sistemática de cabimento do recurso de embargos à SDI-1. In: BRASIL. Tribunal Superior do Trabalho. *Revista do Tribunal Superior do Trabalho*, v. 74, n. 2, p. 55, abr./jun. 2008.

do Supremo Tribunal Federal (STF), que funcionam como órgãos pacificadores da divergência jurisprudencial interna. E, assim, os embargos do art. 894, inciso II, da CLT passam a ter a mesma finalidade e disciplina muito semelhante[885] às dos embargos de divergência previstos no art. 546 do Código de Processo Civil (CPC).[886]

Em sintonia com a finalidade uniformizadora inerente aos embargos, o legislador afasta o cabimento do recurso se a decisão recorrida estiver em consonância com súmula ou orientação jurisprudencial do Tribunal Superior do Trabalho, conforme já previsto na antiga redação do art. 894 da CLT, estendendo a vedação também quando a decisão impugnada harmonizar-se com a jurisprudência sumulada do Supremo Tribunal Federal.

O óbice justifica-se plenamente, pois, tendo o recurso de embargos por finalidade a pacificação da jurisprudência no âmbito interno do TST, desnecessária será a sua interposição se a jurisprudência já estiver pacífica, como decorrência do primado da segurança jurídica. Essa premissa, contudo, não deverá ser levada a extremos, sobretudo se verificada a inadequação ou superação da jurisprudência dominante diante da realidade social vigente.

Na hipótese de coexistirem súmulas contraditórias entre os dois tribunais, deverá prevalecer a jurisprudência do TST, em relação aos verbetes calcados em matéria infraconstitucional. Nas matérias constitucionais, por seu turno, deverá ter prevalência a jurisprudência do STF.

Por fim, revestindo-se da finalidade de uniformizar a jurisprudência no âmbito do Tribunal Superior do Trabalho, os embargos não serão mais a via adequada ao debate quanto à observância ou não de regras técnicas atinentes à admissibilidade do recurso de revista. Assim, à semelhança do que já ocorre com os embargos de divergência previstos no art. 546 do CPC, questões relacionadas com o conhecimento do recurso de revista, como, por exemplo, especificidade da divergência jurisprudencial acostada, ausência de prequestionamento, impossibilidade de revolvimento de matéria fática ficarão adstritas ao juízo proferido no âmbito das Turmas.

E, de fato, a casuística que envolve a apreciação dessas regras técnicas não recomenda que sejam elas reapreciadas na via do recurso de embargos, que tem a finalidade de proceder à uniformização da jurisprudência interna do Tribunal e não mais de funcionar como instrumento de revisão do que decidido no âmbito das Turmas.

4.2.2. Os embargos de nulidade

Conforme a nova sistemática introduzida pela Lei n. 11.496/2007, o recurso de embargos, na órbita dos dissídios individuais do trabalho, não se mostra mais cabível

(885) Fala-se em disciplina semelhante de modo a ressalvar pequenas nuances que diferenciam a tramitação dos recursos em questão à luz dos regimentos internos do STF e do STJ, sobretudo relacionadas a prazo, preparo, juízo de admissibilidade etc.

(886) Art. 546. É embargável a decisão da turma que:
I – em recurso especial, divergir do julgamento de outra turma, da seção ou do órgão especial;
II – em recurso extraordinário, divergir do julgamento da outra turma ou do plenário.
Parágrafo único. Observar-se-á, no recurso de embargos, o procedimento estabelecido no regimento interno.

mediante a invocação de contrariedade à letra de lei federal ou da Constituição. Com essa alteração de rumos, a classificação doutrinária fundada na dicotomia *embargos de divergência*, destinados à uniformização de jurisprudência, e *embargos de nulidade*, voltados à impugnação de acórdãos de turmas colidentes com a letra de lei federal,[(887)] não mais encontra respaldo no ordenamento processual trabalhista.[(888)]

E, nessa perspectiva, diversas orientações jurisprudenciais e verbetes da Súmula de Jurisprudência Uniforme do TST passam a ter importância apenas residual. Assim, só terão aplicação enquanto subsistirem, pendentes de julgamento, recursos de embargos regrados pela sistemática anterior. Cite-se, a título de exemplo, as Orientações Jurisprudenciais ns. 115, 257, 294 e 295 da SbDI-1 e a Súmula n. 221/TST.[(889)]

4.2.3. O recurso de embargos fundado em divergência jurisprudencial

Sendo a disceptação jurisprudencial, à luz do novel art. 894, inciso II, da CLT, o pressuposto de cabimento dos embargos, cabe examinar os contornos do modelo introduzido pela Lei n. 11.496/2007, com vistas a traduzir os efeitos por ele produzidos no âmbito do sistema processual trabalhista.

Segundo o dispositivo consolidado cabem embargos, no prazo de oito dias, "das decisões das Turmas que divergirem entre si, ou das decisões proferidas pela Seção de Dissídios Individuais". O recurso, assim, tem seu cabimento voltado para a impugnação de decisões colegiadas (acórdãos) proferidas pelas Turmas do Tribunal Superior do Trabalho. A interposição será inadequada, portanto, quando o objetivo for investir contra decisões monocráticas. Estas deverão ser previamente impugnadas por agravo, de modo a submeter o julgamento singular do relator ao crivo do colegiado. Somente após o pronunciamento da Turma é que se abre ensejo à interposição dos embargos, observadas as hipóteses da Súmula n. 353 do TST.

O recurso deverá demonstrar a existência de divergência entre o julgado recorrido e outro proferido por Turma diversa. Acórdão da mesma Turma, mesmo diante de substancial alteração da composição do colegiado, não configura dissenso de teses, mas superação da jurisprudência, revelando-se, assim, inapto a empolgar a admissão dos embargos.

Igualmente viabiliza o recurso a demonstração de discrepância entre o acórdão recorrido e outro proferido pela Seção de Dissídios Individuais do TST. Tendo-se em conta o fracionamento desse órgão, levado a efeito pelo art. 71 do Regimento Interno do TST[(890)], é de se indagar se a divergência jurisprudencial poderá ser evidenciada mediante

(887) Cf. TEIXEIRA FILHO, Manoel Antonio. *Sistema dos recursos trabalhistas*. 10. ed. São Paulo: LTr, 2003. p. 387.

(888) BEZERRA LEITE, Carlos Henrique. *Curso de direito processual do trabalho*. 7. ed. São Paulo: LTr, 2009. p. 720.

(889) MIRANDA, Fernando Hugo Rabello. Notas sobre o recurso de embargos à SBDI-1 sob o marco da Lei n. 11.496/07. In: BRASIL. Tribunal Superior do Trabalho. *Revista do Tribunal Superior do Trabalho*, v. 74, n. 2, p. 101-102, abr./jun. 2008.

(890) Art. 71. À Seção Especializada em Dissídios Individuais, em composição plena ou dividida em duas Subseções, compete:

confronto com julgados de ambas as Subseções. *Fernando Hugo Rabello Miranda* responde afirmativamente à questão, louvando o fato de que norma regimental, de hierarquia inferior, não pode restringir as hipóteses de cabimento do recurso, que tem seu regramento estipulado por disposição legal proveniente de competência legislativa privativa da União.(891) Com isso, as decisões proferidas tanto pela Subseção I, quanto pela Subseção II revelam aptidão à demonstração da divergência jurisprudencial ensejadora do recurso.

A demonstração do dissenso jurisprudencial deverá atender, ainda, às diretrizes sumuladas nos Verbetes ns. 23, 296 e 337 do TST. Sobre o tema, porém, remetemos o leitor às considerações já tecidas sobre a matéria, quando do estudo das referidas súmulas em relação ao recurso de revista.

Merece, alfim, especial análise o cabimento do recurso de embargos, quando interposto contra acórdão de Turma que, mesmo não conhecendo da revista, procede ao exame da tese de mérito objeto do recurso. É o que ocorre, por exemplo, quando o julgado recorrido afasta arguição de violação de dispositivo de lei ou decide em consonância com súmula de direito material ou com iterativa, notória e atual jurisprudência de direito material da Seção de Dissídios Individuais.

Na sistemática em vigor anteriormente ao advento da Lei n. 11.496/2007, na hipótese de o recurso de revista não alcançar conhecimento, o TST exigia que os embargos estivessem fundados em violação ao art. 896 da CLT, refutando, por impertinente, a

---

I – em composição plena, julgar, em caráter de urgência e com preferência na pauta, os processos nos quais tenha sido estabelecida, na votação, divergência entre as Subseções I e II da Seção Especializada em Dissídios Individuais, quanto à aplicação de dispositivo de lei federal ou da Constituição da República.

II – à Subseção I:

a) julgar os embargos interpostos contra decisões divergentes das Turmas, ou destas que divirjam de decisão da Seção de Dissídios Individuais, de Orientação Jurisprudencial ou de Súmula; e

b) julgar os agravos e os agravos regimentais interpostos contra despacho exarado em processos de sua competência.

III – à Subseção II:

a) originariamente:

1. julgar as ações rescisórias propostas contra suas decisões, as da Subseção I e as das Turmas do Tribunal;

2. julgar os mandados de segurança contra os atos praticados pelo Presidente do Tribunal, ou por qualquer dos Ministros integrantes da Seção Especializada em Dissídios Individuais, nos processos de sua competência;

3. julgar as ações cautelares; e

4. julgar os *habeas corpus*.

b) em única instância:

1. julgar os agravos e os agravos regimentais interpostos contra despacho exarado em processos de sua competência; e

2. julgar os conflitos de competência entre Tribunais Regionais e os que envolvam Juízes de Direito investidos da jurisdição trabalhista e Varas do Trabalho em processos de dissídios individuais.

c) em última instância:

1. julgar os recursos ordinários interpostos contra decisões dos Tribunais Regionais em processos de dissídio individual de sua competência originária; e

2. julgar os agravos de instrumento interpostos contra despacho denegatório de recurso ordinário em processos de sua competência.

(891) MIRANDA, Fernando Hugo Rabello. Notas sobre o recurso de embargos à SBDI-1 sob o marco da Lei n. 11.496/07. In: BRASIL. Tribunal Superior do Trabalho. *Revista do Tribunal Superior do Trabalho*, v. 74, n. 2, p. 107, abr./jun. 2008.

invocação de dissídio jurisprudencial. Esse entendimento, que acabou estratificado na Orientação Jurisprudencial n. 294 da SbDI-1[(892)], ancorava-se na premissa de que, uma vez não conhecida a revista, seria inviável cogitar de pronunciamento de mérito apto a permitir a caracterização do confronto de teses.[(893)]

É interessante observar, entretanto, que o posicionamento adotado pelo TST em relação ao recurso de embargos colidia frontalmente com a Súmula n. 192 daquela Corte, cuja essência em tudo se aplica ao caso. Realmente, em seu item II, a referida súmula fixa a competência originária do TST para julgar ação rescisória proposta contra acórdão da Corte, que, a despeito de não conhecer de recurso de embargos ou de revista, *examina o mérito da causa*, ao analisar a arguição de violação de dispositivo de lei material ou decidir em consonância com enunciado de direito material ou com iterativa, notória e atual jurisprudência de direito material da Seção de Dissídios Individuais.

Por via de consequência, se, em relação ao cabimento da ação rescisória, o julgado, embora não conhecendo da revista, emite tese de mérito, idêntica deverá ser a conclusão na análise da matéria, para fins de admissibilidade do recurso de embargos fundado em divergência jurisprudencial.

Por essa razão, ainda que a revista não seja conhecida, havendo pronunciamento de mérito no acórdão recorrido que seja conflitante com outro julgado de Turma ou da Seção de Dissídios Individuais, os embargos deverão ser admitidos, com vistas à unificação jurisprudencial em torno da matéria impugnada. Realmente, com a supressão da violação legal e constitucional do rol de pressupostos de admissibilidade, a finalidade inerente aos embargos, de uniformizar a jurisprudência interna da Corte deve preponderar, de sorte que a restrição imposta pela Orientação Jurisprudencial n. 294/SbDI-1 não mais encontra justificativa lógica ou jurídica para subsistir.[(894)]

---

(892) Embargos à SDI contra decisão em recurso de revista não conhecido quanto aos pressupostos intrínsecos. Necessária a indicação expressa de ofensa ao art. 896 da CLT.

(893) REVISTA NÃO CONHECIDA — EMBARGOS — IMPRESCINDIBILIDADE DE SE APONTAR VIOLADO O ART. 896 DA CLT — CONSEQUÊNCIA JURÍDICA. Segundo a jurisprudência majoritária da e. SDI, "os embargos interpostos com o objetivo de questionar o não conhecimento de recurso de revista devem, necessariamente, estar fundados em violação do art. 896 da CLT". A e. Turma não conheceu do recurso de revista, mediante aplicação do Enunciado n. 333 do TST. Logo, os embargos à SDI, com objetivo de obter a revisão dos fundamentos adotados pela Turma, que não conheceu da revista, devem amparar-se na expressa indicação de violação do art. 896 da CLT, sob pena de seu não conhecimento. Recurso de embargos não conhecido. (Processo n. TST-ERR-348.018/1997. Rel. Min. Milton de Moura França, DJ de 29.11.2002).

De outro julgado, colhe-se a seguinte passagem: "o reclamante não fundamentou adequadamente seus embargos, na medida em que deixou de indicar ofensa ao art. 896 da CLT, dispositivo legal que prevê as hipóteses de cabimento do Recurso de revista.

[...]

De outra parte, como o recurso de revista não foi conhecido, não há tese de mérito a ser confrontada com os arestos transcritos a fls. 346/347." (Processo n. TST-E-RR-462.477/1998. Rel. Min. Milton de Moura França. DJ de 16.8.2002).

(894) Nesse sentido: "EMBARGOS. RECURSO DE REVISTA NÃO CONHECIDO. MANIFESTAÇÃO MERITÓRIA QUANTO À VIOLAÇÃO. LEI NOVA (LEI N. 11,496/2007). CABIMENTO DOS EMBARGOS POR DIVERGÊNCIA JURISPRUDENCIAL. Quando o recurso de revista não é conhecido, mas a Turma, ao julgá-lo, expende juízo de mérito quanto à existência de violação de lei ou do Texto Constitucional, é cabível o recurso de embargos por

4.2.4. O recurso de embargos fundado em contrariedade à súmula do TST

Diante da nova sistemática introduzida pela Lei n. 11.496/2007, a investigação acerca do cabimento do recurso de embargos por indicação de contrariedade às súmulas e orientações jurisprudenciais do TST merece ser objeto de apreciação especial.

O problema emerge do fato de a Lei n. 11.496/2007 haver emprestado nova redação, não só ao art. 894 da CLT, mas também à Lei n. 7.701/88, cujo art. 3º, inciso III, alínea *b*, outorgava à Seção de Dissídios Individuais do TST a competência para julgar os embargos interpostos contra decisões de Turmas quando divergentes entre si, de decisão da Seção de Dissídios Individuais *ou de enunciado da Súmula*, bem como quando violassem literalmente preceito de lei federal ou da Constituição da República.

Com a nova redação, além da supressão da violação de preceito de lei federal ou da Constituição, o cabimento do recurso de embargos fundado em divergência com enunciado da Súmula do TST foi igualmente excluído do rol de pressupostos de admissibilidade. Realmente:

> "Art. 3º Compete à Seção de Dissídios Individuais julgar:
>
> [...]
>
> III – em última instância
>
> [...]
>
> b) os embargos das decisões das Turmas que divergirem entre si, ou das decisões proferidas pela Seção de Dissídios Individuais;"

Por essa razão, é que, de acordo com *Fernando Hugo Rabello Miranda*, "nada há no novo texto legal que justifique o cotejo com súmula ou orientação jurisprudencial, havendo, pelo contrário, o que lhe desautorize. Não bastasse o legislador optar pela expressão 'decisões', rejeitando termos mais vagos como 'interpretação' ou 'jurisprudência', foi expressamente revogada a menção à divergência com 'enunciado da Súmula', antes contida no art. 3º, alínea *b*, da Lei n. 7.701/88".(895)

A jurisprudência do TST, entretanto, vem se firmando no sentido do cabimento dos embargos, quando fundados em contrariedade a verbete da Súmula ou do rol de orientações jurisprudenciais ditadas pela Corte.

Nas palavras da Ministra *Rosa Maria Weber Candiota da Rosa*, encontra-se "autorizado pelo art. 894, II, da CLT, com a redação que lhe foi conferida pela Lei n. 11.496/2007, o conhecimento de embargos à SDI lastreados em contrariedade a súmula ou orientação

divergência jurisprudencial. É a mesma inteligência que informa a Súmula n. 192, item II, do TST. Não obstante esse entendimento, no caso, a divergência jurisprudencial trazida pela parte mostrou-se inespecífica, atraindo a incidência da Súmula n. 296, item I, do TST. Embargos não conhecidos." (Processo n. TST-E-RR-1202/2003-315-02-00, SbDI-1, Rel. Min. Vantuil Abdala. Publicado no DJ de 25.4.2008).

(895) MIRANDA, Fernando Hugo Rabello. Notas sobre o recurso de embargos à SBDI-1 sob o marco da Lei n. 11.496/07. In: BRASIL. Tribunal Superior do Trabalho. *Revista do Tribunal Superior do Trabalho*, v. 74, n. 2, p. 105, abr./jun. 2008.

jurisprudencial do TST, convicção que decorre de interpretação sistemática e teleológica da atual redação do referido permissivo recursal, prestigiadora da função desta Seção como órgão de uniformização interna do Tribunal Superior do Trabalho".[(896)]

O Regimento Interno da Corte, na mesma linha, conforme a expressa dicção do art. 71, II, *a*, atribui à Subseção I Especializada em Dissídios Individuais do TST a competência para "julgar os embargos interpostos contra decisões divergentes das Turmas, ou destas que divirjam de decisão da Seção de Dissídios Individuais, de Orientação Jurisprudencial ou de Súmula".

E, de fato, espelhando as súmulas e orientações jurisprudenciais o entendimento majoritário do TST acerca de determinada matéria, revela-se absolutamente razoável que se empreste interpretação mais elástica ao inciso II do art. 894 da CLT, de modo a ter por configurada a divergência quando materializado o descompasso entre a decisão da Turma e a jurisprudência uniforme da Corte. Com isso, o recurso de embargos estará sendo utilizado em consonância com sua primordial função, que é restabelecer a homogeneidade jurisprudencial interna.

Assim, sempre que contrariadas no julgamento proferido pelas Turmas, as súmulas e orientações jurisprudenciais do TST, uma vez invocadas, abrirão ensejo à cognição de recurso de embargos, como forma de restabelecer o estado de tranquilidade outorgado pela uniformidade da jurisprudência, momentaneamente abalado pelo julgado recalcitrante.

Por essa razão, permanece válida, em nosso sentir, a diretriz plasmada na OJ n. 219 da SbDI-1 do TST: "É válida, para efeito de conhecimento do recurso de revista ou de embargos, a invocação de Orientação Jurisprudencial do Tribunal Superior do Trabalho, desde que, das razões recursais, conste o seu número ou conteúdo".[(897)]

As conclusões acima em nada se abalam ante a circunstância de o novo texto legal haver utilizado a expressão "*decisões das Turmas que divergirem entre si, ou das decisões proferidas pela Seção de Dissídios Individuais*", com vistas a balizar o cabimento do recurso de embargos. Súmulas e orientações jurisprudenciais são o produto da consolidação de reiteradas decisões da Corte sobre determinada matéria[(898)]. Por essa

---

(896) Processo n. TST-E-ED-AIRR e RR-685.866/2000, SbDI-1, Relª Min. Rosa Maria Weber Candiota da Rosa. DJ de 23.5.2008. No mesmo sentido: Processo n. TST-E-RR-1.267/2005-011-10-00, SbDI-1, Rel. Min. Carlos Alberto Reis de Paula, DJ de 1/8/2008 e Processo n. TST-E-AIRR-3.144/2000-049-02-40, SbDI-1, Rel. Min. Carlos Alberto Reis de Paula, DJ de 1.8.2008, entre outros.

(897) Em sintonia com esse posicionamento: PEREIRA, João Bastista Brito. Os embargos no TST na vigência da Lei n. 11.496/07 (Art. 894, inciso II, da CLT). In: BRASIL. Tribunal Superior do Trabalho. *Revista do Tribunal Superior do Trabalho*, v. 74, n. 2, p. 44, abr./jun. 2008.

(898) O art. 171 do Regimento Interno do TST estabelece que a proposta de instituição de nova orientação jurisprudencial da Seção Especializada em Dissídios Individuais deverá estar embasada em cinco acórdãos da Subseção respectiva, reveladores da unanimidade sobre a tese, ou em dez acórdãos da Subseção respectiva, prolatados por maioria simples. Já as súmulas têm sua edição pautada pelo art. 165 do RITST, devendo o respectivo projeto ser composto de três acórdãos da Subseção Especializada em Dissídios Individuais, reveladores de unanimidade sobre a tese, desde que presentes aos julgamentos pelo menos 2/3 (dois terços) dos membros efetivos do órgão; cinco acórdãos da Subseção Especializada em Dissídios Individuais, prolatados por maioria simples, desde que presentes aos julgamentos pelo menos 2/3 (dois terços) dos

razão, a via recursal estará aberta quer se invoque, a título de divergência, tão só o verbete de súmula ou de orientação jurisprudencial tido por contrariado, quer sejam colacionados julgados da Corte representativos da tese sumulada.

4.2.5. Recurso de embargos e matéria constitucional. O posterior acesso ao Supremo Tribunal Federal

A mais problemática questão decorrente do modelo implantado pela Lei n. 11.496/2007 tem origem nos julgados fundados em matéria constitucional. Realmente, sob essa perspectiva, a nova sistemática traz consigo delicados problemas de natureza processual, cuja solução, a depender da vertente a ser adotada, poderá repercutir na restrição do rol de matérias passíveis de impugnação por meio dos embargos, assim como nos limites do cabimento do recurso na fase de execução e no procedimento sumaríssimo.

Com efeito, tendo a Turma do TST, ao julgar a revista, proferido decisão restrita ao contencioso infraconstitucional, restará à parte sucumbente tão somente o recurso de embargos, sempre que a controvérsia envolver divergência com julgamento proferido por outra Turma ou pela Seção de Dissídios Individuais. Se, entretanto, o debate, em alguma medida, envolver matéria constitucional, surgem importantes problemas que merecem especial atenção.

No âmbito do processo comum, se a decisão de segunda instância tiver por objeto matérias infraconstitucionais e constitucionais, os recursos especial e extraordinário são interpostos simultaneamente. Assim, a matéria infraconstitucional é submetida ao crivo do Superior Tribunal de Justiça, mediante recurso especial, e a constitucional à apreciação do Supremo Tribunal Federal, por meio de recurso extraordinário. Tudo na forma dos permissivos constantes das alíneas dos arts. 105, inciso III, e 102, inciso III, ambos da Constituição.

No que concerne ao Processo do Trabalho, porém, as decisões proferidas pelos Tribunais Regionais do Trabalho em sede de recurso ordinário não são passíveis de serem impugnadas diretamente por meio de recurso extraordinário. Contra elas deve a parte interpor antes o recurso de revista, na forma do art. 896 da CLT.

Sucede que, diferentemente do recurso especial, cujo objeto exaure-se no âmbito infraconstitucional, a revista credencia-se ao exame de matérias de índole constitucional. A alínea *c* do art. 896 da CLT não deixa dúvidas ao admitir o recurso, quando fundado em violação a dispositivo da Constituição. No modelo anterior ao advento da Lei n. 11.496/2007, o mesmo ocorria com o recurso de embargos, cuja interposição deveria obrigatoriamente ocorrer, sob pena de não se promover o esgotamento da instância trabalhista e, com isso, inviabilizar a posterior interposição do recurso extraordinário. É que, conforme a dicção do art. 102, inciso III, da Constituição, somente nas causas decididas *em única ou última instância* é que se abre ensejo à interposição do recurso para o Supremo Tribunal Federal.

---

membros efetivos do órgão; quinze acórdãos de cinco Turmas do Tribunal, sendo três de cada, prolatados por unanimidade; ou dois acórdãos de cada uma das Turmas do Tribunal, prolatados por maioria simples.

Com a eliminação da violação à Constituição como pressuposto de cabimento do recurso de embargos, o cenário anteriormente descrito transforma de maneira substancial. E isso porque, quando a parte se defrontar com controvérsia constitucional sobre a qual, por exemplo, não haja ainda se formado um dissenso jurisprudencial, a decisão proferida pela Turma do TST já esgotará a instância trabalhista e, portanto, será passível, em tese, de ataque direto por meio de recurso extraordinário. Em sentido oposto, caso haja o dissenso jurisprudencial interno no TST, deverá a parte, mediante a prévia interposição dos embargos de divergência, obter a decisão de última instância para, só então, postular a submissão da controvérsia ao Supremo Tribunal Federal.

Vê-se que o processo de identificação do recurso cabível pauta-se por critério vacilante e que conduz as partes a um estado de manifesta insegurança quanto à eleição da modalidade recursal. E isso porque não permite que se anteveja com exatidão se a decisão proferida pela Turma será passível de impugnação por recurso de embargos ou por recurso extraordinário. Realmente, conforme o magistério de *Estêvão Mallet*, no caso dos embargos de divergência, "a recorribilidade não é inerente à decisão", mas externa, porquanto dependente da ocorrência de dissídio interpretativo. Disso decorre não ser possível apurar, "apenas pelo exame dessa decisão ou dos autos correspondentes", a existência ou não de espaço, em tese, para apresentação do recurso de embargos. Para isso, "seria preciso, no fundo, examinar a jurisprudência do Tribunal Superior do Trabalho — toda ela, em última análise — para apurar a recorribilidade imediata ou não da decisão da Turma".(899)

Esse tamanho estado de incerteza, contudo, não se revela razoável. Em vista disso, é preciso investigar, dentro do sistema processual, a melhor solução interpretativa, de modo a conferir ao modelo introduzido pela Lei n. 11.496/2007 contornos adequados e, por isso mesmo, compatíveis com o princípio da segurança jurídica.

A solução para o dilema, em nosso sentir, baseia-se na restrição ao cabimento do recurso de embargos, cuja interposição terá ensejo *apenas em relação ao contencioso infraconstitucional*. Presente essa circunstância, eventual julgamento proferido por Turma do TST, assentado em matéria constitucional, já produzirá decisão de última instância passível de impugnação direta, nesse particular, por meio de recurso extraordinário.

Assim, caso a decisão se componha de capítulos diversos, caberá à parte interpor, *simultaneamente*, recurso de embargos para impugnar os tópicos assentados em matéria infraconstitucional, e recurso extraordinário, voltado ao ataque dos temas de estatura constitucional. O recurso extraordinário ficará sobrestado, à espera do julgamento dos embargos e somente será processado depois de esgotada a competência recursal do TST.(900)

---

(899) MALLET, Estêvão. Recurso extraordinário e recurso de embargos após a Lei n. 11.496. In: BRASIL. Tribunal Superior do Trabalho. *Revista do Tribunal Superior do Trabalho*, v. 74, n. 2, p. 76-77, abr./jun. 2008.

(900) Art. 266. Cabe recurso extraordinário das decisões do Tribunal proferidas em única ou última instância, nos termos da Constituição da República.

§ 1º O recurso será interposto em petição fundamentada, no prazo de quinze dias da publicação do acórdão ou de suas conclusões no órgão oficial.

Eventual dissenso jurisprudencial entre as Turmas do TST, tendo por objeto matéria constitucional, deverá ser resolvido mediante incidente de uniformização de jurisprudência, a ser processado na forma dos arts. 476 a 479 do CPC, por se tratar do procedimento destinado a homogeneizar a jurisprudência *intramuros* do Tribunal.(901) O incidente poderá ser suscitado pelos Ministros integrantes de quaisquer das Turmas da Corte (CPC, at. 476, *caput*), bem como pelas próprias partes, em razões de recurso ou mediante petição avulsa (CPC, art 476, parágrafo único).

A inadequação dos embargos para a impugnação de matéria constitucional implica a sua exclusão do rol de recursos cabíveis, *tão só para esse fim*, no procedimento ordinário, já incluída a fase de execução, como também nas causas submetidas ao rito sumaríssimo.

Importante destacar que a solução acima adotada não encontra óbice no princípio da unirrecorribilidade, que *não se reveste de caráter absoluto* no sistema recursal brasileiro. Muito ao contrário, embora a unicidade seja a regra, a legislação contempla exceções ao princípio. É o que ocorre com os embargos de declaração, cuja interposição interrompe o prazo para o recurso principal; com os embargos infringentes(902); e com a interposição simultânea dos recursos extraordinário e especial.(903)

Por outro lado, no caso em exame, em que o cânone da unirrecorribilidade colide frontalmente com o princípio da segurança jurídica, este último deve prevalecer. Realmente, "cuando dos principios entran en colisión — tal como es el caso cuando según un principio algo está prohibido y, según otro principio, está permitido — uno de los dos principios tiene que ceder ante el otro."(904)

A solução alvitrada pelo TST, entretanto, diversamente da acima exposta, consiste em outorgar à parte a faculdade de interpor simultaneamente o recurso de embargos e o extraordinário em relação à matéria constitucional. Em precedente específico sobre o tema, o tribunal assim tratou da questão: "Parece inquestionável que a nova redação do art. 894 da CLT, introduzida pela Lei n. 11.496/2007, deu ensejo a uma cisão do procedimento trabalhista, de maneira que cabe à SDI uniformizar a jurisprudência interna e cabe, doravante, ao Supremo Tribunal Federal, examinar diretamente, se for o caso, os aspectos constitucionais da decisão proferida por Turma do Tribunal Superior do Trabalho. Logo, se a parte pretende impugnar, de um lado, o capítulo do acórdão turmário com denúncia de mácula à Constituição Federal e, de outro, com alegação de

---

§ 2º A petição do recurso extraordinário será juntada aos autos após transcorrido o prazo legal sem a interposição de recurso de competência do Tribunal Superior do Trabalho, abrindo-se, de imediato, vista dos autos à parte contrária para apresentação das contrarrazões no prazo de quinze dias.

(901) MOREIRA, José Carlos Barbosa. *Comentários ao Código de Processo Civil.* v. 5, 11. ed. Rio de Janeiro: Forense, 2004. p. 13.

(902) NERY JUNIOR, Nelson. *Princípios fundamentais:* teoria geral dos recursos. 5. ed. São Paulo: Revista dos Tribunais, 2000. p. 110-111.

(903) SOUZA, Bernardo Pimentel. *Introdução aos recursos cíveis e à ação rescisória*. 4. ed. São Paulo: Saraiva, 2007. p. 111.

(904) ALEXY, Robert. *Teoría de los derechos fundamentales*. Madrid: Centro de Estudios Constitucionales, 1997. p. 89.

divergência jurisprudencial, afigura-se razoável não descartar o manejo, concomitantemente, do recurso extraordinário e do recurso de embargos, sobrestando-se, aquele, no aguardo do julgamento dos embargos, não sendo a hipótese de incidência do princípio da unirrecorribilidade."(905)

A solução engendrada pelo TST parece inspirar-se no sistema adotado pelo Código de Processo Civil de 1939, que autorizava a interposição simultânea de recurso de revista e de recurso extraordinário.(906) Dispunha aquele diploma legal, em seu art. 808, § 2º, que "*o recurso de revista é independente do recurso extraordinário sendo comum o prazo para a interposição de um ou de outro. No caso de interposição simultânea dos dois recursos, sobrestará o processo do recurso extraordinário, até o julgamento da revista*".

Comparando-se a revista do CPC de 1939 e os embargos da CLT, verifica-se, de fato, a existência de pontos de contato entre os recursos. É que, à semelhança do que ocorre com os embargos, a revista tinha por finalidade evitar que o mesmo tribunal decidisse contraditoriamente em casos idênticos, ou interpretasse diferentemente a mesma lei.(907) Nas palavras de *José Frederico Marques*, o primeiro dos pressupostos da revista era "a existência de antagonismo *in thesi* entre decisões do mesmo Tribunal".(908) Por outro lado, tal como ocorre na hipótese aqui em exame, a revista e o recurso extraordinário, porquanto cabíveis contra a mesma decisão judicial, podiam sobrepor-se, coincidindo quanto ao objeto.(909)

Sucede que a revista do CPC de 1939 constituía uma faculdade, de cujo exercício não dependia a interposição do recurso extraordinário.(910) Sobre o tema, *Pontes de Miranda* asseverava: "Pode dar-se que o interessado não recorra da decisão interpondo o recurso de revista. Não é isso obstáculo a que interponha o recurso extraordinário".(911) Com os embargos da CLT, isto já não ocorre. À míngua de disposição legal na CLT, que seja similar ao art. 808, § 2º, do CPC de 1939, é indispensável a interposição dos embargos, sob pena de não se esgotar a instância trabalhista.

Nem mesmo a comunhão de prazos, prevista no art. 808, § 2º, existe em relação aos recursos de embargos (8 dias) e extraordinário (15 dias). Sob esse aspecto, ao tempo do CPC de 1939, *Pontes de Miranda* enfatizava que: "O art. 808, § 2º, funciona como permissivo do recurso extraordinário para o caso de se não conhecer da revista, ou se adotar solução que seja desfavorável ao recorrente. Se não houvesse a comunidade

---

(905) Processo n. TST-E-ED-RR-660.023/2000, SbDI-1, Rel. Ministro Horácio Senna Pires, DJ de 2.5.2008.

(906) MIRANDA, Fernando Hugo Rabello. Notas sobre o recurso de embargos à SBDI-1 sob o Marco da Lei n. 11.496/07. In: BRASIL. Tribunal Superior do Trabalho. *Revista do Tribunal Superior do Trabalho*, v. 74, n. 2, p. 117-122, abr./jun. 2008.

(907) BONUMÁ, João. *Direito processual civil*. 3. v. São Paulo: Saraiva, 1946. p. 124.

(908) MARQUES, José Frederico. *Instituições de direito processual civil*. v. IV. Rio de Janeiro: Forense, 1960. p. 293.

(909) MIRANDA, Pontes. *Comentários ao Código de Processo Civil*. Tomo XI — arts. 808-852. 2. ed. Rio de Janeiro: Forense, 1960. p. 36-37.

(910) MARQUES, José Frederico. *Instituições de direito processual civil*. v. IV. Rio de Janeiro: Forense, 1960. p. 340.

(911) MIRANDA, Pontes. *Comentários ao Código de Processo Civil*. Tomo XI — arts. 808-852. 2. ed. Rio de Janeiro: Forense, 1960. p. 38.

do prazo, expor-se-ia o recorrente a ser trânsita em julgado a decisão, em caso de não se conhecer do recurso de revista".(912)

Nesse contexto, se, para a impugnação de matéria constitucional abordada em decisão de Turma do TST e consequente esgotamento da instância trabalhista, a interposição dos embargos revela-se indispensável, não há que se falar em interposição simultânea de recurso extraordinário. Este, como se sabe, é cabível tão somente contra decisões de única ou *última instância*. E, no caso, a decisão final na esfera do Judiciário trabalhista será aquela que julgar os embargos e não a anterior, proferida pela Turma do TST.(913) Nas precisas palavras de *Estêvão Mallet*, "se outro recurso ainda cabe, de natureza ordinária ou não, pouco importa, não há decisão de última instância e fica afastada, por consequência, a interposição imediata do recurso extraordinário".(914)

Tem-se, portanto, que a simples transposição do sistema previsto no art. 808, § 2º, do CPC de 1939 não resolve o problema, porquanto não se amolda com perfeição ao modelo introduzido com o advento da Lei n. 11.496/2007.

Posta a questão nesses termos, não vemos como juridicamente razoável a solução adotada pelo TST, que preconiza a interposição simultânea de embargos e recurso extraordinário, tendo ambos por objeto a mesma matéria constitucional.

O recurso de embargos, após o advento da Lei n. 11.496/2007, não se presta mais ao debate de matéria constitucional, de sorte que, eventual dissenso sobre o tema, entre as Turmas do TST, deverá ser homogeneizado pela via do incidente de uniformização de jurisprudência. Por sua vez, o julgamento proferido por Turma do TST, assentado em matéria constitucional, já produzirá, desde logo, decisão de última instância passível de impugnação direta, nesse particular, por meio de recurso extraordinário, porquanto já esgotará, em relação ao tema, a instância recursal trabalhista.

---

(912) MIRANDA, Pontes. *Comentários ao Código de Processo Civil*. Tomo XI — arts. 808-852. 2. ed. Rio de Janeiro: Forense, 1960. p. 37.

(913) Importante não deixar sem exame um precedente do Supremo Tribunal Federal *(AgRg no AI n. 275.637-6/SP. 1ª Turma. Relatora: Min. Ellen Gracie. Publicado no DJ de 19.12.2001)*, invocado como avalizador da aplicação, para o caso, da solução prevista no art. 808, § 2º, do CPC de 1939. No referido julgado cuidou-se da hipótese de interposição simultânea de embargos de divergência e recurso extraordinário contra o mesmo acórdão do STJ. Com o não conhecimento dos embargos, discutia-se a necessidade de ratificação do extraordinário. A solução que prevaleceu, fundada na sistemática prevista no CPC de 1939, relativa ao extinto recurso de revista, foi no sentido de ser dispensável a ratificação, tendo-se por válida a interposição do extraordinário, ocorrida diretamente contra julgado de Turma do STJ. Embora seja controvertida, em razão de precedentes mais recentes e em sentido contrário (*AgRg no RE n. 355.497-2/SP. 2ª Turma. Rel. Min. Maurício Corrêa. Publicado no DJ de 25.4.2003; AgRg no AI n. 563.505-2/MS. 1ª Turma. Rel. Min. Eros Grau. Publicado no DJ de 4.11.2005*), no caso do julgado antes referido, o transplante da solução prevista no art. 808, § 2º, do CPC de 1939 estaria revestido de maior razoabilidade. E isso porque, conforme o art. 508 do CPC, o prazo para os embargos de divergência e para o extraordinário é o comum (15 dias) e, com o não conhecimento dos embargos, os fundamentos do acórdão que julgara o recurso especial subsistiram incólumes, já que não incidiu a regra do art. 512 do atual CPC.

(914) MALLET, Estêvão. Recurso extraordinário e recurso de embargos após a Lei n. 11.496. In: BRASIL. Tribunal Superior do Trabalho. *Revista do Tribunal Superior do Trabalho*, v. 74, n. 2, p. 78, abr./jun. 2008.

Na hipótese, contudo, de se consolidar o entendimento sufragado pelo TST, cabe analisar algumas consequências processuais decorrentes da interposição simultânea dos embargos e do recurso extraordinário.

O primeiro aspecto a ser ressaltado reside na circunstância de que, enquanto os embargos não forem julgados, o extraordinário ficará sobrestado. Somente depois de esgotada a instância trabalhista, é que o recurso para o STF será processado.

Sendo coincidentes os objetos, pode ocorrer que, julgados os embargos, o recurso extraordinário reste prejudicado. É o que sucederá na hipótese de os embargos serem providos, com a consequente reforma da decisão recorrida, simultaneamente impugnada por recurso extraordinário.

O não conhecimento dos embargos, mediante a invocação de súmula de direito material, igualmente prejudicará o extraordinário, que deverá ser novamente interposto, ante a substituição da decisão recorrida (CPC, art. 512). O alvo agora, porém, será a decisão que julgou os embargos e não mais o julgado da Turma, primitivamente atacado pelo primeiro recurso extraordinário.

Se os embargos não lograrem conhecimento, com base em razões de índole estritamente processual, o julgado da Turma do TST subsistirá incólume, abrindo ensejo ao processamento do extraordinário que se encontrava sobrestado.

4.2.6. O recurso de embargos no procedimento sumaríssimo e na fase de execução

Com o advento da Lei n. 11.496/2007, ganhou em importância o debate em torno do cabimento do recurso de embargos na fase de execução e no procedimento sumaríssimo. Sobre o tema, duas correntes se formaram. A primeira, fiel ao modelo consolidado sob a égide da antiga redação do art. 894 da CLT, tem por incabível o recurso. A segunda, assentada em conclusões diametralmente opostas, admite a interposição.

Aqueles que entendem ser inadmissível o recurso argumentam que, se a revista interposta na execução e no rito sumaríssimo não se viabiliza quando fundada em divergência jurisprudencial, não se poderia admitir, por incompatibilidade com o procedimento, o cabimento dos embargos, cujo pressuposto específico de admissibilidade reside tão somente na existência de dissenso interpretativo interno no TST.[915]

Essa orientação, que já era adotada anteriormente à edição da Lei n. 11.496/2007[916], foi inicialmente transplantada para o novo modelo[917], recaindo no que *Luís Roberto Barroso* denomina uma das patologias crônicas da hermenêutica brasileira, "que é a interpretação retrospectiva, pela qual se procura interpretar o texto novo de

(915) BASTOS, Guilherme Augusto Caputo. Lei n. 11.496/2007 — art. 894 da CLT: o recurso de embargos para o TST. Atual sistemática de cabimento do recurso de embargos à SDI-1. In: BRASIL. Tribunal Superior do Trabalho. *Revista do Tribunal Superior do Trabalho*, v. 74, n. 2, p. 67-70, abr./jun. 2008.

(916) Processo n. TST-E-RR-775/2005-102-04-40. SbDI-1. Rel. Ministro Vantuil Abdala. Publicado no DJ de 17.8.2007.

(917) Processo n. TST-E-RR- 11.768/2002-900-02-00. SbDI-1. Rel. Ministro Horácio Senna Pires. Publicado no DJ de 18.3.2008.

maneira a que ele não inove em nada, mas ao revés, fique tão parecido quanto possível com o antigo".[(918)]

Sucede que a jurisprudência do TST não tardou a evoluir e, com isso, a emprestar ao modelo introduzido pela Lei n. 11.496/2007 interpretação mais adequada aos reflexos por ele produzidos no sistema recursal trabalhista. Assim, a Corte passou a admitir o recurso de embargos, libertando-o das restrições que a legislação processual impõe ao recurso de revista na fase de execução e no procedimento sumaríssimo.[(919)]

E, de fato, o recurso de embargos subordina-se apenas à existência de dissenso jurisprudencial interno (entre Turmas ou entre esta última e a SDI) no TST. A circunstância de o recurso de revista fundar-se em violação constitucional e contrariedade a súmula, no procedimento sumaríssimo, e afronta à Constituição, na fase de execução, não tem o condão de limitar o cabimento dos embargos. Havendo dissidência jurisprudencial interna, o recurso será perfeitamente viável. É o que basta!

Importante enfatizar, contudo, que, conquanto não seja essa a orientação dominante no TST, entendemos ser inadequada a interposição dos embargos para a impugnação de matéria constitucional. E, conforme já explicitamos em tópico específico, isso implica a sua exclusão do rol de recursos cabíveis, *para esse fim*, na fase de execução, como também nas causas submetidas ao rito sumaríssimo.[(920)]

Assim, embora cabíveis, em tese, na execução e no procedimento sumaríssimo, os embargos, em nossa concepção, somente abrem ensejo à impugnação de matérias infraconstitucionais que possam defluir do julgamento proferido pela Turma do TST.

---

(918) BARROSO, Luís Roberto. *Interpretação e aplicação da Constituição:* fundamentos de uma dogmática constitucional transformadora. 3. ed. São Paulo: Saraiva, 1999. p. 71.

(919) EMBARGOS SUJEITOS À SISTEMÁTICA DA LEI N. 11.496/07 — CABIMENTO — PROCESSO SUBMETIDO AO RITO SUMARÍSSIMO — RESTRIÇÕES DO ART. 896, § 6º, DA CLT — INAPLICABILIDADE. 1. A Lei n. 11.496/07, ao restringir o cabimento dos Embargos apenas à hipótese de divergência jurisprudencial, explicitou o papel desta C. Subseção de uniformização de jurisprudência. 2. Assim, os Embargos à SBDI-1 passaram a ser verdadeiros Embargos de Divergência, só não sendo cabíveis na hipótese de a decisão recorrida estar em consonância com súmula ou orientação jurisprudencial do Tribunal Superior do Trabalho ou do Supremo Tribunal Federal. 3. Os Embargos à SBDI-1, que em tudo se assemelhavam ao Recurso de Revista, porquanto guardavam hipóteses de cabimento praticamente idênticas, tornaram-se, enfim, um recurso completamente distinto daquele. 4. Se a identidade ontológica entre os recursos antes autorizava a extensão das restrições previstas no art. 896, particularmente nos §§ 2º e 6º, da CLT, aos Embargos, a nova disciplina introduzida pela Lei n. 11.496/07 não mais permite o mesmo entendimento. 5. Com efeito, tendo em vista que o legislador delineou de forma explícita as diferenças entre os dois apelos, a restrição prevista no § 6º do art. 896 da CLT, por ser específica do Recurso de Revista, não pode ser aplicada aos Embargos. 6. As restrições previstas no art. 896, § 6º, da CLT só afetam, portanto, a admissibilidade dos Embargos de forma indireta. 7. Dessarte, uma vez que o Recurso de Revista em procedimento sumaríssimo só pode ser conhecido por violação constitucional ou contrariedade à súmula do TST, a admissibilidade dos Embargos, nessa hipótese, por consequência lógica, estará adstrita à demonstração de divergência em matéria constitucional (ou em matéria sumulada). (Processo n. TST-E-RR-1.223/2003-066-02-00. SbDI-1. Relª Ministra Maria Cristina Peduzzi. Publicado no DJ de 20.6.2008).

(920) Em sentido contrário: MIRANDA, Fernando Hugo Rabello. Notas sobre o recurso de embargos à SBDI-1 sob o marco da Lei n. 11.496/07. In: BRASIL. Tribunal Superior do Trabalho. *Revista do Tribunal Superior do Trabalho*, v. 74, n. 2, p. 111-113, abr./jun. 2008; PEREIRA, João Batista Brito. Os embargos no TST na vigência da Lei n. 11.496/07 (art. 894, inciso II, da CLT). In: BRASIL. Tribunal Superior do Trabalho. *Revista do Tribunal Superior do Trabalho*, v. 74, n. 2, p. 39-43, abr./jun. 2008.

As questões constitucionais ali decididas, quando objeto de disceptação interna, deverão ser alvo de incidente de uniformização de jurisprudência, com vistas ao estabelecimento de uma interpretação homogênea no âmbito do Tribunal.

Certo é que o posicionamento acima exposto, uma vez adotado, reduzirá sobremaneira o espaço de cabimento dos embargos, já que, na execução e no procedimento sumaríssimo, o debate inclina-se preponderantemente para a seara constitucional, ressalvada a hipótese de contrariedade à súmula, prevista no § 6º do art. 896 da CLT, única capaz de impulsionar a discussão de fundo para o plano infraconstitucional. Isso não significa, entretanto, que os embargos, no particular, estejam relegados à inutilidade. Discussões relacionadas com os pressupostos extrínsecos de admissibilidade da revista e do agravo, por exemplo, poderão, em tese, ser objeto de divergência interpretativa e, com isso, credenciar a subida dos autos à SDI do TST, com vistas à uniformização jurisprudencial por meio dos embargos.

A divergência jurisprudencial que enseja o cabimento dos embargos na execução e nas causas regidas pelo rito sumaríssimo deve harmonizar-se com as diretrizes previstas nas Súmulas ns. 23, 296 e 337 do TST. Isso não quer dizer, contudo, que o dissenso precise, necessariamente, resultar do confronto com arestos exarados à luz do mesmo procedimento. Em outras palavras, não se exige que o antagonismo apontado nos embargos interpostos na execução tenha de ocorrer com aresto igualmente proferido em sede de execução. Diga-se o mesmo em relação ao procedimento sumaríssimo. A identidade de ritos entre os acórdãos impugnado e paradigma, portanto, não é, em princípio, relevante. Indispensável será a coexistência de julgados conflitantes a respeito de situações fáticas que demandem o mesmo tratamento jurídico.(921)

4.2.7. A Lei n. 11.496/2007 e o direito intertemporal

Com vistas a finalizar o presente trabalho, cumpre examinar a aplicação da Lei n. 11.496/2007 à luz das regras atinentes ao direito intertemporal.

Toda norma processual orienta-se pelo princípio da aplicação imediata aos processos pendentes. É o que estatui o art. 1.211 do CPC, *in verbis*: "Este Código regerá o processo civil em todo o território brasileiro. Ao entrar em vigor, suas disposições aplicar-se-ão desde logo aos processos pendentes".

Não se pode confundir, entretanto, efeito imediato com retroatividade. A lei processual rege para o futuro, respeitando o ato jurídico perfeito e o direito adquirido (CF, art. 5º, XXXVI). "Assim, os atos processuais já praticados sob a égide da lei antiga caracterizam-se como *atos jurídicos processuais perfeitos*, estando protegidos pela mencionada regra constitucional, não podendo ser atingidos pela lei nova."(922)

---

(921) MIRANDA, Fernando Hugo Rabello. Notas sobre o recurso de embargos à SBDI-1 sob o marco da Lei n. 11.496/07. In: BRASIL. Tribunal Superior do Trabalho. *Revista do Tribunal Superior do Trabalho*, v. 74, n. 2, p. 113, abr./jun. 2008.

(922) NERY JUNIOR, Nelson. *Princípios fundamentais:* teoria geral dos recursos. 5. ed. São Paulo: Revista dos Tribunais, 2000. p. 426.

Humberto Theodoro Júnior, em síntese magistral, esclarece que, para aplicação da lei processual nova, deve-se distinguir quanto aos processos: (a) *exauridos*, que nenhuma influência sofrem; (b) *pendentes*: são atingidos, respeitando-se o efeito dos atos já praticados e (c) *futuros*: seguem totalmente a lei nova.(923)

Presentes as premissas acima, a Lei n. 11.496/2007 não tem incidência sobre os recursos interpostos em momento anterior à sua vigência. Importa identificar, entretanto, a lei aplicável aos recursos ainda não interpostos ao tempo em que entrou em vigor o diploma legal. Nesse particular, a regra é que a admissibilidade dos recursos rege-se pela lei do tempo em que foi *proferida* a decisão recorrida.(924)

A decisão é proferida na data em que o colegiado reunido, por meio de seu presidente, anuncia o julgamento, conhecendo ou não do recurso, provendo-o ou não. Esse momento em nada se confunde com o dia em que a decisão é publicada, para efeito de intimação das partes, que serve de parâmetro apenas para a fixação da tempestividade.(925)

A lei vigente ao tempo da interposição disciplinará apenas o processamento do recurso(926), e não a sua admissibilidade.

---

(923) THEODORO JÚNIOR, Humberto. *Curso de direito processual civil*. 37. ed. Rio de Janeiro: Forense, 2001. v. 1. p. 19.

(924) COSTA, Coqueijo. *Direito processual do trabalho*. 4. ed. Rio de Janeiro: Forense, 1995. p. 11; MALLET, Estêvão. Recurso extraordinário e recurso de embargos após a Lei n. 11.496. In: BRASIL. Tribunal Superior do Trabalho. *Revista do Tribunal Superior do Trabalho*, v. 74, n. 2, p. 84-85, abr./jun. 2008.

(925) NERY JUNIOR, Nelson. *Princípios fundamentais:* teoria geral dos recursos. 5. ed. São Paulo: Revista dos Tribunais, 2000. p. 427. No mesmo sentido: SOUZA, Bernardo Pimentel. *Introdução aos recursos cíveis e à ação rescisória*. 4. ed. São Paulo: Saraiva, 2007. p. 21-22.

(926) NERY JUNIOR, Nelson. *Princípios fundamentais:* teoria geral dos recursos. 5. ed. São Paulo: Revista dos Tribunais, 2000. p. 426.

Bibliografia Consultada

ABDALA, Vantuil. Pressupostos intrínsecos de conhecimento do recurso de revista. In: *Revista do Tribunal Superior do Trabalho*, Brasília, v. 65, n. 1, p. 41-54, out./dez. 1999.

ALEXY, Robert. *Teoría de los derechos fundamentales.* Madrid: Centro de Estudios Constitucionales, 1997.

ALMEIDA, Amador Paes. *O procedimento sumaríssimo na justiça do trabalho.* São Paulo: Saraiva, 2000.

ALMEIDA, Cléber Lúcio. *Direito processual do trabalho.* Belo Horizonte: Del Rey, 2006.

ALMEIDA, Fernanda Dias Menezes de. *Competências na Constituição de 1988.* 3. ed. São Paulo: Atlas, 2005.

ALMEIDA, Ísis. *Manual de direito processual do trabalho.* 7. ed. São Paulo: LTr, 1995.

ALVIM, José Eduardo Carreira. *Elementos de teoria geral do processo.* 7. ed. Rio de Janeiro: Forense, 1999.

ALVIM, Teresa Arruda. *Medida cautelar, mandado de segurança e ato judicial.* 3. ed. São Paulo: Revista dos Tribunais, 1994.

ARAÚJO, Marcelo Labanca Corrêa de; BARROS, Luciano José Pinheiro. *O estreitamento da via difusa no controle de constitucionalidade e a comprovação da repercussão geral nos recursos extraordinários.* Disponível em: <http://www.conpedi.org/manaus/arquivos/anais/recife/teoria_hermen_marcelo_labanca_e_luciano_barros.pdf> Acesso em: 23 fev. 2007, 0h48.

ASSIS, Araken de. *Manual dos recursos.* São Paulo: Revista dos Tribunais, 2007.

ATALIBA, Geraldo. *República e Constituição.* 2. ed. São Paulo: Malheiros, 2004.

BACIGALUPO, Enrique. Jurisprudencia y seguridad jurídica. In: SAMPER JUEN, Joaquín (Director). *La fuerza vinculante de la jurisprudencia.* Madrid: Consejo General del Poder Judicial, 2001.

BARBI, Celso Agrícola. *Do mandado de segurança.* 7. ed. Rio de Janeiro: Forense, 1993.

BARIONI, Rodrigo. *Efeito devolutivo da apelação civil.* São Paulo: Revista dos Tribunais, 2007.

BARROSO, Luís Roberto. *Interpretação e aplicação da Constituição:* fundamentos de uma dogmática constitucional transformadora. 3. ed. São Paulo: Saraiva, 1999.

BARQUÍN ÁLVAREZ, Manuel. *Los recursos y la organización judicial en materia civil.* México: Universidad Nacional Autónoma de México — Instituto de Investigaciones Jurídicas, 1976.

BASTOS, Celso Ribeiro. *Curso de teoria do Estado e ciência política.* 4. ed. São Paulo: Saraiva, 1999.

BASTOS, Guilherme Augusto Caputo. Lei n. 11.496/2007 — art. 894 da CLT: o recurso de embargos para o TST. Atual sistemática de cabimento do recurso de embargos à SDI-1. In: BRASIL. Tribunal Superior do Trabalho. *Revista do Tribunal Superior do Trabalho,* v. 74, n. 2, p. 49-73, abr./jun. 2008.

BEBBER, Júlio César. *Cumprimento da sentença no processo do trabalho.* São Paulo: LTr, 2007.

______. *Recursos no processo do trabalho:* teoria geral dos recursos. São Paulo: LTr, 1999.

BEGALLES, Carlos Alberto. *Lições de direito processual do trabalho:* processo de conhecimento e recursos. São Paulo: LTr, 2005.

BERGEL, Jean-Louis. *Teoria geral do direito.* São Paulo: Martins Fontes, 2001.

BERMUDES, Sérgio. *Introdução ao processo civil.* 3. ed. Rio de Janeiro: Forense, 2002.

BEVILÁQUA, Clóvis. *Teoria geral do direito civil.* 3. ed. Rio de Janeiro: F. Alves, 1980.

BEZERRA LEITE, Carlos Henrique. *Curso de direito processual do trabalho.* 2. ed. São Paulo: LTr, 2004.

______. *Curso de direito processual do trabalho.* 7. ed. São Paulo: LTr, 2009.

BOBBIO, Norberto. *Teoria do ordenamento jurídico.* 10. ed. Brasília: Editora Universidade de Brasília, 1997.

BONAVIDES, Paulo. *Curso de direito constitucional.* 8. ed. São Paulo: Malheiros, 1999.

______. *Ciência política.* 10. ed. São Paulo: Malheiros, 2001.

BONUMÁ, João. *Direito processual civil.* São Paulo: Saraiva, 1946. v. 3.

BORTHWICK, Adolfo E. C. *Principios procesales.* Corrientes: Mario A. Vieira, 2003.

BRAGHITTONI, Rogério Ives. *Recurso extraordinário:* uma análise do acesso do Supremo Tribunal Federal. São Paulo: Atlas, 2007.

BUENO, Cassio Scarpinella. Efeitos dos recursos. In: NERY JR., Nelson; WAMBIER, Teresa Arruda Alvim (Coords.). *Aspectos polêmicos e atuais dos recursos cíveis e assuntos afins.* São Paulo: Revista dos Tribunais, 2006. v. 10.

______. *Tutela antecipada.* 2. ed. São Paulo: Saraiva, 2007.

______. *A nova etapa da reforma do Código de Processo Civil.* São Paulo: Saraiva, 2006. v. 2.

______. *O poder público em juízo.* 3. ed. São Paulo: Saraiva, 2005.

CAHALI, Yussef Said. *Honorários advocatícios.* 3. ed. São Paulo: Revista dos Tribunais, 1997.

CAIRO JR., José. *Curso de direito processual do trabalho:* teoria geral e processo de conhecimento. Salvador: JusPodivm, 2008.

CALAMANDREI, Piero. *Instituições de direito processual civil.* 2. ed. Campinas: Bookseller, 2003. v. 1.

______. *Instituições de direito processual Civil.* 2. ed. Campinas: Bookseller, 2003. v. 2.

CANOTILHO, J. J. Gomes. *Direito constitucional e teoria da Constituição.* 2. ed. Coimbra: Almedina, 1998.

CARDOZO, Benjamin Natham. *A natureza do processo judicial.* São Paulo: Martins Fontes, 2004.

CARNEIRO, Athos Gusmão. *Intervenção de terceiros.* 13. ed. São Paulo: Saraiva, 2001.

______. *Recurso especial, agravos e agravo interno.* 5. ed. Rio de Janeiro: Forense, 2008.

CARNELUTTI, Francesco. *Teoria geral do direito.* São Paulo: Lejus, 1999.

CARRION, Valentin. *Comentários à Consolidação das Leis do Trabalho.* 32. ed. São Paulo: Saraiva, 2007.

CHIOVENDA, Giuseppe. *Instituições de direito processual civil.* Campinas: Bookseller, 1998.

CINTRA, Antonio Carlos de Araújo. *Comentários ao Código de Processo Civil.* 2. ed. Rio de Janeiro: Forense, 2003. v. 4.

CINTRA, Antonio Carlos de Araújo; GRINOVER, Ada Pellegrini; DINAMARCO, Cândido Rangel. *Teoria geral do processo.* 8. ed. São Paulo: Revista dos Tribunais, 1991.

COELHO, Inocêncio Mártires; MENDES, Gilmar Ferreira; BRANCO, Paulo Gustavo Gonet. *Hermenêutica constitucional e direitos fundamentais*. Brasília: Brasília Jurídica, 2000.

CORDEIRO, António Manuel da Rocha e Menezes. *Da boa-fé no direito civil*. Coimbra: Almedina, 2007.

CÔRTES, Osmar Mendes Paixão. *Recurso extraordinário:* origem e desenvolvimento no direito brasileiro. Rio de Janeiro: Forense, 2005.

COSTA, Coqueijo. *Direito processual do trabalho*. 4. ed. Rio de Janeiro: Forense, 1995.

_______. *Ação rescisória*. 7. ed., rev. e atual. por Gustavo Lanat Pedreira de Cerqueira. São Paulo: LTr, 2002.

COUTURE, Eduardo. *Fundamentos del derecho procesal civil*. Buenos Aires: B de F, 2005.

DALAZEN, João Oreste. Recurso de revista por divergência — Súmula Regional e a Lei n. 9.756/98. In: *Revista LTr*, São Paulo, v. 63, n. 6, p. 727-730, jun. 1999.

DAVID, René. *Os grandes sistemas do direito contemporâneo*. 4. ed. São Paulo: Martins Fontes, 2002.

DIDIER JR., Fredie; CUNHA, Leonardo José Carneiro da. *Curso de direito processual civil:* meios de impugnação às decisões judiciais e processo nos Tribunais. Salvador: JusPodivm, 2006.

DIDIER JR., Fredie. *Recurso de terceiro*: juízo de admissibilidade. 2. ed. São Paulo: Revista dos Tribunais, 2005.

DINAMARCO, Cândido Rangel. *A instrumentalidade do processo*. 6. ed. São Paulo: Malheiros, 1998.

_______. *Capítulos de sentença*. São Paulo: Malheiros, 2002.

_______. *Litisconsórcio*. 6. ed. São Paulo: Malheiros, 2001.

_______. *Nova era do processo civil*. 2. ed. São Paulo: Malheiros, 2007.

_______. *Intervenção de terceiros*. São Paulo: Malheiros, 1997.

DINIZ, Maria Helena. *Compêndio de introdução à ciência do direito*. 10. ed. São Paulo: Saraiva, 1998.

DIREITO, Carlos Alberto Menezes. *Manual do mandado de segurança*. Rio de Janeiro: Renovar, 1999.

DWORKIN, Ronald. *Levando os direitos a sério*. São Paulo: Martins Fontes, 2002.

ENGISCH, Karl. *Introdução ao pensamento jurídico*. 7. ed. Lisboa: Fundação Calouste Gulbenkian, 1996.

ESPÍNDOLA, Ruy Samuel. *Conceito de princípios constitucionais*: elementos teóricos para uma formulação dogmática constitucionalmente adequada. São Paulo: Revista dos Tribunais, 1998.

ETALA, Carlos Alberto. *Interpretación y aplicación de las normas laborales*. Buenos Aires: Astrea, 2004.

FAIRÉN GUILLÉN, Víctor. *Teoría general del derecho procesal*. México: Universidad Nacional Autónoma de México, 1992.

FERNANDES, Luís Eduardo Simardi. *Embargos de declaração:* efeitos infringentes, prequestionamento e outros aspectos polêmicos. São Paulo: Revista dos Tribunais, 2003.

FERREIRA, Fernando Amâncio. *Manual dos recursos em processo civil*. 7. ed. Coimbra: Almedina, 2006.

FERREIRA FILHO, Manoel Gonçalves. *Comentários à Constituição brasileira de 1988*. São Paulo: Saraiva, 1990-1992. v. 2.

FIX-ZAMUDIO, Héctor. *Constitución y proceso civil en Latinoamérica*. México: Universidad Nacional Autónoma de México, 1974.

FIX-ZAMUDIO, Héctor; OVALLE FAVELA, José. *Derecho procesal.* México: Universidad Nacional Autónoma de México, 1991.

GIGLIO, Wagner; CORRÊA, Claudia Giglio Veltri. *Direito processual do trabalho.* 15. ed. São Paulo: Saraiva, 2005.

GOLDSCHMIDT, James. *Direito processual civil.* Campinas: Bookseller, 2003. Tomo I.

__________. *Teoria geral do processo.* São Paulo: Fórum, 2006.

GOMES, Orlando. *Introdução ao direito civil.* 8. ed. Rio de Janeiro: Forense, 1986.

GRAU, Eros Roberto. *O direito posto e o direito pressuposto.* 5. ed. São Paulo: Malheiros, 2003.

HAMON, Francis; TROPER, Michel; BURDEAU, Georges. *Direito constitucional.* 27. ed. Barueri: Manole, 2005.

HITTERS, Juan Carlos. *Técnica de los recursos ordinarios.* 2. ed. La Plata: Librería Editora Platense, 2004.

__________. *Técnica de los recursos extraordinarios y de la casación.* 2. ed. La Plata: Librería Editora Platense, 2007.

JORGE, Flávio Cheim. *Teoria geral dos recursos cíveis.* 3. ed. São Paulo: Revista dos Tribunais, 2007.

JORGE NETO, Francisco Ferreira; CAVALCANTE, Jouberto de Quadro Pessoa. *Os recursos no processo do trabalho.* Rio de Janeiro: Lúmen Júris, 2007.

KELSEN, Hans. *Teoria pura do direito.* 2. ed. São Paulo: Martins Fontes,1987.

KNIJNIK, Danilo. *O recurso especial e a revisão da questão de fato pelo Superior Tribunal de Justiça.* Rio de Janeiro: Forense, 2005.

KOZIKOSKI, Sandro Marcelo. *Manual dos recursos cíveis:* teoria geral e recursos em espécie. 3. ed. Curitiba: Juruá, 2007.

__________. *Embargos de declaração:* teoria geral e efeitos infringentes. São Paulo: Revista dos Tribunais, 2004.

LEAL, Victor Nunes. Passado e futuro da "Súmula do STF". In: *Revista dos Tribunais,* v. 553, nov. 1981.

__________. Atualidade do Supremo Tribunal. In: *Revista de direito processual civil.* São Paulo: Sariva, v. 5, ano III, jan./jun. 1962.

LIMA, Francisco Meton Marques de. *Elementos de direito do trabalho e processo trabalhista.* 12. ed. São Paulo: LTr, 2007.

LIMA, Patrícia Carla de Deus. Sobre a possibilidade de interposição de recurso pela parte vencedora que sofreu cerceamento de defesa: algumas reflexões. In: NERY JR., Nelson; WAMBIER, Teresa Arruda Alvim (Coords.). *Aspectos polêmicos e atuais dos recursos cíveis e assuntos afins.* São Paulo, Revista dos Tribunais, 2006. v. 10.

LINDOSO, Alexandre Simões. A supressão da contrariedade à letra de Lei Federal como pressuposto de cabimento do recurso de embargos no dissídio individual do trabalho — análise dos aspectos positivos e negativos do Projeto de Lei. In: *Revista LTr,* São Paulo, v. 71, n. 6, p. 728-731, jun. 2007.

LOPES, Otávio Brito. O recurso de revista no processo do trabalho. In: FÉRES, Marcelo Andrade; CARVALHO, Paulo Gustavo M. (Coords.). *Processo nos Tribunais Superiores.* São Paulo: Saraiva, 2006.

LOUREIRO, Lourenço Trigo de. *Instituições de direito civil brasileiro.* Ed. *fac-sim.* Brasília: Senado Federal, Conselho Editorial: Superior Tribunal de Justiça, v. II, 2004.

MACEDO, Elaine Harzheim. *Repercussão geral das questões constitucionais:* nova técnica de filtragem do recurso extraordinário. Disponível em: <http://www.direito.ufrgs.br/processoeconstituicao/cursos/arquivosdocurso/2005.05.23%20-%20Elaine%20Harzheim%20Macedo%20-%20Repercuss%E3o%20geral.doc> Acesso em: 23 fev. 2007, 0h52.

MACHADO, Antônio Cláudio da Costa. *Código de Processo Civil interpretado:* artigo por artigo, parágrafo por parágrafo. 6. ed. Barueri: Manole, 2007.

MACIEL, José Alberto Couto. Embargos de divergência no TST e a matéria constitucional. In: BRASIL. Tribunal Superior do Trabalho. *Revista do Tribunal Superior do Trabalho*, v. 74, n. 2, p. 87-89, abr./jun. 2008.

MAIOR, Jorge Luiz Souto. *Direito processual do trabalho:* efetividade, acesso à Justiça e procedimento oral. São Paulo: LTr, 1998.

MALLET, Estêvão. Apontamentos sobre a competência da Justiça do Trabalho após a Emenda Constitucional n. 45. In: COUTINHO, Grijalbo Fernandes; FAVA, Marcos Neves (Coords.). *Justiça do trabalho:* competência ampliada. São Paulo: LTr, 2005.

__________. Celeridade da prestação jurisdicional e seleção das causas a serem julgadas pelos Tribunais superiores. In: FRANCO FILHO, Georgenor de Sousa *et al.* (Coords.). *Direito e processo do trabalho em transformação.* Rio de Janeiro: Elsevier, 2007.

__________. Recurso extraordinário e recurso de embargos após a Lei n. 11.496. In: BRASIL. Tribunal Superior do Trabalho. *Revista do Tribunal Superior do Trabalho*, v. 74, n. 2, p. 74-85, abr./jun. 2008.

MANCUSO, Rodolfo de Camargo. *Recurso extraordinário e recurso especial.* 8. ed. São Paulo: Revista dos Tribunais, 2003.

__________. *Recurso extraordinário e recurso especial.* 10. ed. São Paulo: Revista dos Tribunais, 2007.

__________. *Divergência jurisprudencial e Súmula Vinculante.* 2. ed. São Paulo: Revista dos Tribunais, 2001.

MANUS, Pedro Paulo Teixeira. *Direito do trabalho.* 10. ed. São Paulo: Atlas, 2006.

MARINONI, Luiz Guilherme. *Tutela antecipada e julgamento antecipado*: parte incontroversa da demanda. 5. ed. São Paulo: Revista dos Tribunais, 2002.

__________. *Reexame da prova diante dos recursos especial e extraordinário.* Disponível em: <http://www.professormarinoni.com.br/principal/pub/anexos/2008081011393727.pdf> Acesso em: 3 jan. 2008, 19h.

MARINONI, Luiz Guilherme; ARENHART, Sérgio Cruz. *Curso de direito processual civil, volume 2*: processo de conhecimento. 6. ed. São Paulo: Revista dos Tribunais, 2007.

MARINONI, Luiz Guilherme; MITIDIERO, Daniel. *Repercussão geral no recurso extraordinário.* São Paulo: Revista dos Tribunais, 2007.

MARQUES, José Frederico. *Instituições de direito processual civil.* Rio de Janeiro: Forense, 1960. v. IV.

MARTINS FILHO, Ives Gandra. *Ação civil pública trabalhista.* Recife: Editora Nossa Livraria, 1997.

MARTINS, Sérgio Pinto. *Direito processual do trabalho.* 13. ed. São Paulo: Atlas, 2000.

__________. *Comentários às Súmulas do TST.* 4. ed. São Paulo: Atlas, 2008.

MAXIMILIANO, Carlos. *Hermenêutica e aplicação do direito.* 10. ed. Rio de Janeiro: Forense, 1988.

MEDINA, José Miguel Garcia. *O prequestionamento nos recursos extraordinário e especial:* e outras questões relativas a sua admissibilidade e ao seu cabimento. 3. ed. São Paulo: Revista dos Tribunais, 2002.

MEIRELLES, Hely Lopes. *Mandado de segurança, ação popular, ação civil pública, mandado de injunção e* habeas data. 19. ed., atualizada por Arnoldo Wald. São Paulo: Malheiros: 1998.

MIRANDA, Fernando Hugo Rabello. Notas sobre o recurso de embargos à SBDI-1 sob o marco da Lei n. 11.496/07. In: BRASIL. Tribunal Superior do Trabalho. *Revista do Tribunal Superior do Trabalho*, v. 74, n. 2, p. 90-122, abr./jun. 2008.

MIRANDA, Gilson Delgado; PIZZOL, Patrícia Miranda. *Processo civil:* recursos. 4. ed. São Paulo: Atlas, 2004.

MIRANDA, Pontes. *Comentários ao Código de Processo Civil.* 2. ed. Rio de Janeiro: Forense, 1960. Tomo XI — arts. 808-852.

MONTERO AROCA, Juan; FLORS MATÍES, José. *Tratado de recursos en el proceso civil.* Valência: Tirant lo Blanch, 2005.

MOREIRA, José Carlos Barbosa. *Comentários ao Código de Processo Civil.* 11. ed. Rio de Janeiro: Forense, 2004. v. 5.

____________. *Comentários ao Código de Processo Civil.* 14. ed. Rio de Janeiro: Forense, 2008. v. 5.

NADER, Paulo. *Introdução ao estudo do direito.* Rio de Janeiro: Forense, 1988.

NASCIMENTO, Amauri Mascaro. *Curso de direito processual do trabalho.* 20. ed. São Paulo: Saraiva, 2001.

NERY JUNIOR, Nelson. *Princípios fundamentais:* teoria geral dos recursos. 5. ed. São Paulo: Revista dos Tribunais, 2000.

____________. *Princípios fundamentais:* teoria geral dos recursos. 2. ed. São Paulo: Revista dos Tribunais, 1993.

____________. *Princípios do processo civil na Constituição Federal.* 2. ed. São Paulo: Revista dos Tribunais, 1995.

NOLASCO, Rita Dias. Possibilidade do reconhecimento de ofício de matéria de ordem pública no âmbito dos recursos de efeito devolutivo restrito. In: NERY JR., Nelson; WAMBIER, Teresa Arruda Alvim (Coords.). *Aspectos polêmicos e atuais dos recursos cíveis e assuntos afins.* São Paulo: Revista dos Tribunais, 2006. v. 10.

OLIANI, José Alexandre Manzano. *O contraditório nos recursos e no pedido de reconsideração.* São Paulo: Revista dos Tribunais, 2007.

OLIVEIRA, Francisco Antonio de. *Manual de processo do trabalho.* 3. ed. São Paulo: Revista dos Tribunais, 2005.

____________. *Comentários às Súmulas do TST.* 8. ed. São Paulo: Revista dos Tribunais, 2008.

ORIONE NETO, Luiz. *Recursos cíveis.* 2. ed. São Paulo: Saraiva, 2006.

PARENTE, Eduardo de Albuquerque. *Jurisprudência:* da divergência à uniformização. São Paulo: Atlas, 2006.

PASSOS, J. J. Calmon de. *Esboço de uma teoria das nulidades aplicada às nulidades processuais.* Rio de Janeiro: Forense, 2002.

PEREIRA, João Batista Brito. Os embargos no Tribunal Superior do Trabalho. In: FÉRES, Marcelo Andrade; CARVALHO, Paulo Gustavo M. (Coords.). *Processo nos Tribunais Superiores.* São Paulo: Saraiva, 2006.

______. Os embargos no TST na vigência da Lei n. 11.496/07 (art. 894, inciso II, da CLT). In: BRASIL. Tribunal Superior do Trabalho. *Revista do Tribunal Superior do Trabalho*, v. 74, n. 2, p. 14-48, abr./jun. 2008.

PÉREZ DEL CASTILLO, Santiago. Hierarquia das fontes no direito do trabalho. In: PLÁ RODRÍGUEZ, Américo (Coord.). *Estudos sobre as fontes do direito do trabalho*. São Paulo: LTr, 1998.

PESSOA, Roberto Dórea. Juízo de mérito e grau de cognição nos recursos de estrito direito. In: NERY JR., Nelson; WAMBIER, Teresa Arruda Alvim (Coords.). *Aspectos polêmicos e atuais dos recursos cíveis e assuntos afins*. São Paulo: Revista dos Tribunais, 2006. v. 10.

PINTO, José Augusto Rodrigues. *Manual dos recursos nos dissídios do trabalho*. São Paulo: LTr, 2006.

PIROLO, Miguel Ángel; MURRAY, Cecilia M.; OTERO, Ana María. *Manual de derecho procesal del trabajo:* actuación ante la justicia jacional y federal. Buenos Aires: Astrea, 2006.

PORTANOVA, Ruy. *Princípios do processo civil*. 6. ed. Porto Alegre: Livraria do Advogado, 2005.

PORTO, Sérgio Gilberto; USTÁRROZ, Daniel. *Manual dos recursos cíveis*. Porto Alegre: Livraria do Advogado, 2007.

REALE, Miguel. *Introdução à filosofia*. 3. ed. São Paulo: Saraiva, 1994.

______. *Lições preliminares de direito*. 16. ed. São Paulo: Saraiva, 1988.

ROCHA, Cármen Lúcia Antunes. Os dez anos da Constituição Federal, o Poder Judiciário e a construção da democracia no Brasil. In: *Revista Debates*, n. 20, ano 1999, Fundação Konrad Adenauer: *A Constituição Democrática Brasileira e o Poder Judiciário*.

ROSAS, Roberto. *Direito sumular:* comentários às Súmulas do Supremo Tribunal Federal e do Superior Tribunal de Justiça. 8. ed. São Paulo: Malheiros Editores, 1997.

RUIZ, Lenira Ferreira. *Do recurso de revista*. 2. ed. São Paulo: LTr, 2004.

RUSSOMANO, Mozart Victor. *Curso de direito do trabalho*. 4. ed. Curitiba: Juruá, 1994.

SAAD, Eduardo Gabriel; SAAD, José Eduardo Duarte; BRANCO, Ana Maria Saad Castello. *Direito processual do trabalho*. 4. ed. São Paulo: LTr, 2004.

SALVADOR, Antônio Raphael Silva; SOUZA, Osni de. *Mandado de segurança: doutrina e jurisprudência*. São Paulo: Atlas, 1998.

SANTOS, Aloysio. *Recurso de revista:* o recurso extraordinário trabalhista. Rio de Janeiro: Forense, 2006.

SANTOS, Moacyr Amaral. *Primeiras linhas de direito processual civil*. 16. ed., rev., atual. e ampl. por Aricê Amaral Santos. São Paulo: Saraiva, 1997. v. 3.

SANTOS, Ronaldo Lima dos. *Teoria das normas coletivas*. São Paulo: LTr, 2007.

______. *Primeiras linhas de direito processual civil*. 18. ed., rev., atual. e ampl. por Aricê Amaral Santos. São Paulo: Saraiva, 1997. v. 2.

SARAIVA, Renato. *Curso de direito processual do trabalho*. São Paulo: Método, 2007.

SICA, Heitor Vitor Mendonça. *Preclusão processual civil*. São Paulo: Atlas, 2006.

SILVA, Antônio Álvares da. *O novo recurso de revista na Justiça do Trabalho*. São Paulo: LTr, 1999.

______. *A transcendência no recurso de revista*. São Paulo: LTr, 2002.

SILVA, José Afonso. *Curso de direito constitucional positivo*. 19. ed. São Paulo: Malheiros, 2001.

______. *Processo constitucional de formação das leis*. 2. ed. São Paulo: Malheiros, 2006.

SILVA, Ovídio A. Baptista da. *Do processo cautelar.* 3. ed. Rio de Janeiro: Forense, 2001.

SOUZA, Bernardo Pimentel. *Introdução aos recursos cíveis e à ação rescisória.* 4. ed. São Paulo: Saraiva, 2007.

SOUZA, Carlos Aurélio Mota de. *Segurança jurídica e jurisprudência*: um enfoque filosófico-jurídico. São Paulo: LTr, 1996.

STOCO, Rui. *Abuso do direito e má-fé processual.* São Paulo: Revista dos Tribunais, 2002.

SÜSSEKIND, Arnaldo. *Direito internacional do trabalho.* 3. ed. São Paulo: LTr, 2000.

TAVARES, André Ramos. *Nova Lei da Súmula Vinculante:* estudos e comentários à Lei 11.417 de 19.12.2006. São Paulo: Método, 2007.

TEIXEIRA FILHO, Manoel Antonio. *Ação rescisória no processo do trabalho.* 3. ed. São Paulo: LTr, 1998.

__________. *As alterações do CPC e suas repercussões no processo do trabalho.* 4. ed. São Paulo: LTr, 1996.

__________. *Sistema dos recursos trabalhistas.* 10. ed. São Paulo: LTr, 2003.

__________. *O procedimento sumaríssimo no processo do trabalho*: comentários à Lei n. 9.957/2000. São Paulo: LTr, 2000.

THEODORO JÚNIOR, Humberto. *Curso de direito processual civil.* 37. ed. Rio de Janeiro: Forense, 2001. v. 1.

__________. *Curso de direito processual civil.* 17. ed. Rio de Janeiro: Forense, 1995. v. 1.

VARELA, Casimiro A. *Fundamentos constitucionales del derecho procesal.* Buenos Aires: Ad Hoc, 1999.

VIGLIAR, José Marcelo Menezes. *Uniformização de jurisprudência:* segurança jurídica e de dever de uniformizar. São Paulo: Atlas, 2003.

VILHENA, Paulo Emílio Ribeiro de. *Da sentença normativa:* à luz da Emenda Constitucional 45/04. 2. ed. São Paulo: LTr, 2006.

VILLELA, Fábio Goulart. *Recurso de revista.* Rio de Janeiro: Freitas Bastos, 2006.

WAMBIER, Teresa Arruda Alvim. *Os agravos no CPC brasileiro.* 3. ed. São Paulo: Revista dos Tribunais, 2000.

__________. *Omissão judicial e embargos de declaração.* São Paulo: Revista dos Tribunais, 2005.

__________. *Controle das decisões judiciais por meio de recursos de estrito direito e de ação rescisória*: São Paulo: Revista dos Tribunais, 2001.

__________. *Nulidades do processo e da sentença.* 5. ed. São Paulo: Revista dos Tribunais, 2004.

ZAVASKI, Teori Albino. *Antecipação da tutela.* 4. ed. São Paulo: Saraiva, 2005.